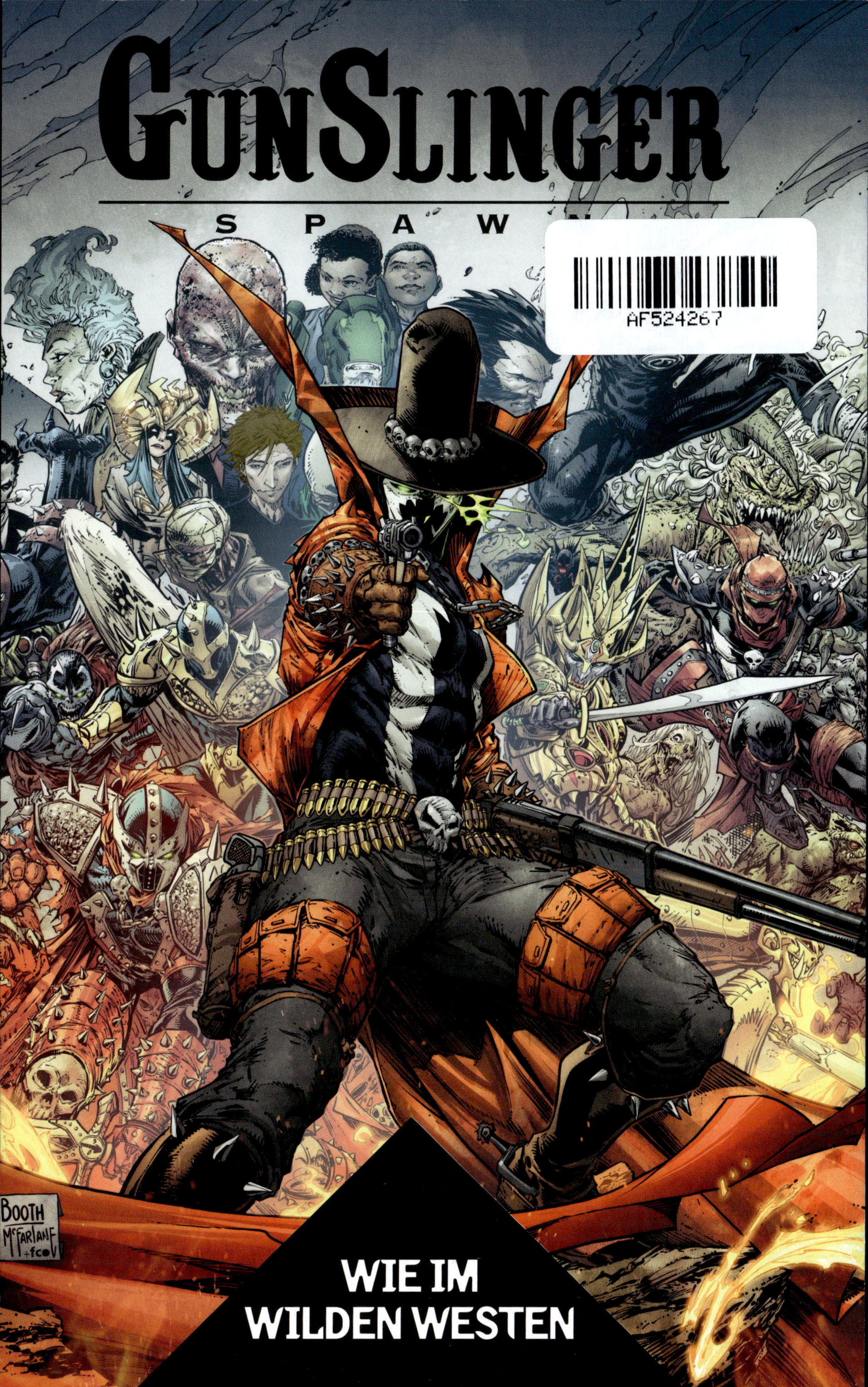

GUNSLINGER
SPAWN
AF524267
BOOTH
McFARLANE
+fco
WIE IM
WILDEN WESTEN

WIE IM WILDEN WESTEN TEIL 1
Untitled
Gunslinger Spawn (2021) 1
Oktober 2021

DER GALGENBAUM
The Lynching
Gunslinger Spawn (2021) 1
Oktober 2021

WAFFEN
Weapons
Gunslinger Spawn (2021) 1
Oktober 2021

EINE KLEINE GABE
A Small Gift
Gunslinger Spawn (2021) 1
Oktober 2021

WIE IM WILDEN WESTEN TEIL 2
Untitled
Gunslinger Spawn (2021) 2
November 2021

WIE IM WILDEN WESTEN TEIL 3
Untitled
Gunslinger Spawn (2021) 3
Dezember 2021

WIE IM WILDEN WESTEN TEIL 4
Untitled
Gunslinger Spawn (2021) 4
Januar 2022

WIE IM WILDEN WESTEN TEIL 5
Untitled
Gunslinger Spawn (2021) 5
Februar 2022

WIE IM WILDEN WESTEN ENDE
Untitled
Gunslinger Spawn (2021) 6
März 2022

TODD McFARLANE
ALEŠ KOT (*Eine kleine Gabe*)
SKRIPT & PLOT

BRETT BOOTH (*Wie im Wilden Westen*)
THOMAS NACHLIK von MAGNUS ARTS (*Der Galgenbaum*)
PHILIP TAN (*Waffen*)
KEVIN KEANE (*Eine kleine Gabe*)
ZEICHNUNGEN

ADELSO CORONA (*Gunslinger Spawn* 1-4, 6)
DANIEL HENRIQUES (*Waffen, Gunslinger Spawn* 4-5)
SAL REGLA (*Gunslinger Spawn* 4-6)
JONATHAN GLAPION (*Gunslinger Spawn* 4)
TUSCHE

ANDREW DALHOUSE (*Gunslinger Spawn* 1-4)
NIKOS KOUTSIS (*Gunslinger Spawn* 1)
MARCELLO IOZZOLI (*Gunslinger Spawn* 1)
MARCELO MAIOLO (*Gunslinger Spawn* 1)
FCO PLASCENCIA (*Gunslinger Spawn* 1)
IVAN NUNES (*Gunslinger Spawn* 4-6)
FARBEN

RAMONE
LETTERING

CLAUDIA FLIEGE
ÜBERSETZUNG

THOMAS HEALY
YVETTE ARTEAGA
ERIC STEPHENSON
REDAKTION USA

SPAWN GESCHAFFEN VON **TODD McFARLANE**

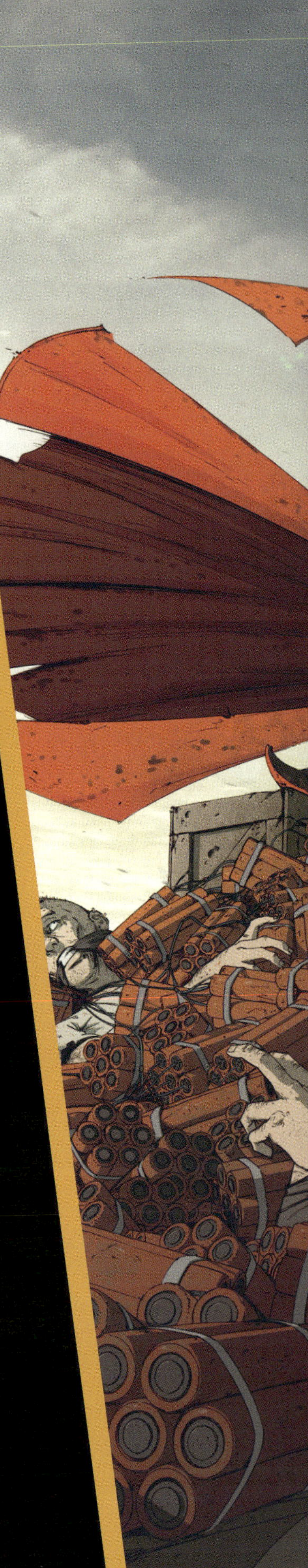

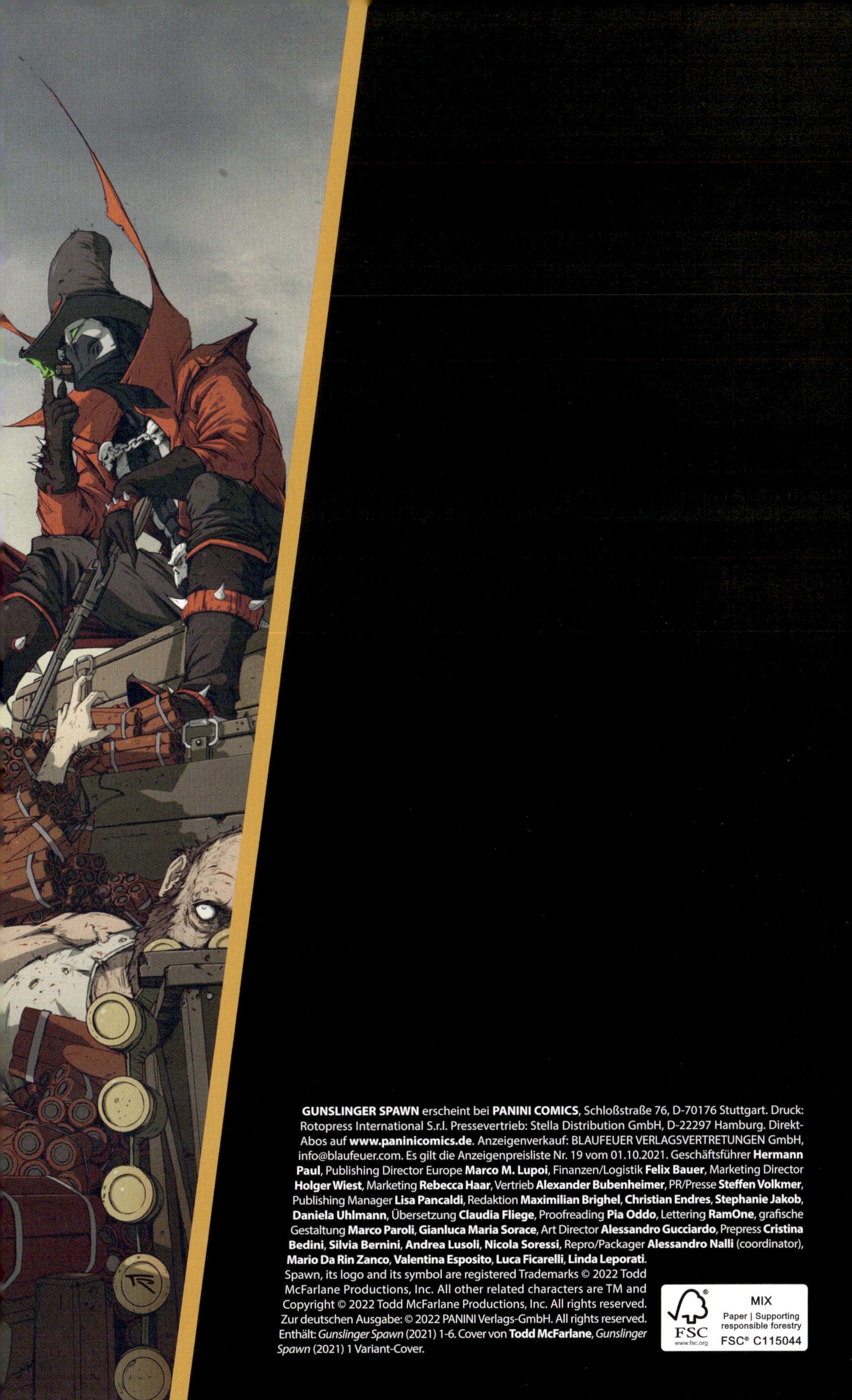

GUNSLINGER SPAWN erscheint bei **PANINI COMICS**, Schloßstraße 76, D-70176 Stuttgart. Druck: Rotopress International S.r.l. Pressevertrieb: Stella Distribution GmbH, D-22297 Hamburg. Direkt-Abos auf **www.paninicomics.de**. Anzeigenverkauf: BLAUFEUER VERLAGSVERTRETUNGEN GmbH, info@blaufeuer.com. Es gilt die Anzeigenpreisliste Nr. 19 vom 01.10.2021. Geschäftsführer **Hermann Paul**, Publishing Director Europe **Marco M. Lupoi**, Finanzen/Logistik **Felix Bauer**, Marketing Director **Holger Wiest**, Marketing **Rebecca Haar**, Vertrieb **Alexander Bubenheimer**, PR/Presse **Steffen Volkmer**, Publishing Manager **Lisa Pancaldi**, Redaktion **Maximilian Brighel**, **Christian Endres**, **Stephanie Jakob**, **Daniela Uhlmann**, Übersetzung **Claudia Fliege**, Proofreading **Pia Oddo**, Lettering **RamOne**, grafische Gestaltung **Marco Paroli**, **Gianluca Maria Sorace**, Art Director **Alessandro Gucciardo**, Prepress **Cristina Bedini**, **Silvia Bernini**, **Andrea Lusoli**, **Nicola Soressi**, Repro/Packager **Alessandro Nalli** (coordinator), **Mario Da Rin Zanco**, **Valentina Esposito**, **Luca Ficarelli**, **Linda Leporati**.

Enthält: *Gunslinger Spawn* (2021) 1-6. Cover von **Todd McFarlane**, *Gunslinger Spawn* (2021) 1 Variant-Cover.

HÖLLISCHER REVOLVERHELD

von Christian Endres

Seit 1992 inszeniert Comic-Superstar **Todd McFarlane** die Legende seines eigenen Antihelden **Spawn**, der es immer wieder mit dem dämonischen **Clown** und anderen finsteren Gegnern zu tun bekommt. Mit den SPAWN-Comics revolutionierte McFarlane sogar die Welt des grafischen Erzählens. Nicht nur, dass wir die Auswirkungen bis heute spüren – McFarlane und Spawn sind zudem noch immer hier und nach wie vor für eine Steigerung und einen Bestseller gut! Kürzlich trat der **Spawn-Kosmos** in eine aufregende Ära voller neuer Titel wie KING SPAWN und SPAWN'S UNIVERSE. Mit diesem Band startet nun die erste Soloserie von Fanliebling **Gunslinger Spawn**. In US-*Spawn* 119 von McFarlane, Brian Holguin und **Angel Medina** war der ebenso düstere wie mächtige Revolverheld 2002 erstmals zu sehen. Doch erst **Dave Hine** und **Brian Haberlin** nutzten US-*Spawn* 174 & 175, um 2008 die Geschichte des ehemaligen Priesters **Jeremy Winston** zu erzählen, der zur Zeit des **Wilden Westens** lebte. Seine Familie wurde umgebracht, er schloss einen Pakt mit **Mammon**, verschrieb seine Seele **Malebolgia**, kehrte nach seinem Tod als rachsüchtiger Hellspawn zurück und löschte eine ganze Stadt aus. Kurz nach dem großen Spawn-Jubiläum in US-Ausgabe 300 brachten McFarlane und Co. den revolverschwingenden Rächer 2020 ins Geschehen zurück – und in die Gegenwart der Spawn-Saga! **Al Simmons**, der aktuelle Spawn, hatte den Revolverhelden unabsichtlich ins Hier und Jetzt geholt. Kurz darauf trafen die beiden auf **Omega Island** aufeinander und kämpften zeitweise Seite an Seite. Nun ist Gunslinger Spawn in einer Welt voller Technologie unterwegs, die er nicht versteht – und in der die skrupellosen Agenten von Himmel und Hölle wegen Al auf der Erde gestrandet sind und gegen alle Spawns zusammenarbeiten, von denen es mehr gibt denn je. **Jessica Priest** alias **She-Spawn** überließ Gunslinger Spawn z. B. ihr „metallenes Pferd", und so fährt der Wild-West-Spawn im Auftaktband seiner Serie seinem Schicksal auf einem Motorrad entgegen. Wir wünschen höllisch-wildes Vergnügen …

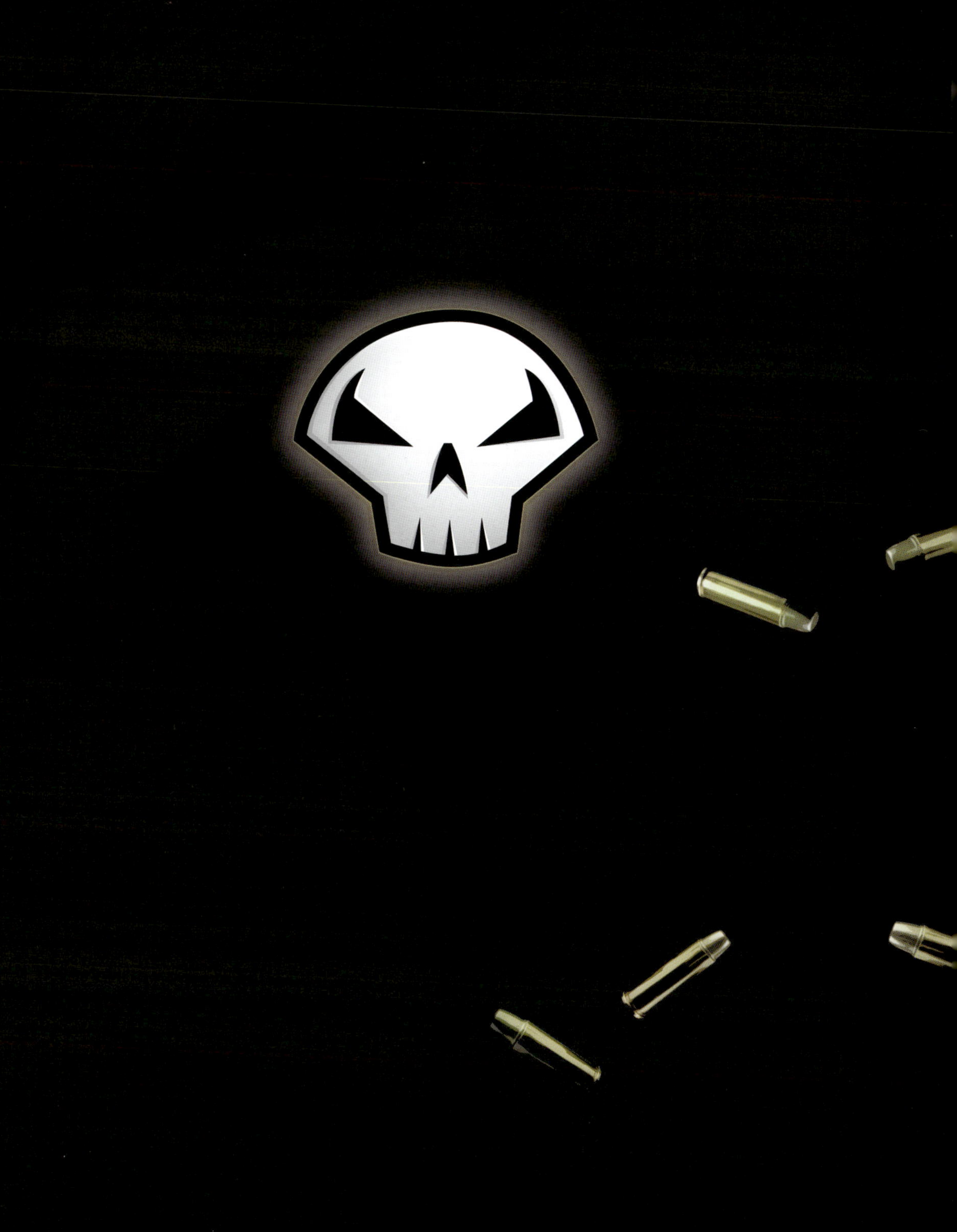

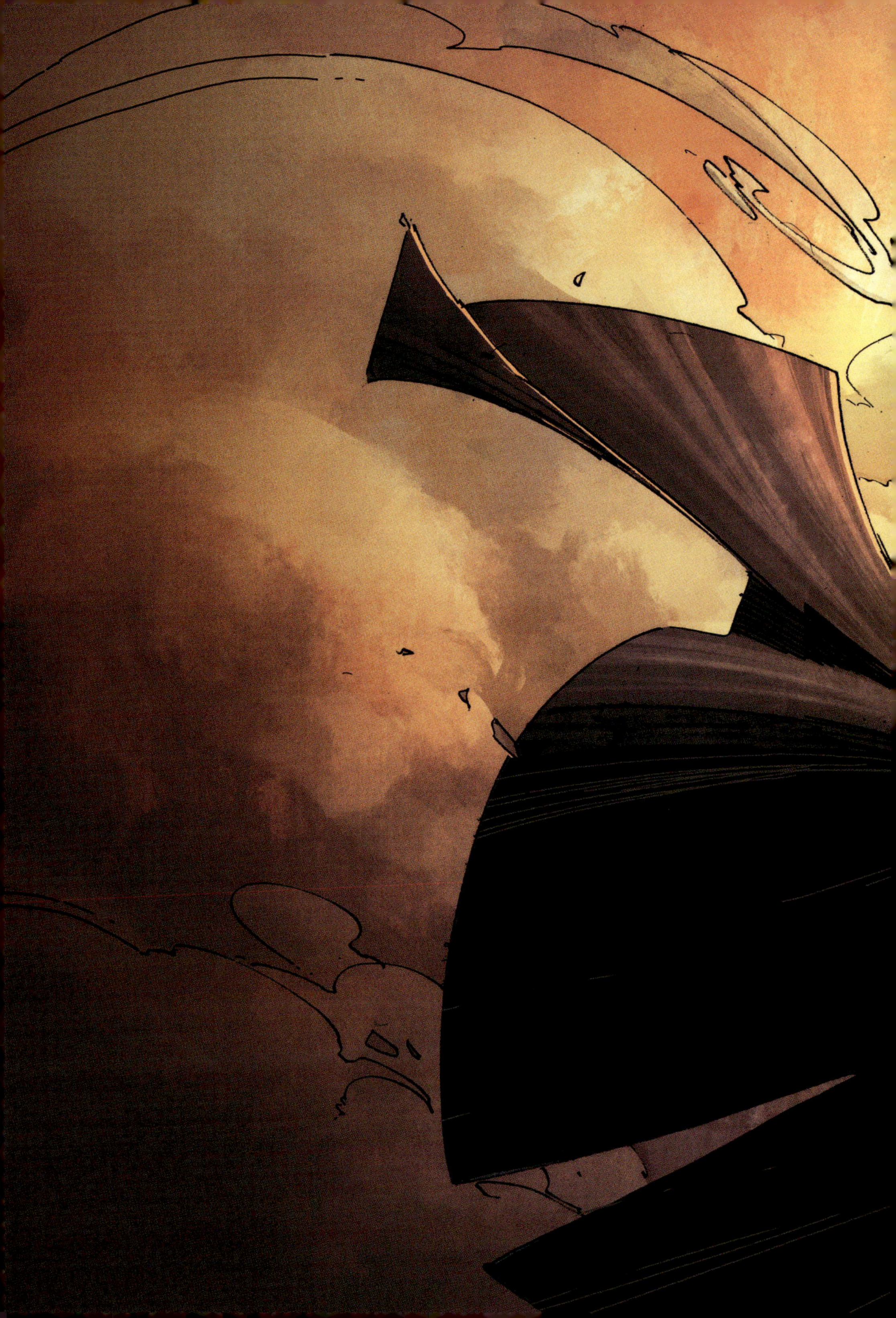

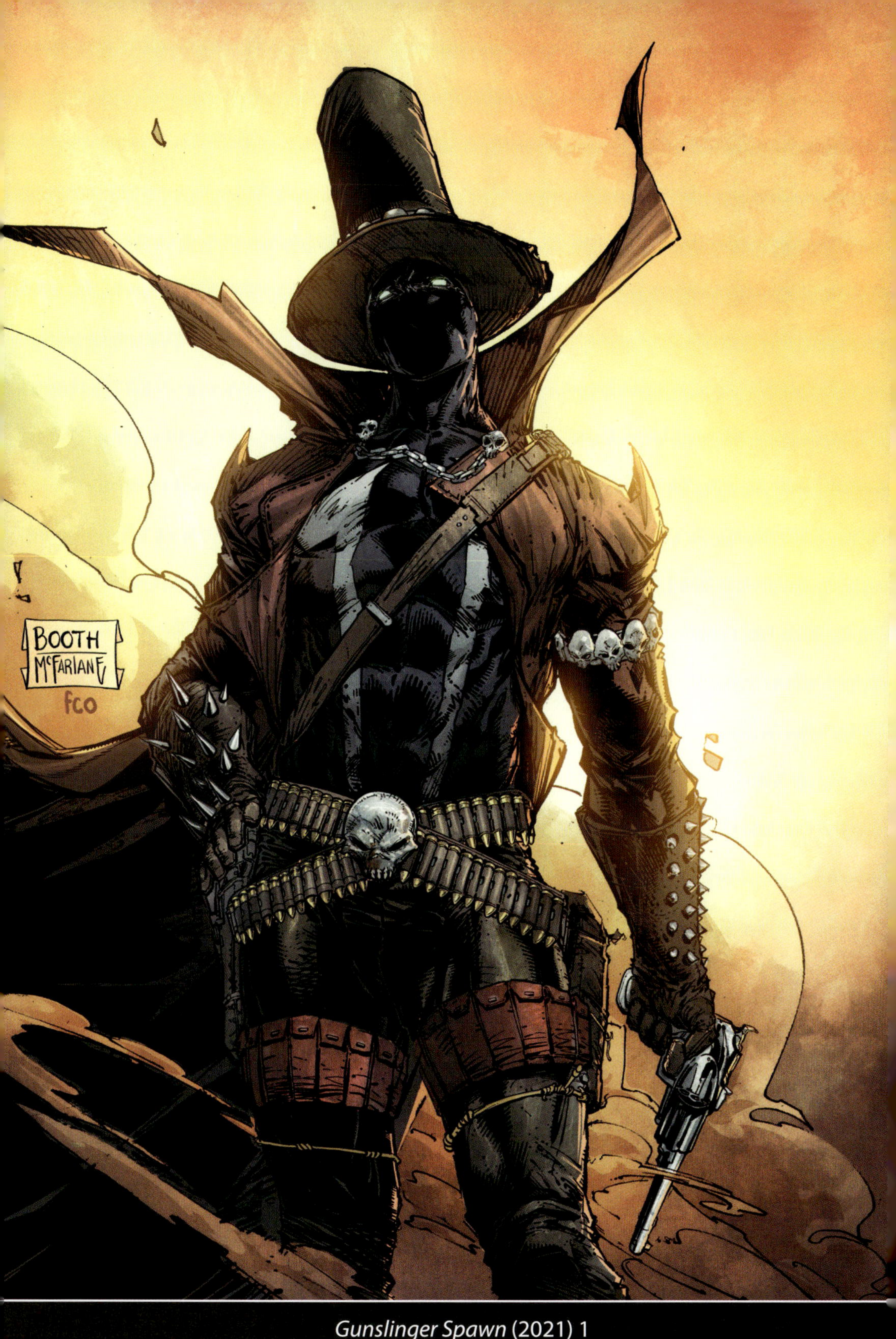

Gunslinger Spawn (2021) 1

Cover von **BRETT BOOTH, TODD McFARLANE** & **FCO PLASCENCIA**

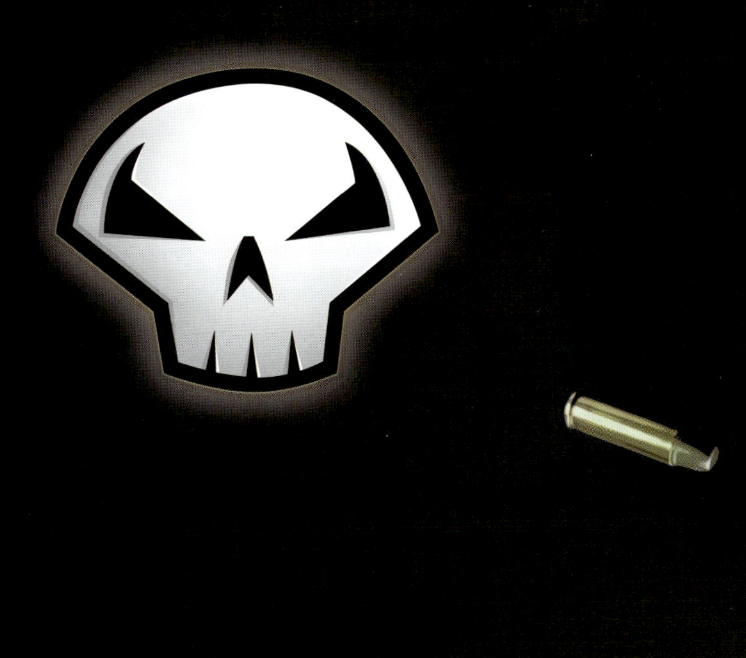

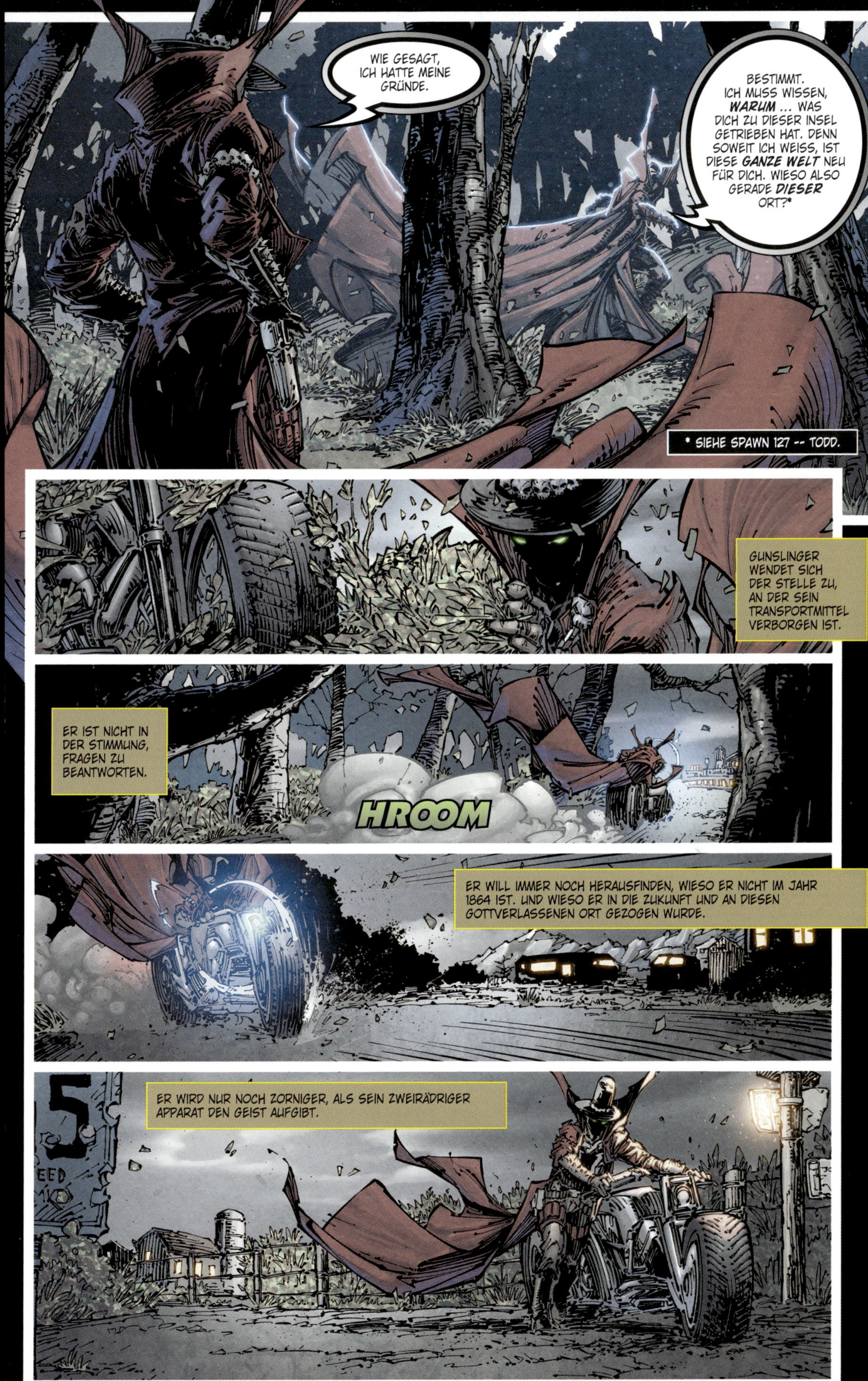
WIE GESAGT, ICH HATTE MEINE GRÜNDE.
BESTIMMT. ICH MUSS WISSEN, WARUM ... WAS DICH ZU DIESER INSEL GETRIEBEN HAT. DENN SOWEIT ICH WEISS, IST DIESE GANZE WELT NEU FÜR DICH. WIESO ALSO GERADE DIESER ORT?*
* SIEHE SPAWN 127 -- TODD.
GUNSLINGER WENDET SICH DER STELLE ZU, AN DER SEIN TRANSPORTMITTEL VERBORGEN IST.
ER IST NICHT IN DER STIMMUNG, FRAGEN ZU BEANTWORTEN.
HROOM
ER WILL IMMER NOCH HERAUSFINDEN, WIESO ER NICHT IM JAHR 1864 IST. UND WIESO ER IN DIE ZUKUNFT UND AN DIESEN GOTTVERLASSENEN ORT GEZOGEN WURDE.
ER WIRD NUR NOCH ZORNIGER, ALS SEIN ZWEIRÄDRIGER APPARAT DEN GEIST AUFGIBT.

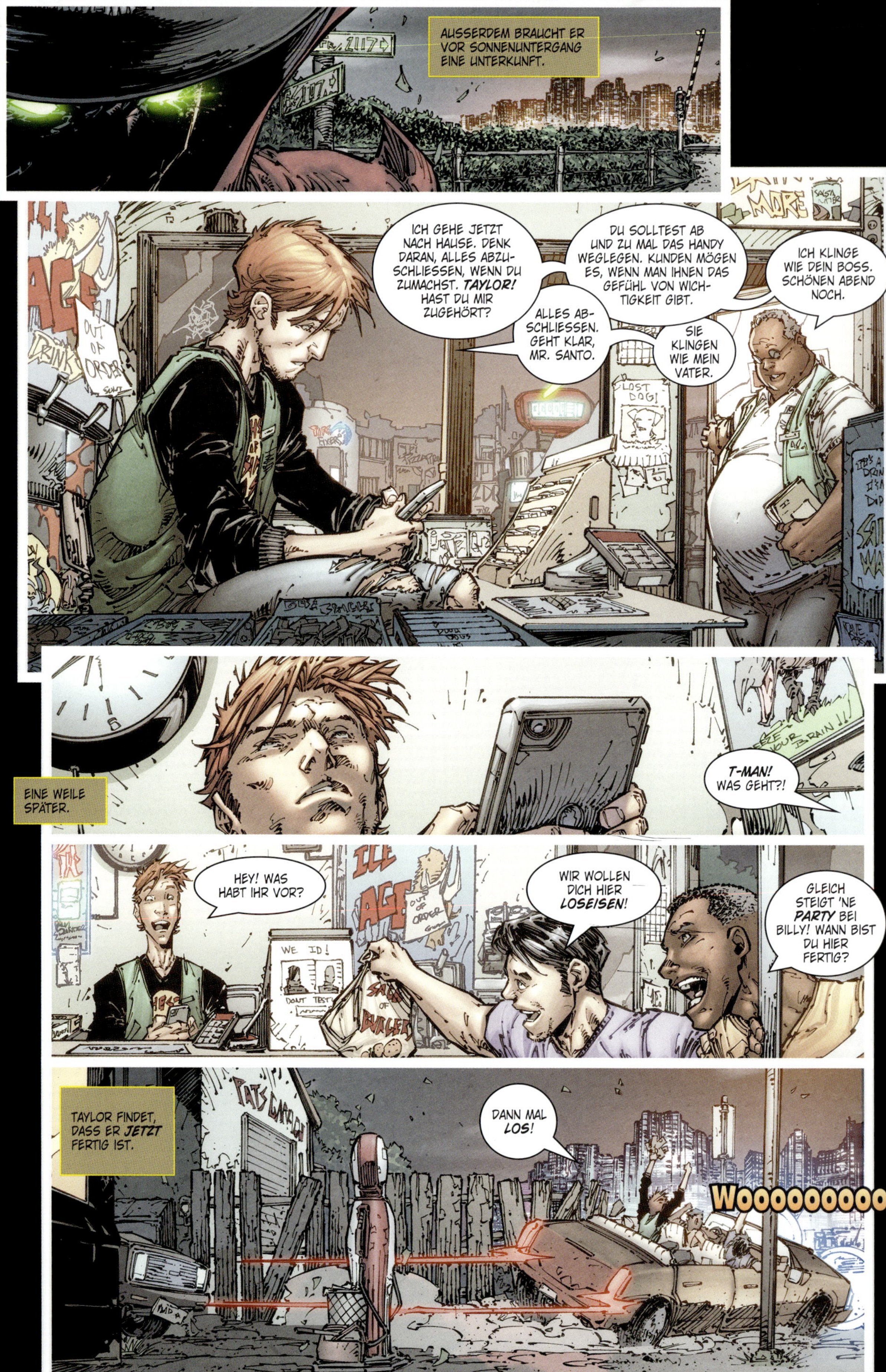
AUSSERDEM BRAUCHT ER VOR SONNENUNTERGANG EINE UNTERKUNFT.
ICH GEHE JETZT NACH HAUSE. DENK DARAN, ALLES ABZU-SCHLIESSEN, WENN DU ZUMACHST. TAYLOR! HAST DU MIR ZUGEHÖRT?
ALLES AB-SCHLIESSEN. GEHT KLAR, MR. SANTO.
DU SOLLTEST AB UND ZU MAL DAS HANDY WEGLEGEN. KUNDEN MÖGEN ES, WENN MAN IHNEN DAS GEFÜHL VON WICH-TIGKEIT GIBT.
SIE KLINGEN WIE MEIN VATER.
ICH KLINGE WIE DEIN BOSS. SCHÖNEN ABEND NOCH.
OUT OF ORDER
LOST DOG!
EINE WEILE SPÄTER.
T-MAN! WAS GEHT?!
HEY! WAS HABT IHR VOR?
WIR WOLLEN DICH HIER LOSEISEN!
GLEICH STEIGT 'NE PARTY BEI BILLY! WANN BIST DU HIER FERTIG?
ICE AGE
WE ID!
TAYLOR FINDET, DASS ER JETZT FERTIG IST.
DANN MAL LOS!
Wooooooooo

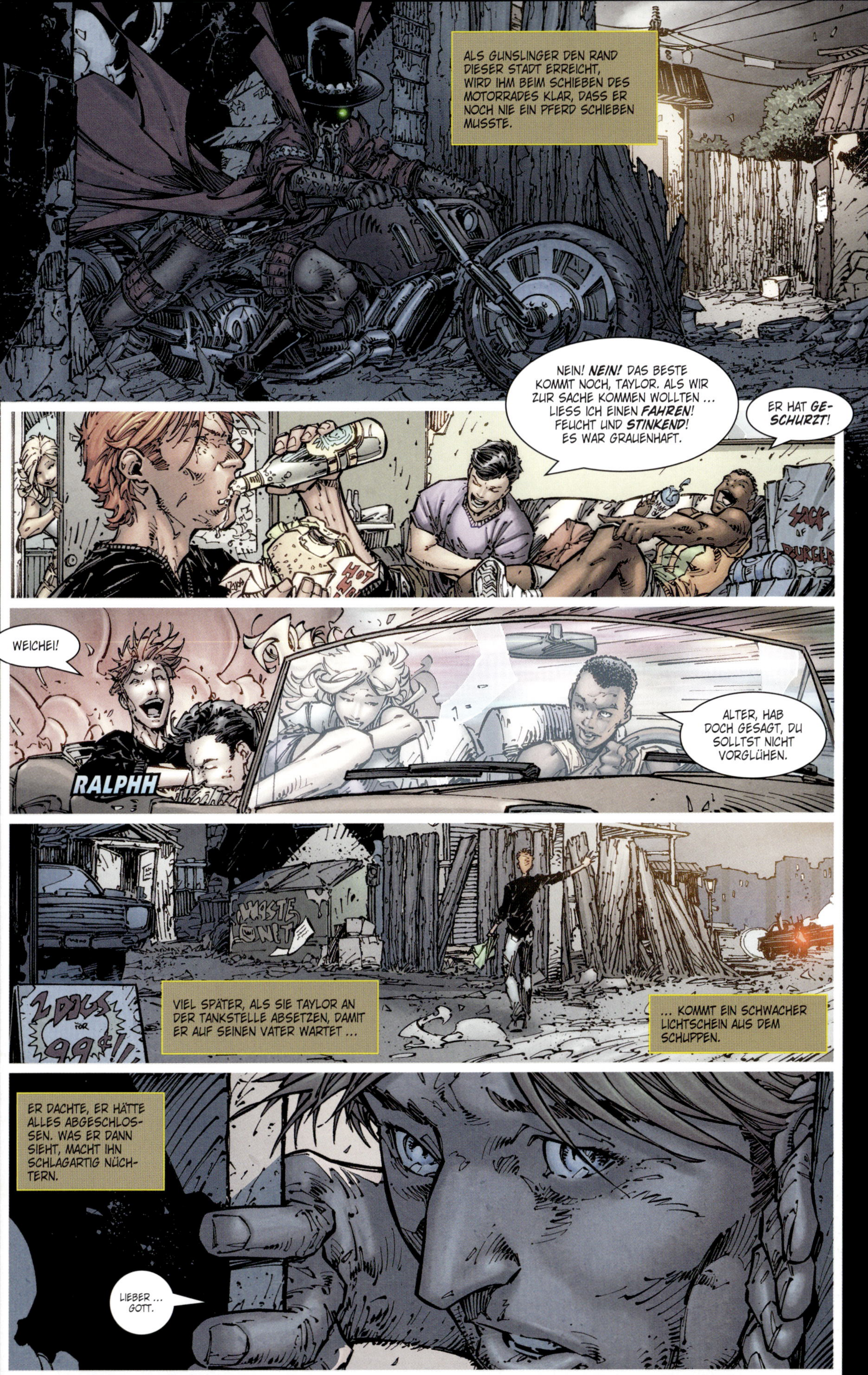
ALS GUNSLINGER DEN RAND DIESER STADT ERREICHT, WIRD IHM BEIM SCHIEBEN DES MOTORRADES KLAR, DASS ER NOCH NIE EIN PFERD SCHIEBEN MUSSTE.
NEIN! NEIN! DAS BESTE KOMMT NOCH, TAYLOR. ALS WIR ZUR SACHE KOMMEN WOLLTEN ... LIESS ICH EINEN FAHREN! FEUCHT UND STINKEND! ES WAR GRAUENHAFT.
ER HAT GESCHURZT!
SACK OF BURGER
WEICHEI!
RALPHH
ALTER, HAB DOCH GESAGT, DU SOLLTST NICHT VORGLÜHEN.
2 DOGS FOR 99¢!!
VIEL SPÄTER, ALS SIE TAYLOR AN DER TANKSTELLE ABSETZEN, DAMIT ER AUF SEINEN VATER WARTET ...
... KOMMT EIN SCHWACHER LICHTSCHEIN AUS DEM SCHUPPEN.
ER DACHTE, ER HÄTTE ALLES ABGESCHLOSSEN. WAS ER DANN SIEHT, MACHT IHN SCHLAGARTIG NÜCHTERN.
LIEBER ... GOTT.

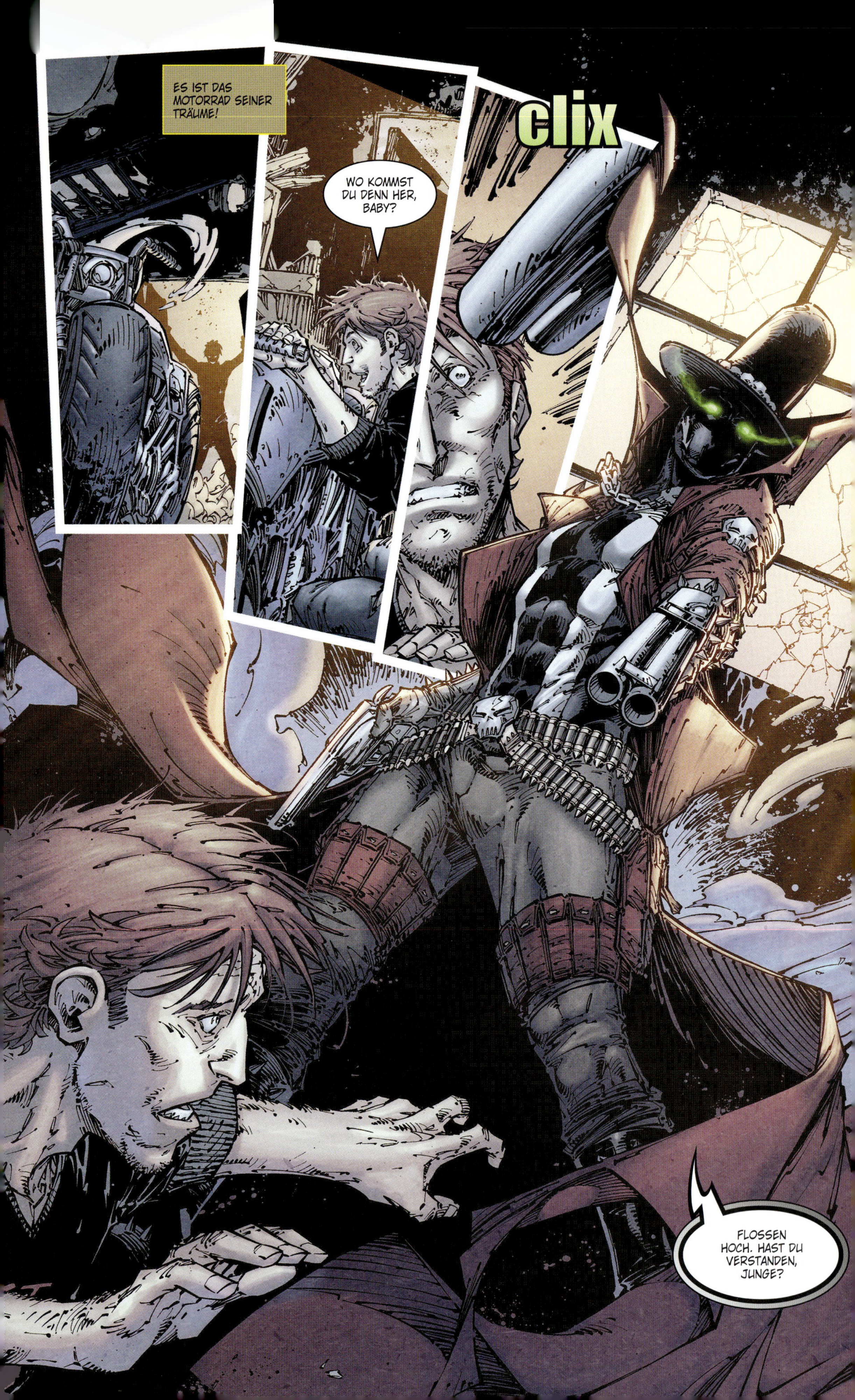
ES IST DAS MOTORRAD SEINER TRÄUME!
WO KOMMST DU DENN HER, BABY?
clix
FLOSSEN HOCH. HAST DU VERSTANDEN, JUNGE?

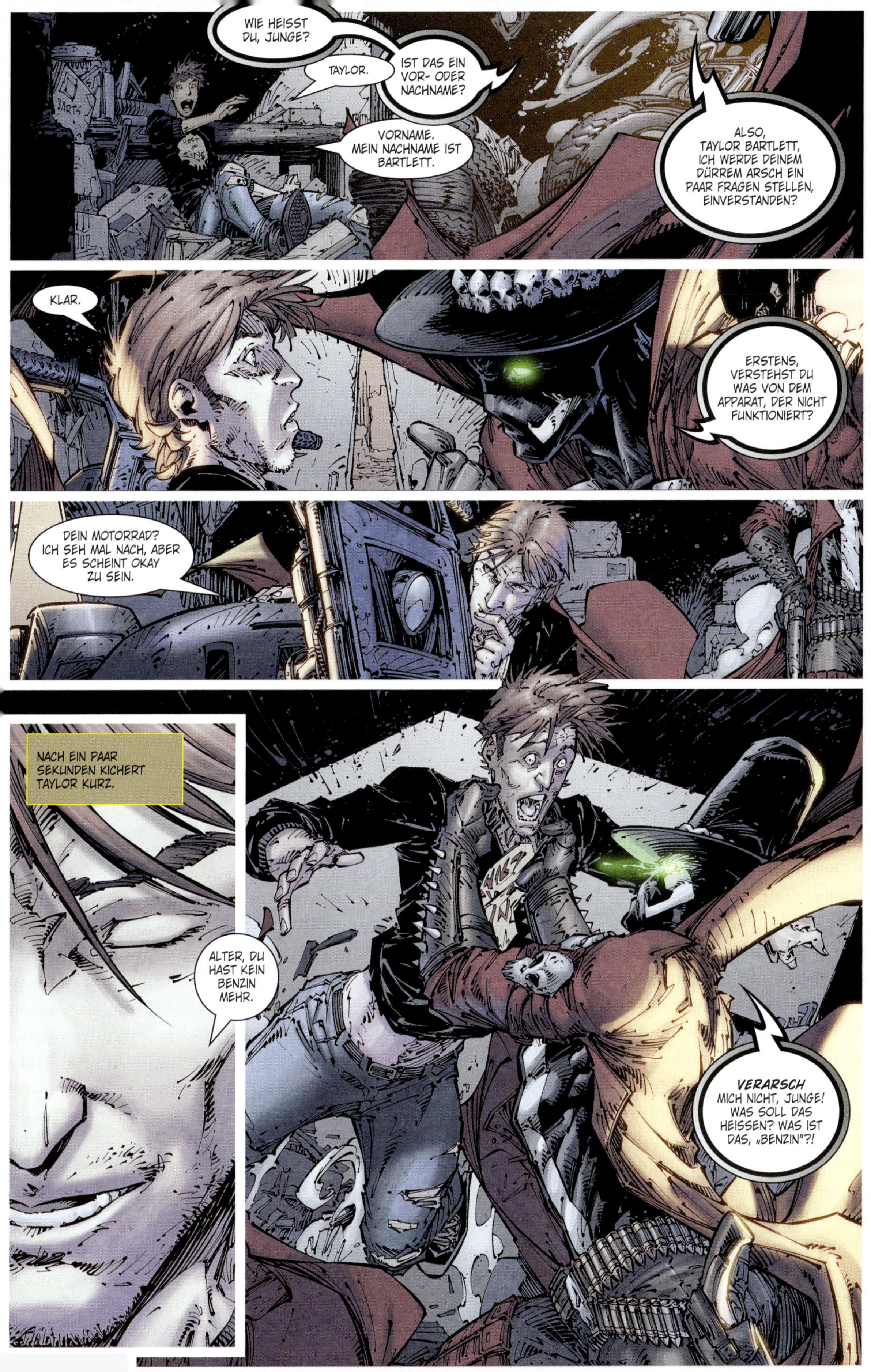
WIE HEISST DU, JUNGE?
TAYLOR.
IST DAS EIN VOR- ODER NACHNAME?
VORNAME. MEIN NACHNAME IST BARTLETT.
ALSO, TAYLOR BARTLETT, ICH WERDE DEINEM DÜRREM ARSCH EIN PAAR FRAGEN STELLEN, EINVERSTANDEN?
KLAR.
ERSTENS, VERSTEHST DU WAS VON DEM APPARAT, DER NICHT FUNKTIONIERT?
DEIN MOTORRAD? ICH SEH MAL NACH, ABER ES SCHEINT OKAY ZU SEIN.
NACH EIN PAAR SEKUNDEN KICHERT TAYLOR KURZ.
ALTER, DU HAST KEIN BENZIN MEHR.
VERARSCH MICH NICHT, JUNGE! WAS SOLL DAS HEISSEN? WAS IST DAS, „BENZIN"?!

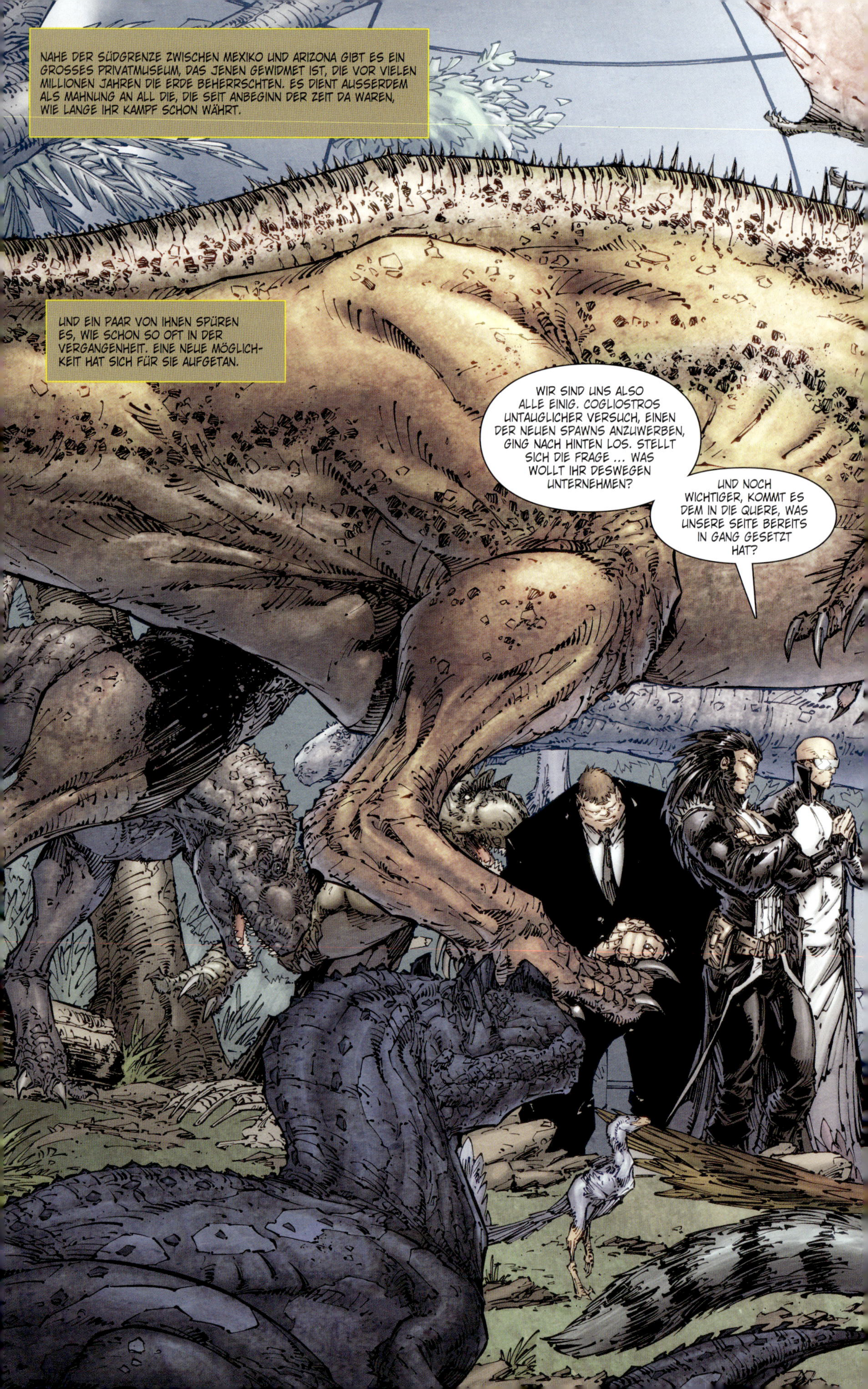
NAHE DER SÜDGRENZE ZWISCHEN MEXIKO UND ARIZONA GIBT ES EIN GROSSES PRIVATMUSEUM, DAS JENEN GEWIDMET IST, DIE VOR VIELEN MILLIONEN JAHREN DIE ERDE BEHERRSCHTEN. ES DIENT AUSSERDEM ALS MAHNUNG AN ALL DIE, DIE SEIT ANBEGINN DER ZEIT DA WAREN, WIE LANGE IHR KAMPF SCHON WÄHRT.
UND EIN PAAR VON IHNEN SPÜREN ES, WIE SCHON SO OFT IN DER VERGANGENHEIT. EINE NEUE MÖGLICHKEIT HAT SICH FÜR SIE AUFGETAN.
WIR SIND UNS ALSO ALLE EINIG. COGLIOSTROS UNTAUGLICHER VERSUCH, EINEN DER NEUEN SPAWNS ANZUWERBEN, GING NACH HINTEN LOS. STELLT SICH DIE FRAGE ... WAS WOLLT IHR DESWEGEN UNTERNEHMEN?
UND NOCH WICHTIGER, KOMMT ES DEM IN DIE QUERE, WAS UNSERE SEITE BEREITS IN GANG GESETZT HAT?

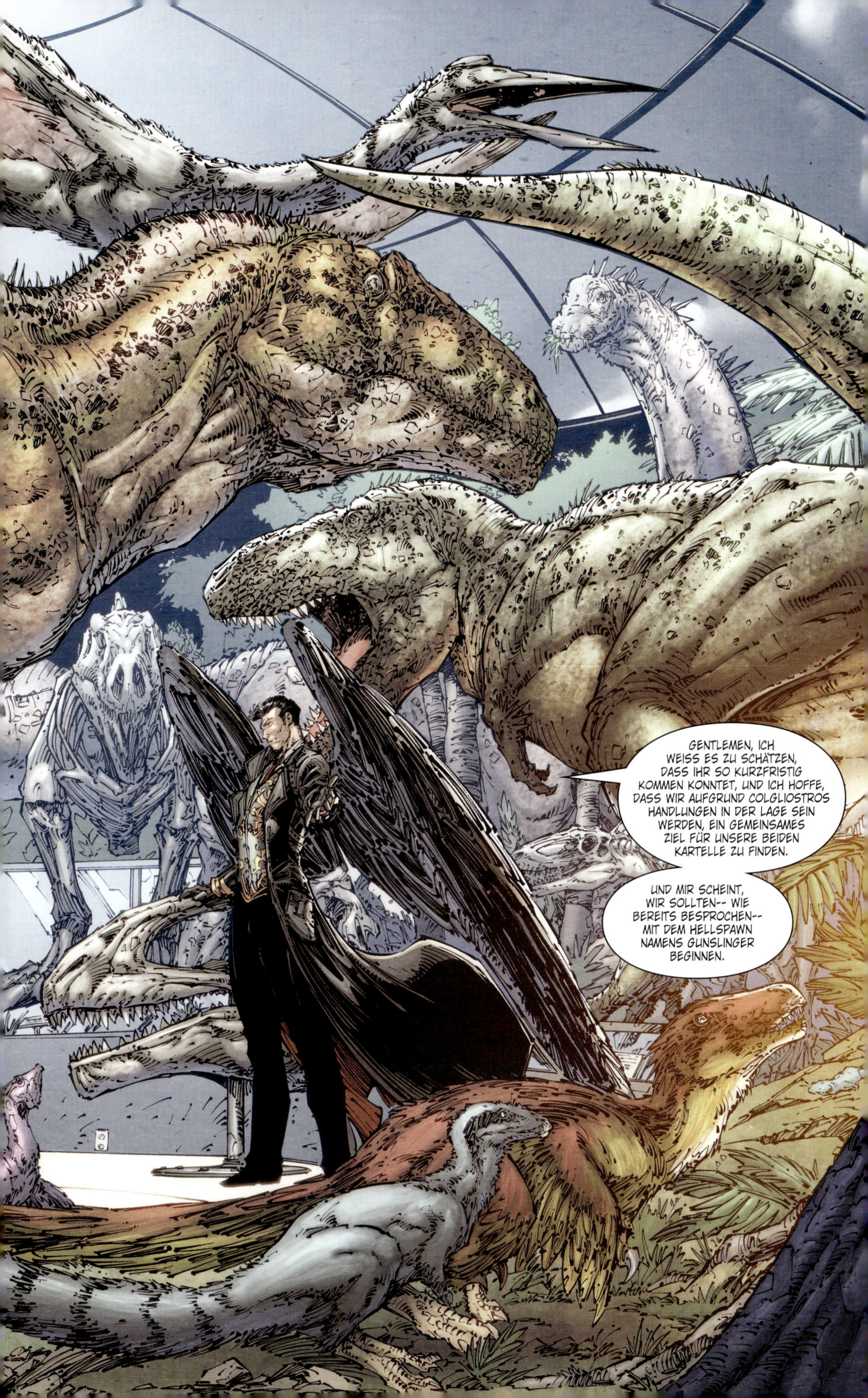
GENTLEMEN, ICH WEISS ES ZU SCHÄTZEN, DASS IHR SO KURZFRISTIG KOMMEN KONNTET, UND ICH HOFFE, DASS WIR AUFGRUND COLGLIOSTROS HANDLUNGEN IN DER LAGE SEIN WERDEN, EIN GEMEINSAMES ZIEL FÜR UNSERE BEIDEN KARTELLE ZU FINDEN.
UND MIR SCHEINT, WIR SOLLTEN-- WIE BEREITS BESPROCHEN-- MIT DEM HELLSPAWN NAMENS GUNSLINGER BEGINNEN.

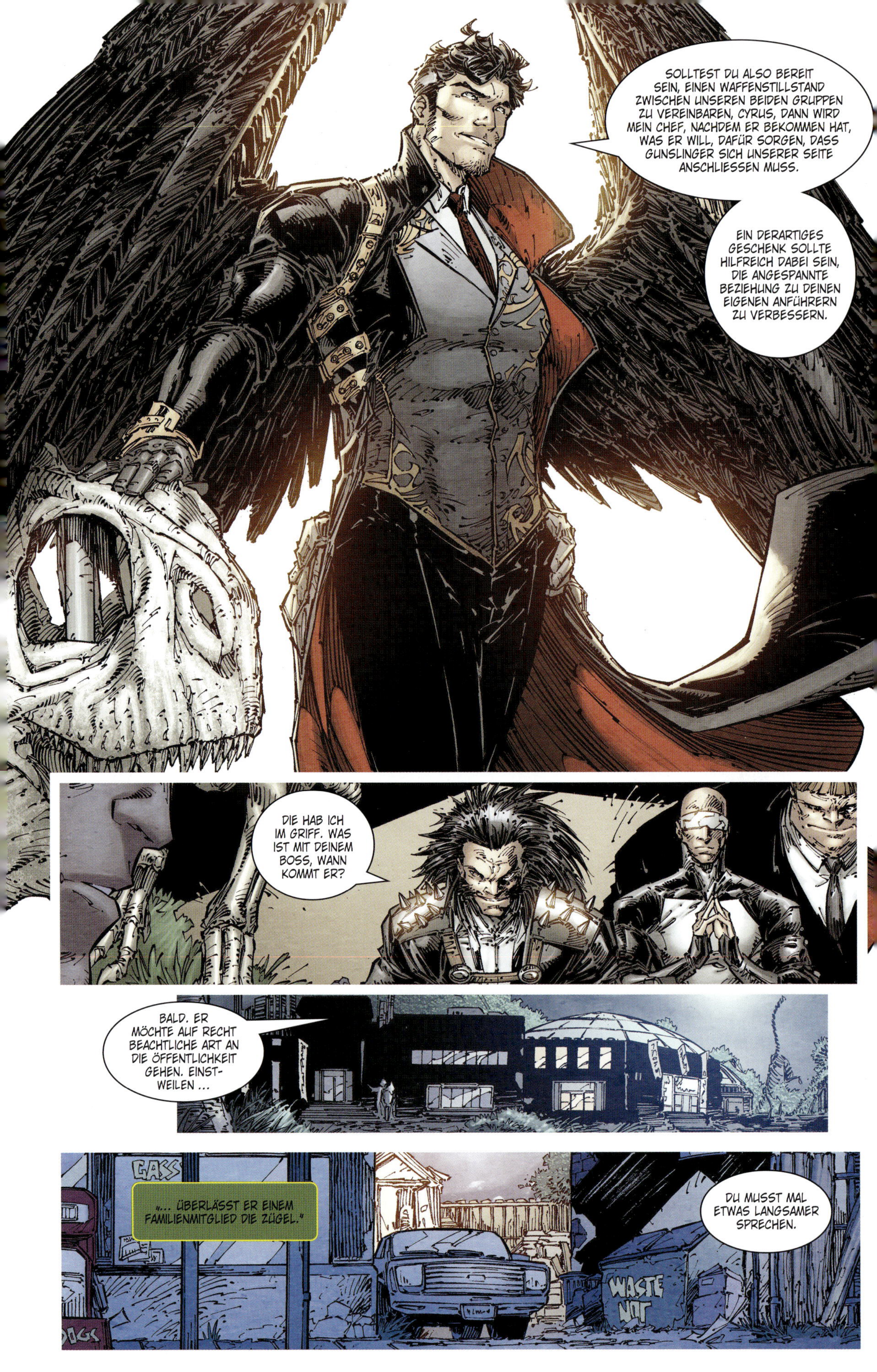

SOLLTEST DU ALSO BEREIT SEIN, EINEN WAFFENSTILLSTAND ZWISCHEN UNSEREN BEIDEN GRUPPEN ZU VEREINBAREN, CYRUS, DANN WIRD MEIN CHEF, NACHDEM ER BEKOMMEN HAT, WAS ER WILL, DAFÜR SORGEN, DASS GUNSLINGER SICH UNSERER SEITE ANSCHLIESSEN MUSS.

EIN DERARTIGES GESCHENK SOLLTE HILFREICH DABEI SEIN, DIE ANGESPANNTE BEZIEHUNG ZU DEINEN EIGENEN ANFÜHRERN ZU VERBESSERN.

DIE HAB ICH IM GRIFF. WAS IST MIT DEINEM BOSS, WANN KOMMT ER?

BALD. ER MÖCHTE AUF RECHT BEACHTLICHE ART AN DIE ÖFFENTLICHKEIT GEHEN. EINST-WEILEN ...

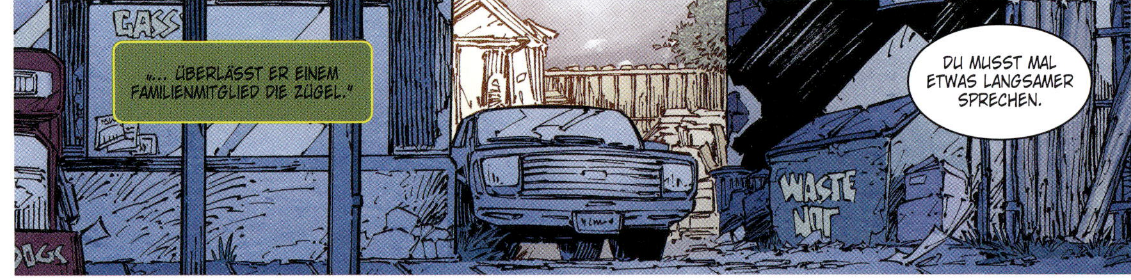

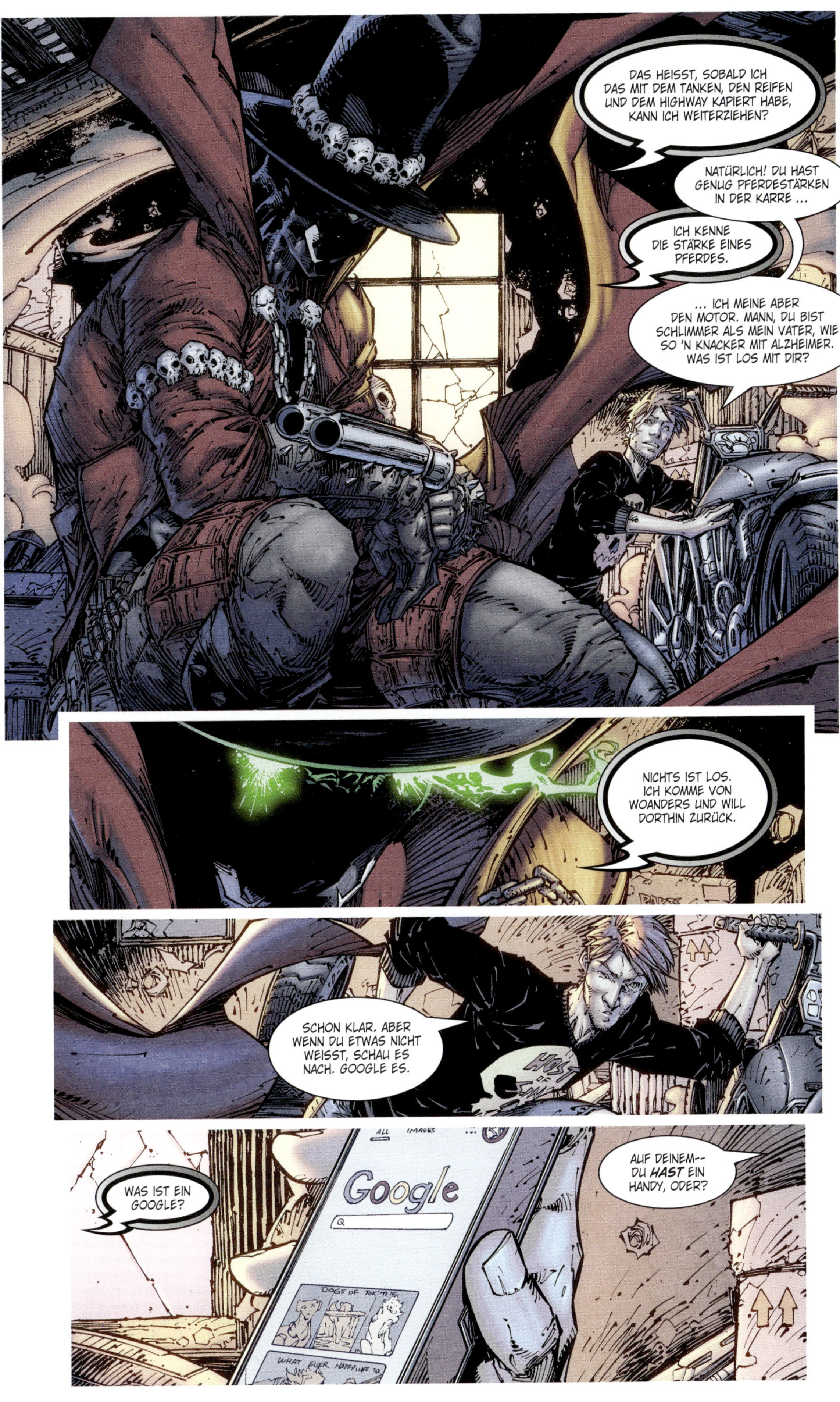
DAS HEISST, SOBALD ICH DAS MIT DEM TANKEN, DEN REIFEN UND DEM HIGHWAY KAPIERT HABE, KANN ICH WEITERZIEHEN?
NATÜRLICH! DU HAST GENUG PFERDESTÄRKEN IN DER KARRE ...
ICH KENNE DIE STÄRKE EINES PFERDES.
... ICH MEINE ABER DEN MOTOR. MANN, DU BIST SCHLIMMER ALS MEIN VATER, WIE SO 'N KNACKER MIT ALZHEIMER. WAS IST LOS MIT DIR?
NICHTS IST LOS. ICH KOMME VON WOANDERS UND WILL DORTHIN ZURÜCK.
SCHON KLAR. ABER WENN DU ETWAS NICHT WEISST, SCHAU ES NACH. GOOGLE ES.
WAS IST EIN GOOGLE?
AUF DEINEM-- DU **HAST** EIN HANDY, ODER?
Google

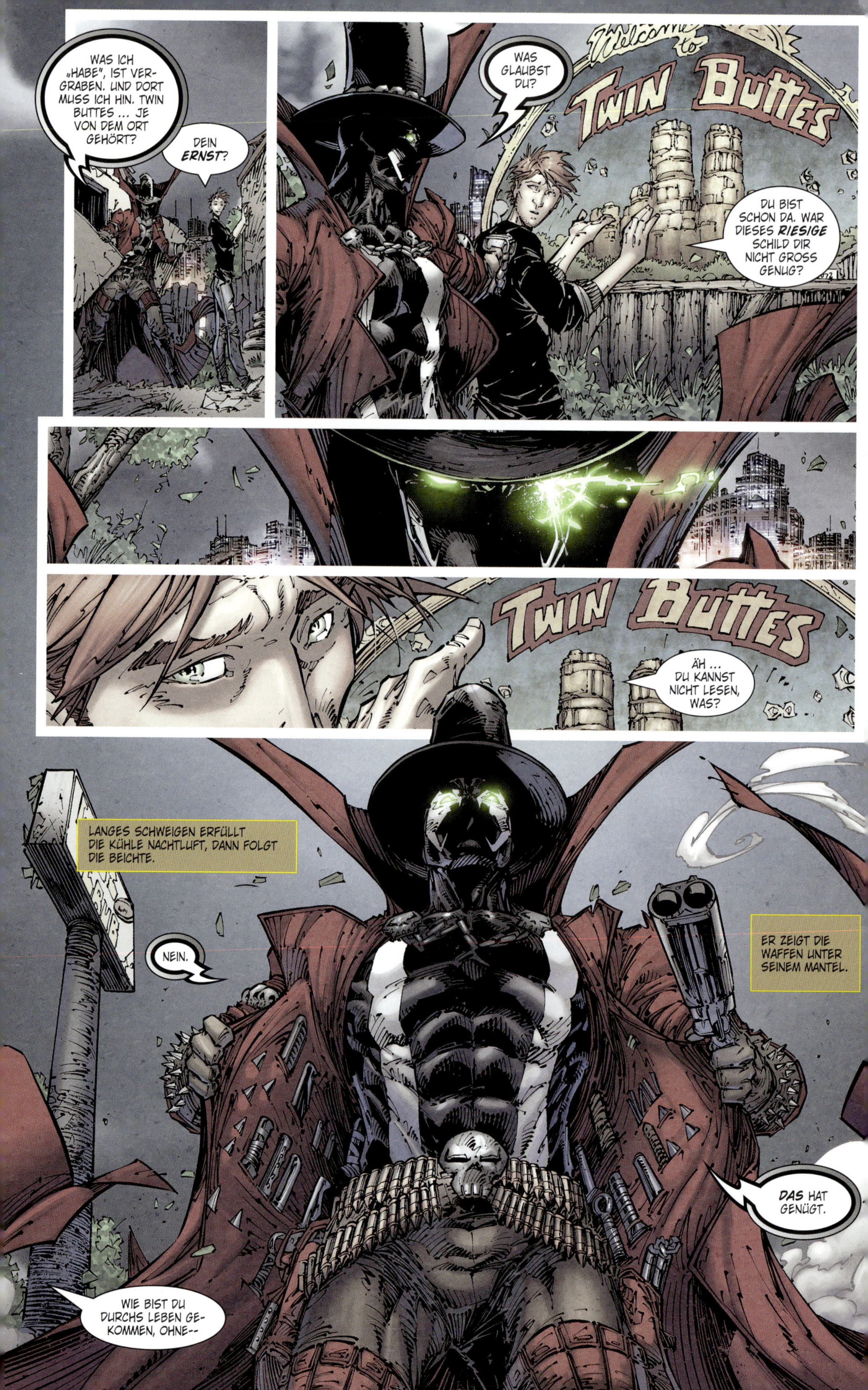
WAS ICH „HABE", IST VERGRABEN. UND DORT MUSS ICH HIN. TWIN BUTTES ... JE VON DEM ORT GEHÖRT?
DEIN *ERNST*?
WAS GLAUBST DU?
Welcome to TWIN BUTTES
DU BIST SCHON DA. WAR DIESES *RIESIGE* SCHILD DIR NICHT GROSS GENUG?
TWIN BUTTES
ÄH ... DU KANNST NICHT LESEN, WAS?
LANGES SCHWEIGEN ERFÜLLT DIE KÜHLE NACHTLUFT, DANN FOLGT DIE BEICHTE.
NEIN.
ER ZEIGT DIE WAFFEN UNTER SEINEM MANTEL.
WIE BIST DU DURCHS LEBEN GEKOMMEN, OHNE--
DAS HAT GENÜGT.

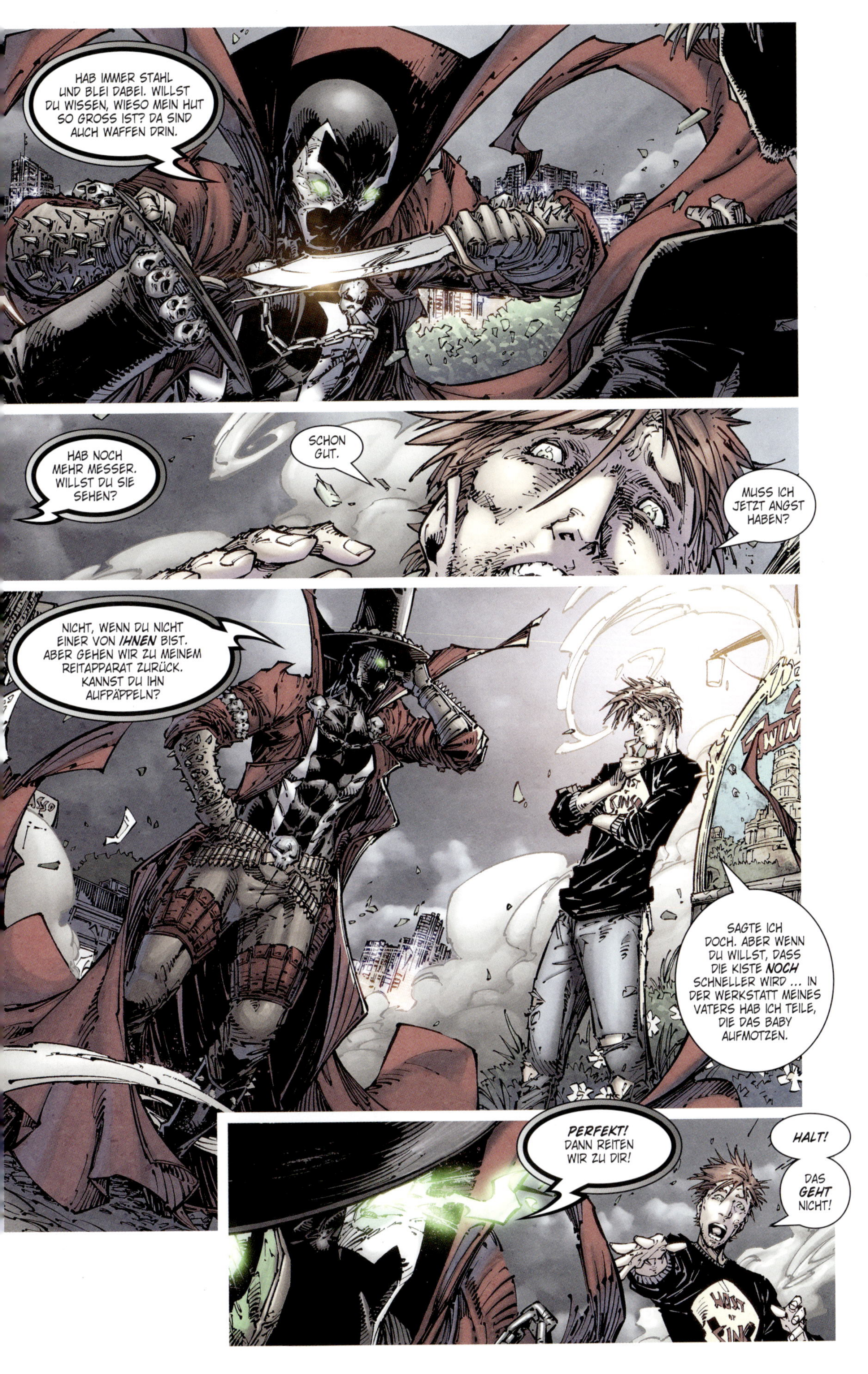
HAB IMMER STAHL UND BLEI DABEI. WILLST DU WISSEN, WIESO MEIN HUT SO GROSS IST? DA SIND AUCH WAFFEN DRIN.
HAB NOCH MEHR MESSER. WILLST DU SIE SEHEN?
SCHON GUT.
MUSS ICH JETZT ANGST HABEN?
NICHT, WENN DU NICHT EINER VON *IHNEN* BIST. ABER GEHEN WIR ZU MEINEM REITAPPARAT ZURÜCK. KANNST DU IHN AUFPÄPPELN?
SAGTE ICH DOCH. ABER WENN DU WILLST, DASS DIE KISTE *NOCH* SCHNELLER WIRD ... IN DER WERKSTATT MEINES VATERS HAB ICH TEILE, DIE DAS BABY AUFMOTZEN.
PERFEKT! DANN REITEN WIR ZU DIR!
HALT!
DAS *GEHT* NICHT!

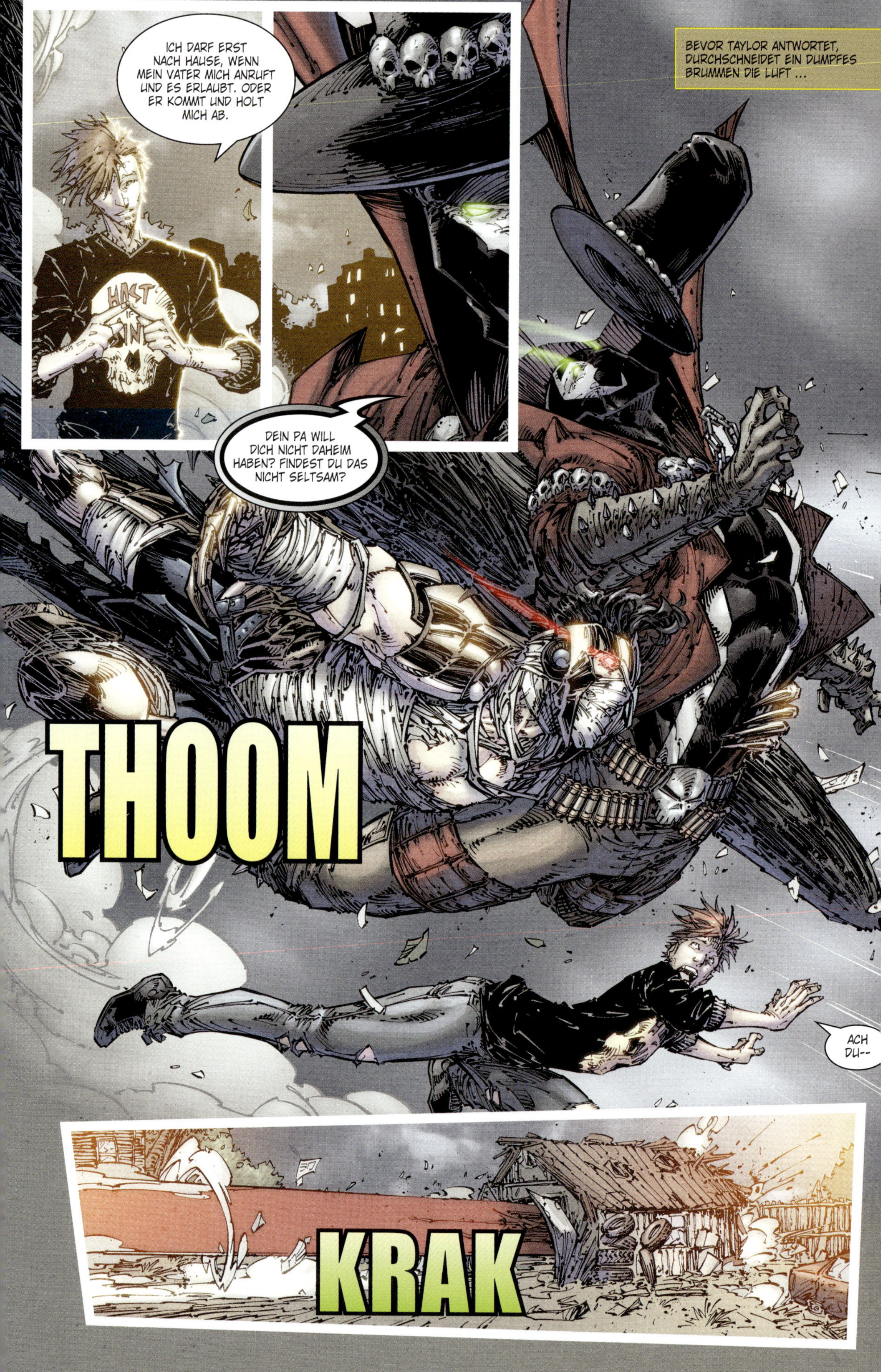
ICH DARF ERST NACH HAUSE, WENN MEIN VATER MICH ANRUFT UND ES ERLAUBT. ODER ER KOMMT UND HOLT MICH AB.
BEVOR TAYLOR ANTWORTET, DURCHSCHNEIDET EIN DUMPFES BRUMMEN DIE LUFT ...
DEIN PA WILL DICH NICHT DAHEIM HABEN? FINDEST DU DAS NICHT SELTSAM?
THOOM
ACH DU--
KRAK

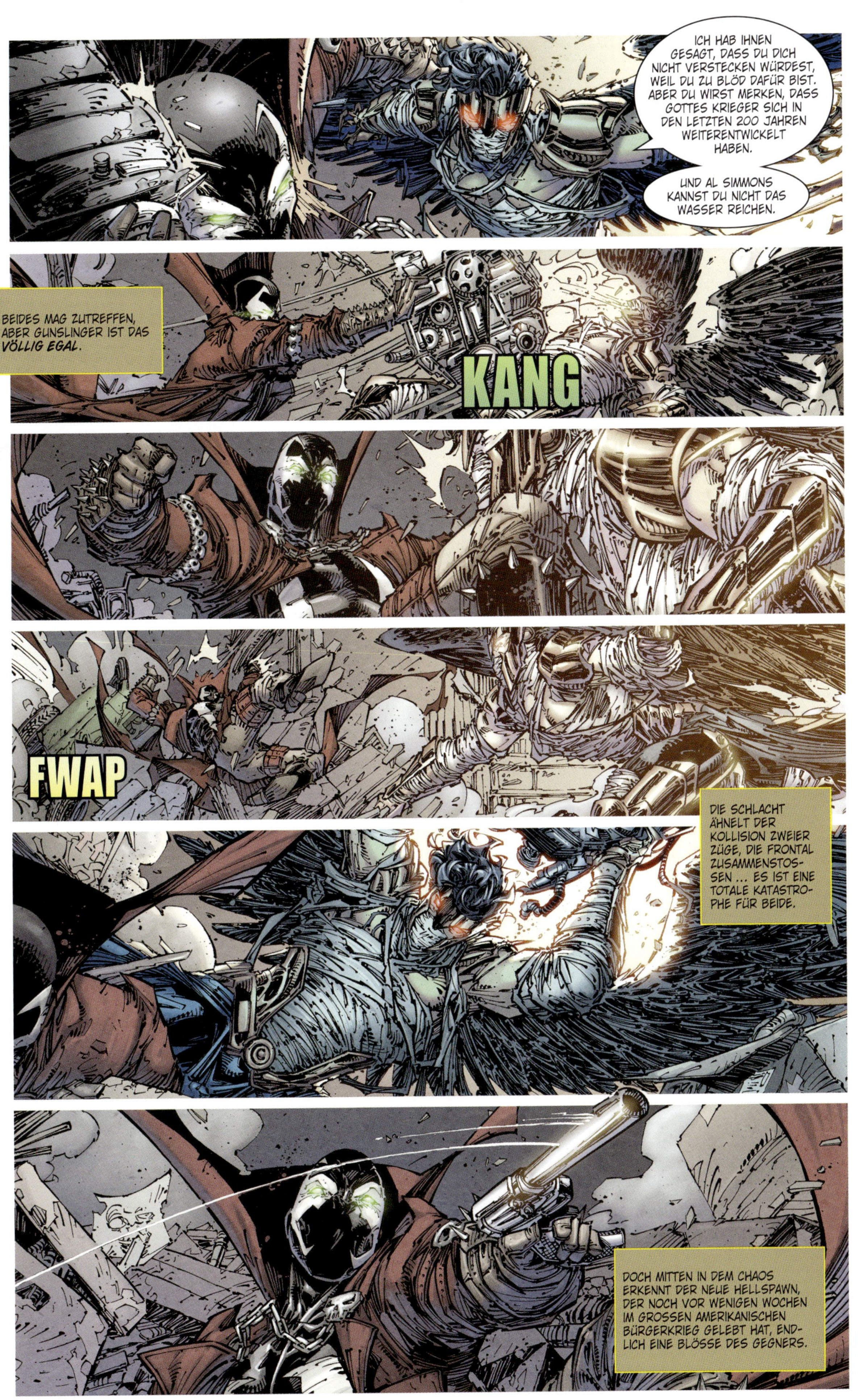
ICH HAB IHNEN GESAGT, DASS DU DICH NICHT VERSTECKEN WÜRDEST, WEIL DU ZU BLÖD DAFÜR BIST. ABER DU WIRST MERKEN, DASS GOTTES KRIEGER SICH IN DEN LETZTEN 200 JAHREN WEITERENTWICKELT HABEN.
UND AL SIMMONS KANNST DU NICHT DAS WASSER REICHEN.
BEIDES MAG ZUTREFFEN, ABER GUNSLINGER IST DAS *VÖLLIG EGAL*.
KANG
FWAP
DIE SCHLACHT ÄHNELT DER KOLLISION ZWEIER ZÜGE, DIE FRONTAL ZUSAMMENSTOSSEN ... ES IST EINE TOTALE KATASTROPHE FÜR BEIDE.
DOCH MITTEN IN DEM CHAOS ERKENNT DER NEUE HELLSPAWN, DER NOCH VOR WENIGEN WOCHEN IM GROSSEN AMERIKANISCHEN BÜRGERKRIEG GELEBT HAT, ENDLICH EINE BLÖSSE DES GEGNERS.

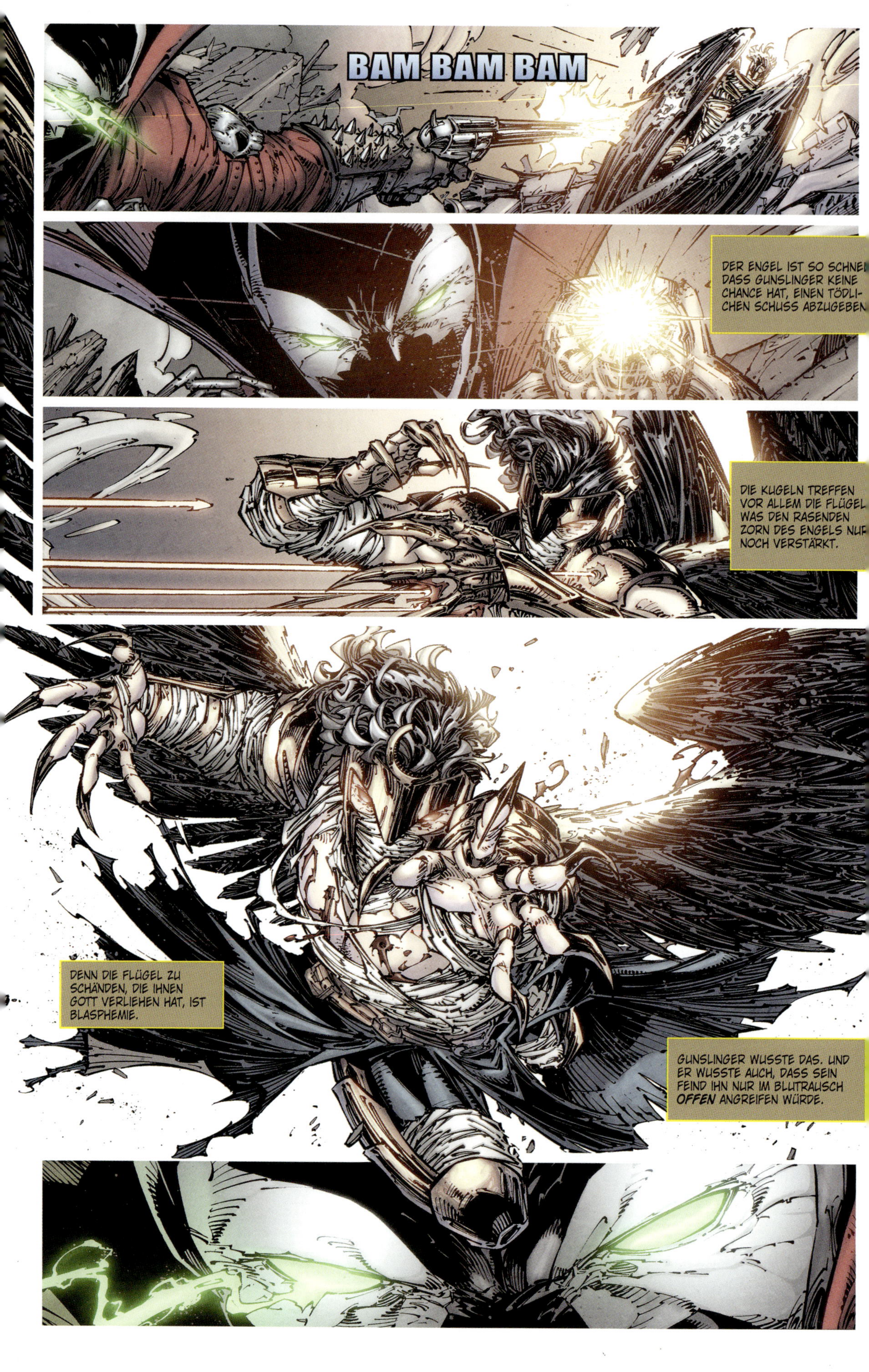
BAM BAM BAM
DER ENGEL IST SO SCHNEL DASS GUNSLINGER KEINE CHANCE HAT, EINEN TÖDLICHEN SCHUSS ABZUGEBEN.
DIE KUGELN TREFFEN VOR ALLEM DIE FLÜGEL, WAS DEN RASENDEN ZORN DES ENGELS NUR NOCH VERSTÄRKT.
DENN DIE FLÜGEL ZU SCHÄNDEN, DIE IHNEN GOTT VERLIEHEN HAT, IST BLASPHEMIE.
GUNSLINGER WUSSTE DAS. UND ER WUSSTE AUCH, DASS SEIN FEIND IHN NUR IM BLUTRAUSCH OFFEN ANGREIFEN WÜRDE.

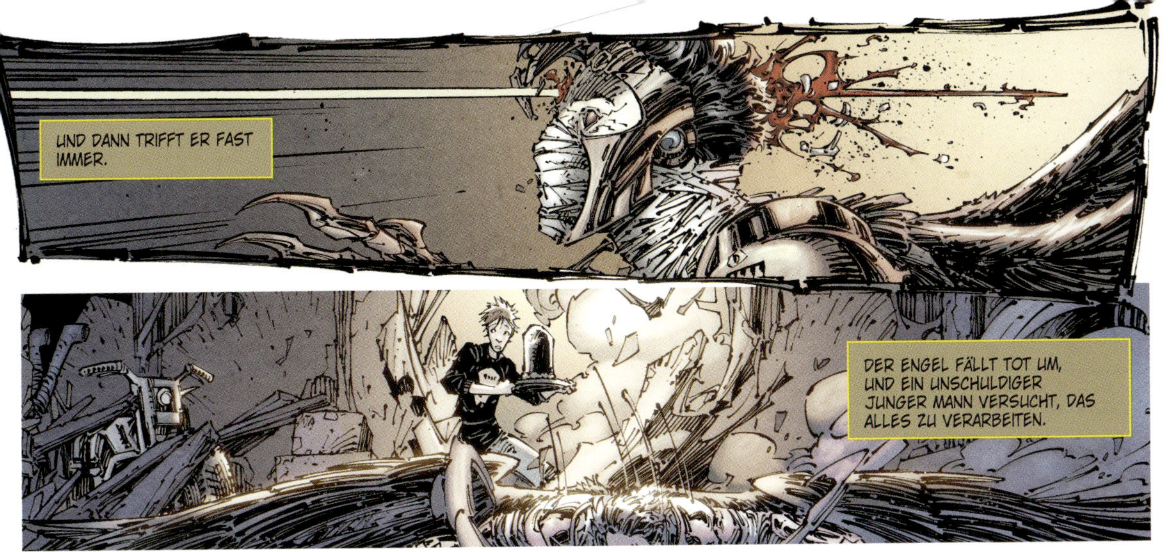
UND DANN TRIFFT ER FAST IMMER.

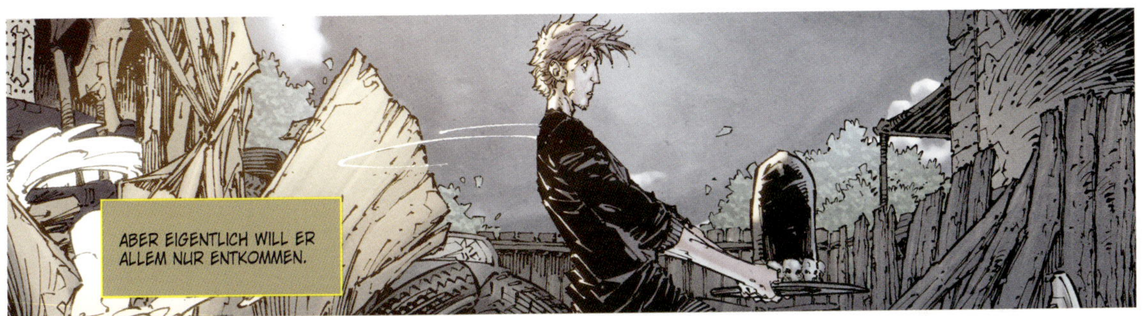
DER ENGEL FÄLLT TOT UM, UND EIN UNSCHULDIGER JUNGER MANN VERSUCHT, DAS ALLES ZU VERARBEITEN.

ABER EIGENTLICH WILL ER ALLEM NUR ENTKOMMEN.

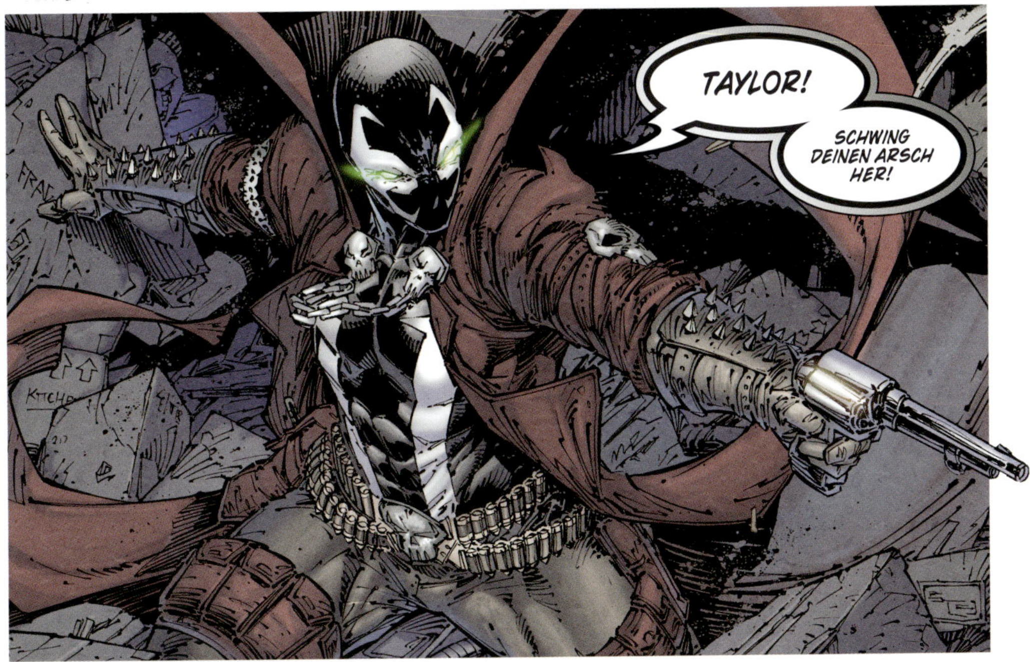
TAYLOR!
SCHWING DEINEN ARSCH HER!

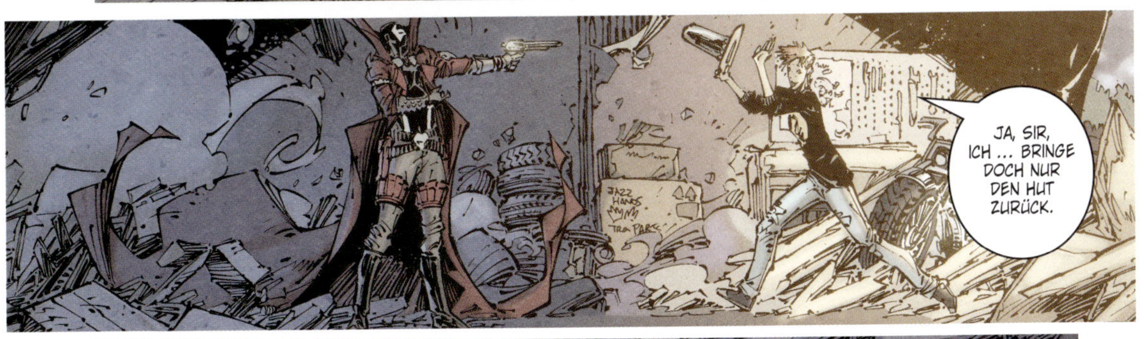
JA, SIR, ICH ... BRINGE DOCH NUR DEN HUT ZURÜCK.

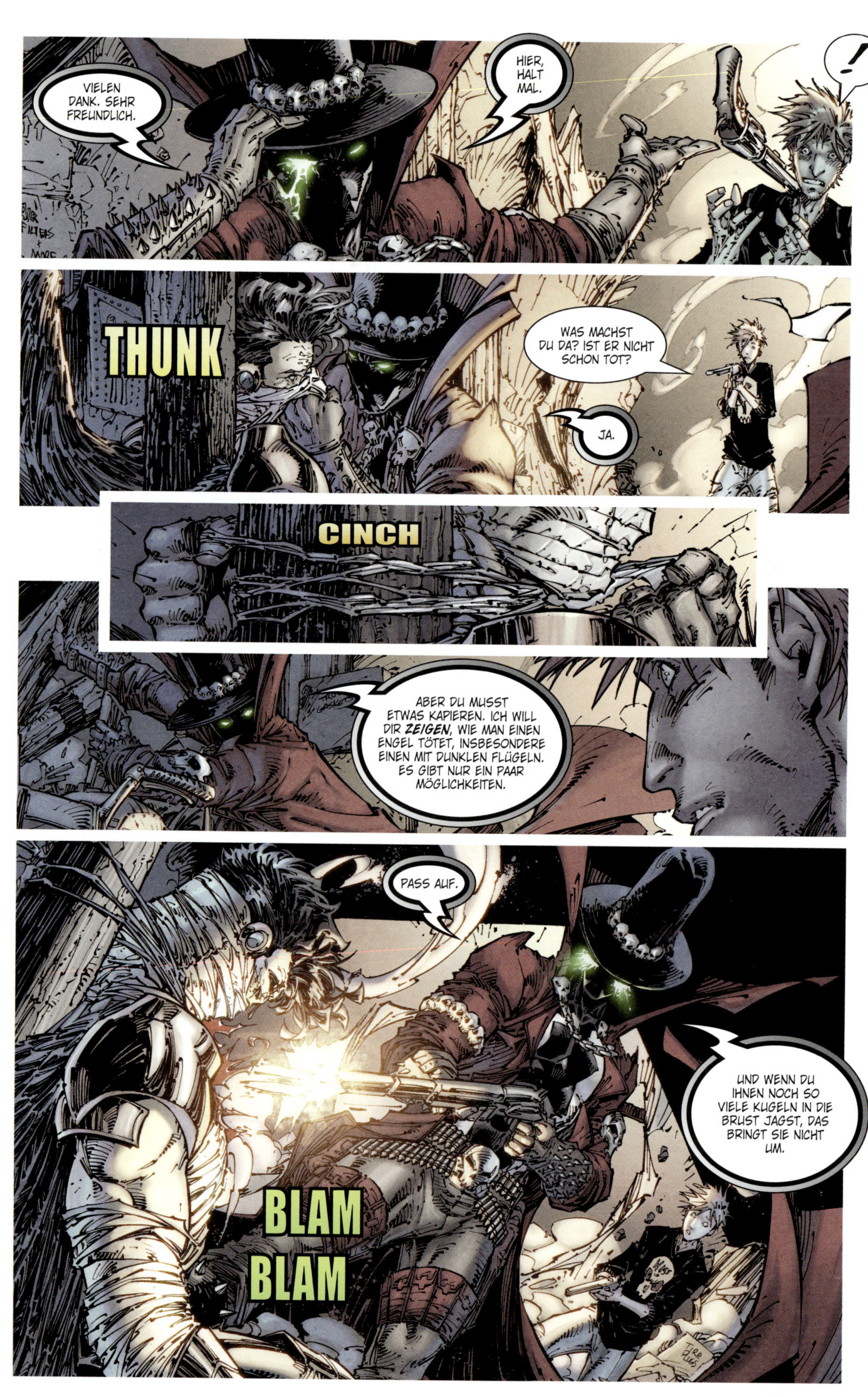
VIELEN DANK. SEHR FREUNDLICH.
HIER, HALT MAL.
!
THUNK
WAS MACHST DU DA? IST ER NICHT SCHON TOT?
JA.
CINCH
ABER DU MUSST ETWAS KAPIEREN. ICH WILL DIR *ZEIGEN*, WIE MAN EINEN ENGEL TÖTET, INSBESONDERE EINEN MIT DUNKLEN FLÜGELN. ES GIBT NUR EIN PAAR MÖGLICHKEITEN.
PASS AUF.
UND WENN DU IHNEN NOCH SO VIELE KUGELN IN DIE BRUST JAGST, DAS BRINGT SIE NICHT UM.
BLAM
BLAM

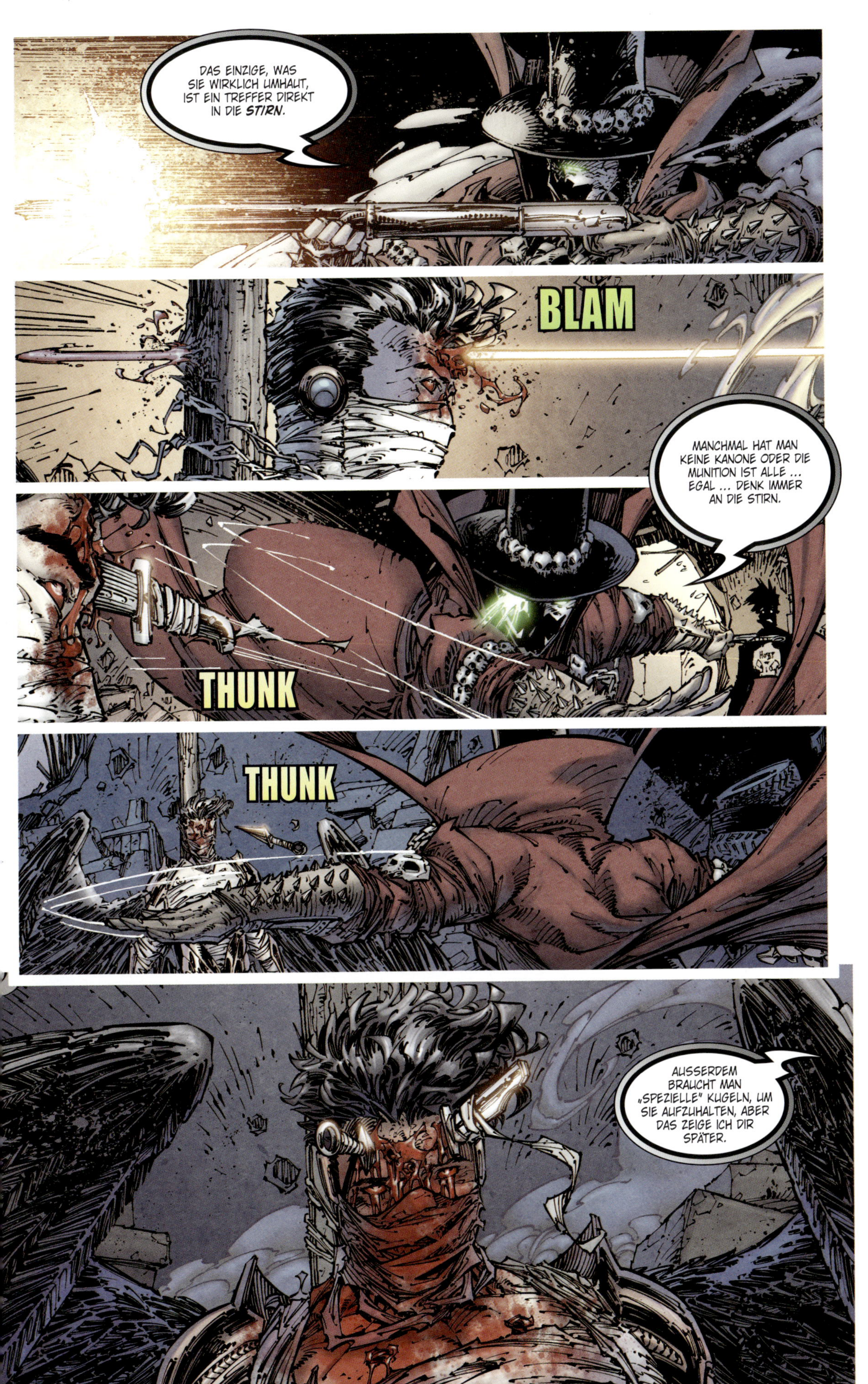
DAS EINZIGE, WAS SIE WIRKLICH UMHAUT, IST EIN TREFFER DIREKT IN DIE STIRN.
BLAM
MANCHMAL HAT MAN KEINE KANONE ODER DIE MUNITION IST ALLE ... EGAL ... DENK IMMER AN DIE STIRN.
THUNK
THUNK
AUSSERDEM BRAUCHT MAN „SPEZIELLE" KUGELN, UM SIE AUFZUHALTEN, ABER DAS ZEIGE ICH DIR SPÄTER.

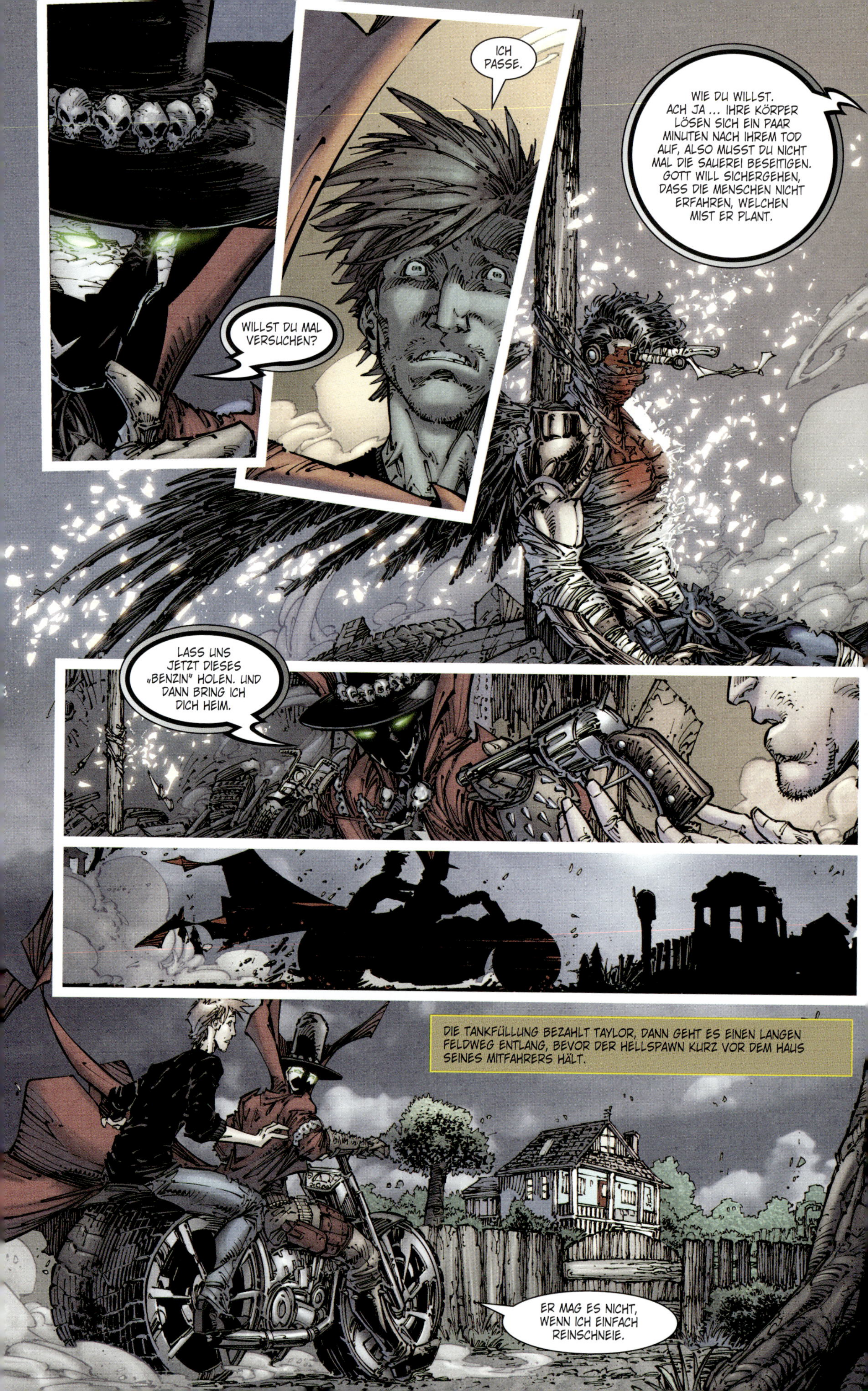
WILLST DU MAL VERSUCHEN?
ICH PASSE.
WIE DU WILLST. ACH JA ... IHRE KÖRPER LÖSEN SICH EIN PAAR MINUTEN NACH IHREM TOD AUF, ALSO MUSST DU NICHT MAL DIE SAUEREI BESEITIGEN. GOTT WILL SICHERGEHEN, DASS DIE MENSCHEN NICHT ERFAHREN, WELCHEN MIST ER PLANT.
LASS UNS JETZT DIESES „BENZIN" HOLEN. UND DANN BRING ICH DICH HEIM.
DIE TANKFÜLLUNG BEZAHLT TAYLOR, DANN GEHT ES EINEN LANGEN FELDWEG ENTLANG, BEVOR DER HELLSPAWN KURZ VOR DEM HAUS SEINES MITFAHRERS HÄLT.
ER MAG ES NICHT, WENN ICH EINFACH REINSCHNEIE.

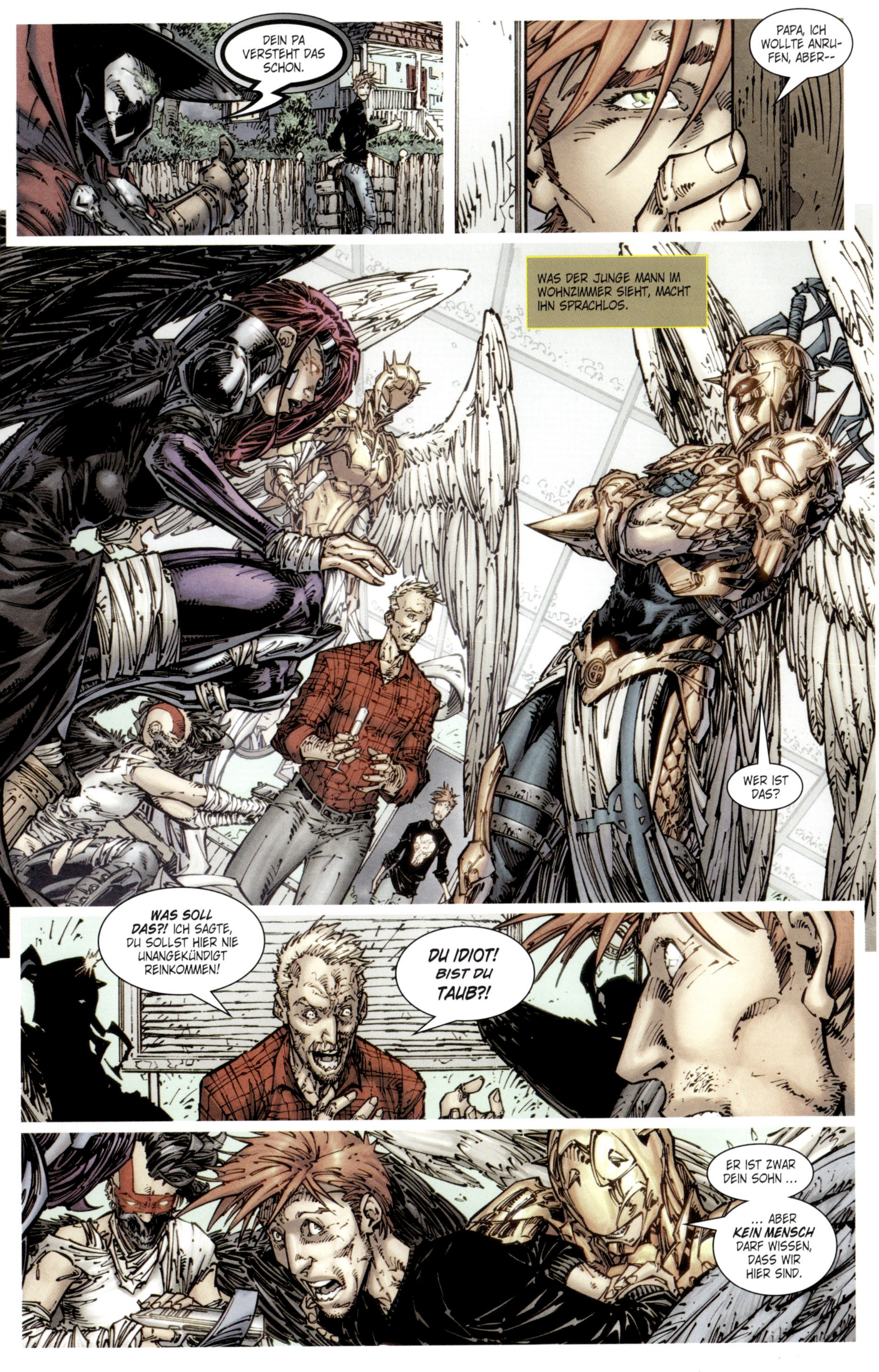
DEIN PA VERSTEHT DAS SCHON.
PAPA, ICH WOLLTE ANRU-FEN, ABER--
WAS DER JUNGE MANN IM WOHNZIMMER SIEHT, MACHT IHN SPRACHLOS.
WER IST DAS?
WAS SOLL DAS?! ICH SAGTE, DU SOLLST HIER NIE UNANGEKÜNDIGT REINKOMMEN!
DU IDIOT! BIST DU TAUB?!
ER IST ZWAR DEIN SOHN ...
... ABER KEIN MENSCH DARF WISSEN, DASS WIR HIER SIND.

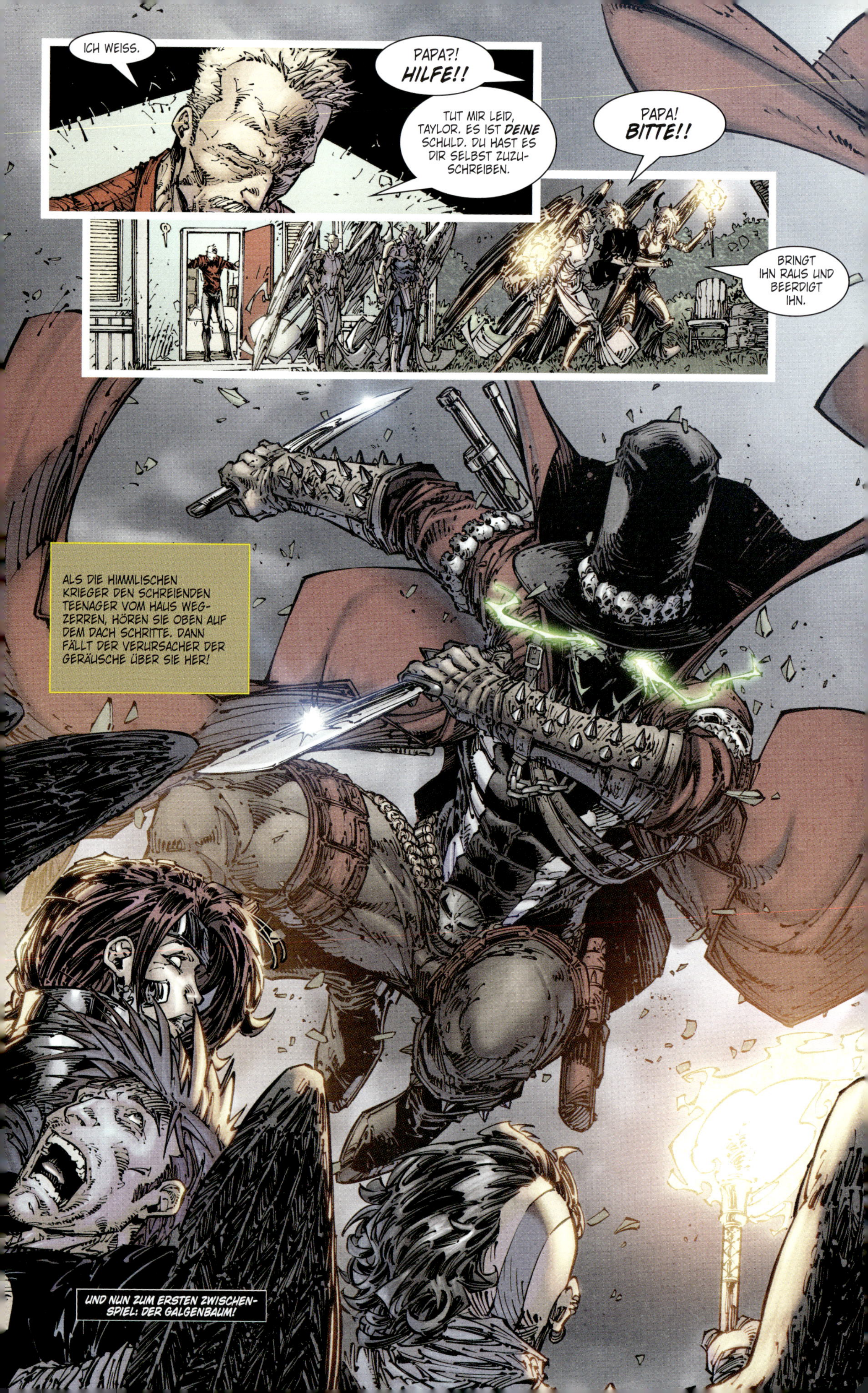
ICH WEISS.
PAPA?! HILFE!!
TUT MIR LEID, TAYLOR. ES IST DEINE SCHULD. DU HAST ES DIR SELBST ZUZU-SCHREIBEN.
PAPA! BITTE!!
BRINGT IHN RAUS UND BEERDIGT IHN.
ALS DIE HIMMLISCHEN KRIEGER DEN SCHREIENDEN TEENAGER VOM HAUS WEG-ZERREN, HÖREN SIE OBEN AUF DEM DACH SCHRITTE. DANN FÄLLT DER VERURSACHER DER GERÄUSCHE ÜBER SIE HER!
UND NUN ZUM ERSTEN ZWISCHEN-SPIEL: DER GALGENBAUM!

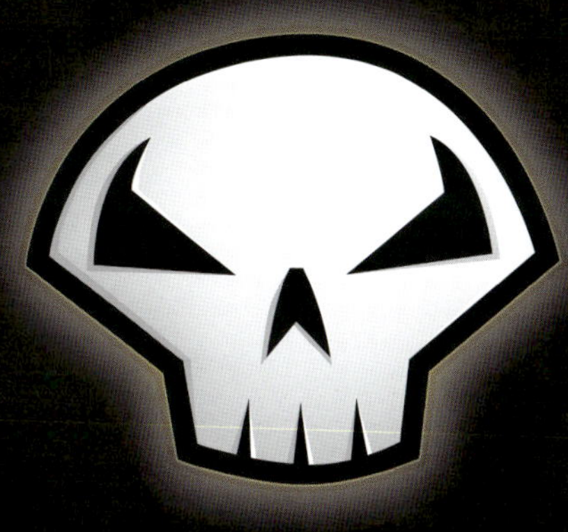

DER GALGENBAUM

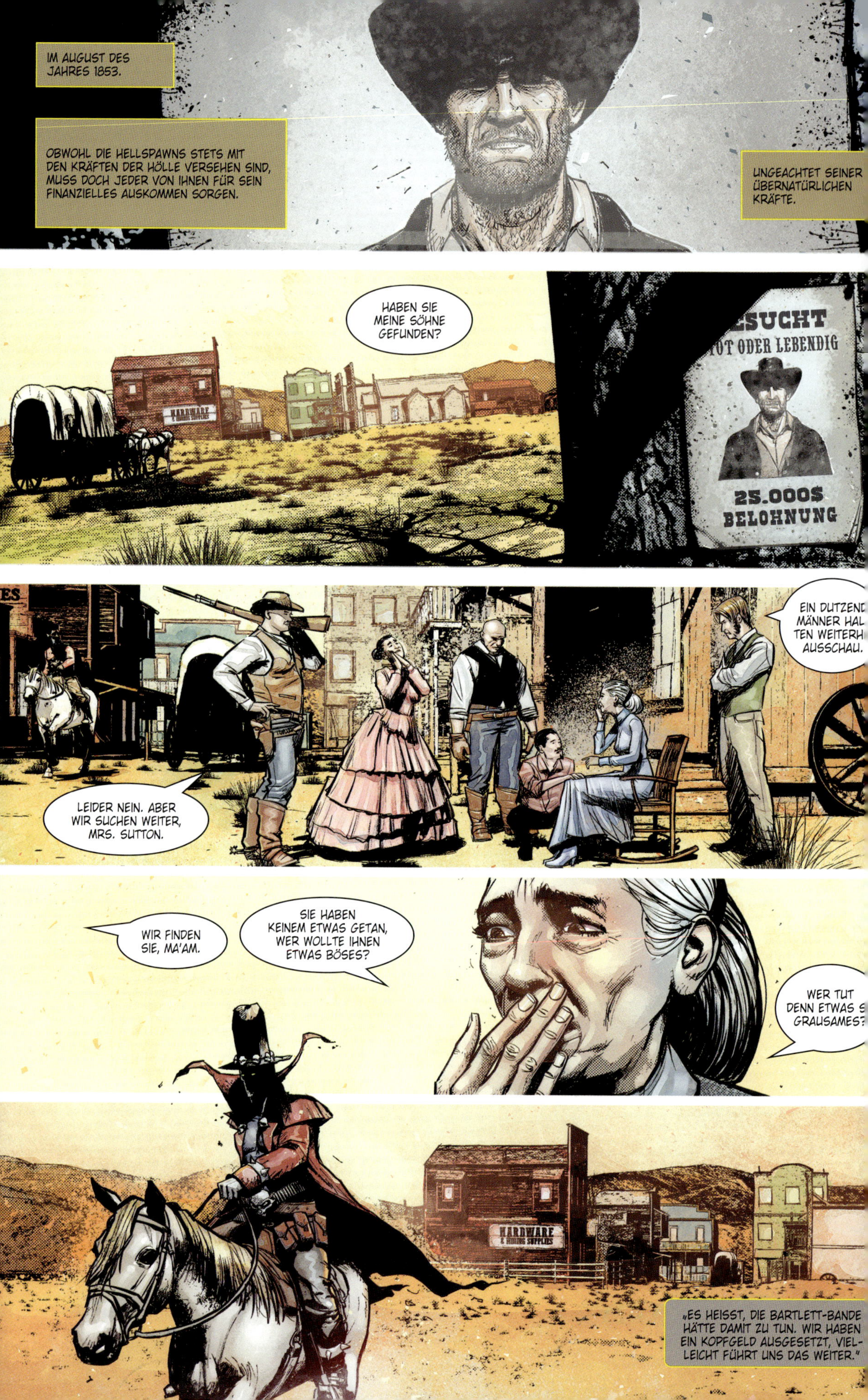
IM AUGUST DES JAHRES 1853.
OBWOHL DIE HELLSPAWNS STETS MIT DEN KRÄFTEN DER HÖLLE VERSEHEN SIND, MUSS DOCH JEDER VON IHNEN FÜR SEIN FINANZIELLES AUSKOMMEN SORGEN.
UNGEACHTET SEINER ÜBERNATÜRLICHEN KRÄFTE.
HABEN SIE MEINE SÖHNE GEFUNDEN?
HARDWARE
ESUCHT
TOT ODER LEBENDIG
25.000$
BELOHNUNG
EIN DUTZEND MÄNNER HAL TEN WEITERH AUSSCHAU.
LEIDER NEIN. ABER WIR SUCHEN WEITER, MRS. SUTTON.
WIR FINDEN SIE, MA'AM.
SIE HABEN KEINEM ETWAS GETAN, WER WOLLTE IHNEN ETWAS BÖSES?
WER TUT DENN ETWAS S GRAUSAMES?
HARDWARE
„ES HEISST, DIE BARTLETT-BANDE HÄTTE DAMIT ZU TUN. WIR HABEN EIN KOPFGELD AUSGESETZT, VIELLEICHT FÜHRT UNS DAS WEITER."

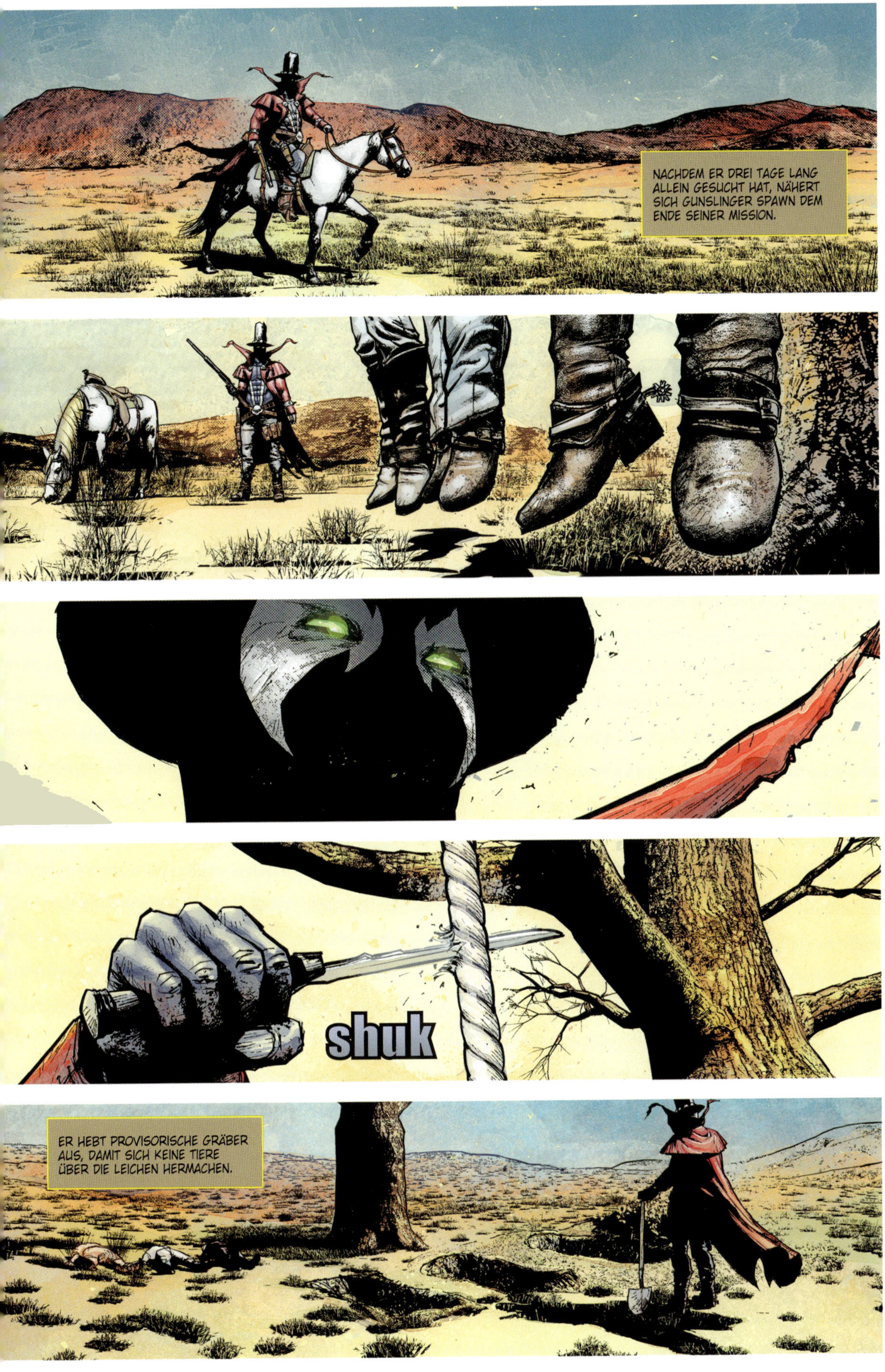

NACHDEM ER DREI TAGE LANG ALLEIN GESUCHT HAT, NÄHERT SICH GUNSLINGER SPAWN DEM ENDE SEINER MISSION.

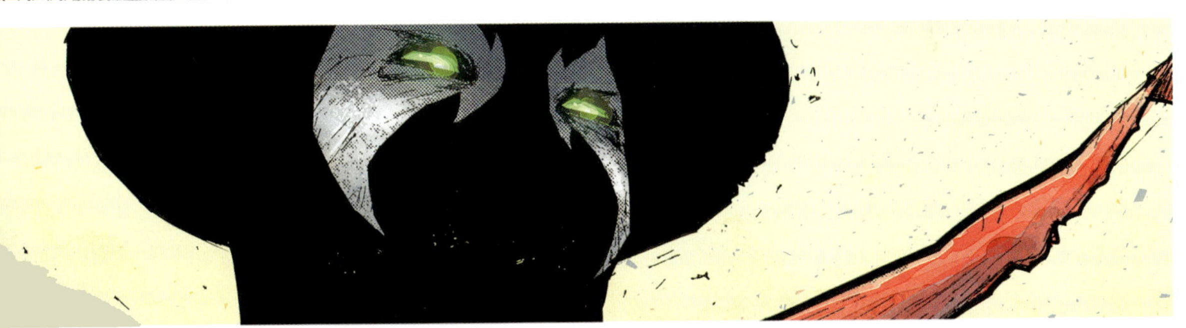

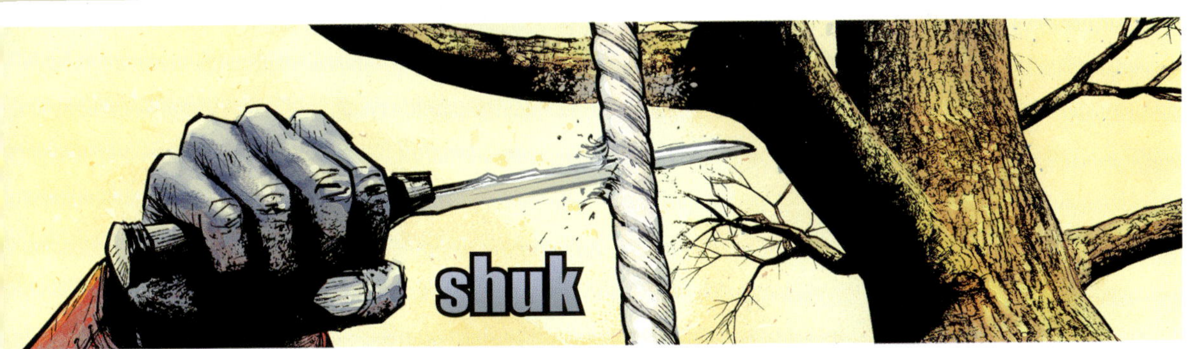

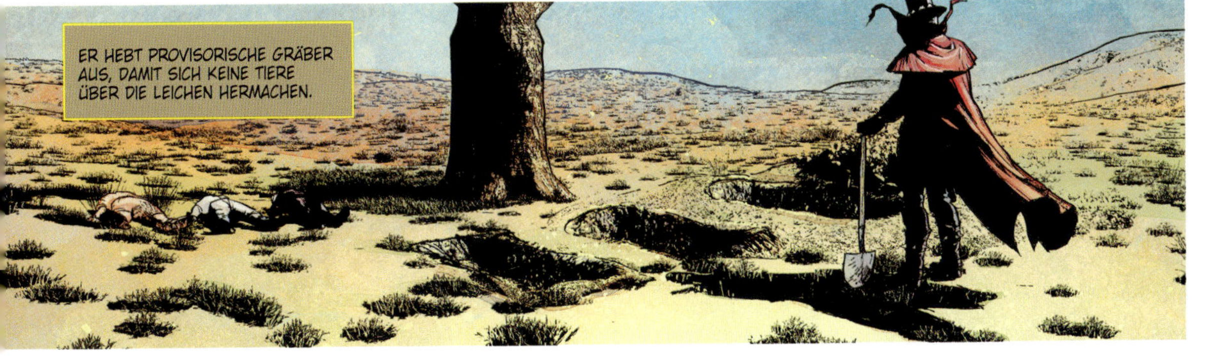

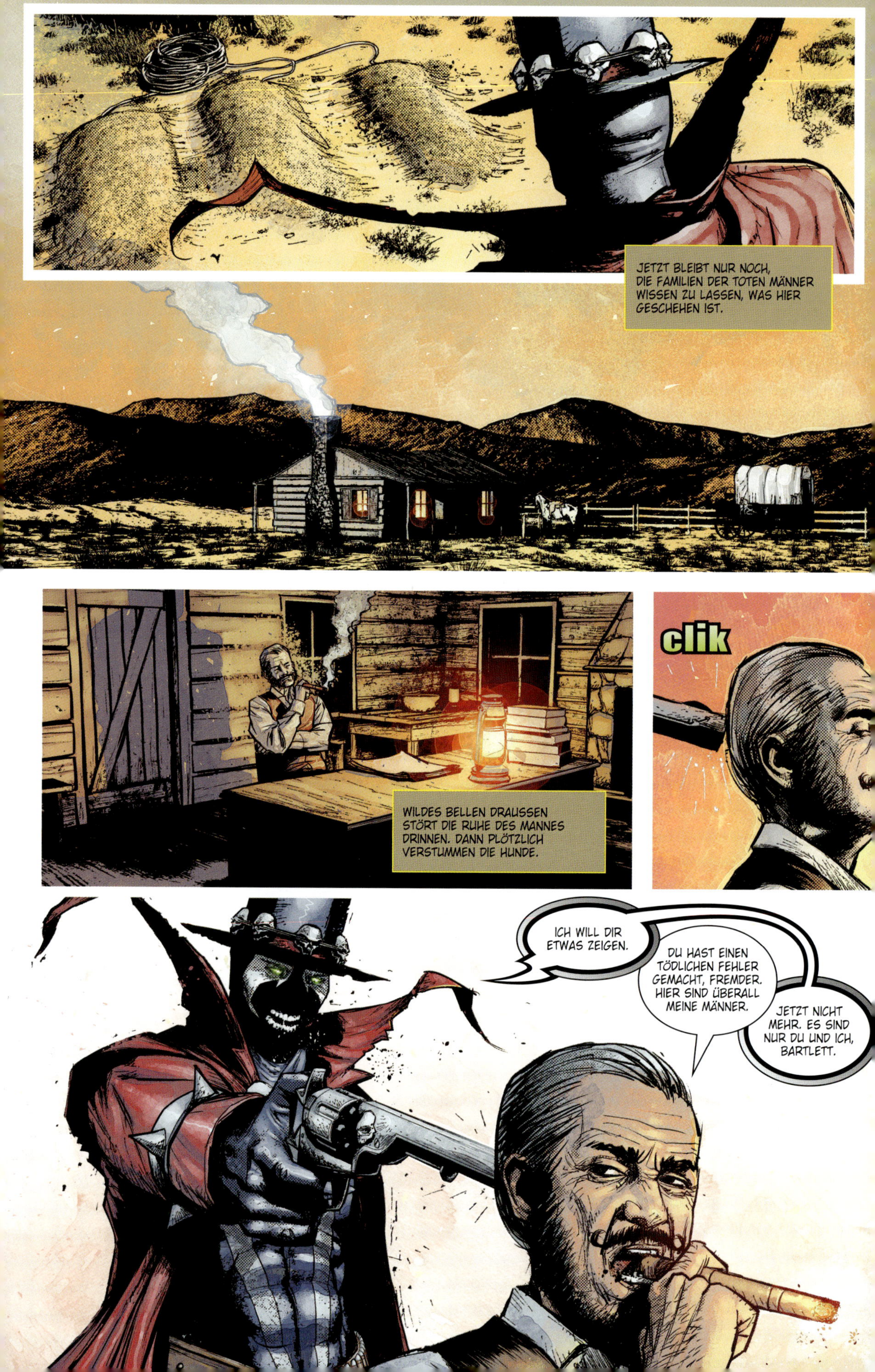

JETZT BLEIBT NUR NOCH, DIE FAMILIEN DER TOTEN MÄNNER WISSEN ZU LASSEN, WAS HIER GESCHEHEN IST.

WILDES BELLEN DRAUSSEN STÖRT DIE RUHE DES MANNES DRINNEN. DANN PLÖTZLICH VERSTUMMEN DIE HUNDE.

clik

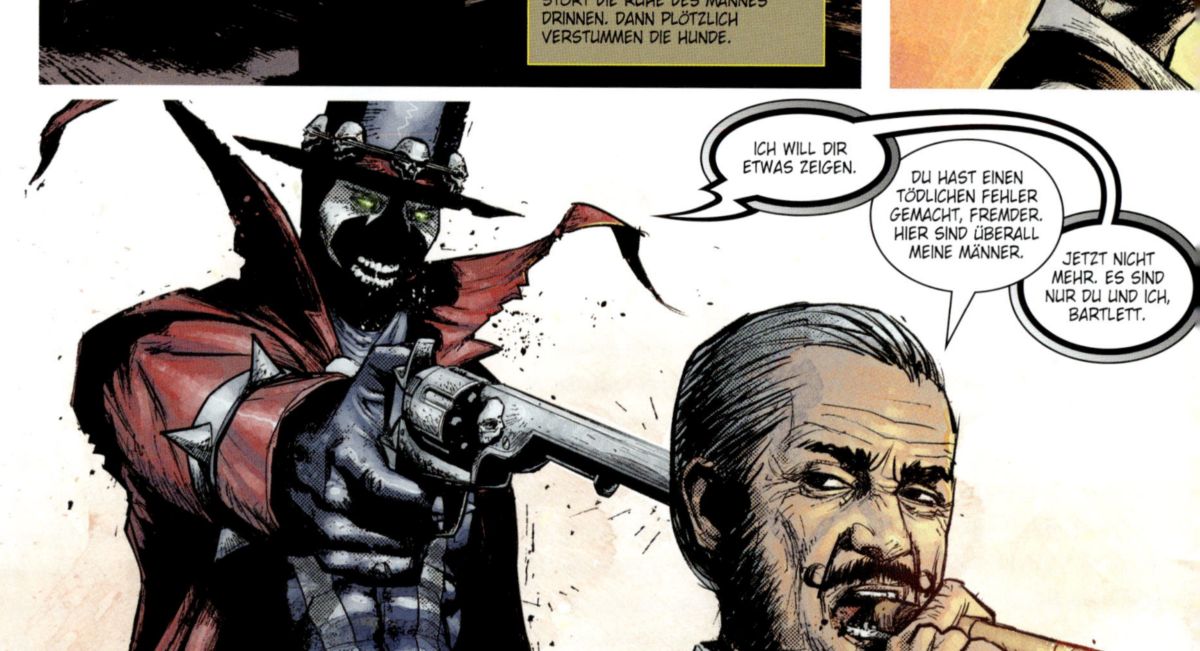

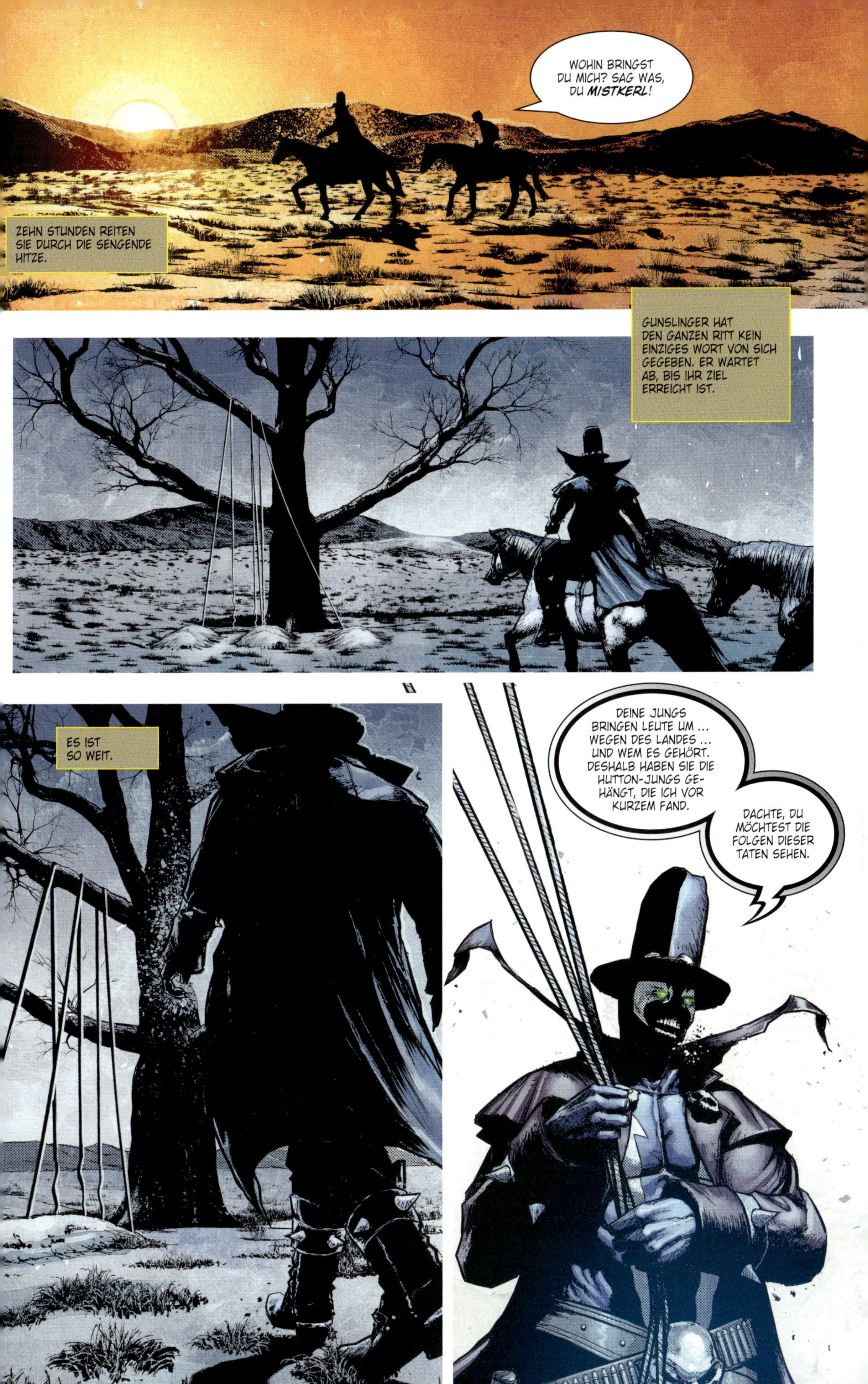
WOHIN BRINGST DU MICH? SAG WAS, DU **MISTKERL**!
ZEHN STUNDEN REITEN SIE DURCH DIE SENGENDE HITZE.
GUNSLINGER HAT DEN GANZEN RITT KEIN EINZIGES WORT VON SICH GEGEBEN. ER WARTET AB, BIS IHR ZIEL ERREICHT IST.
ES IST SO WEIT.
DEINE JUNGS BRINGEN LEUTE UM ... WEGEN DES LANDES ... UND WEM ES GEHÖRT. DESHALB HABEN SIE DIE HUTTON-JUNGS GEHÄNGT, DIE ICH VOR KURZEM FAND.
DACHTE, DU MÖCHTEST DIE FOLGEN DIESER TATEN SEHEN.

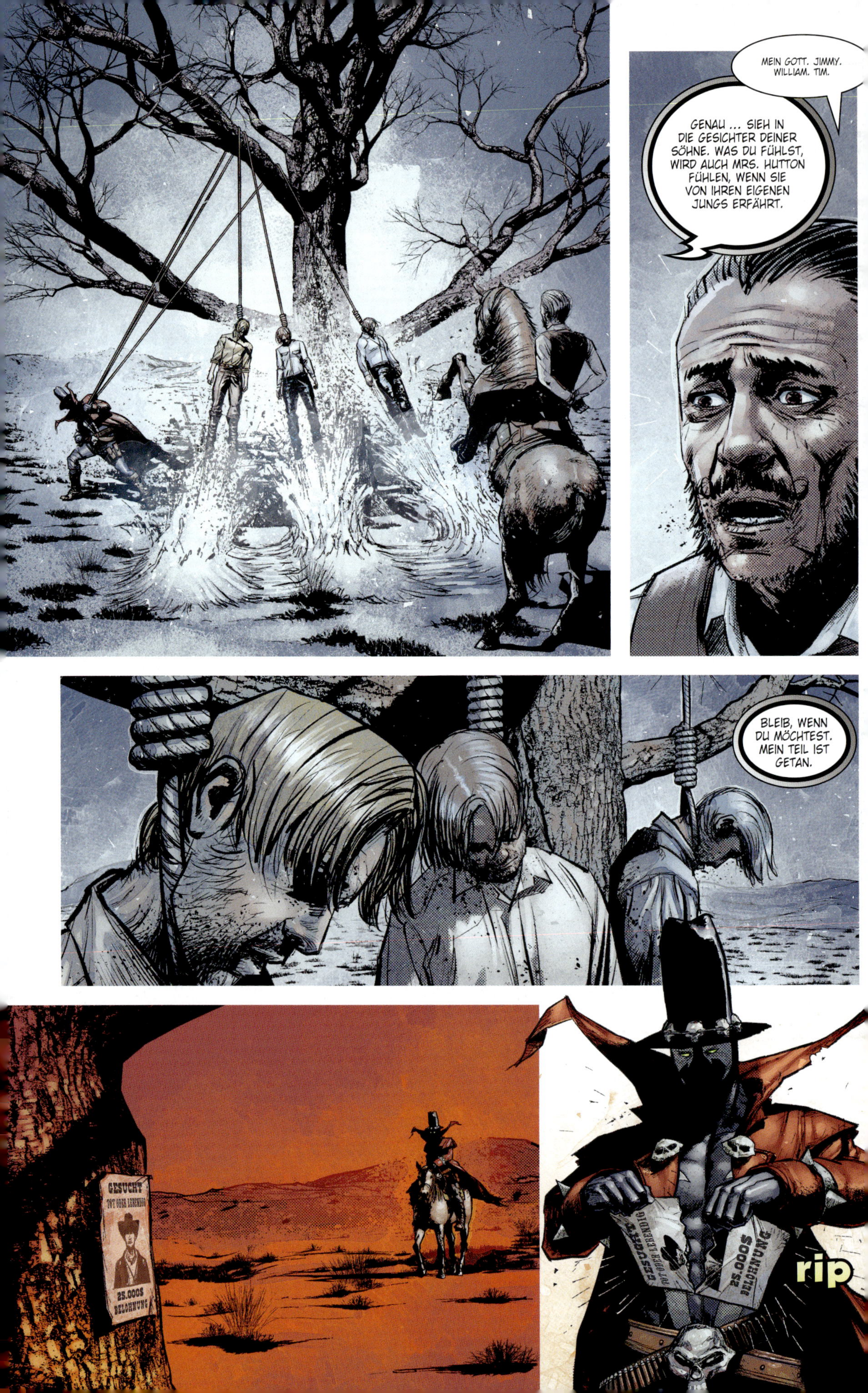

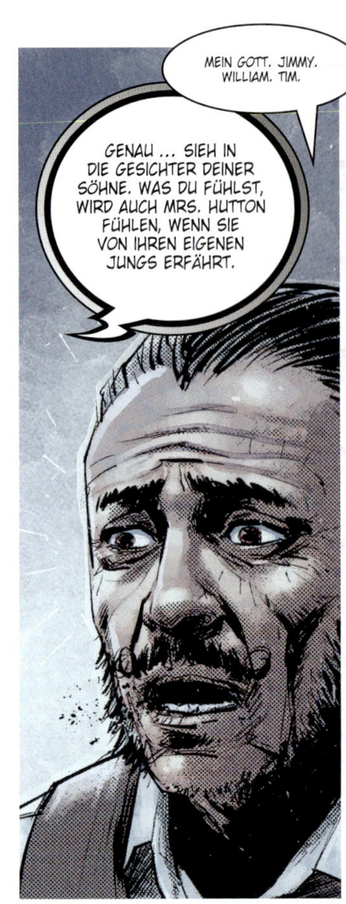

BLEIB, WENN DU MÖCHTEST. MEIN TEIL IST GETAN.

GESUCHT
25.000$ BELOHNUNG

rip

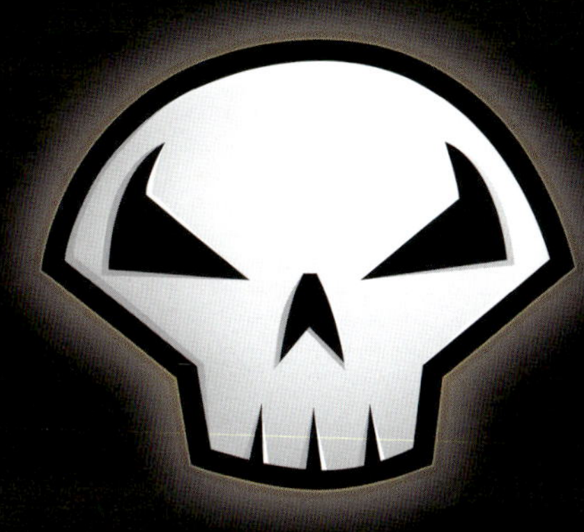

WAFFEN

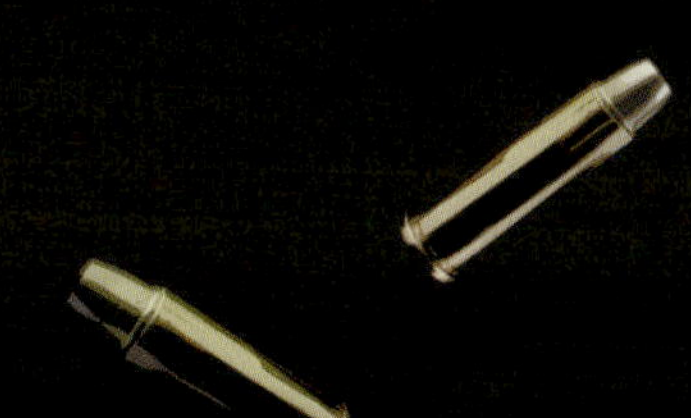

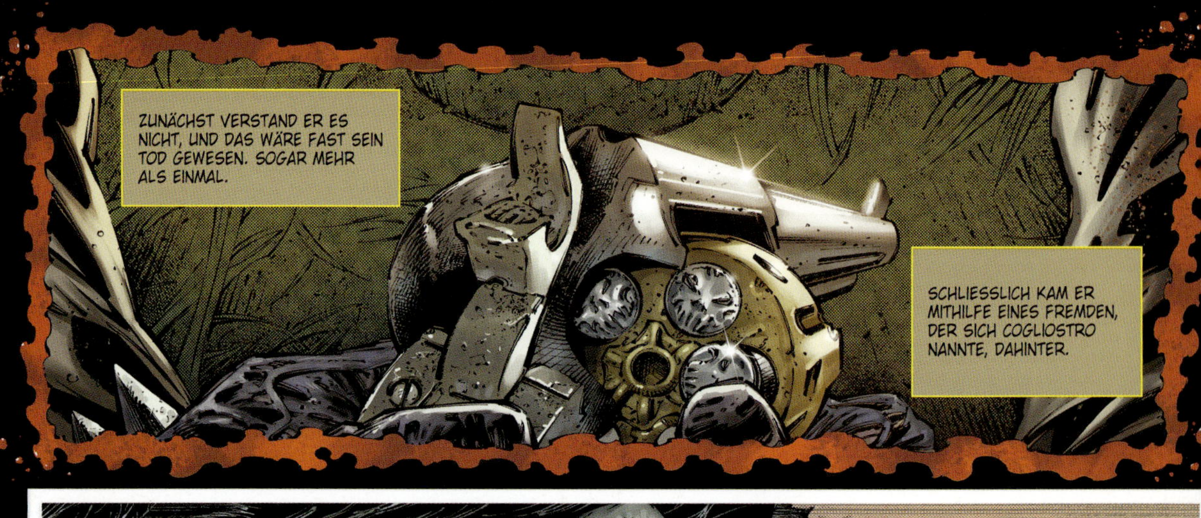
ZUNÄCHST VERSTAND ER ES NICHT, UND DAS WÄRE FAST SEIN TOD GEWESEN. SOGAR MEHR ALS EINMAL.
SCHLIESSLICH KAM ER MITHILFE EINES FREMDEN, DER SICH COGLIOSTRO NANNTE, DAHINTER.

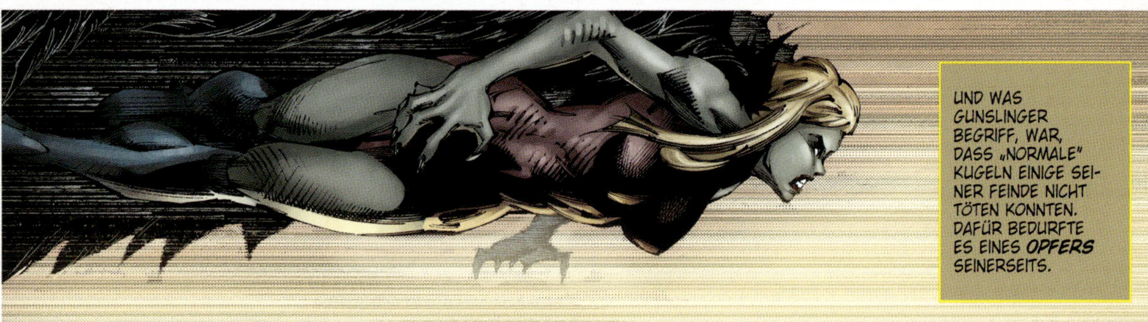
UND WAS GUNSLINGER BEGRIFF, WAR, DASS „NORMALE" KUGELN EINIGE SEINER FEINDE NICHT TÖTEN KONNTEN. DAFÜR BEDURFTE ES EINES *OPFERS* SEINERSEITS.

AUSSERDEM WAR EINE RUHIGE HAND VONNÖTEN, DAMIT DIE MODIFIZIERTEN KUGELN DIESELBE WIRKUNG ZEIGTEN WIE BEI MENSCHEN ... UND DIE GETROFFENENEN AUF DER STELLE FÄLLTEN.

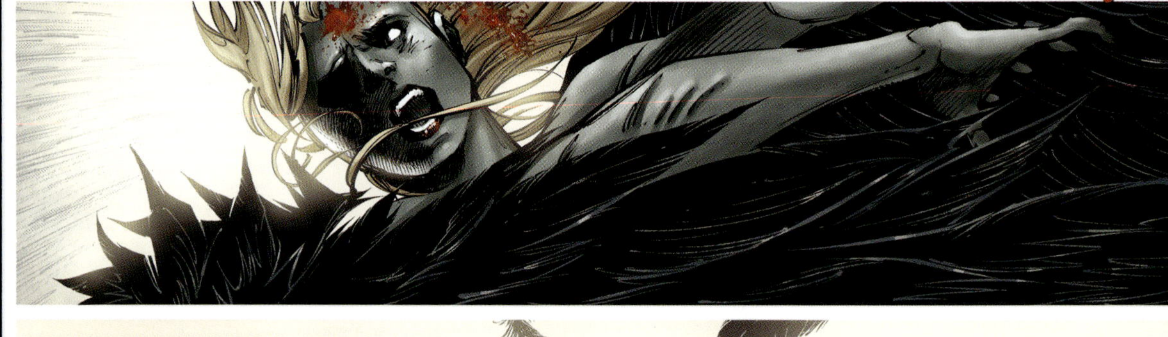

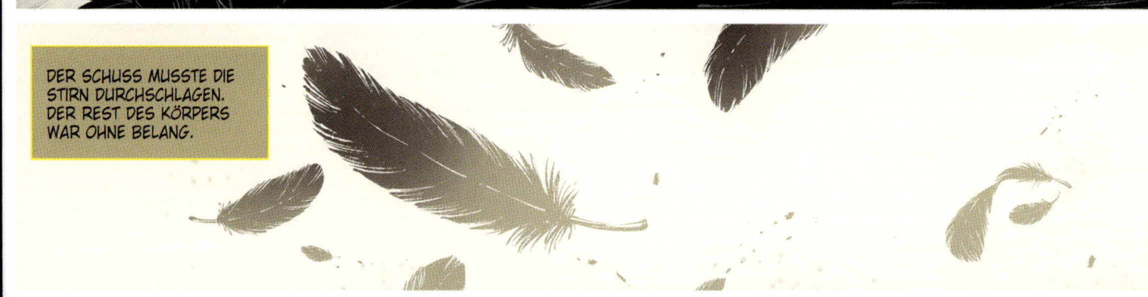
DER SCHUSS MUSSTE DIE STIRN DURCHSCHLAGEN. DER REST DES KÖRPERS WAR OHNE BELANG.

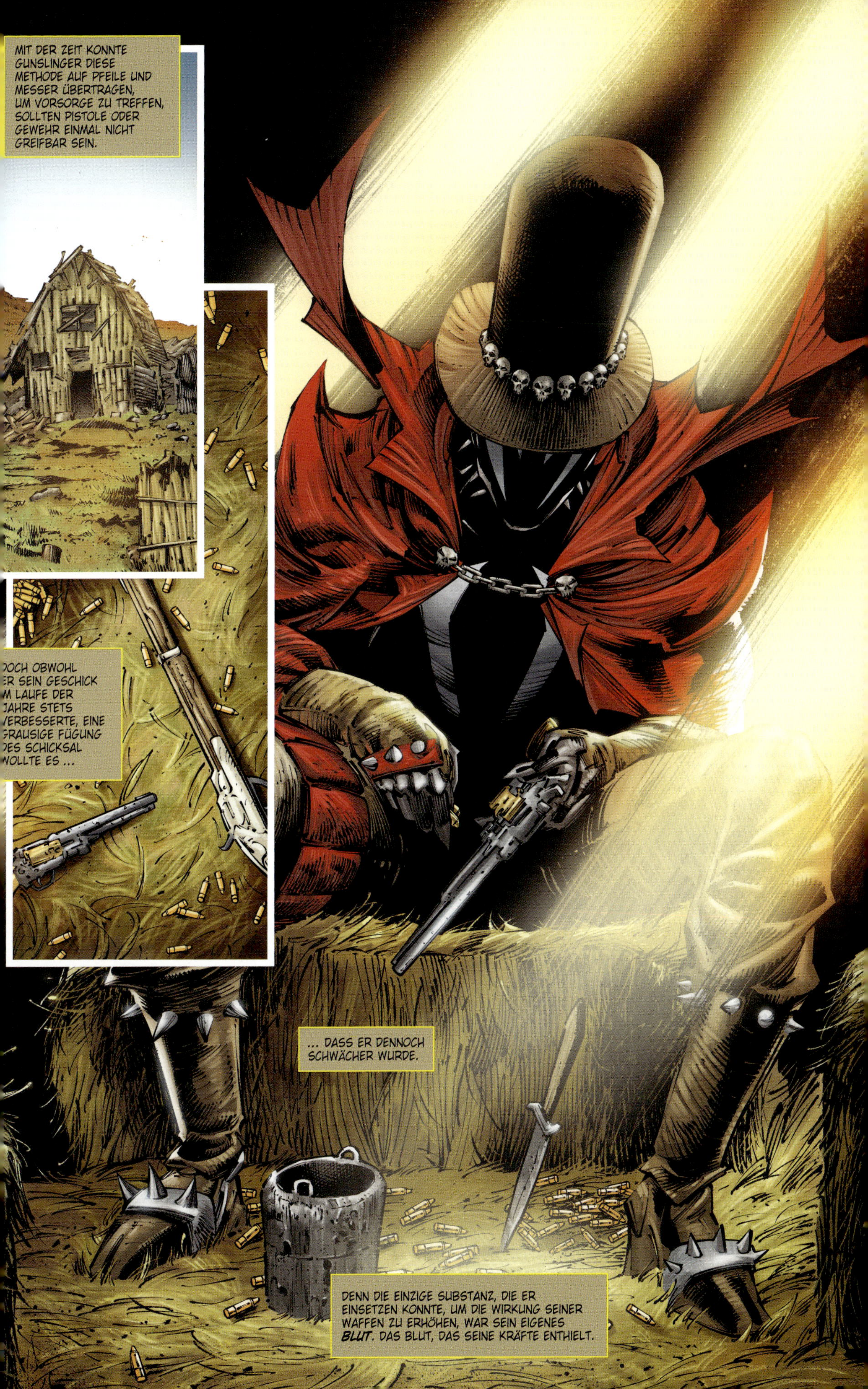
MIT DER ZEIT KONNTE GUNSLINGER DIESE METHODE AUF PFEILE UND MESSER ÜBERTRAGEN, UM VORSORGE ZU TREFFEN, SOLLTEN PISTOLE ODER GEWEHR EINMAL NICHT GREIFBAR SEIN.
DOCH OBWOHL ER SEIN GESCHICK IM LAUFE DER JAHRE STETS VERBESSERTE, EINE GRAUSIGE FÜGUNG DES SCHICKSAL WOLLTE ES ...
... DASS ER DENNOCH SCHWÄCHER WURDE.
DENN DIE EINZIGE SUBSTANZ, DIE ER EINSETZEN KONNTE, UM DIE WIRKUNG SEINER WAFFEN ZU ERHÖHEN, WAR SEIN EIGENES *BLUT*. DAS BLUT, DAS SEINE KRÄFTE ENTHIELT.

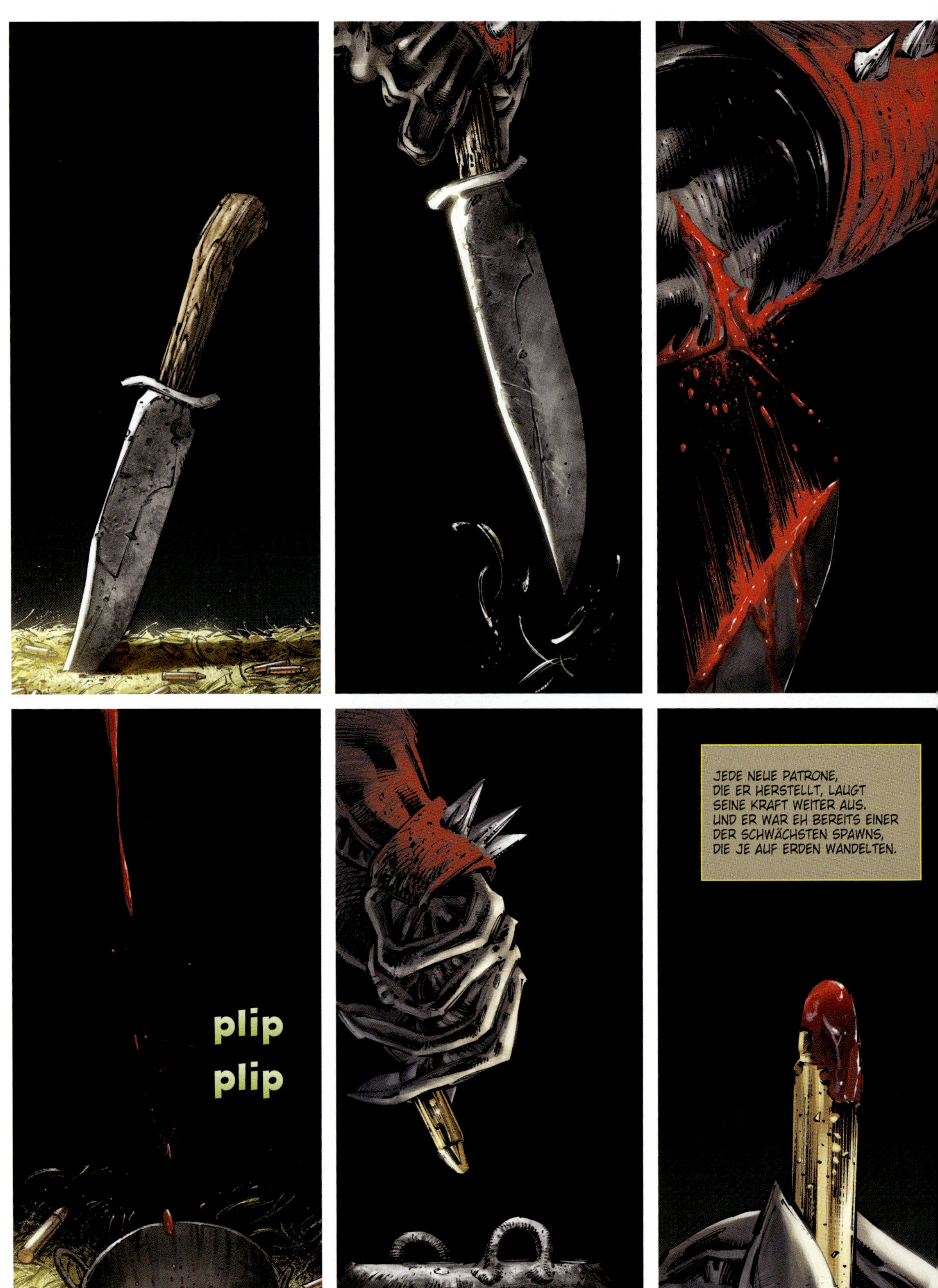
plip
plip
JEDE NEUE PATRONE, DIE ER HERSTELLT, LAUGT SEINE KRAFT WEITER AUS. UND ER WAR EH BEREITS EINER DER SCHWÄCHSTEN SPAWNS, DIE JE AUF ERDEN WANDELTEN.

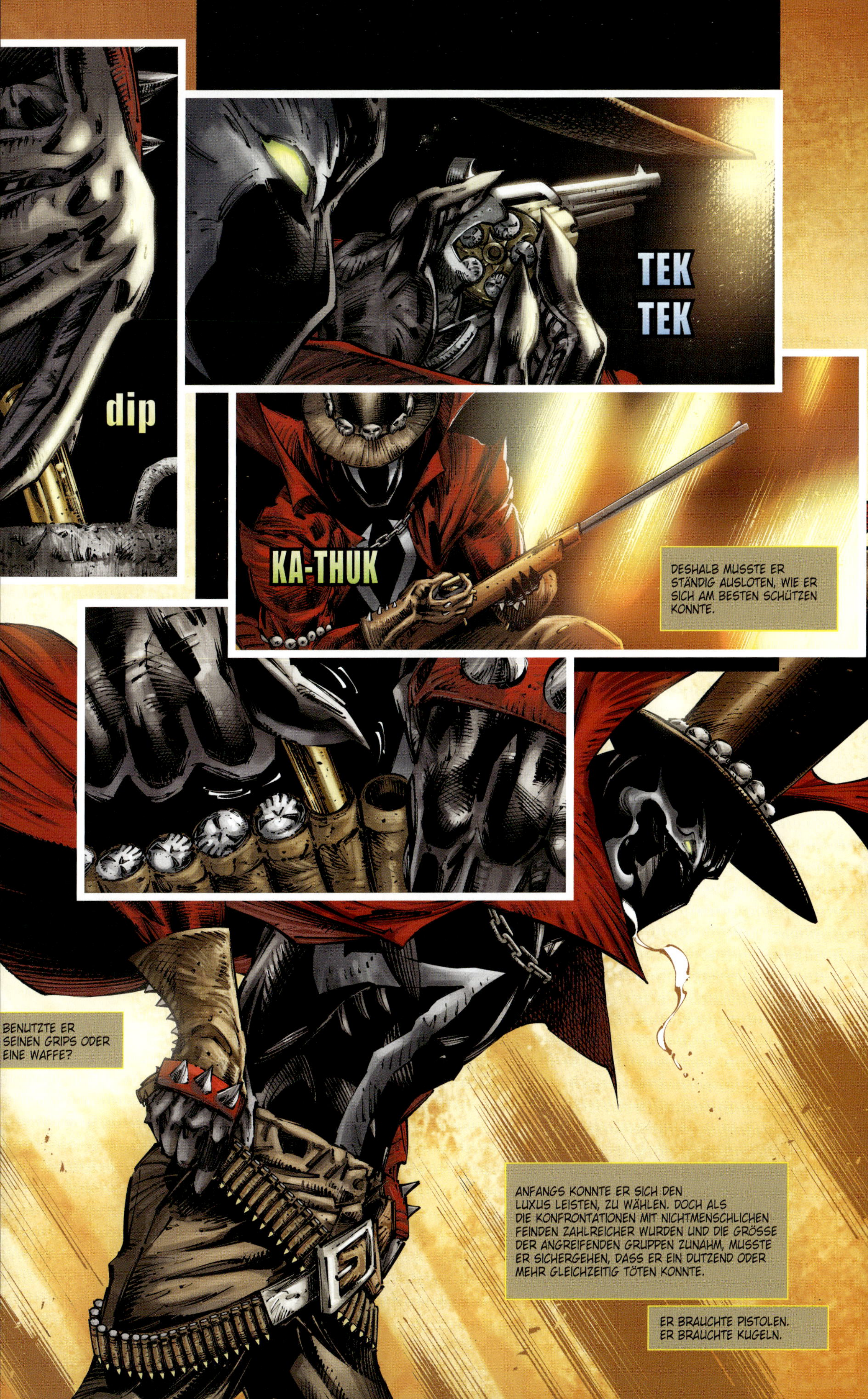
TEK
TEK
dip
KA-THUK
DESHALB MUSSTE ER STÄNDIG AUSLOTEN, WIE ER SICH AM BESTEN SCHÜTZEN KONNTE.
BENUTZTE ER SEINEN GRIPS ODER EINE WAFFE?
ANFANGS KONNTE ER SICH DEN LUXUS LEISTEN, ZU WÄHLEN. DOCH ALS DIE KONFRONTATIONEN MIT NICHTMENSCHLICHEN FEINDEN ZAHLREICHER WURDEN UND DIE GRÖSSE DER ANGREIFENDEN GRUPPEN ZUNAHM, MUSSTE ER SICHERGEHEN, DASS ER EIN DUTZEND ODER MEHR GLEICHZEITIG TÖTEN KONNTE.
ER BRAUCHTE PISTOLEN.
ER BRAUCHTE KUGELN.

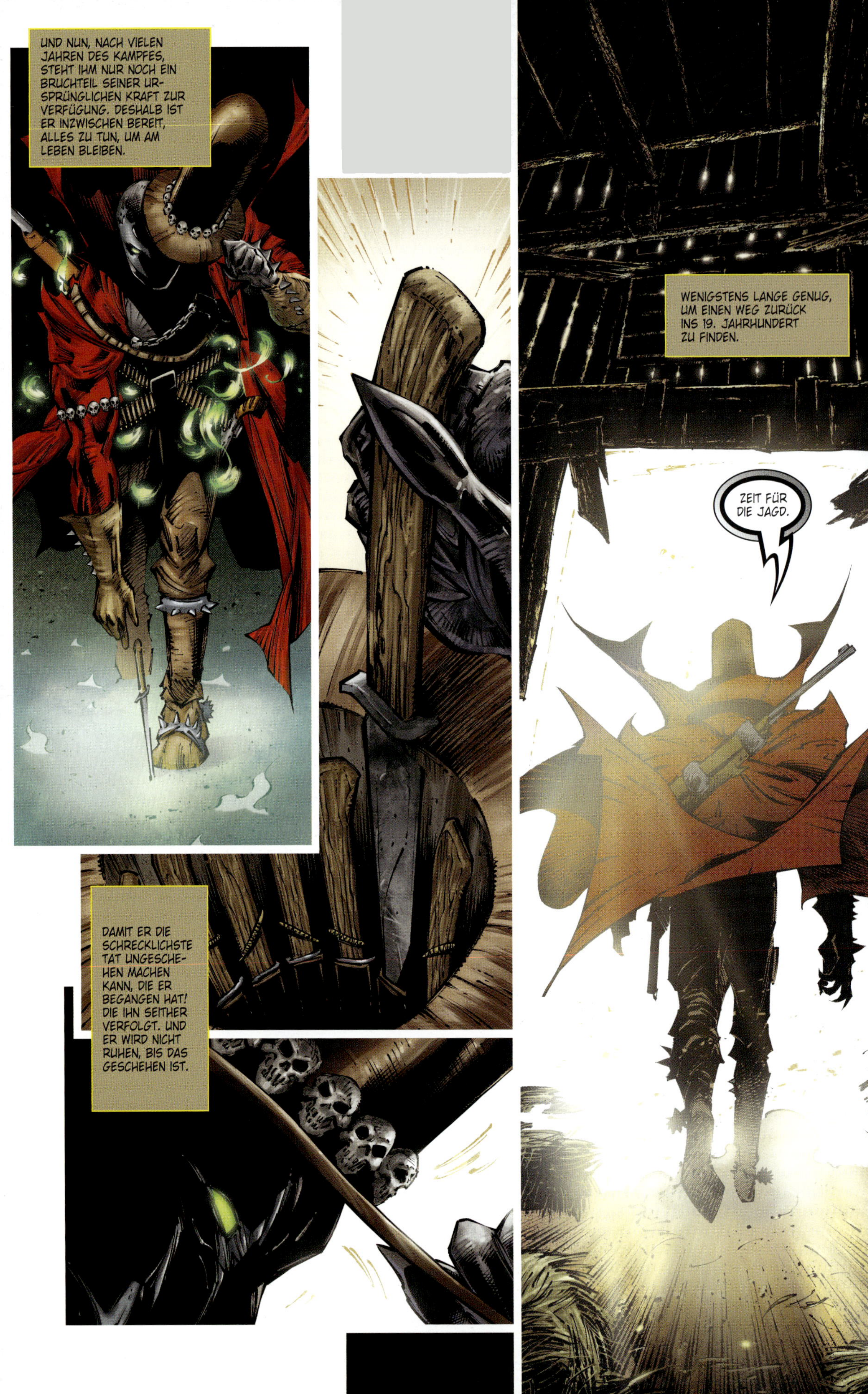
UND NUN, NACH VIELEN JAHREN DES KAMPFES, STEHT IHM NUR NOCH EIN BRUCHTEIL SEINER URSPRÜNGLICHEN KRAFT ZUR VERFÜGUNG. DESHALB IST ER INZWISCHEN BEREIT, ALLES ZU TUN, UM AM LEBEN BLEIBEN.
DAMIT ER DIE SCHRECKLICHSTE TAT UNGESCHEHEN MACHEN KANN, DIE ER BEGANGEN HAT! DIE IHN SEITHER VERFOLGT. UND ER WIRD NICHT RUHEN, BIS DAS GESCHEHEN IST.
WENIGSTENS LANGE GENUG, UM EINEN WEG ZURÜCK INS 19. JAHRHUNDERT ZU FINDEN.
ZEIT FÜR DIE JAGD.

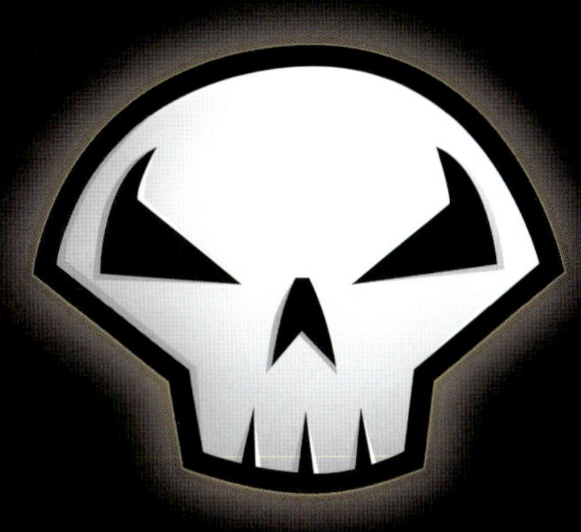

EINE KLEINE GABE

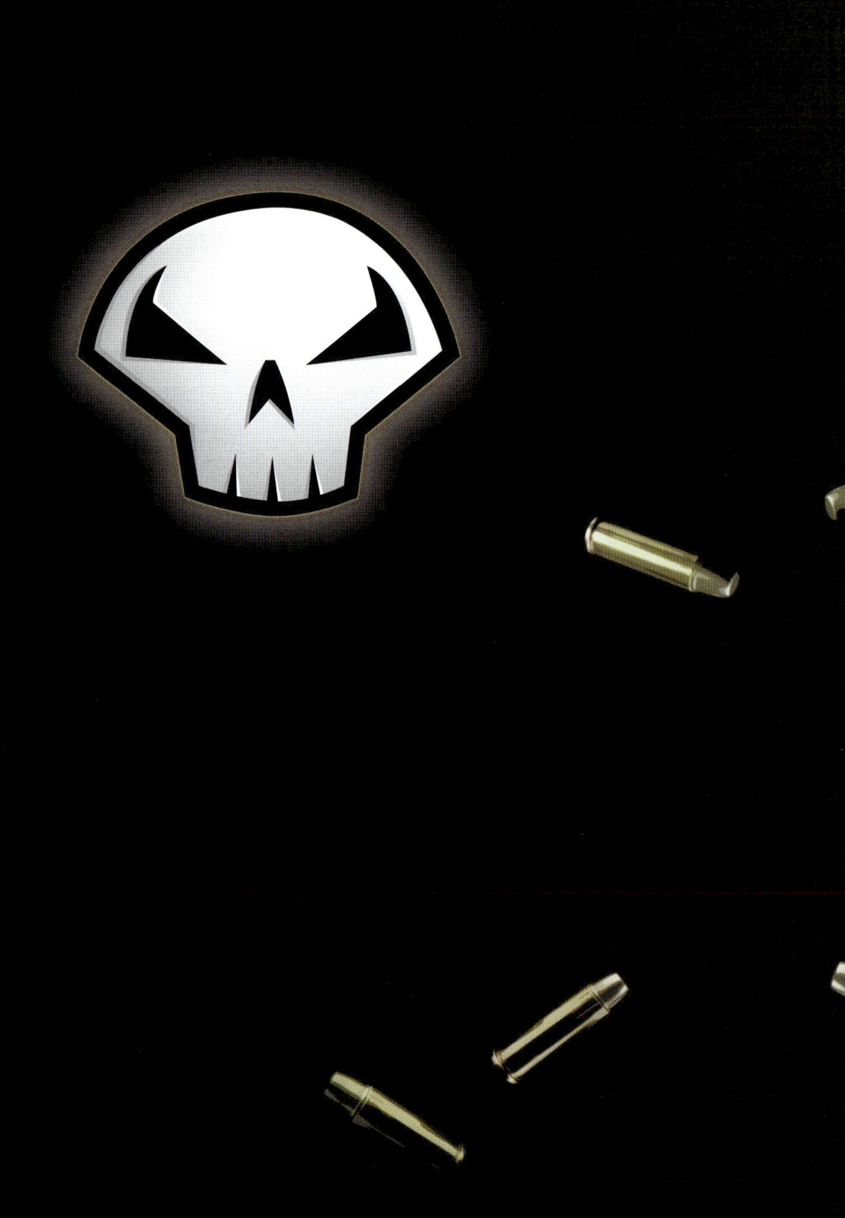

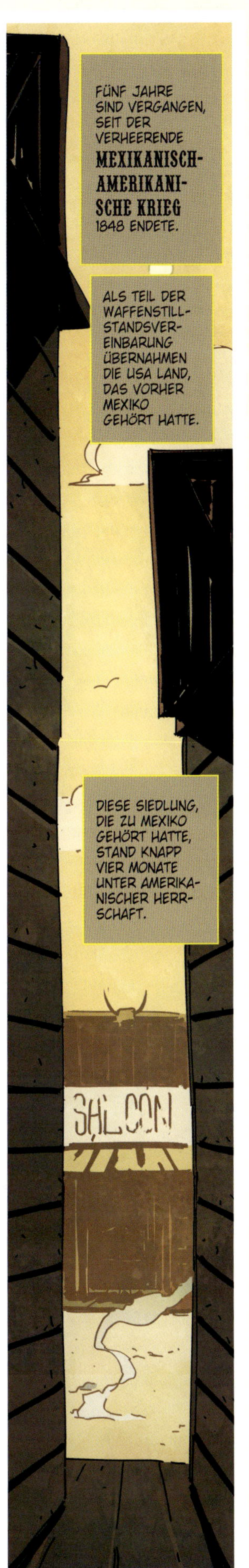
FÜNF JAHRE SIND VERGANGEN, SEIT DER VERHEERENDE MEXIKANISCH-AMERIKANISCHE KRIEG 1848 ENDETE.
ALS TEIL DER WAFFENSTILLSTANDSVEREINBARUNG ÜBERNAHMEN DIE USA LAND, DAS VORHER MEXIKO GEHÖRT HATTE.
DIESE SIEDLUNG, DIE ZU MEXIKO GEHÖRT HATTE, STAND KNAPP VIER MONATE UNTER AMERIKANISCHER HERRSCHAFT.
SALOON

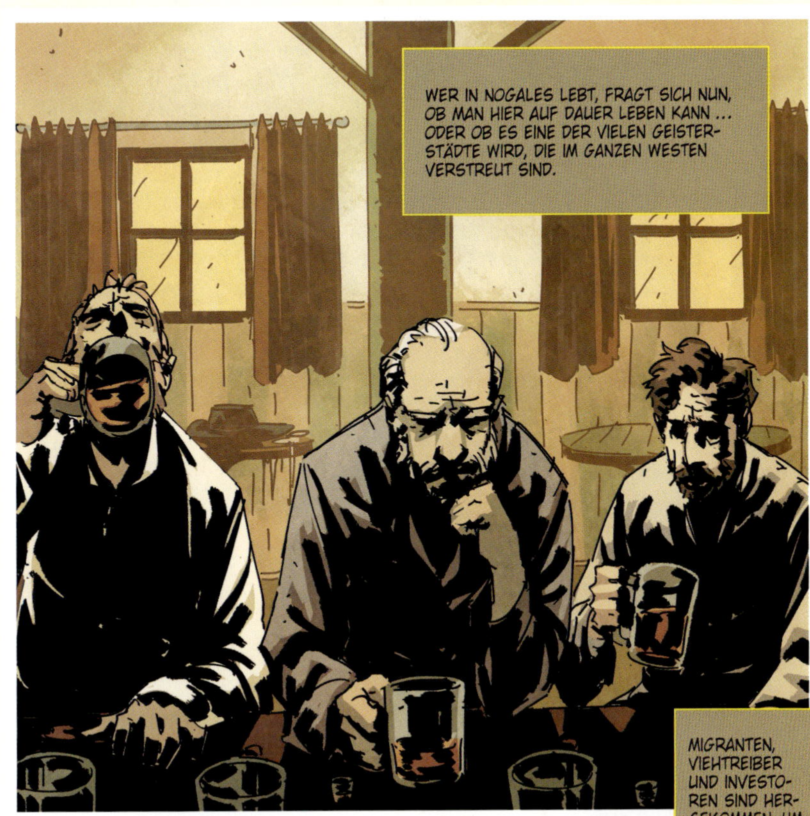
WER IN NOGALES LEBT, FRAGT SICH NUN, OB MAN HIER AUF DAUER LEBEN KANN ... ODER OB ES EINE DER VIELEN GEISTERSTÄDTE WIRD, DIE IM GANZEN WESTEN VERSTREUT SIND.
MIGRANTEN, VIEHTREIBER UND INVESTOREN SIND HERGEKOMMEN, UM HIER IHR GLÜCK ZU SUCHEN.

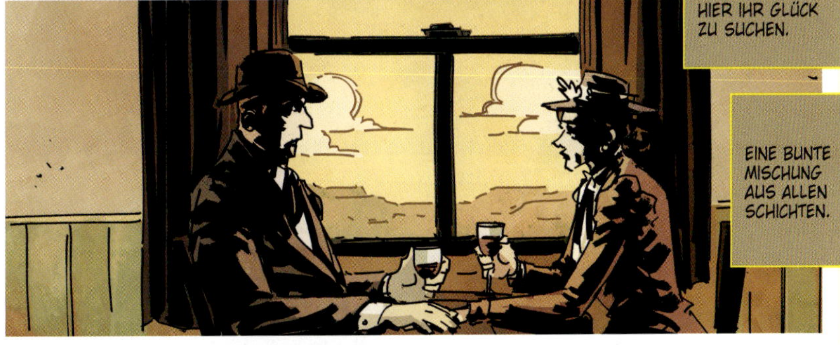
EINE BUNTE MISCHUNG AUS ALLEN SCHICHTEN.

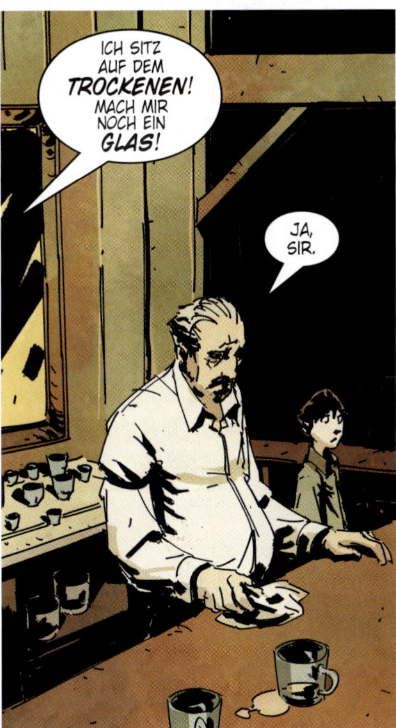
ICH SITZ AUF DEM TROCKENEN! MACH MIR NOCH EIN GLAS!
JA, SIR.

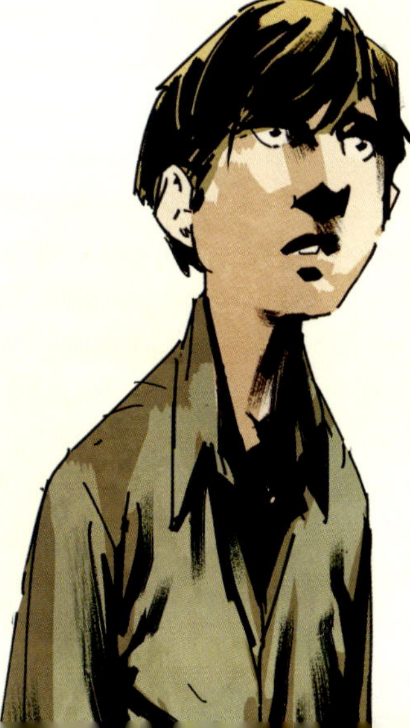
UND PASS AUF, DASS DEIN MISCHLINGSBASTARD NICHTS VERSCHÜTTET! ODER ICH ZAHLE NICHT!

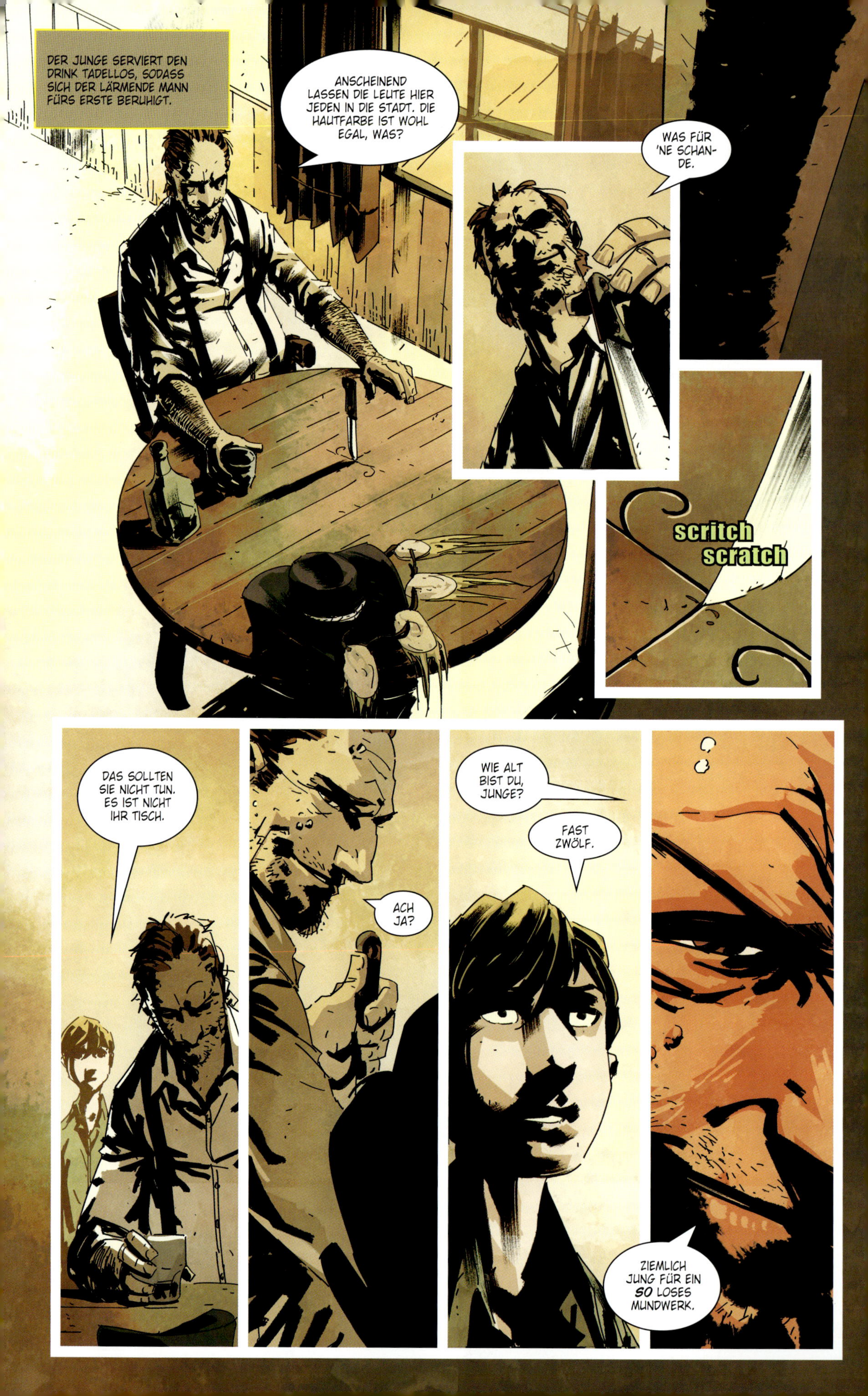

DER JUNGE SERVIERT DEN DRINK TADELLOS, SODASS SICH DER LÄRMENDE MANN FÜRS ERSTE BERUHIGT.

ANSCHEINEND LASSEN DIE LEUTE HIER JEDEN IN DIE STADT. DIE HAUTFARBE IST WOHL EGAL, WAS?

WAS FÜR 'NE SCHANDE.

scritch
scratch

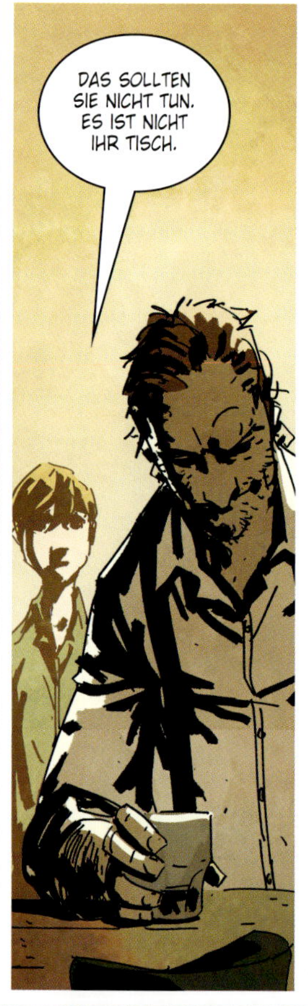

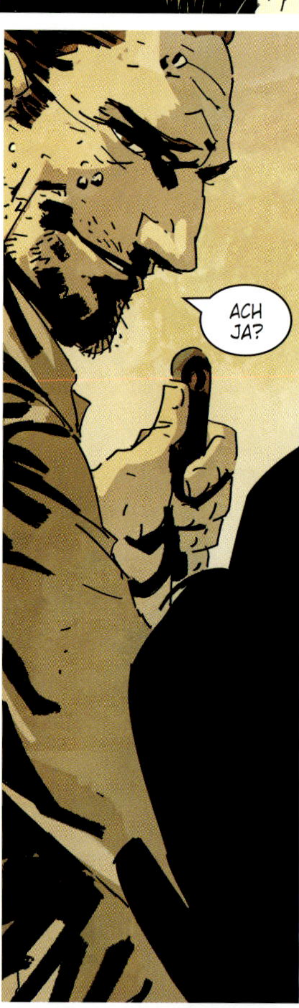

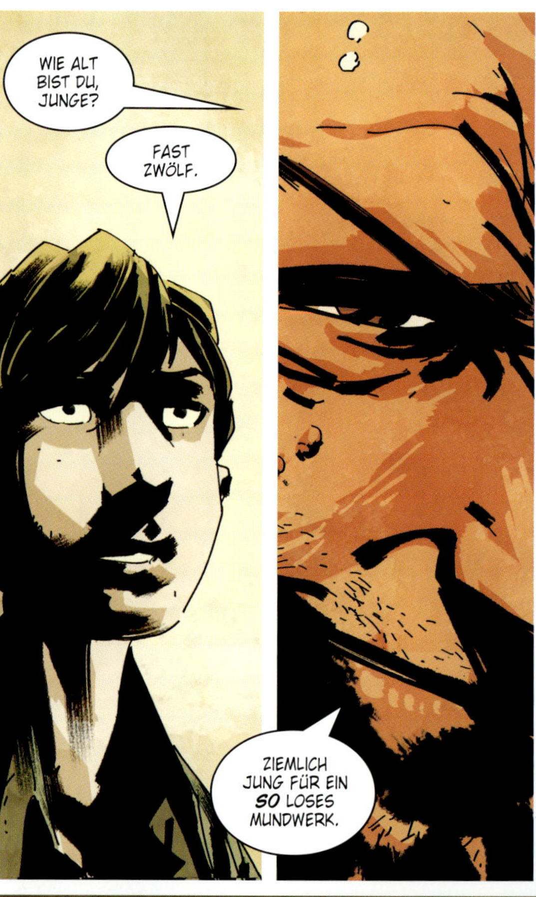

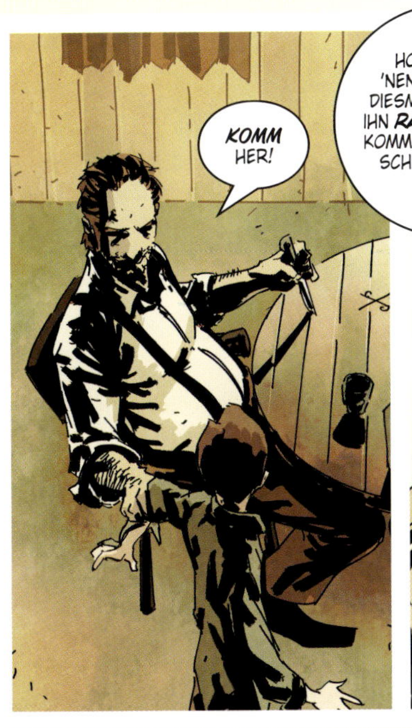
KOMM HER!
HOL MIR NOCH 'NEN DRINK. ABER DIESMAL MACHST DU IHN RANDVOLL. DANN KOMMST DU DAMIT SO SCHNELL ES GEHT ZURÜCK.
UND WENN DU EINEN TROPFEN VERSCHÜTTEST … WIRST DU KEINE HÄNDE MEHR HABEN, UM JE WIEDER ETWAS ZU TRAGEN. KAPIERT?
JA, SIR.

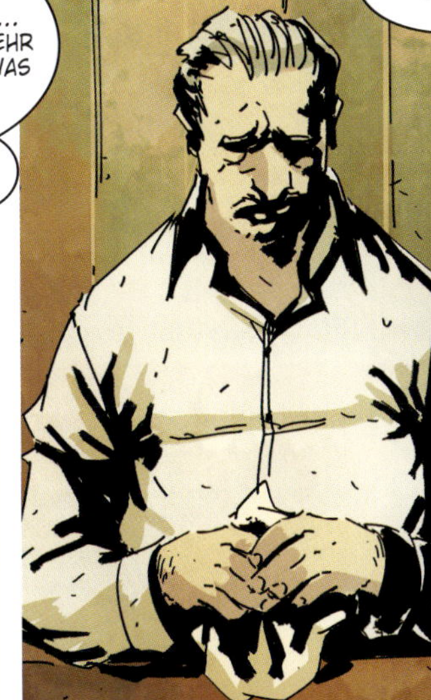
GUT. DANN LOS.

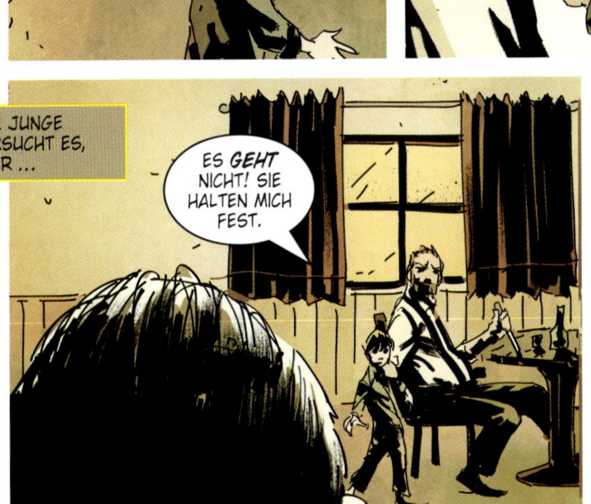
DER JUNGE VERSUCHT ES, ABER …
ES GEHT NICHT! SIE HALTEN MICH FEST.

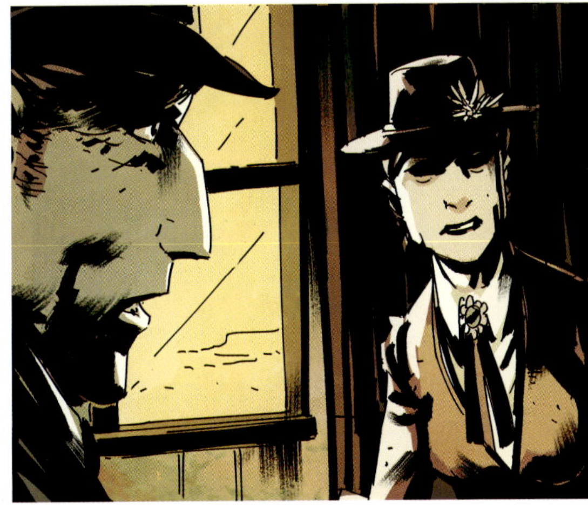

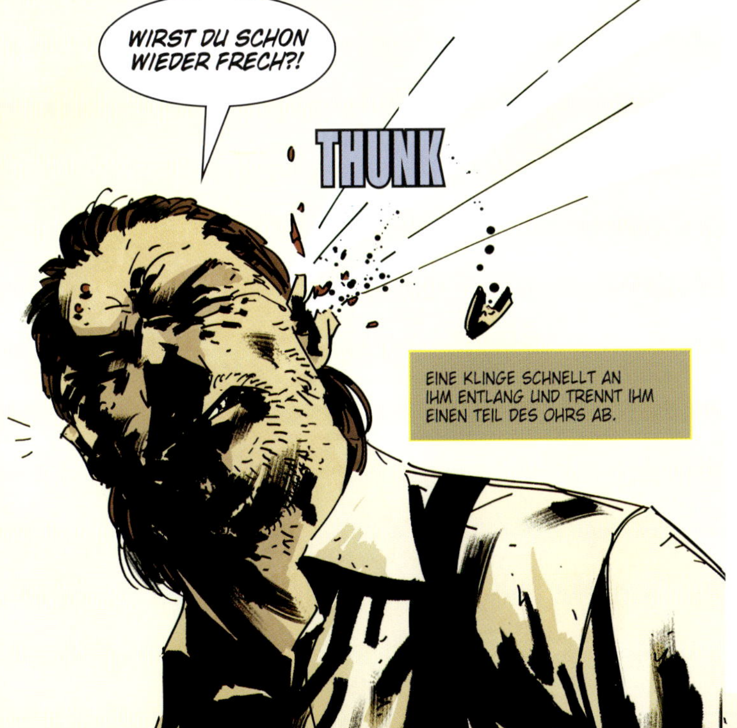
WIRST DU SCHON WIEDER FRECH?!
THUNK
EINE KLINGE SCHNELLT AN IHM ENTLANG UND TRENNT IHM EINEN TEIL DES OHRS AB.

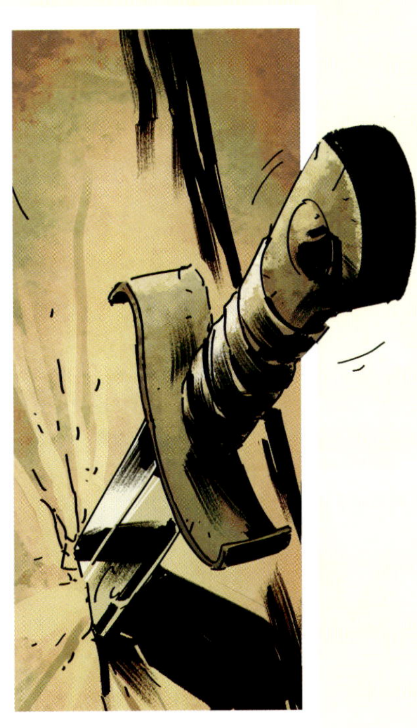

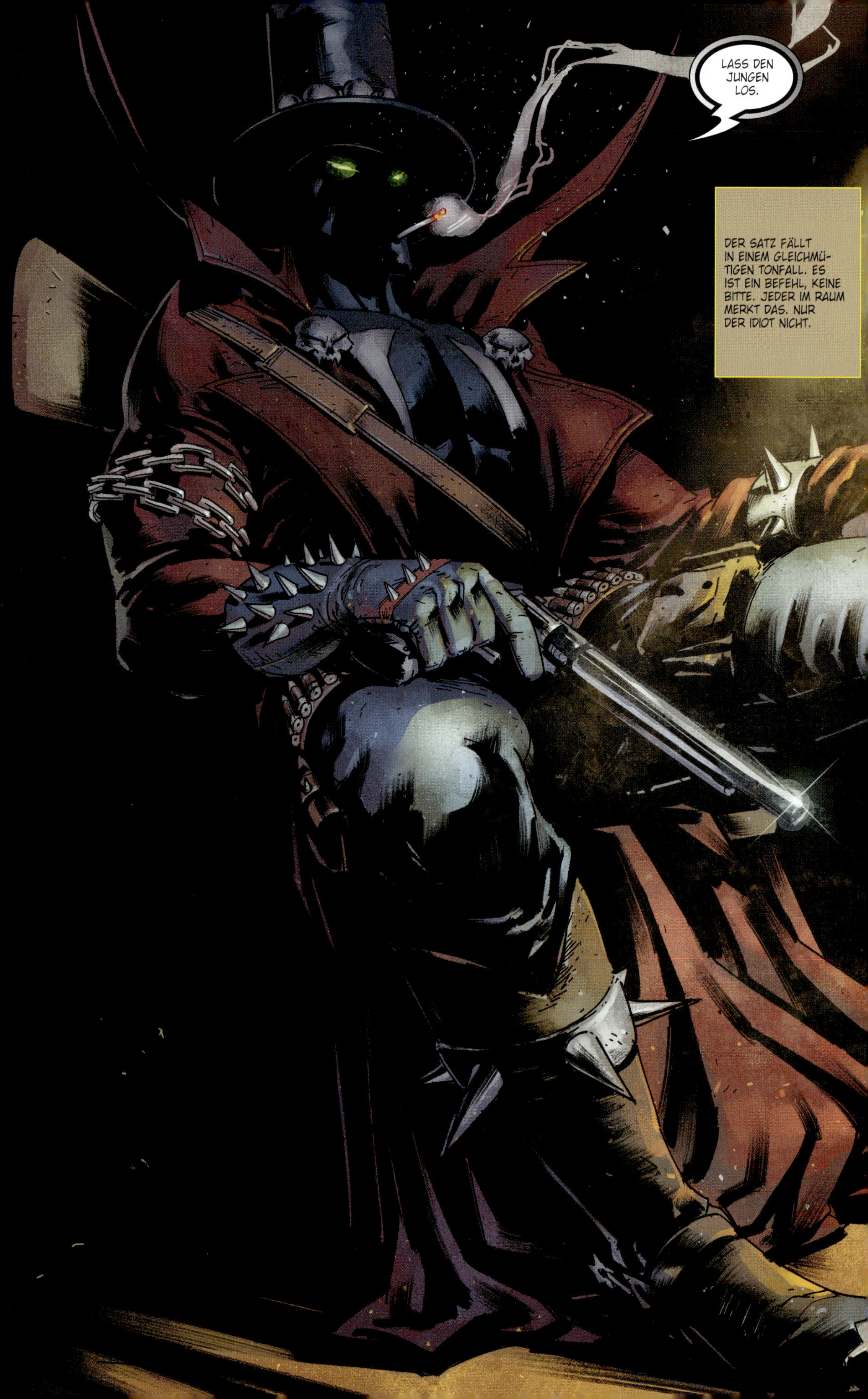
LASS DEN JUNGEN LOS.
DER SATZ FÄLLT IN EINEM GLEICHMÜTIGEN TONFALL. ES IST EIN BEFEHL, KEINE BITTE. JEDER IM RAUM MERKT DAS. NUR DER IDIOT NICHT.

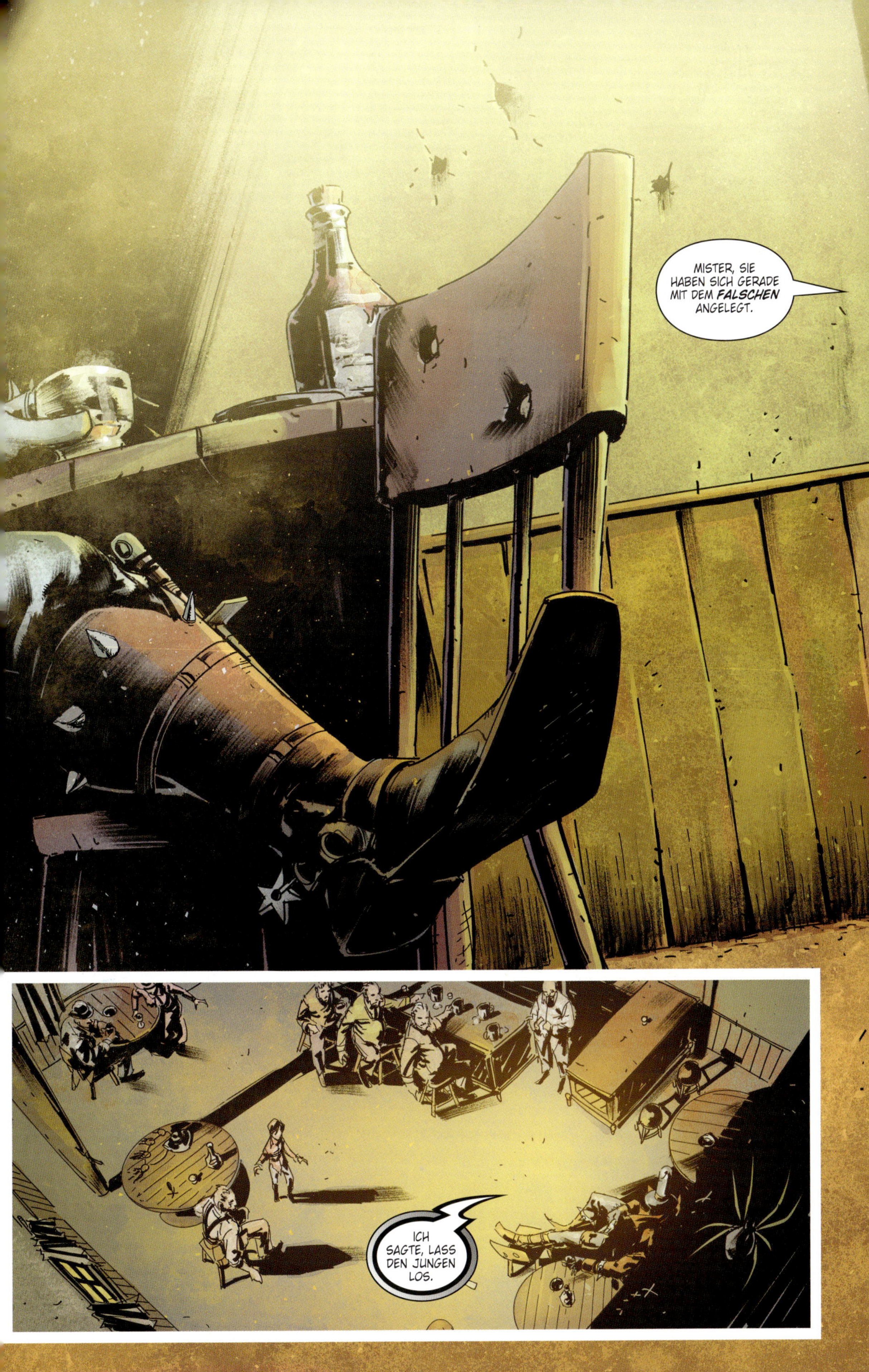
MISTER, SIE HABEN SICH GERADE MIT DEM FALSCHEN ANGELEGT.
ICH SAGTE, LASS DEN JUNGEN LOS.

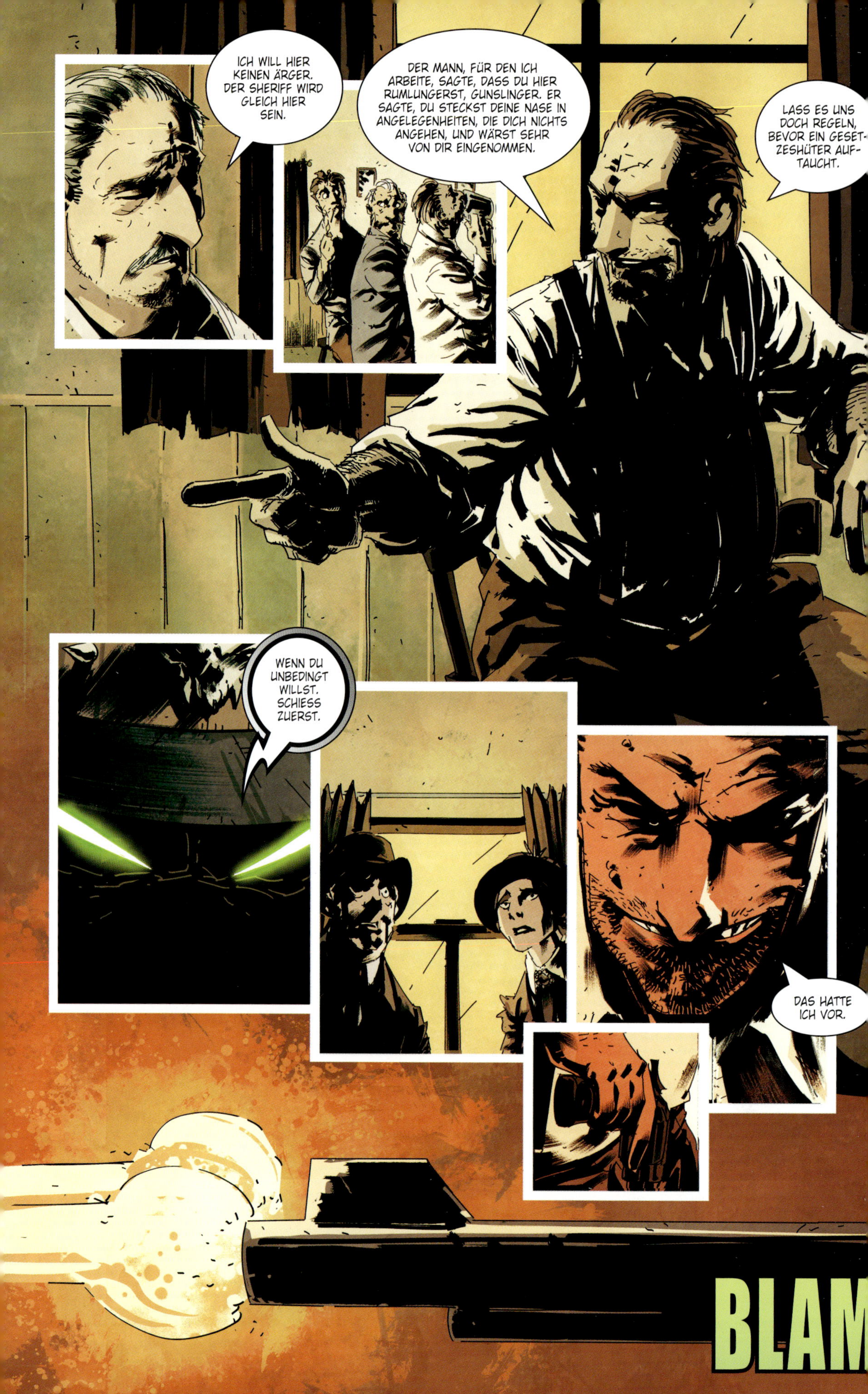
ICH WILL HIER KEINEN ÄRGER. DER SHERIFF WIRD GLEICH HIER SEIN.
DER MANN, FÜR DEN ICH ARBEITE, SAGTE, DASS DU HIER RUMLUNGERST, GUNSLINGER. ER SAGTE, DU STECKST DEINE NASE IN ANGELEGENHEITEN, DIE DICH NICHTS ANGEHEN, UND WÄRST SEHR VON DIR EINGENOMMEN.
LASS ES UNS DOCH REGELN, BEVOR EIN GESET-ZESHÜTER AUF-TAUCHT.
WENN DU UNBEDINGT WILLST. SCHIESS ZUERST.
DAS HATTE ICH VOR.
BLAM

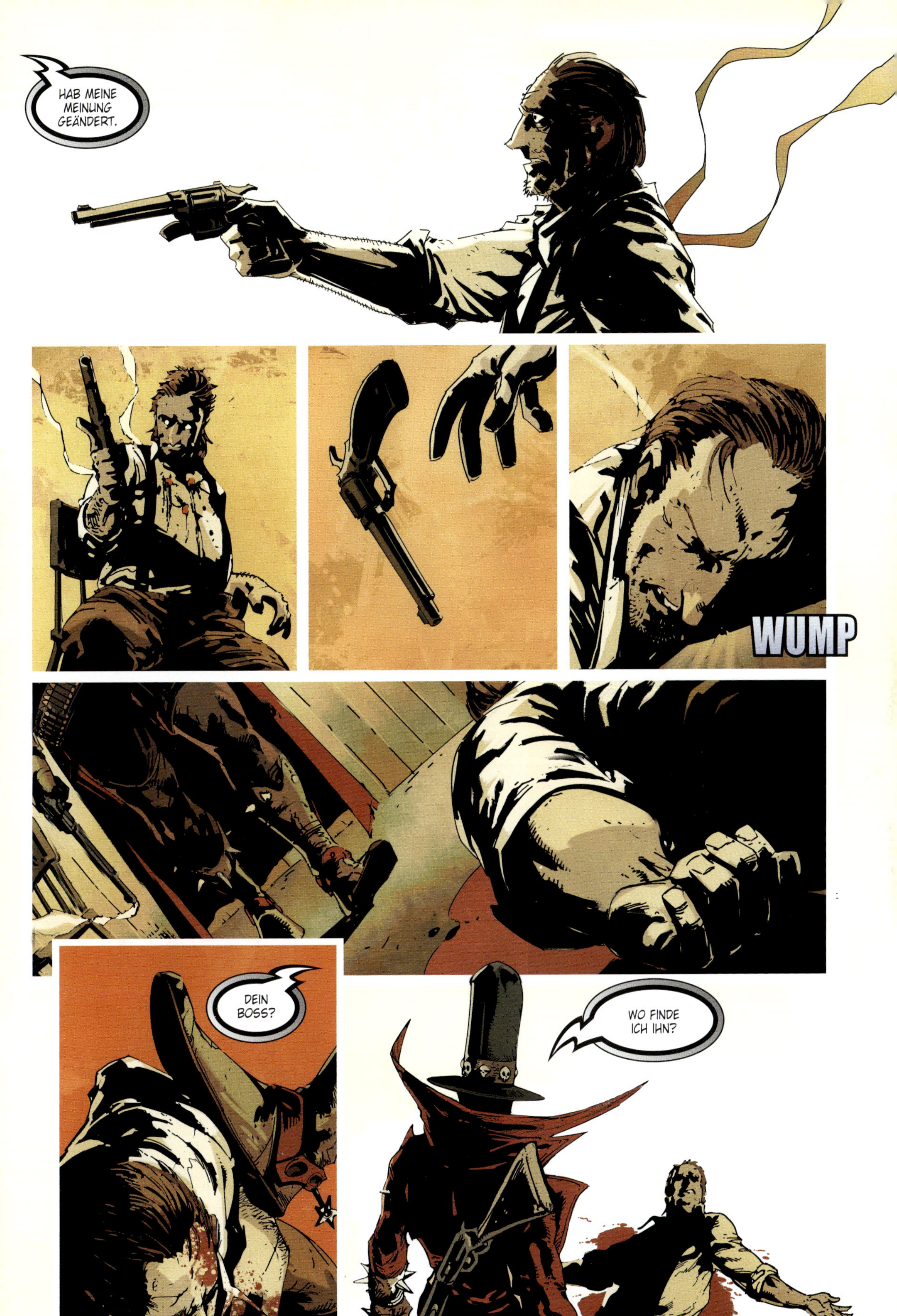
HAB MEINE MEINUNG GEÄNDERT.
WUMP
DEIN BOSS?
WO FINDE ICH IHN?
FAHR ... ZUR HÖLLE.

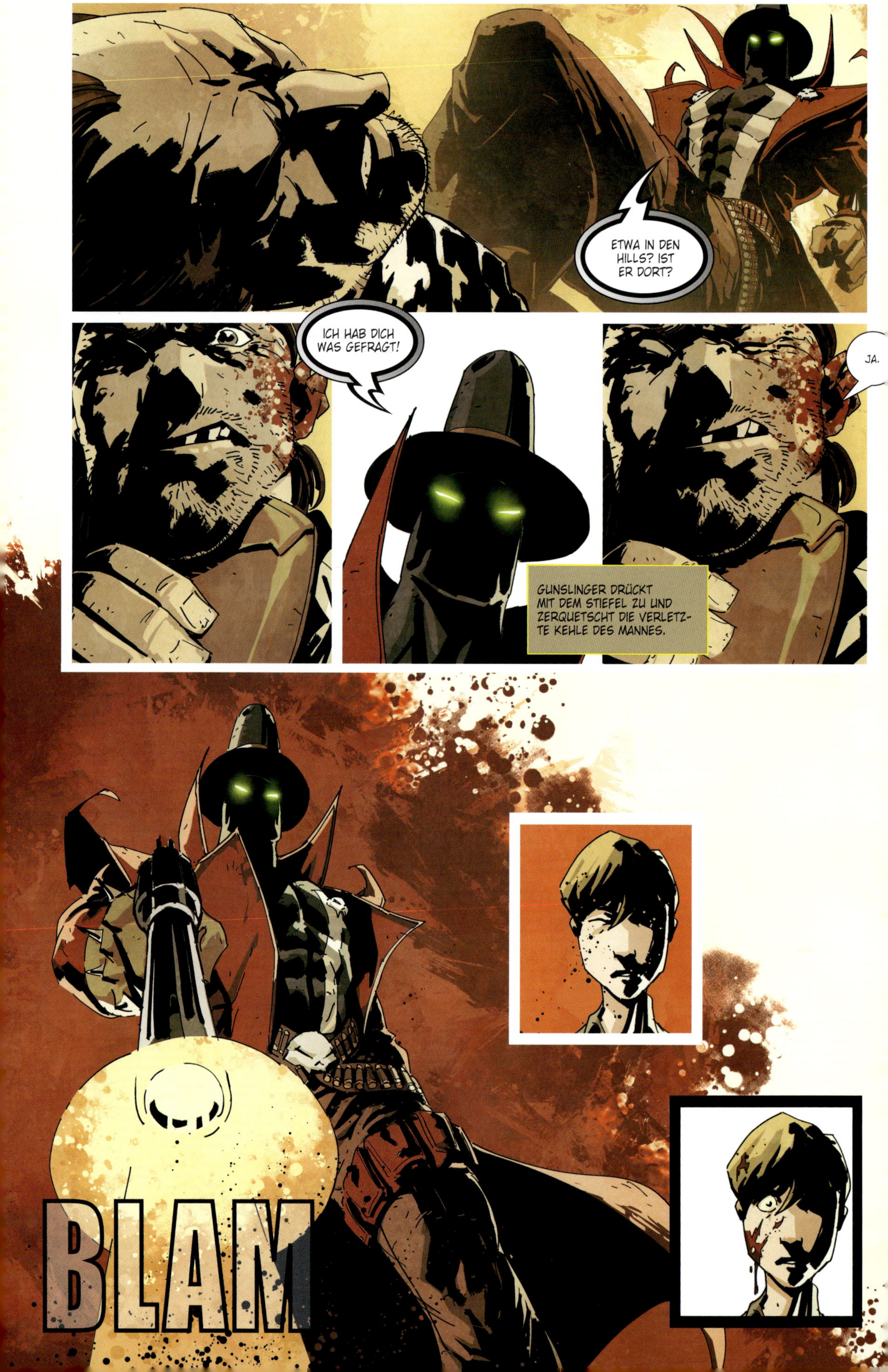

ETWA IN DEN HILLS? IST ER DORT?

ICH HAB DICH WAS GEFRAGT!

JA.

GUNSLINGER DRÜCKT MIT DEM STIEFEL ZU UND ZERQUETSCHT DIE VERLETZTE KEHLE DES MANNES.

BLAM

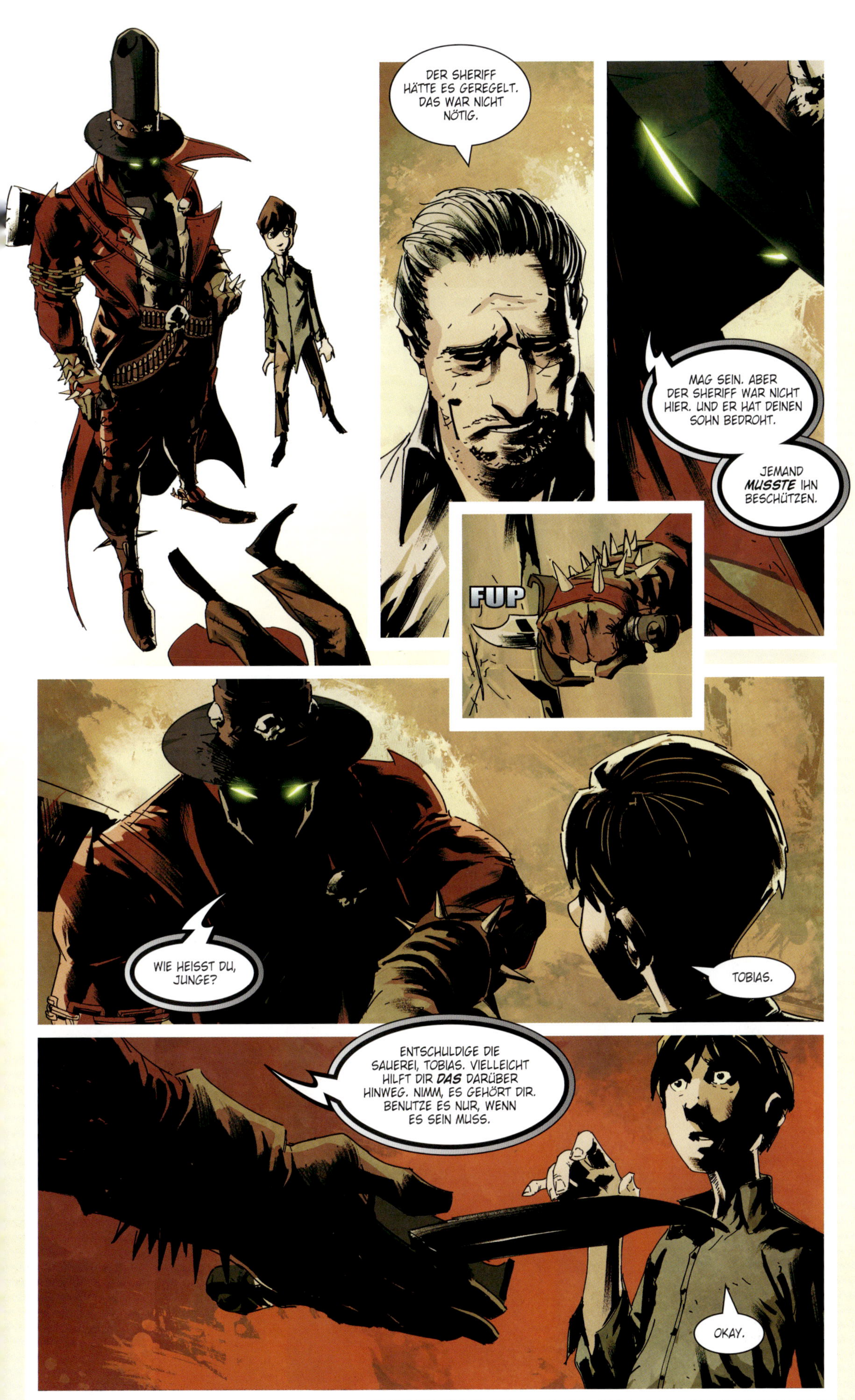
DER SHERIFF HÄTTE ES GEREGELT. DAS WAR NICHT NÖTIG.
MAG SEIN. ABER DER SHERIFF WAR NICHT HIER. UND ER HAT DEINEN SOHN BEDROHT.
JEMAND *MUSSTE* IHN BESCHÜTZEN.
FUP
WIE HEISST DU, JUNGE?
TOBIAS.
ENTSCHULDIGE DIE SAUEREI, TOBIAS. VIELLEICHT HILFT DIR *DAS* DARÜBER HINWEG. NIMM, ES GEHÖRT DIR. BENUTZE ES NUR, WENN ES SEIN MUSS.
OKAY.

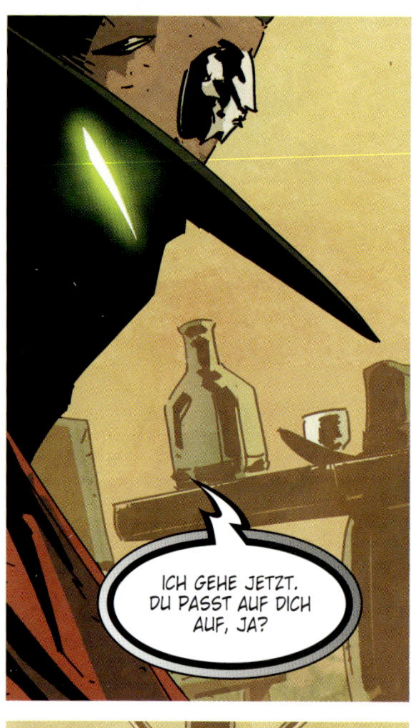
ICH GEHE JETZT.
DU PASST AUF DICH
AUF, JA?
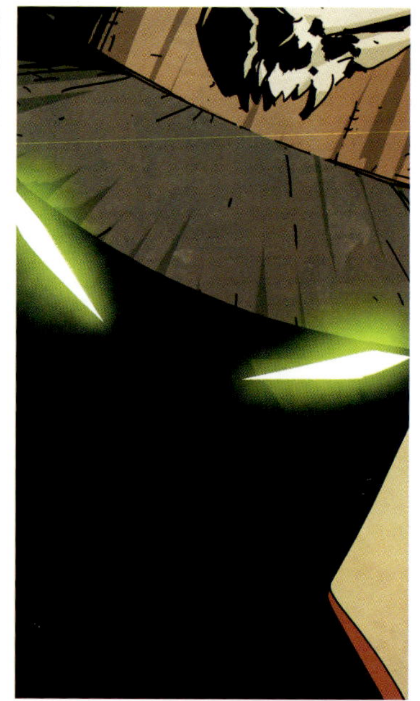
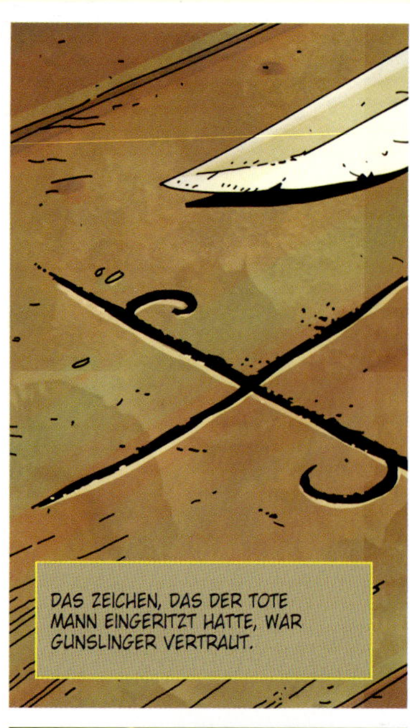
DAS ZEICHEN, DAS DER TOTE MANN EINGERITZT HATTE, WAR GUNSLINGER VERTRAUT.
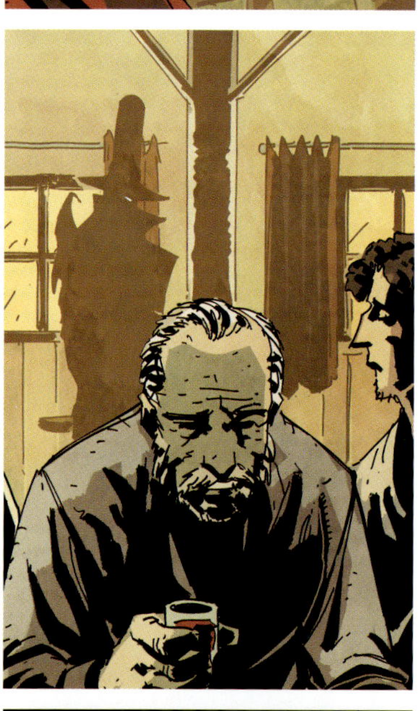
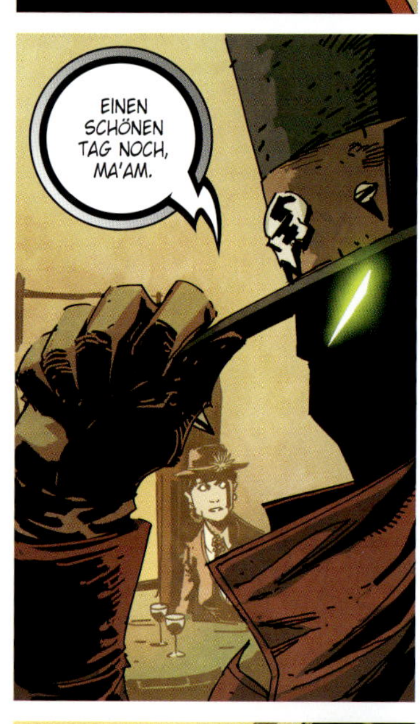
EINEN SCHÖNEN TAG NOCH, MA'AM.
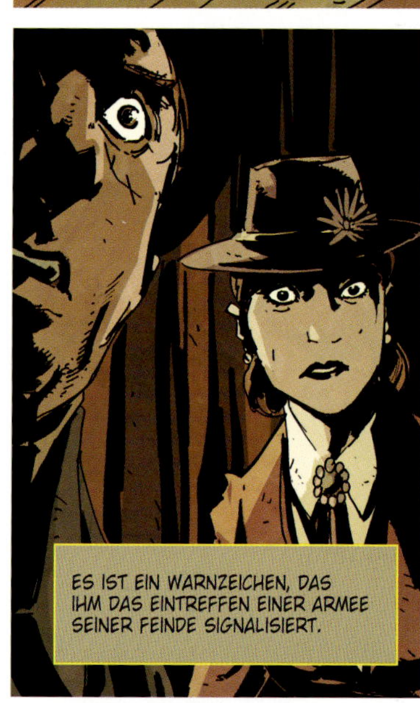
ES IST EIN WARNZEICHEN, DAS IHM DAS EINTREFFEN EINER ARMEE SEINER FEINDE SIGNALISIERT.
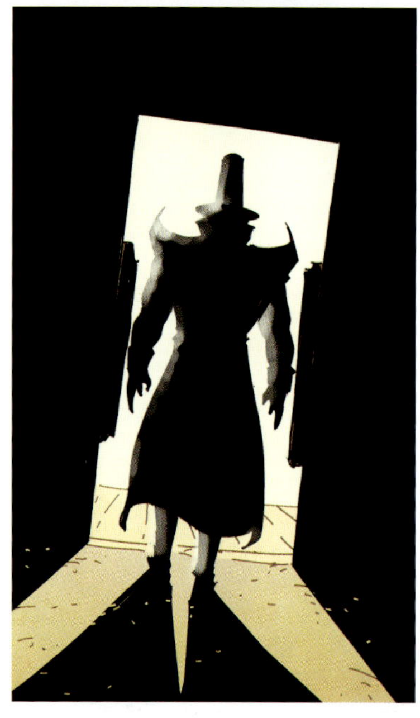
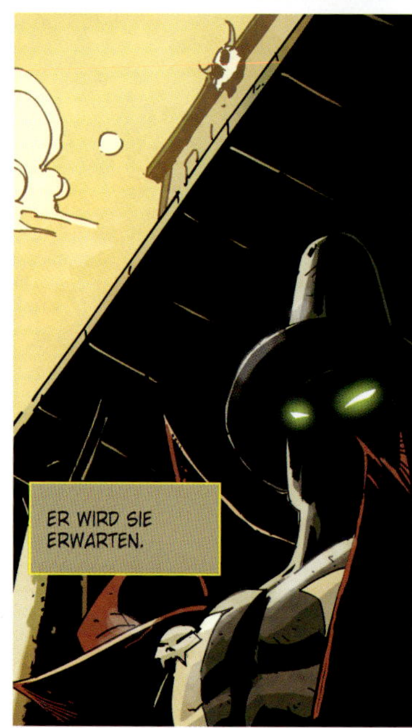
ER WIRD SIE ERWARTEN.
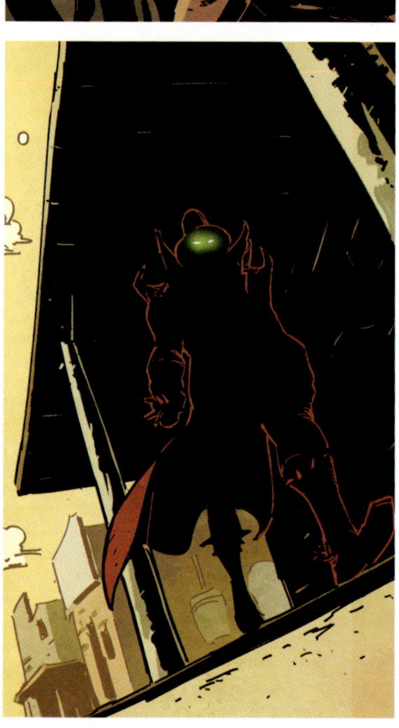

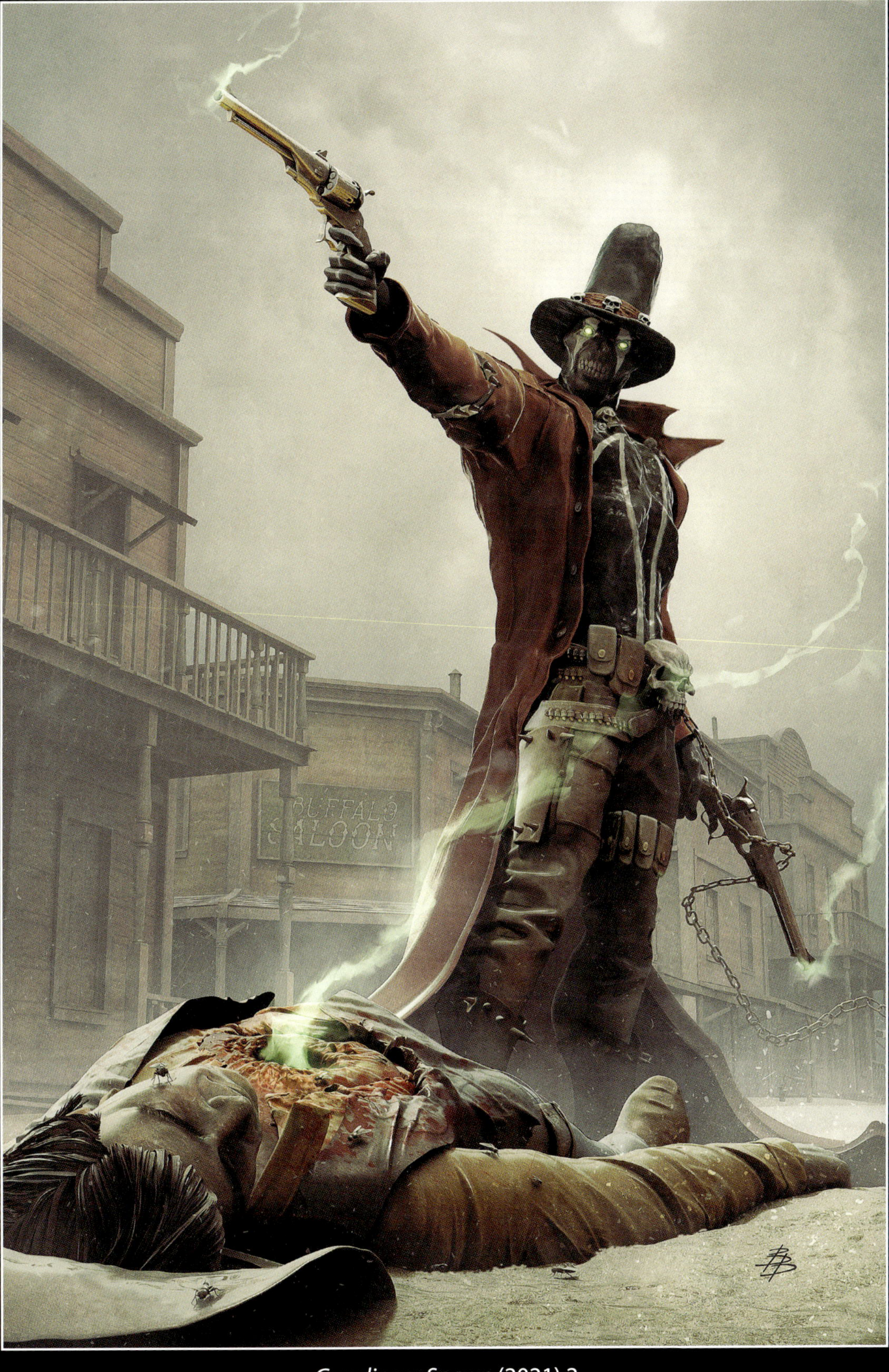

Gunslinger Spawn (2021) 2

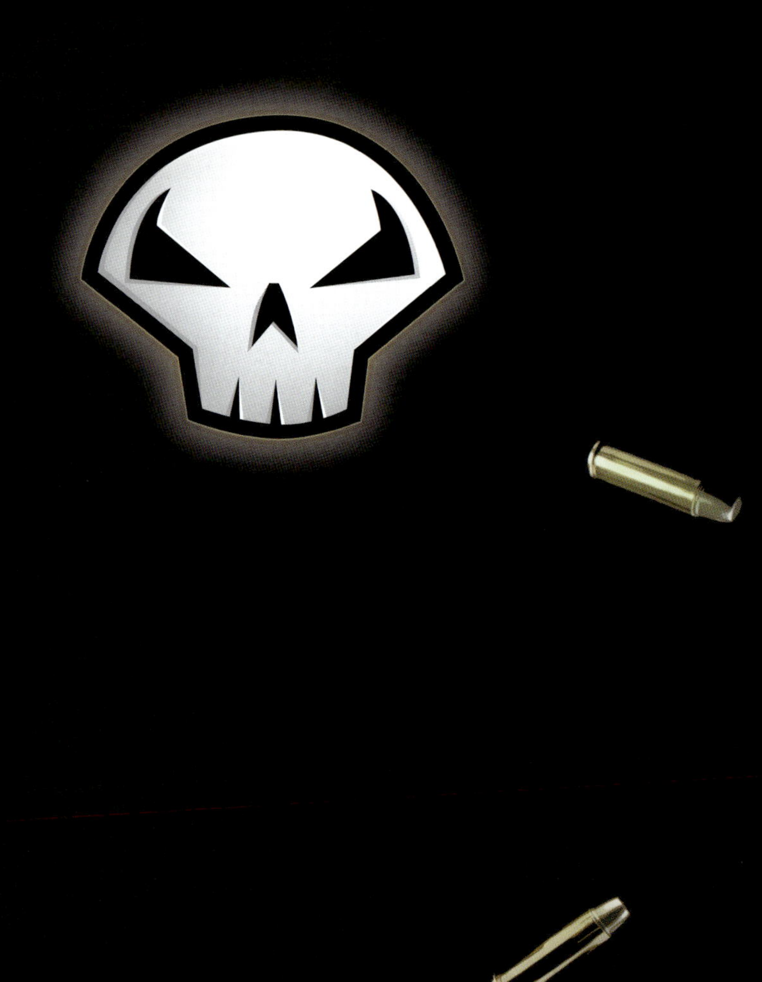

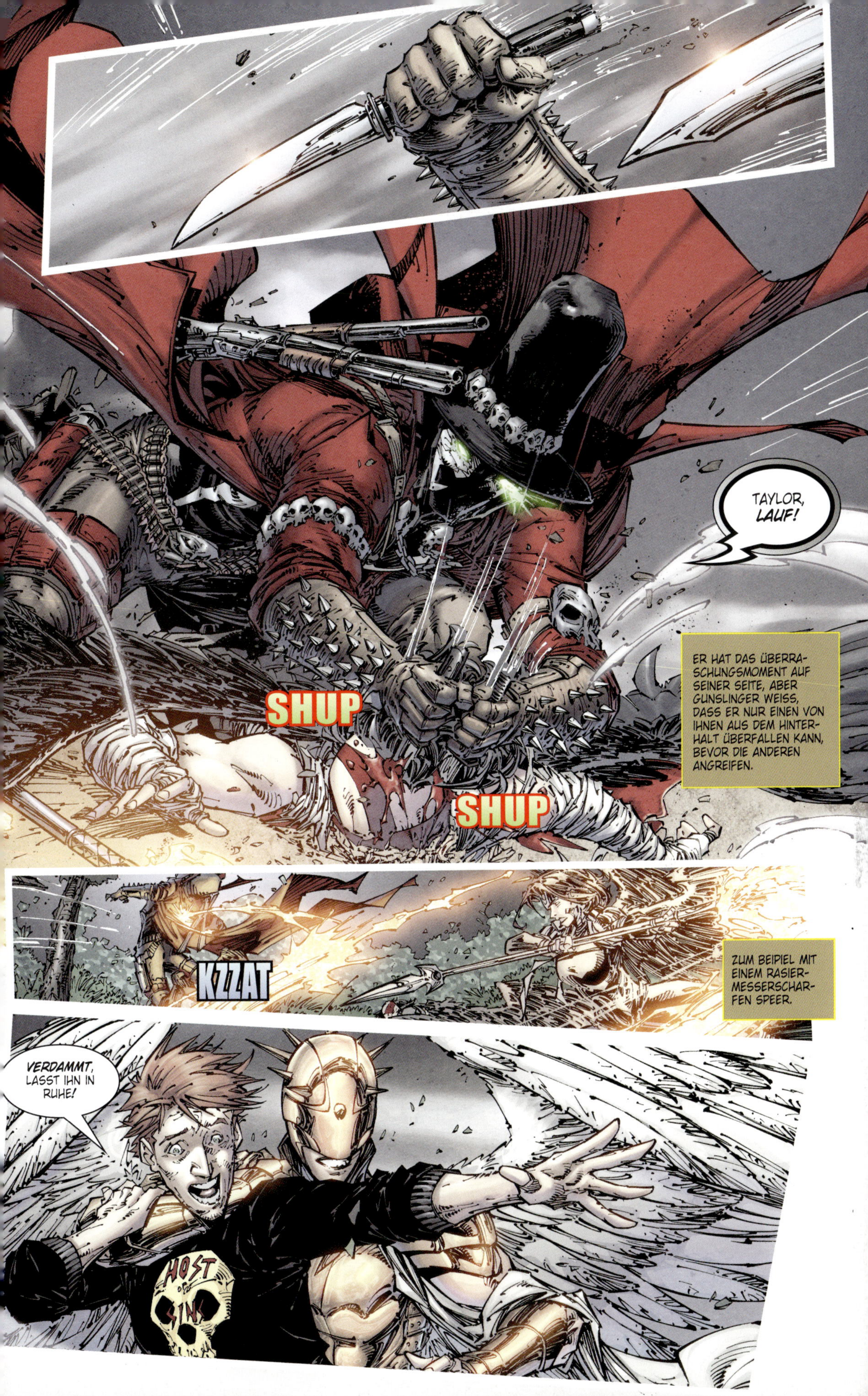
TAYLOR, LAUF!
ER HAT DAS ÜBERRASCHUNGSMOMENT AUF SEINER SEITE, ABER GUNSLINGER WEISS, DASS ER NUR EINEN VON IHNEN AUS DEM HINTERHALT ÜBERFALLEN KANN, BEVOR DIE ANDEREN ANGREIFEN.
SHUP
SHUP
KZZAT
ZUM BEIPIEL MIT EINEM RASIERMESSERSCHARFEN SPEER.
VERDAMMT, LASST IHN IN RUHE!
HOST OF SINS

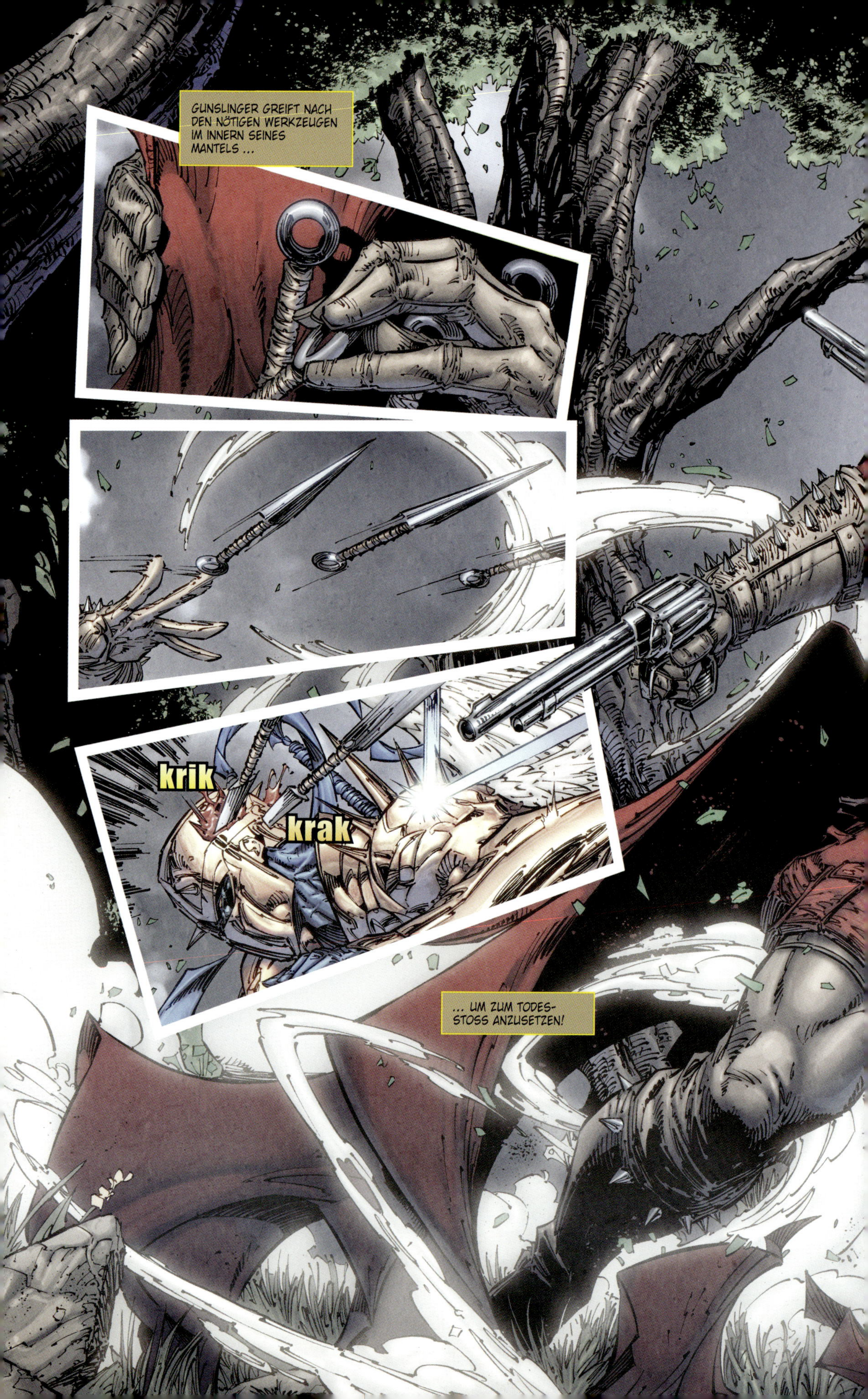
GUNSLINGER GREIFT NACH DEN NÖTIGEN WERKZEUGEN IM INNERN SEINES MANTELS ...
krik
krak
... UM ZUM TODES-STOSS ANZUSETZEN!

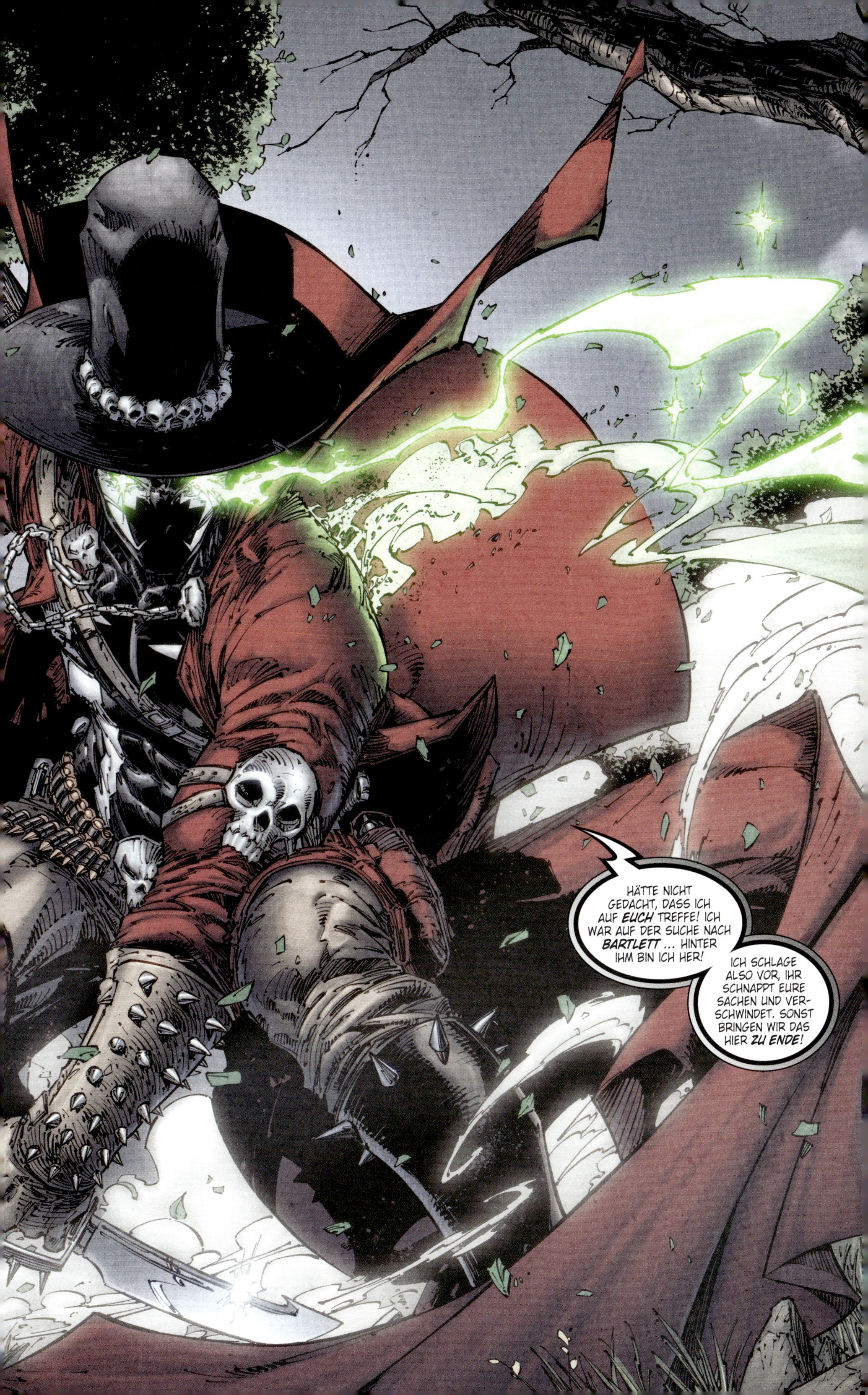
HÄTTE NICHT GEDACHT, DASS ICH AUF **EUCH** TREFFE! ICH WAR AUF DER SUCHE NACH **BARTLETT** ... HINTER IHM BIN ICH HER!
ICH SCHLAGE ALSO VOR, IHR SCHNAPPT EURE SACHEN UND VERSCHWINDET. SONST BRINGEN WIR DAS HIER **ZU ENDE**!

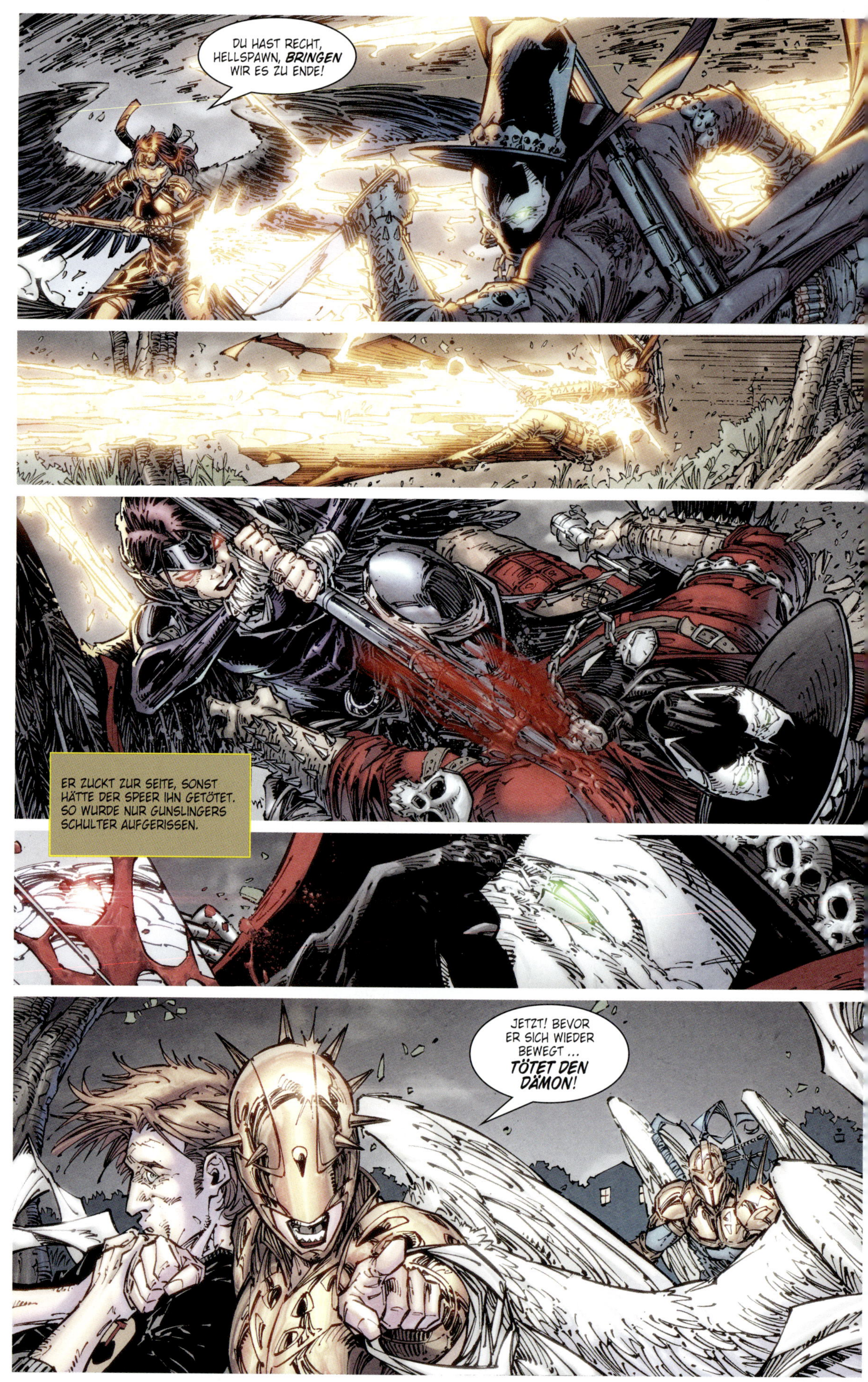
DU HAST RECHT, HELLSPAWN, BRINGEN WIR ES ZU ENDE!
ER ZUCKT ZUR SEITE, SONST HÄTTE DER SPEER IHN GETÖTET. SO WURDE NUR GUNSLINGERS SCHULTER AUFGERISSEN.
JETZT! BEVOR ER SICH WIEDER BEWEGT ... TÖTET DEN DÄMON!

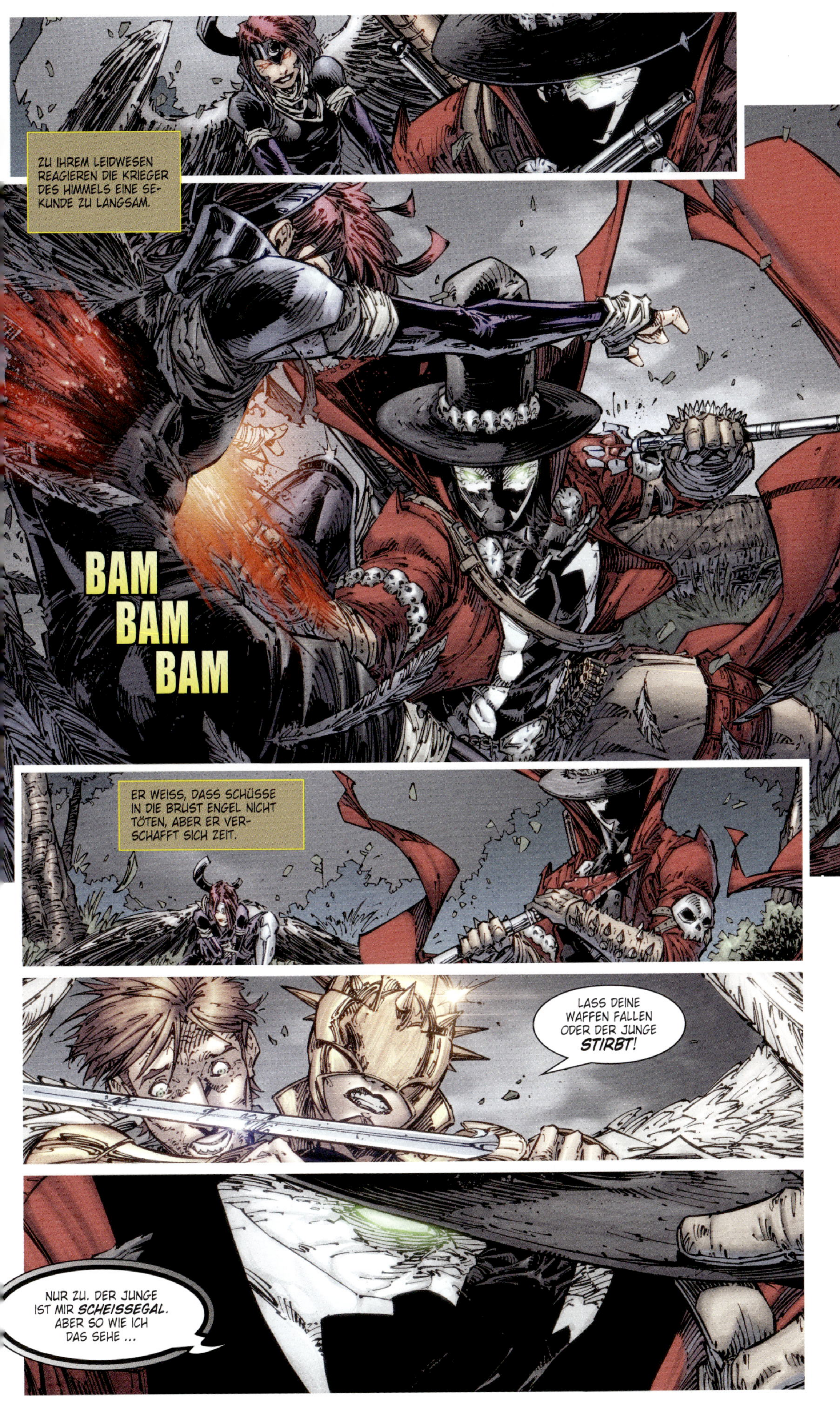
ZU IHREM LEIDWESEN REAGIEREN DIE KRIEGER DES HIMMELS EINE SE-KUNDE ZU LANGSAM.
BAM BAM BAM
ER WEISS, DASS SCHÜSSE IN DIE BRUST ENGEL NICHT TÖTEN, ABER ER VER-SCHAFFT SICH ZEIT.
LASS DEINE WAFFEN FALLEN ODER DER JUNGE STIRBT!
NUR ZU. DER JUNGE IST MIR SCHEISSEGAL. ABER SO WIE ICH DAS SEHE ...

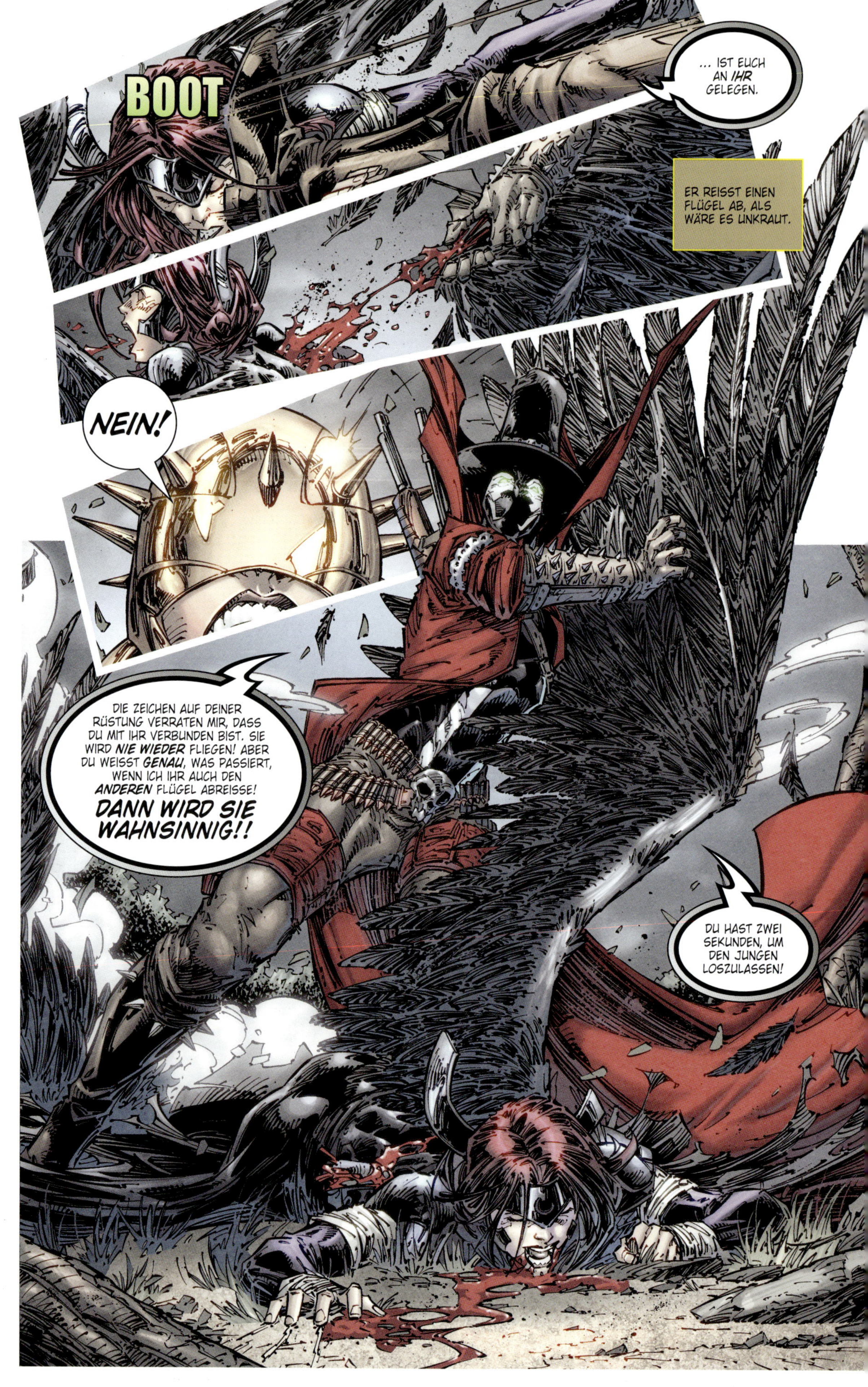
BOOT
... IST EUCH AN IHR GELEGEN.
ER REISST EINEN FLÜGEL AB, ALS WÄRE ES UNKRAUT.
NEIN!
DIE ZEICHEN AUF DEINER RÜSTUNG VERRATEN MIR, DASS DU MIT IHR VERBUNDEN BIST. SIE WIRD NIE WIEDER FLIEGEN! ABER DU WEISST GENAU, WAS PASSIERT, WENN ICH IHR AUCH DEN ANDEREN FLÜGEL ABREISSE! DANN WIRD SIE WAHNSINNIG!!
DU HAST ZWEI SEKUNDEN, UM DEN JUNGEN LOSZULASSEN!

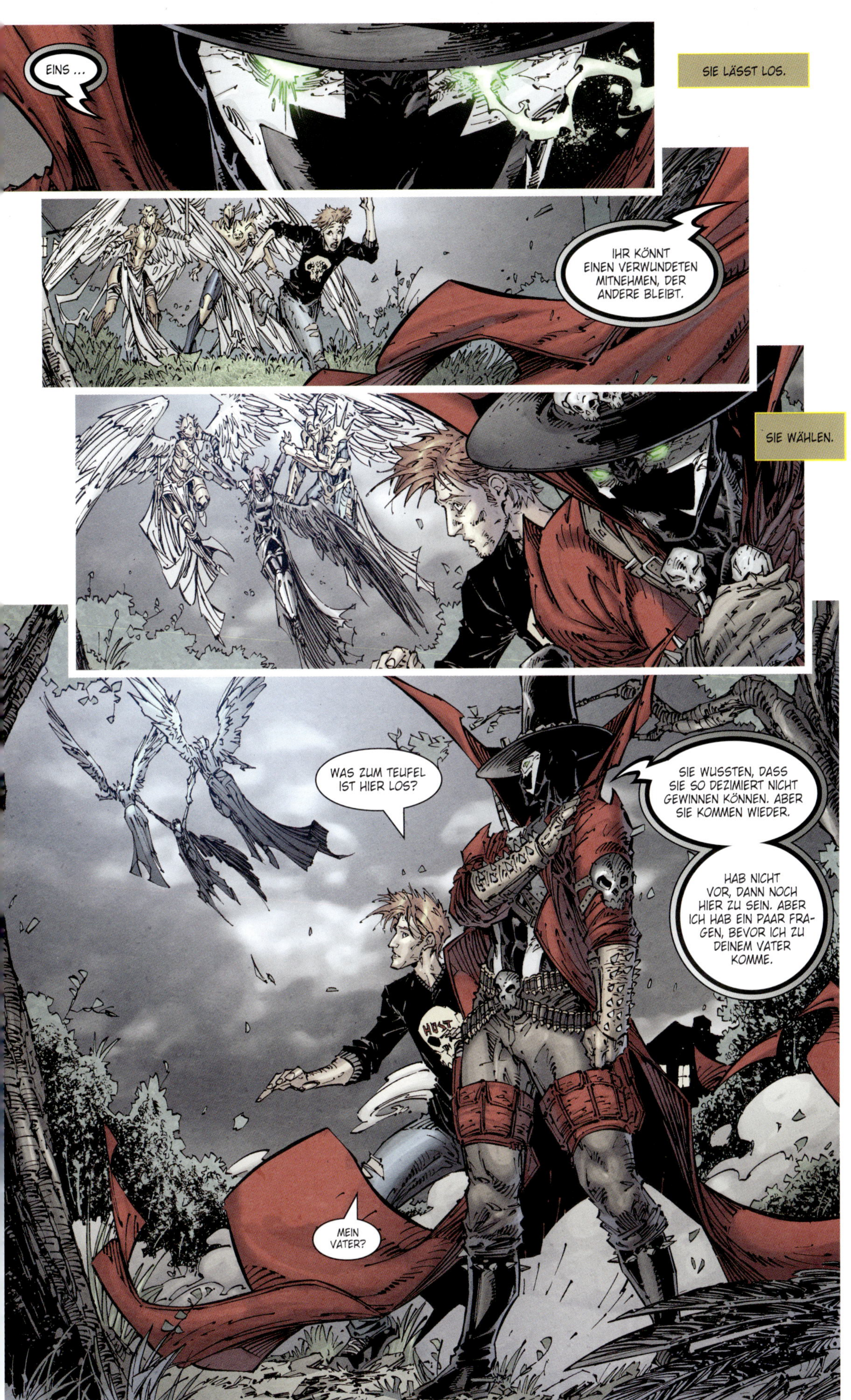
EINS ...
SIE LÄSST LOS.
IHR KÖNNT EINEN VERWUNDETEN MITNEHMEN, DER ANDERE BLEIBT.
SIE WÄHLEN.
WAS ZUM TEUFEL IST HIER LOS?
SIE WUSSTEN, DASS SIE SO DEZIMIERT NICHT GEWINNEN KÖNNEN. ABER SIE KOMMEN WIEDER.
HAB NICHT VOR, DANN NOCH HIER ZU SEIN. ABER ICH HAB EIN PAAR FRA-GEN, BEVOR ICH ZU DEINEM VATER KOMME.
MEIN VATER?

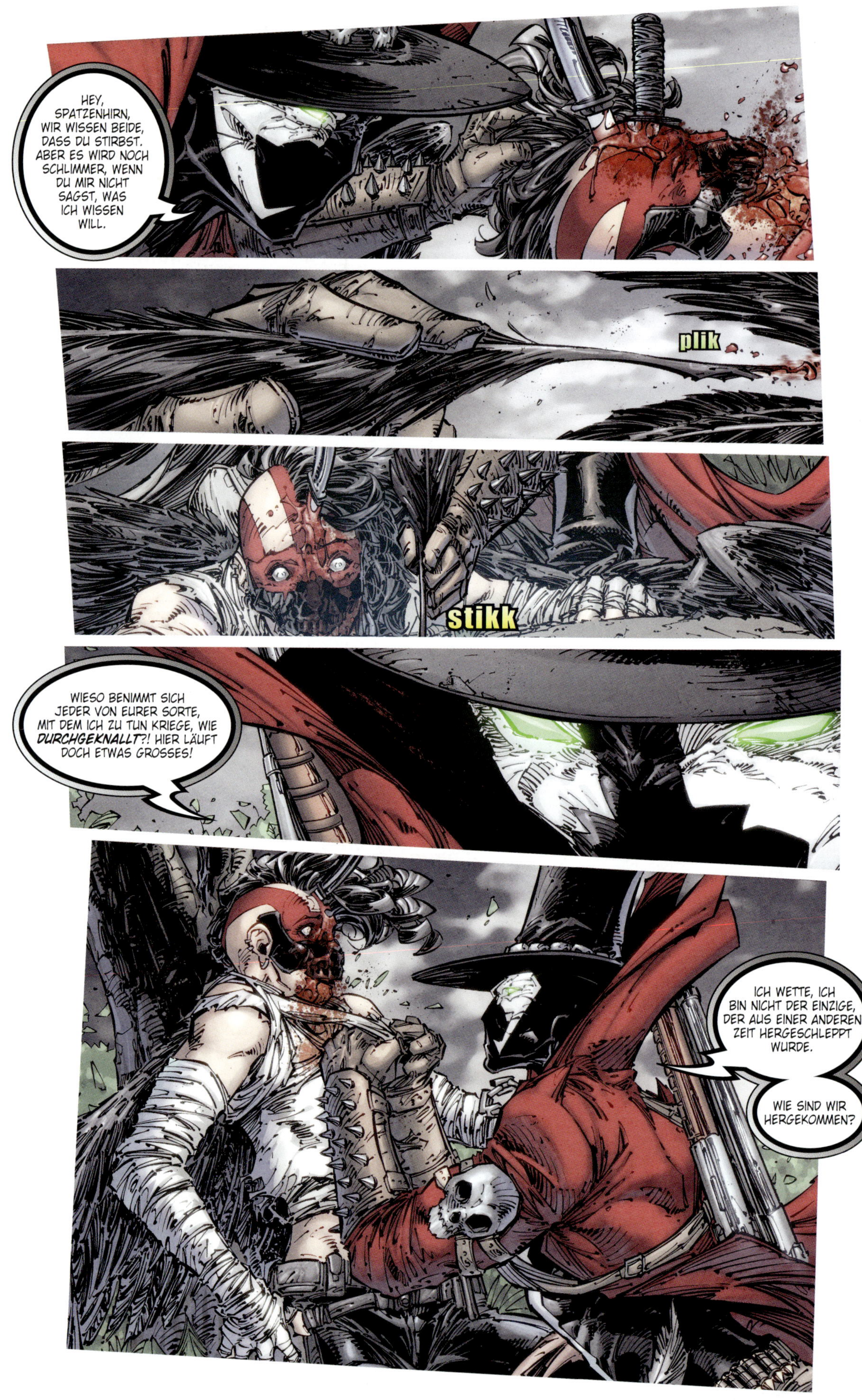
HEY, SPATZENHIRN, WIR WISSEN BEIDE, DASS DU STIRBST. ABER ES WIRD NOCH SCHLIMMER, WENN DU MIR NICHT SAGST, WAS ICH WISSEN WILL.
plik
stikk
WIESO BENIMMT SICH JEDER VON EURER SORTE, MIT DEM ICH ZU TUN KRIEGE, WIE *DURCHGEKNALLT*?! HIER LÄUFT DOCH ETWAS GROSSES!
ICH WETTE, ICH BIN NICHT DER EINZIGE, DER AUS EINER ANDEREN ZEIT HERGESCHLEPPT WURDE.
WIE SIND WIR HERGEKOMMEN?

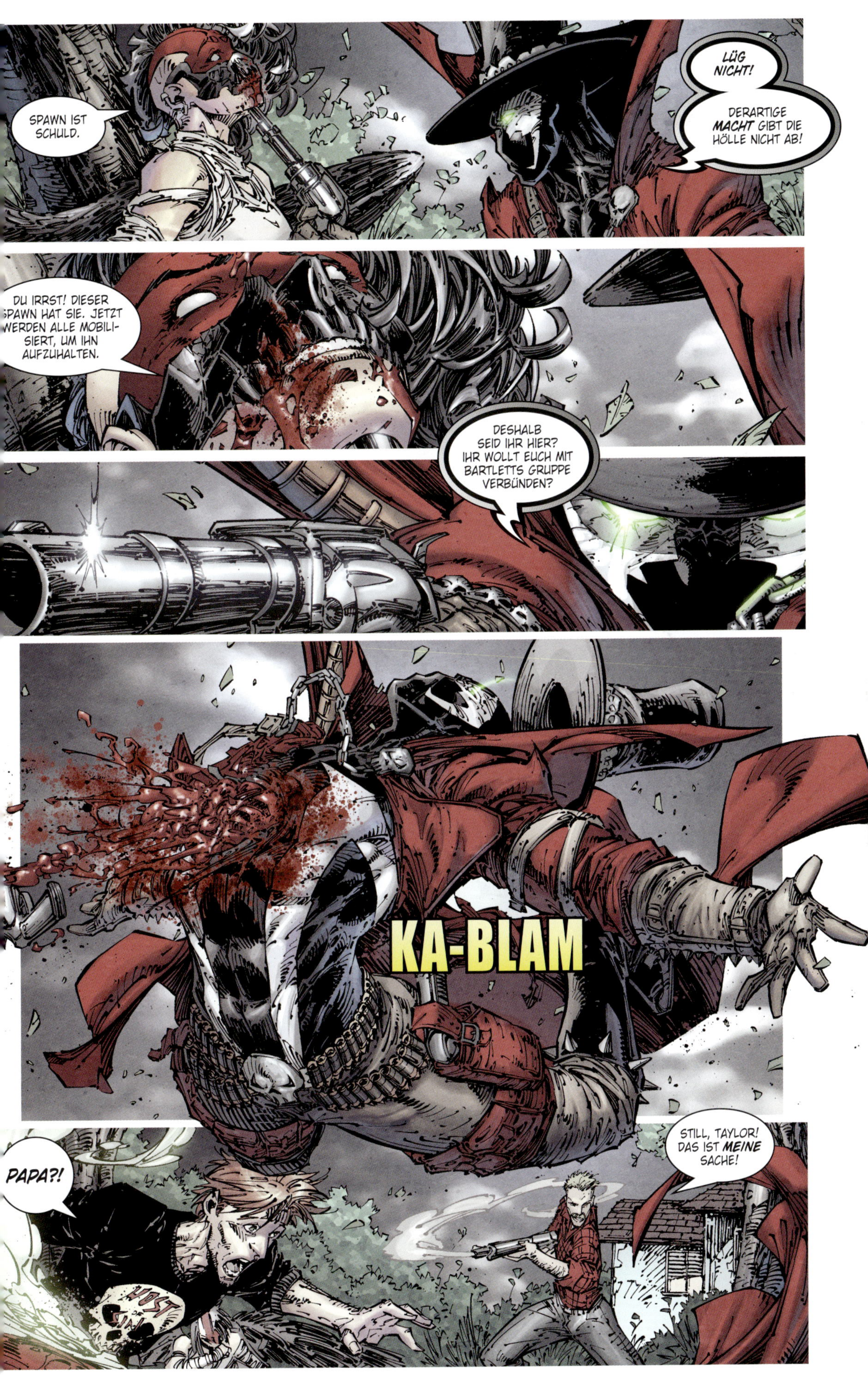
SPAWN IST SCHULD.
LÜG NICHT!
DERARTIGE MACHT GIBT DIE HÖLLE NICHT AB!
DU IRRST! DIESER SPAWN HAT SIE. JETZT WERDEN ALLE MOBILISIERT, UM IHN AUFZUHALTEN.
DESHALB SEID IHR HIER? IHR WOLLT EUCH MIT BARTLETTS GRUPPE VERBÜNDEN?
KA-BLAM
PAPA?!
STILL, TAYLOR! DAS IST MEINE SACHE!

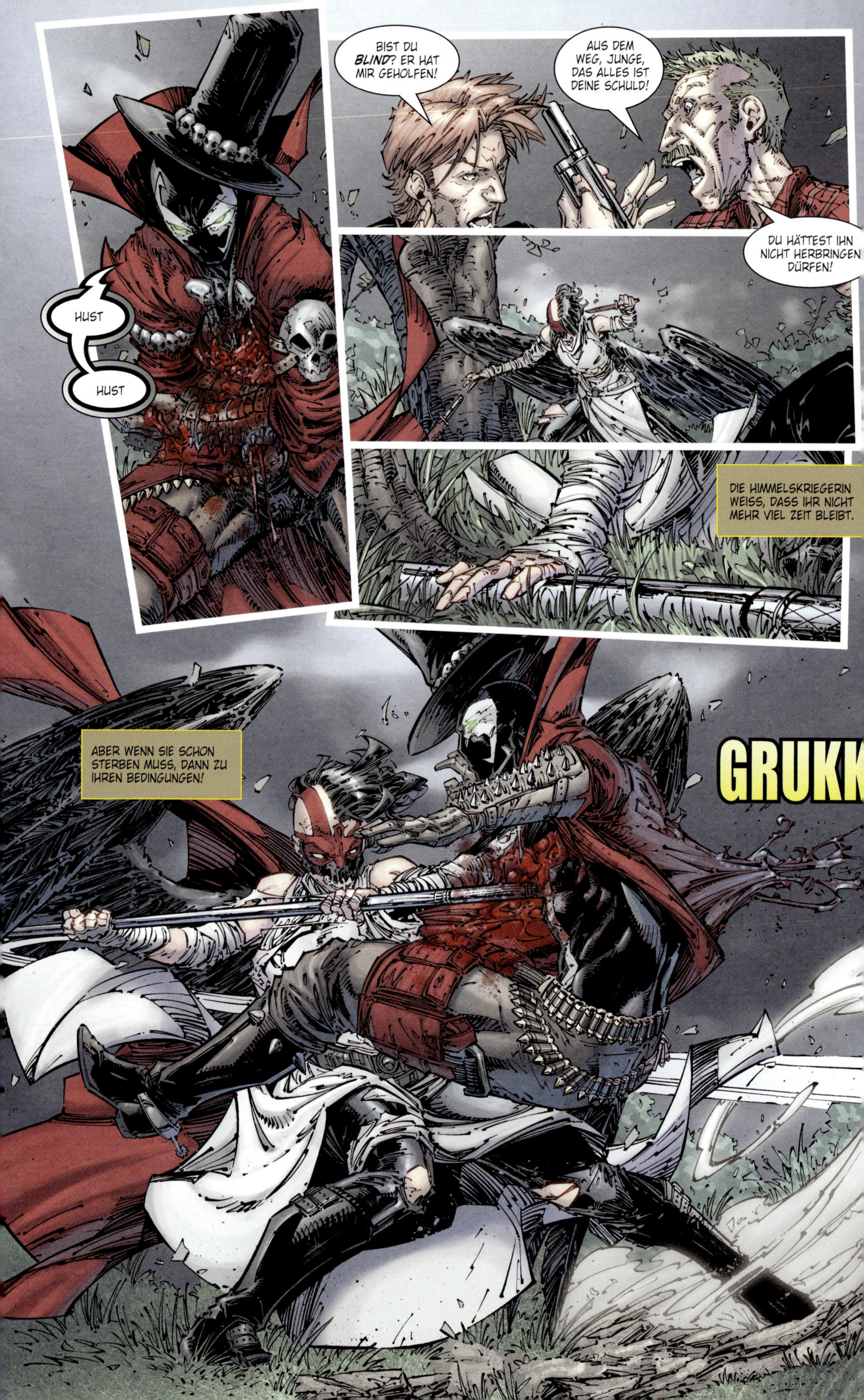
HUST
HUST
BIST DU *BLIND*? ER HAT MIR GEHOLFEN!
AUS DEM WEG, JUNGE, DAS ALLES IST DEINE SCHULD!
DU HÄTTEST IHN NICHT HERBRINGEN DÜRFEN!
DIE HIMMELSKRIEGERIN WEISS, DASS IHR NICHT MEHR VIEL ZEIT BLEIBT.
ABER WENN SIE SCHON STERBEN MUSS, DANN ZU IHREN BEDINGUNGEN!
GRUKK

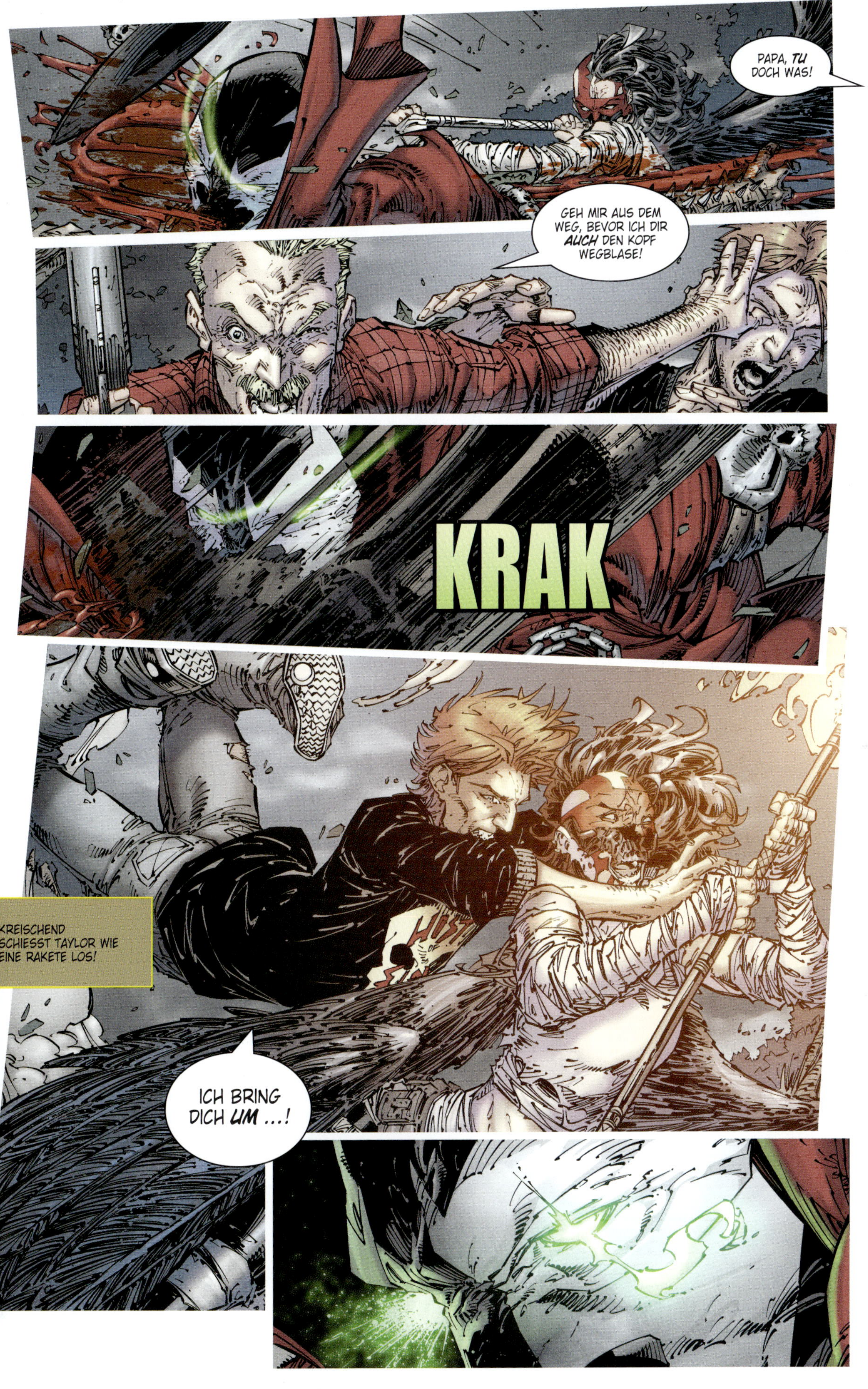
PAPA, TU DOCH WAS!
GEH MIR AUS DEM WEG, BEVOR ICH DIR AUCH DEN KOPF WEGBLASE!
KRAK
KREISCHEND SCHIESST TAYLOR WIE EINE RAKETE LOS!
ICH BRING DICH UM ...!

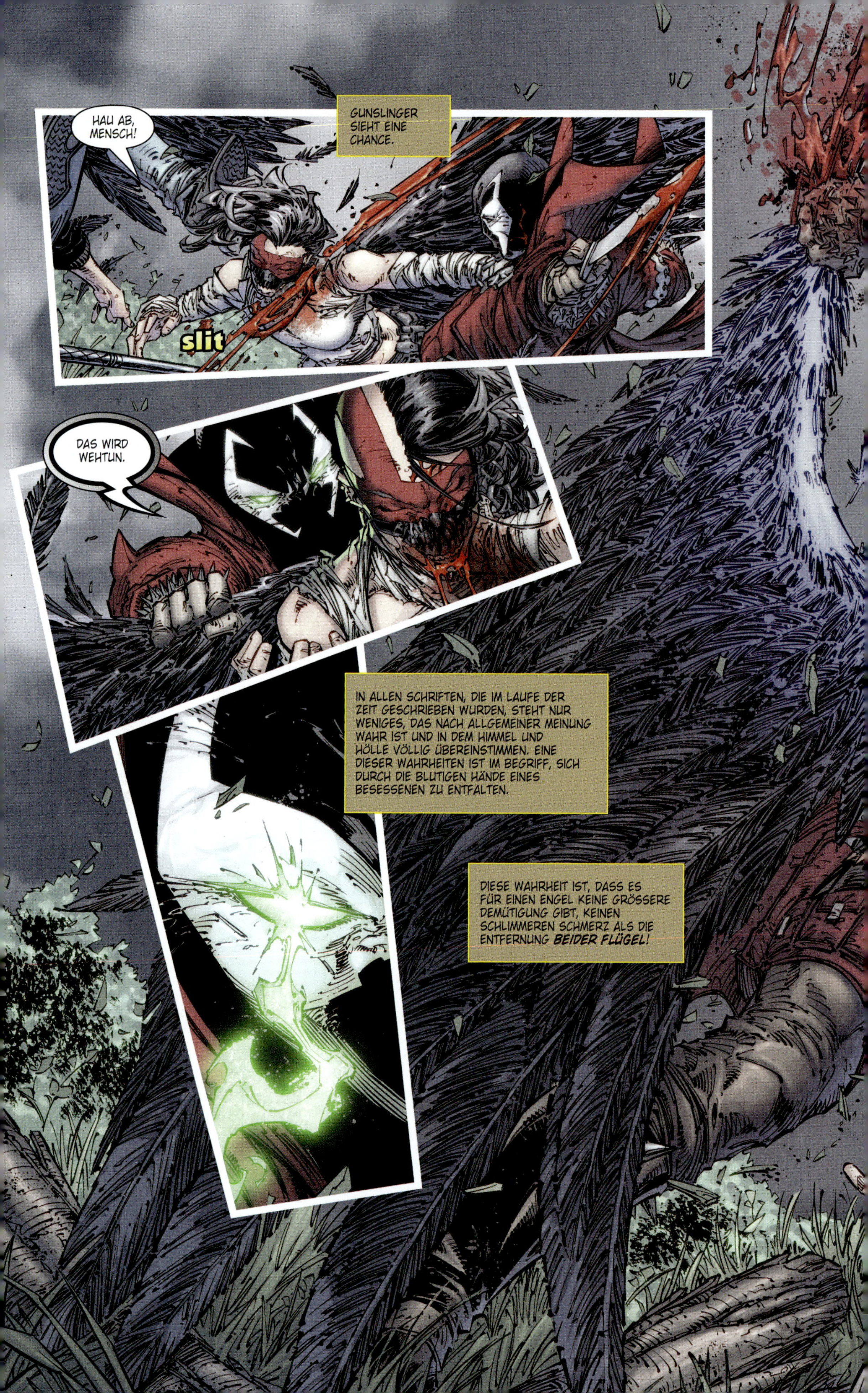
HAU AB, MENSCH!
GUNSLINGER SIEHT EINE CHANCE.
slit
DAS WIRD WEHTUN.
IN ALLEN SCHRIFTEN, DIE IM LAUFE DER ZEIT GESCHRIEBEN WURDEN, STEHT NUR WENIGES, DAS NACH ALLGEMEINER MEINUNG WAHR IST UND IN DEM HIMMEL UND HÖLLE VÖLLIG ÜBEREINSTIMMEN. EINE DIESER WAHRHEITEN IST IM BEGRIFF, SICH DURCH DIE BLUTIGEN HÄNDE EINES BESESSENEN ZU ENTFALTEN.
DIESE WAHRHEIT IST, DASS ES FÜR EINEN ENGEL KEINE GRÖSSERE DEMÜTIGUNG GIBT, KEINEN SCHLIMMEREN SCHMERZ ALS DIE ENTFERNUNG *BEIDER FLÜGEL*!

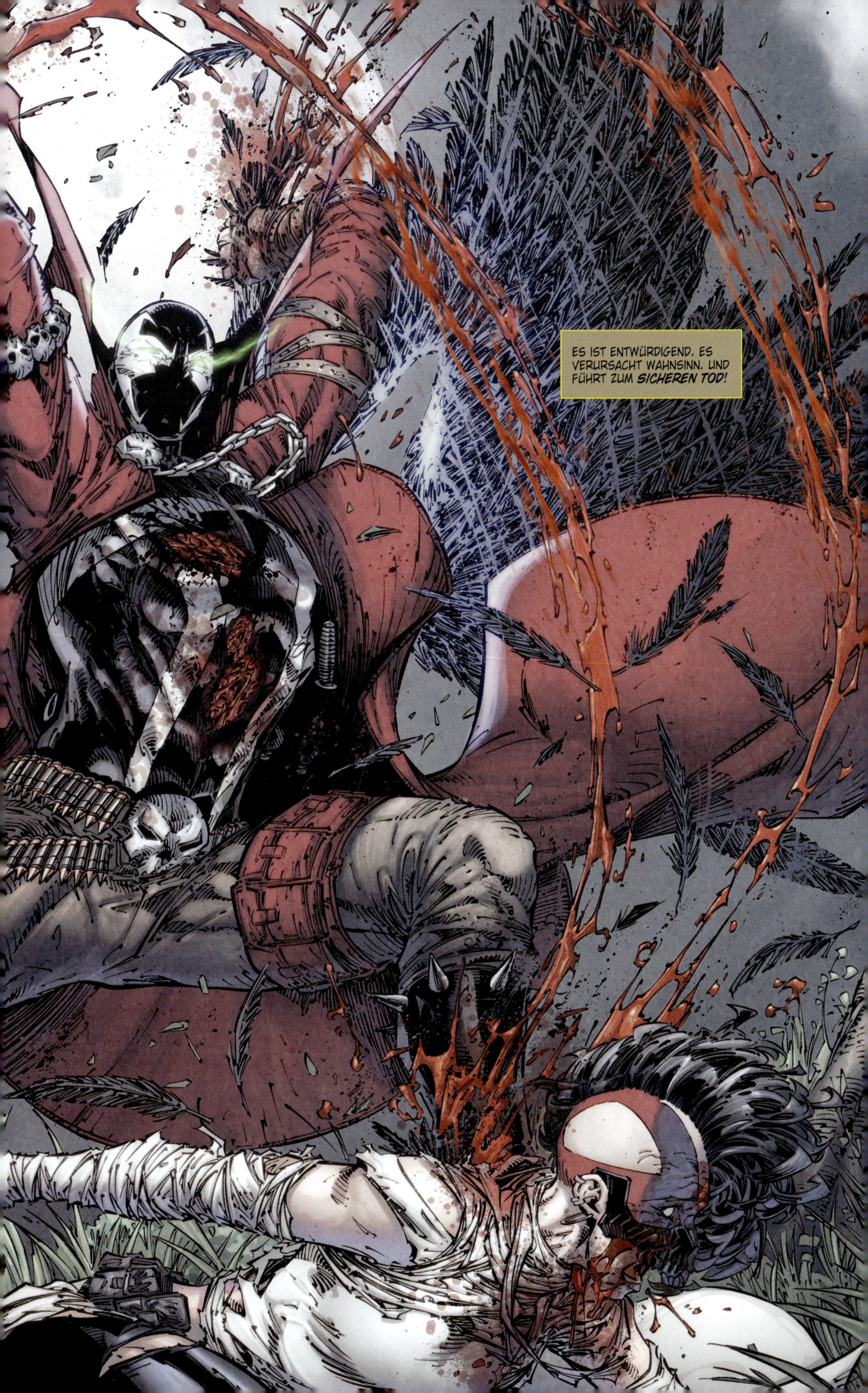
ES IST ENTWÜRDIGEND. ES VERURSACHT WAHNSINN. UND FÜHRT ZUM *SICHEREN TOD!*

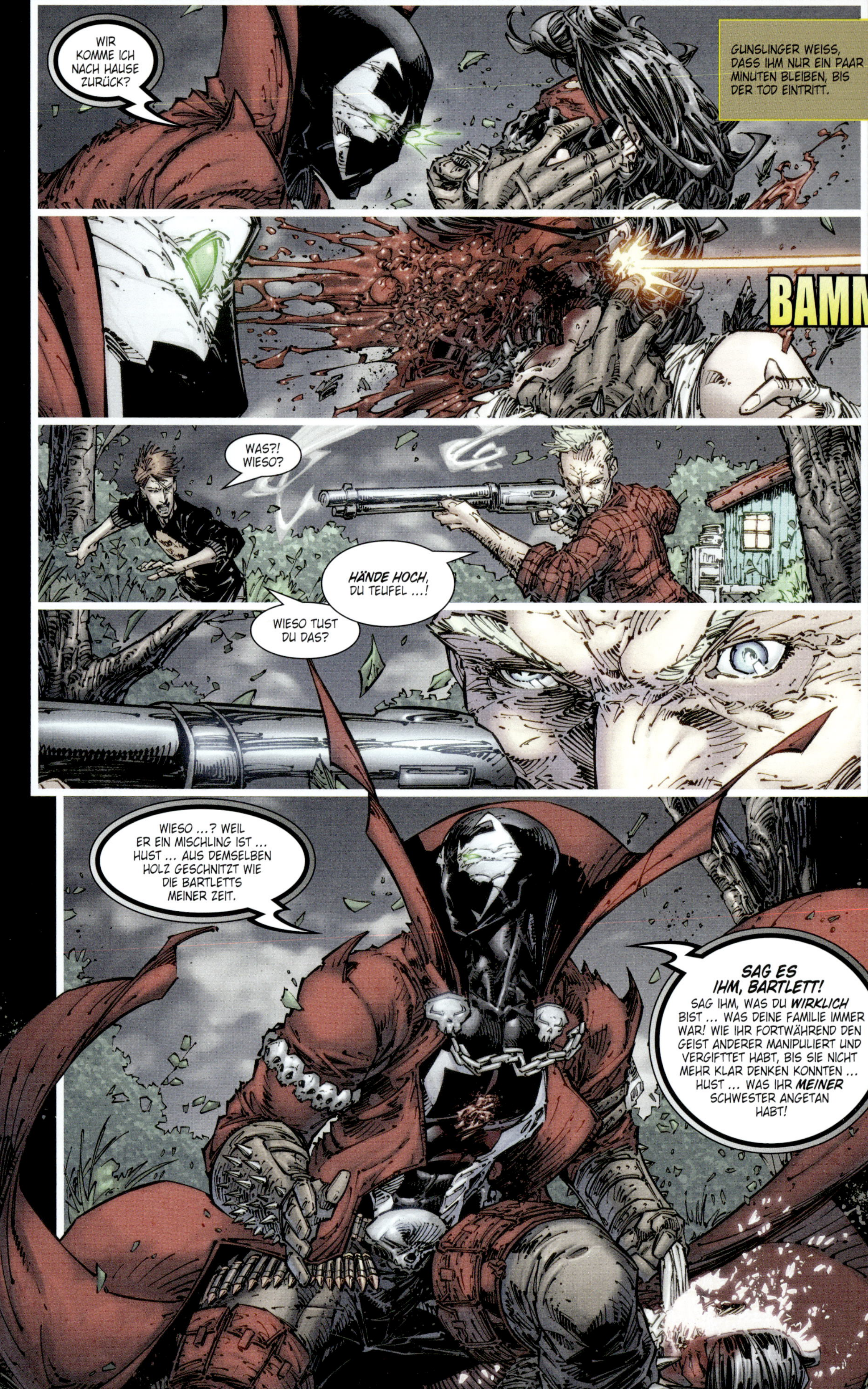
WIR KOMME ICH NACH HAUSE ZURÜCK?
GUNSLINGER WEISS, DASS IHM NUR EIN PAAR MINUTEN BLEIBEN, BIS DER TOD EINTRITT.
BAMM
WAS?! WIESO?
HÄNDE HOCH, DU TEUFEL ...!
WIESO TUST DU DAS?
WIESO ...? WEIL ER EIN MISCHLING IST ... HUST ... AUS DEMSELBEN HOLZ GESCHNITZT WIE DIE BARTLETTS MEINER ZEIT.
SAG ES IHM, BARTLETT! SAG IHM, WAS DU WIRKLICH BIST ... WAS DEINE FAMILIE IMMER WAR! WIE IHR FORTWÄHREND DEN GEIST ANDERER MANIPULIERT UND VERGIFTTET HABT, BIS SIE NICHT MEHR KLAR DENKEN KONNTEN ... HUST ... WAS IHR MEINER SCHWESTER ANGETAN HABT!

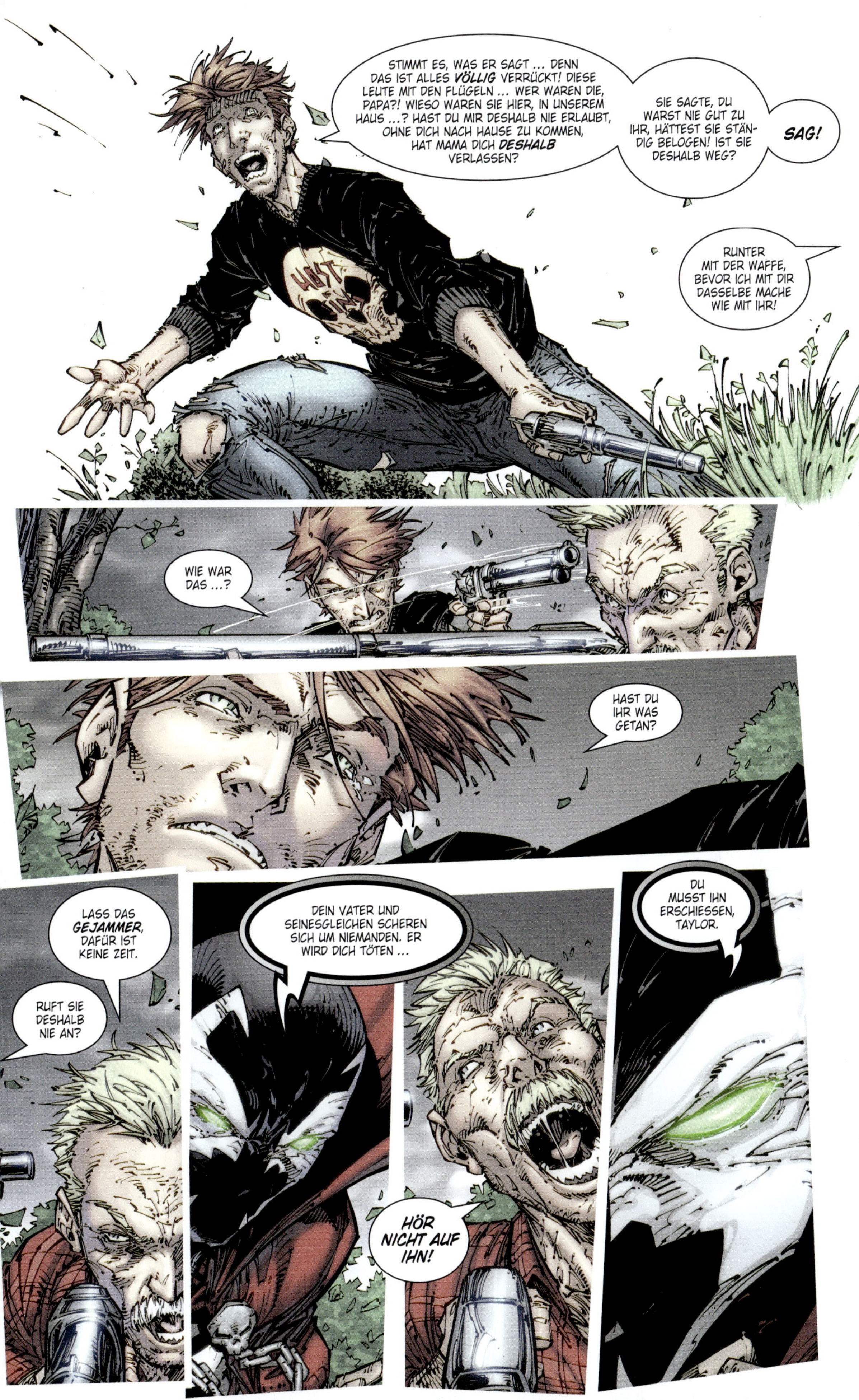
STIMMT ES, WAS ER SAGT ... DENN DAS IST ALLES VÖLLIG VERRÜCKT! DIESE LEUTE MIT DEN FLÜGELN ... WER WAREN DIE, PAPA?! WIESO WAREN SIE HIER, IN UNSEREM HAUS ...? HAST DU MIR DESHALB NIE ERLAUBT, OHNE DICH NACH HAUSE ZU KOMMEN, HAT MAMA DICH DESHALB VERLASSEN?
SIE SAGTE, DU WARST NIE GUT ZU IHR, HÄTTEST SIE STÄNDIG BELOGEN! IST SIE DESHALB WEG?
SAG!
RUNTER MIT DER WAFFE, BEVOR ICH MIT DIR DASSELBE MACHE WIE MIT IHR!
WIE WAR DAS ...?
HAST DU IHR WAS GETAN?
LASS DAS GEJAMMER, DAFÜR IST KEINE ZEIT.
RUFT SIE DESHALB NIE AN?
DEIN VATER UND SEINESGLEICHEN SCHEREN SICH UM NIEMANDEN. ER WIRD DICH TÖTEN ...
HÖR NICHT AUF IHN!
DU MUSST IHN ERSCHIESSEN, TAYLOR.

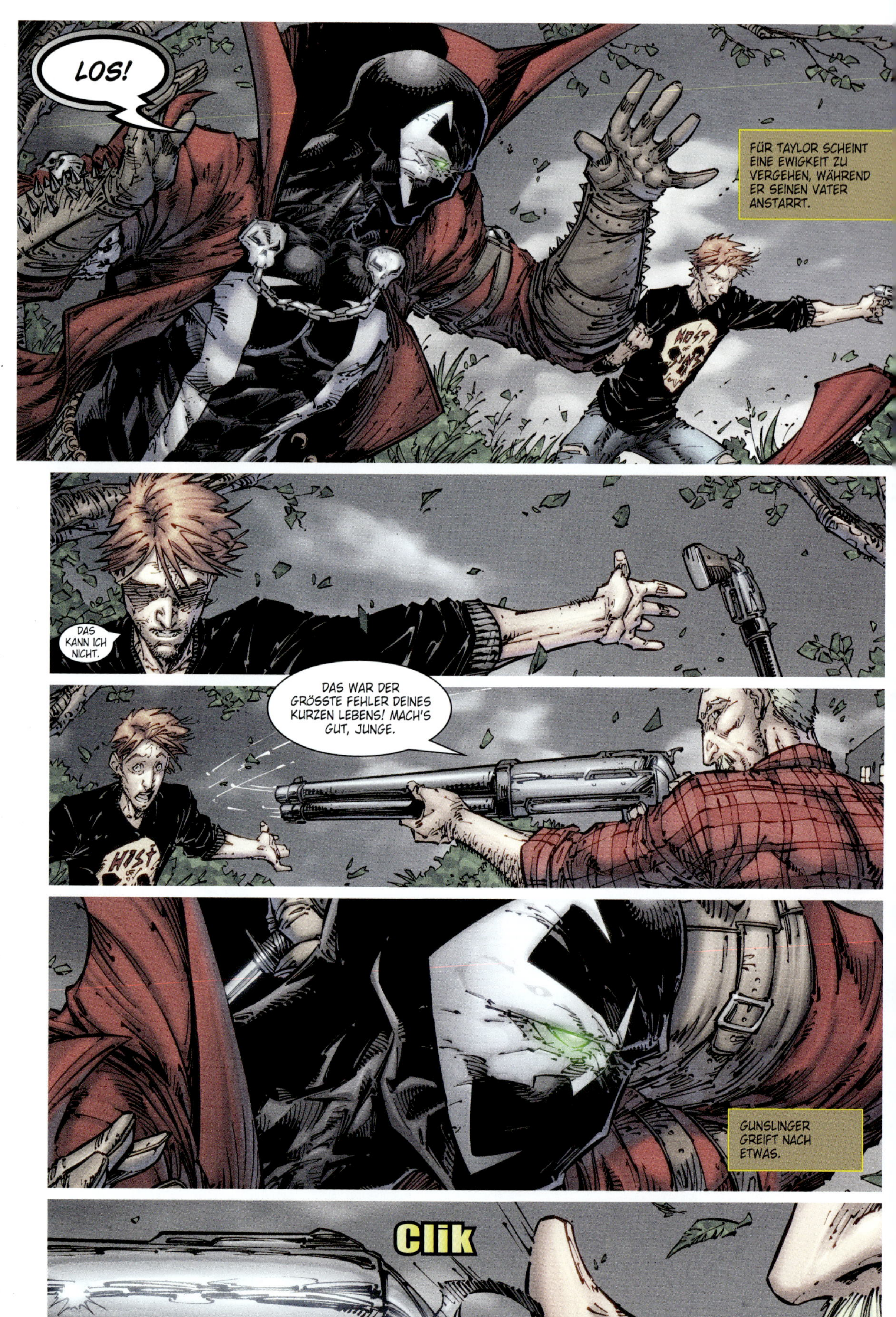
LOS!
FÜR TAYLOR SCHEINT EINE EWIGKEIT ZU VERGEHEN, WÄHREND ER SEINEN VATER ANSTARRT.
DAS KANN ICH NICHT.
DAS WAR DER GRÖSSTE FEHLER DEINES KURZEN LEBENS! MACH'S GUT, JUNGE.
GUNSLINGER GREIFT NACH ETWAS.
Clik

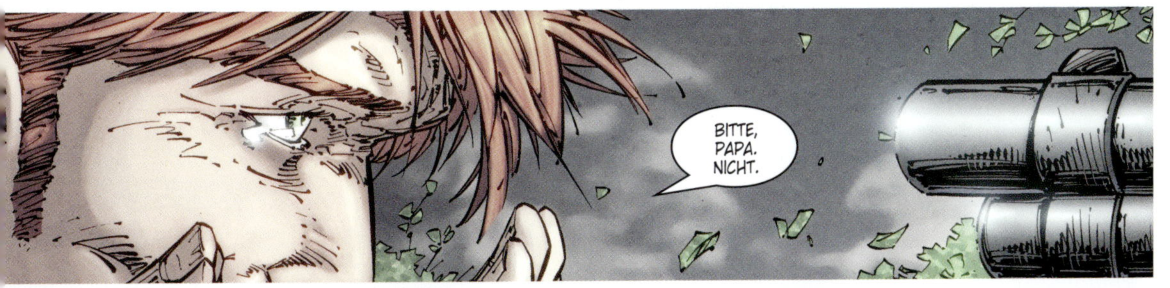
BITTE, PAPA. NICHT.

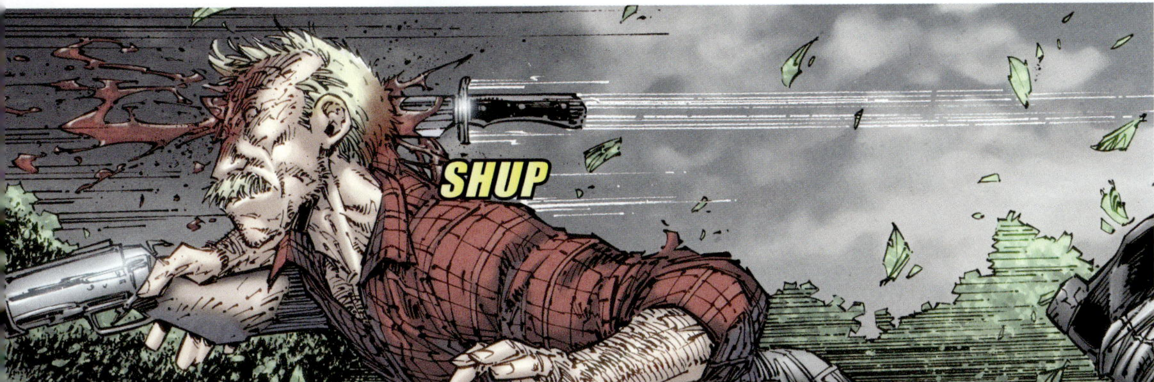
SHUP

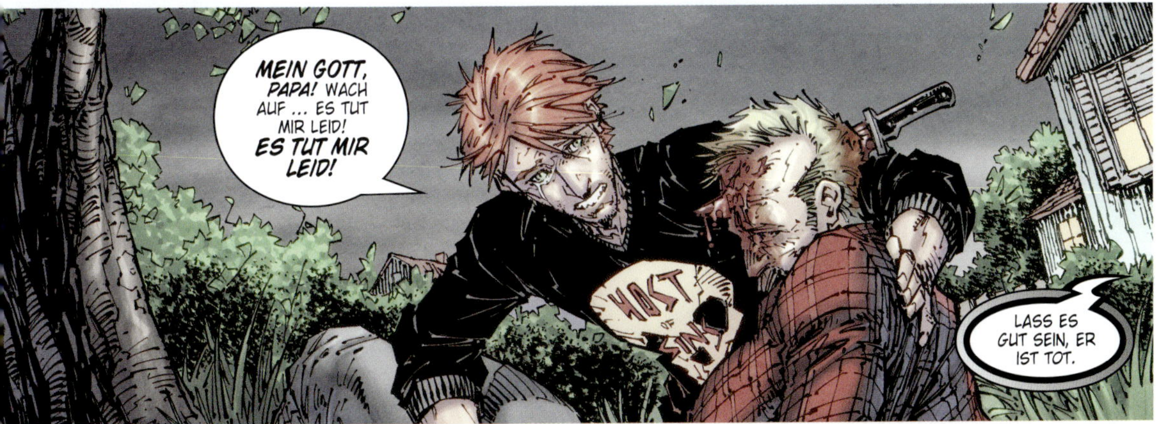
MEIN GOTT, PAPA! WACH AUF ... ES TUT MIR LEID! ES TUT MIR LEID!
LASS ES GUT SEIN, ER IST TOT.

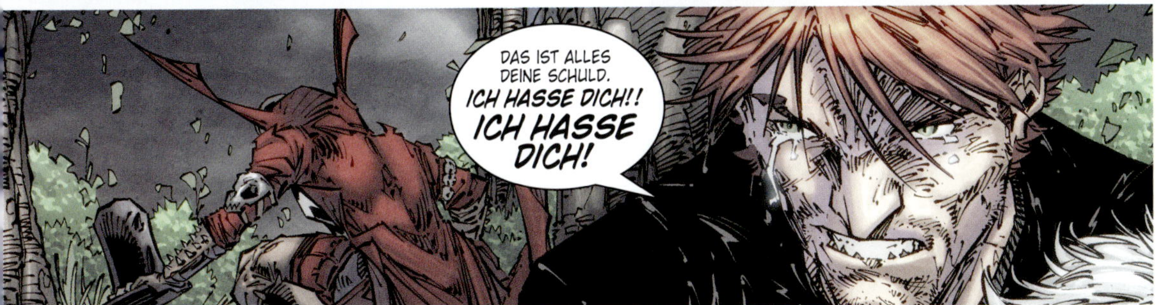
DAS IST ALLES DEINE SCHULD. ICH HASSE DICH!! ICH HASSE DICH!

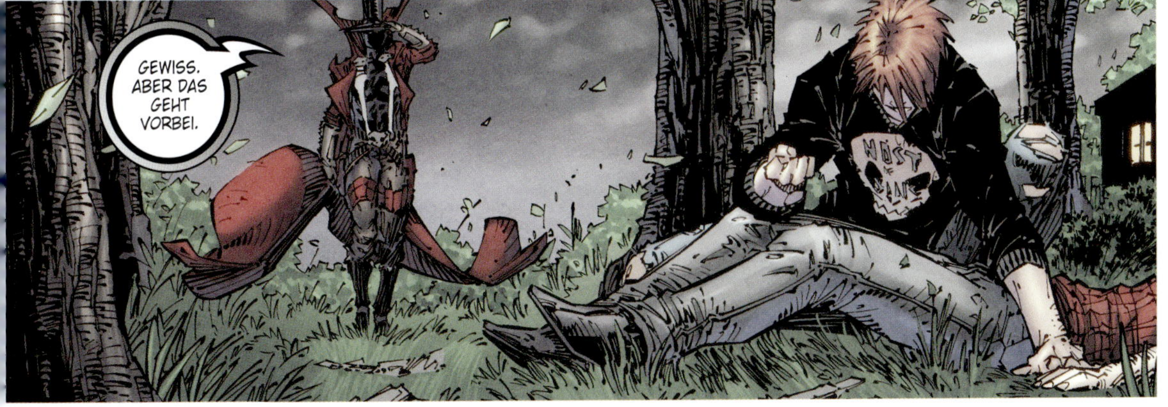
GEWISS. ABER DAS GEHT VORBEI.

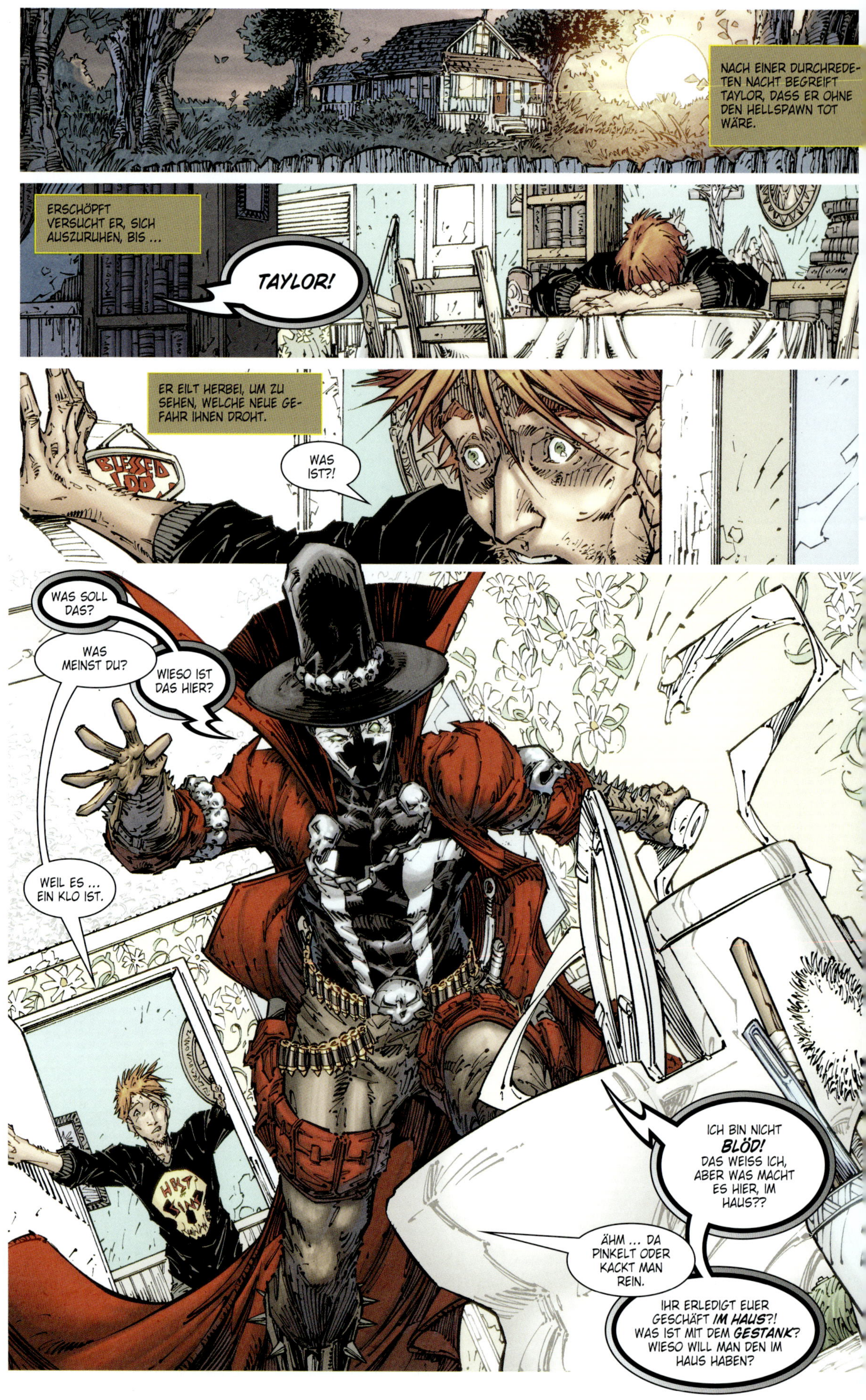

NACH EINER DURCHREDETEN NACHT BEGREIFT TAYLOR, DASS ER OHNE DEN HELLSPAWN TOT WÄRE.
ERSCHÖPFT VERSUCHT ER, SICH AUSZURUHEN, BIS ...
TAYLOR!
ER EILT HERBEI, UM ZU SEHEN, WELCHE NEUE GEFAHR IHNEN DROHT.
BLESSED
WAS IST?!
WAS SOLL DAS?
WAS MEINST DU?
WIESO IST DAS HIER?
WEIL ES ... EIN KLO IST.
ICH BIN NICHT BLÖD! DAS WEISS ICH, ABER WAS MACHT ES HIER, IM HAUS??
ÄHM ... DA PINKELT ODER KACKT MAN REIN.
IHR ERLEDIGT EUER GESCHÄFT IM HAUS?! WAS IST MIT DEM GESTANK? WIESO WILL MAN DEN IM HAUS HABEN?

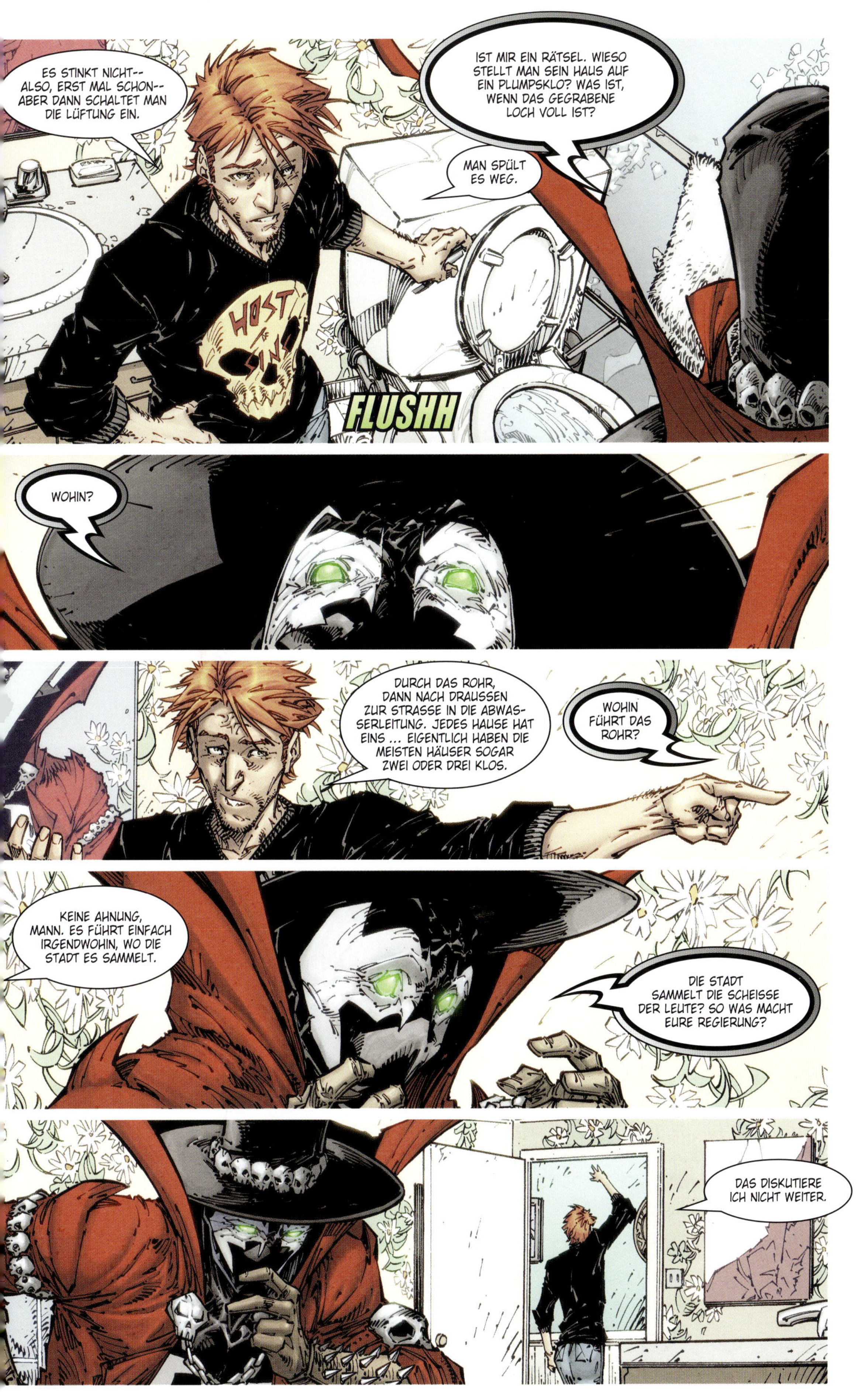
ES STINKT NICHT-- ALSO, ERST MAL SCHON-- ABER DANN SCHALTET MAN DIE LÜFTUNG EIN.
IST MIR EIN RÄTSEL. WIESO STELLT MAN SEIN HAUS AUF EIN PLUMPSKLO? WAS IST, WENN DAS GEGRABENE LOCH VOLL IST?
MAN SPÜLT ES WEG.
FLUSHH
WOHIN?
DURCH DAS ROHR, DANN NACH DRAUSSEN ZUR STRASSE IN DIE ABWASSERLEITUNG. JEDES HAUSE HAT EINS ... EIGENTLICH HABEN DIE MEISTEN HÄUSER SOGAR ZWEI ODER DREI KLOS.
WOHIN FÜHRT DAS ROHR?
KEINE AHNUNG, MANN. ES FÜHRT EINFACH IRGENDWOHIN, WO DIE STADT ES SAMMELT.
DIE STADT SAMMELT DIE SCHEISSE DER LEUTE? SO WAS MACHT EURE REGIERUNG?
DAS DISKUTIERE ICH NICHT WEITER.

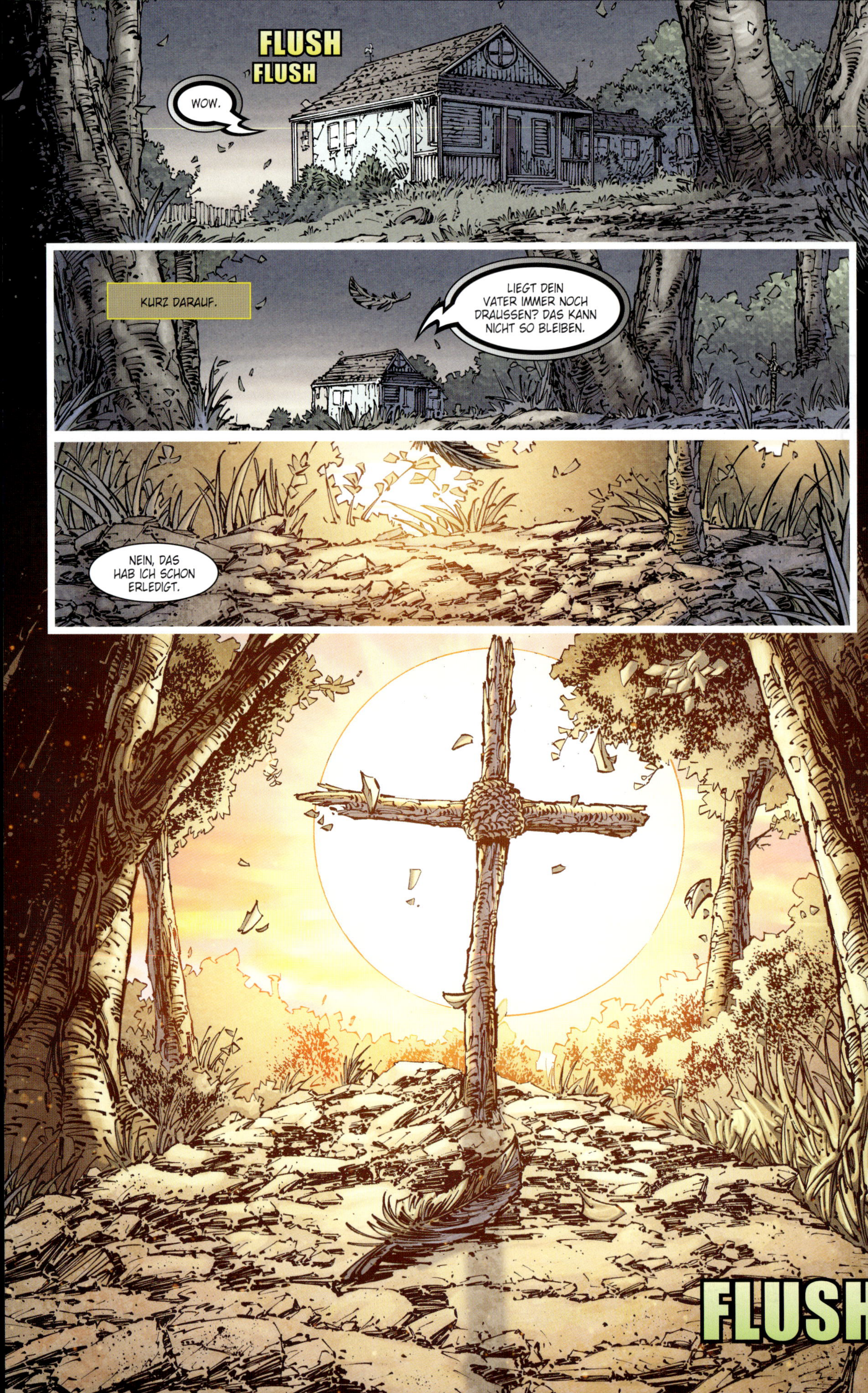
FLUSH
FLUSH
WOW.
KURZ DARAUF.
LIEGT DEIN VATER IMMER NOCH DRAUSSEN? DAS KANN NICHT SO BLEIBEN.
NEIN, DAS HAB ICH SCHON ERLEDIGT.
FLUSH

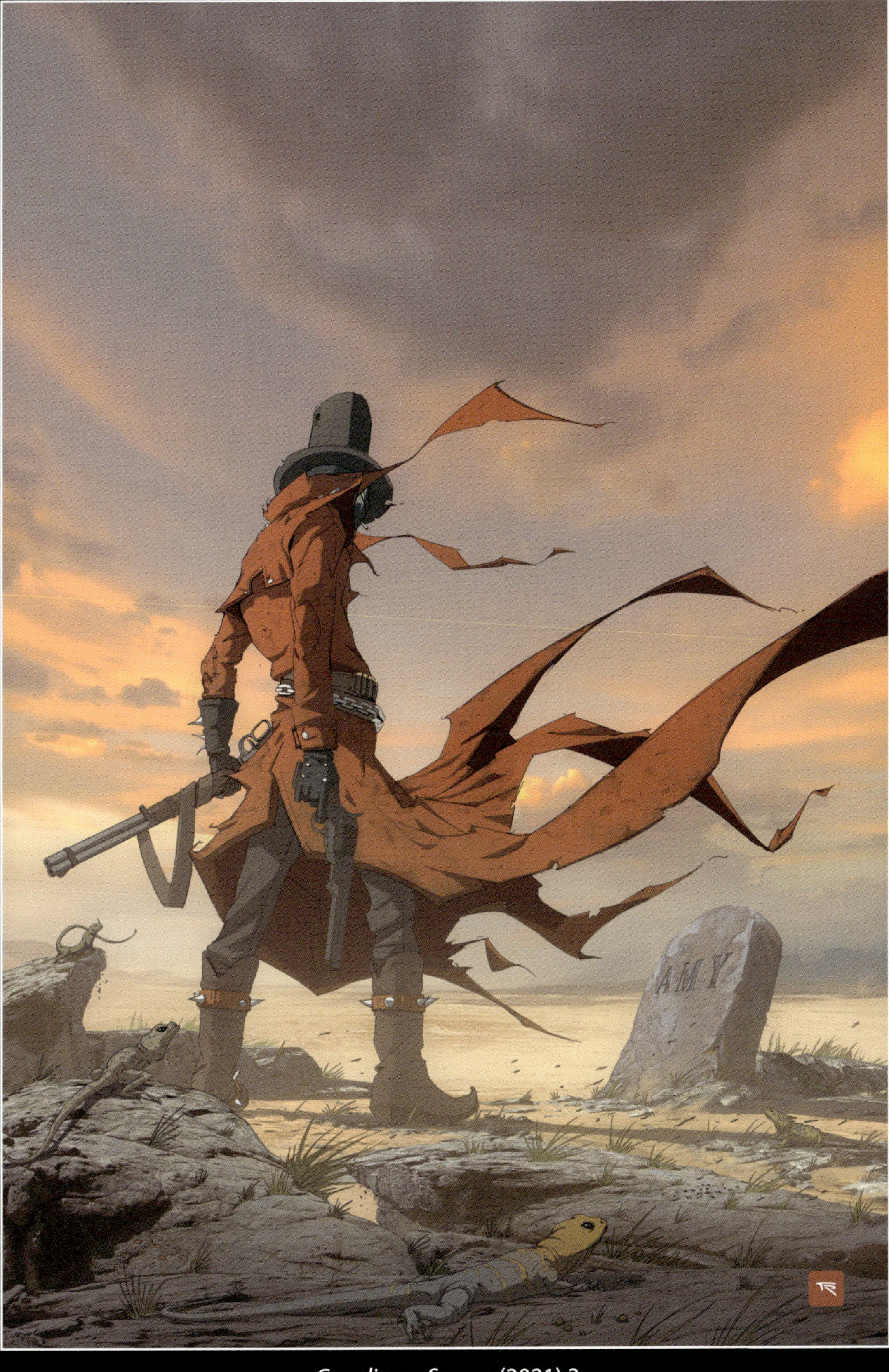

Gunslinger Spawn (2021) 3

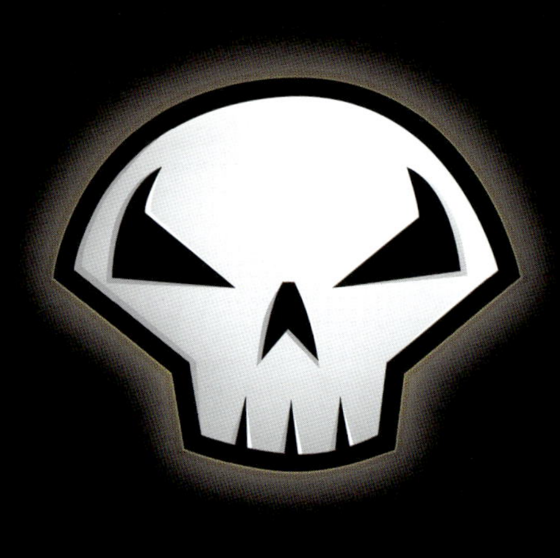

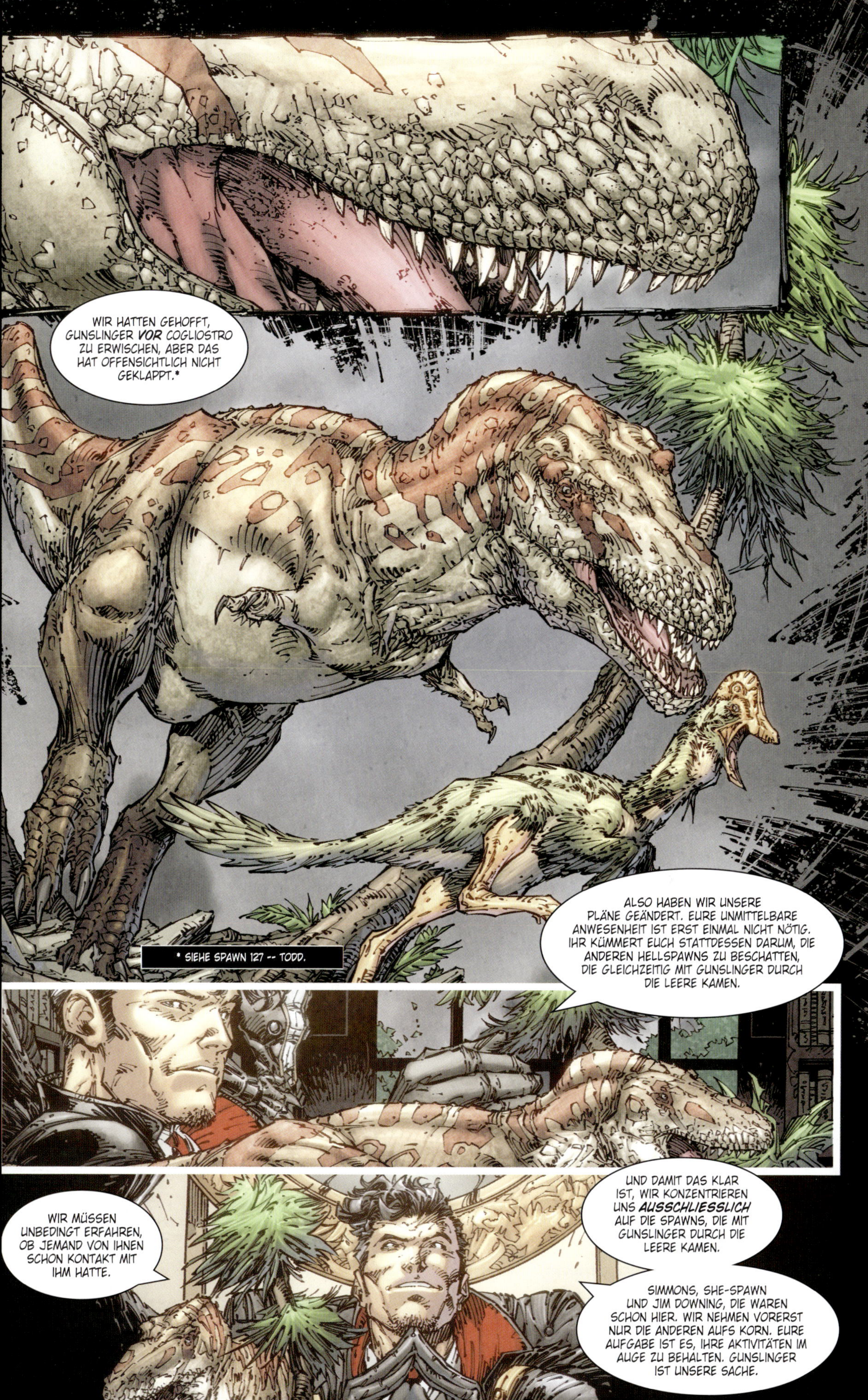
WIR HATTEN GEHOFFT, GUNSLINGER VOR COGLIOSTRO ZU ERWISCHEN, ABER DAS HAT OFFENSICHTLICH NICHT GEKLAPPT.*
* SIEHE SPAWN 127 -- TODD.
ALSO HABEN WIR UNSERE PLÄNE GEÄNDERT. EURE UNMITTELBARE ANWESENHEIT IST ERST EINMAL NICHT NÖTIG. IHR KÜMMERT EUCH STATTDESSEN DARUM, DIE ANDEREN HELLSPAWNS ZU BESCHATTEN, DIE GLEICHZEITIG MIT GUNSLINGER DURCH DIE LEERE KAMEN.
WIR MÜSSEN UNBEDINGT ERFAHREN, OB JEMAND VON IHNEN SCHON KONTAKT MIT IHM HATTE.
UND DAMIT DAS KLAR IST, WIR KONZENTRIEREN UNS AUSSCHLIESSLICH AUF DIE SPAWNS, DIE MIT GUNSLINGER DURCH DIE LEERE KAMEN.
SIMMONS, SHE-SPAWN UND JIM DOWNING, DIE WAREN SCHON HIER. WIR NEHMEN VORERST NUR DIE ANDEREN AUFS KORN. EURE AUFGABE IST ES, IHRE AKTIVITÄTEN IM AUGE ZU BEHALTEN. GUNSLINGER IST UNSERE SACHE.

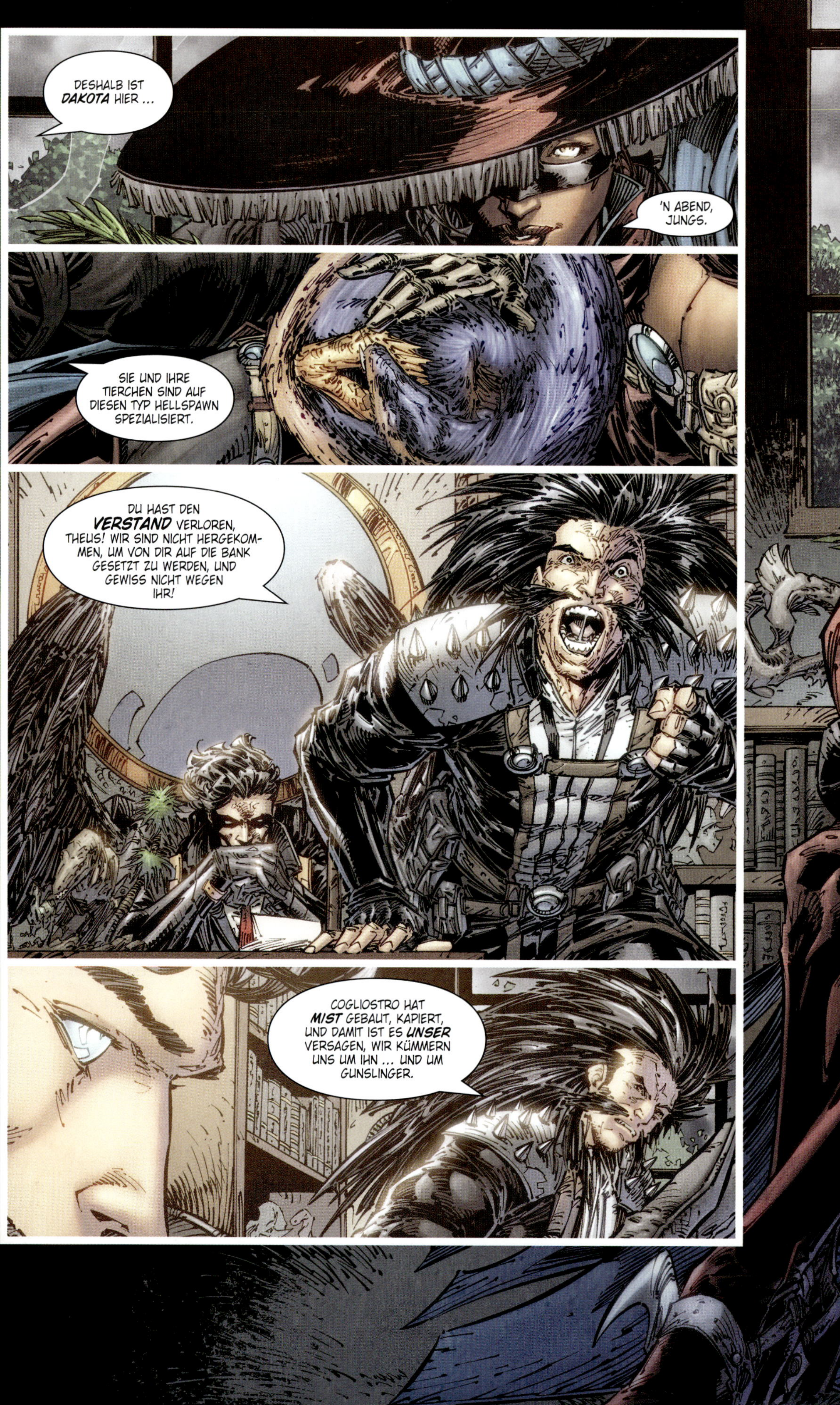
DESHALB IST DAKOTA HIER ...
'N ABEND, JUNGS.
SIE UND IHRE TIERCHEN SIND AUF DIESEN TYP HELLSPAWN SPEZIALISIERT.
DU HAST DEN VERSTAND VERLOREN, THEUS! WIR SIND NICHT HERGEKOMMEN, UM VON DIR AUF DIE BANK GESETZT ZU WERDEN, UND GEWISS NICHT WEGEN IHR!
COGLIOSTRO HAT MIST GEBAUT, KAPIERT, UND DAMIT IST ES UNSER VERSAGEN, WIR KÜMMERN UNS UM IHN ... UND UM GUNSLINGER.

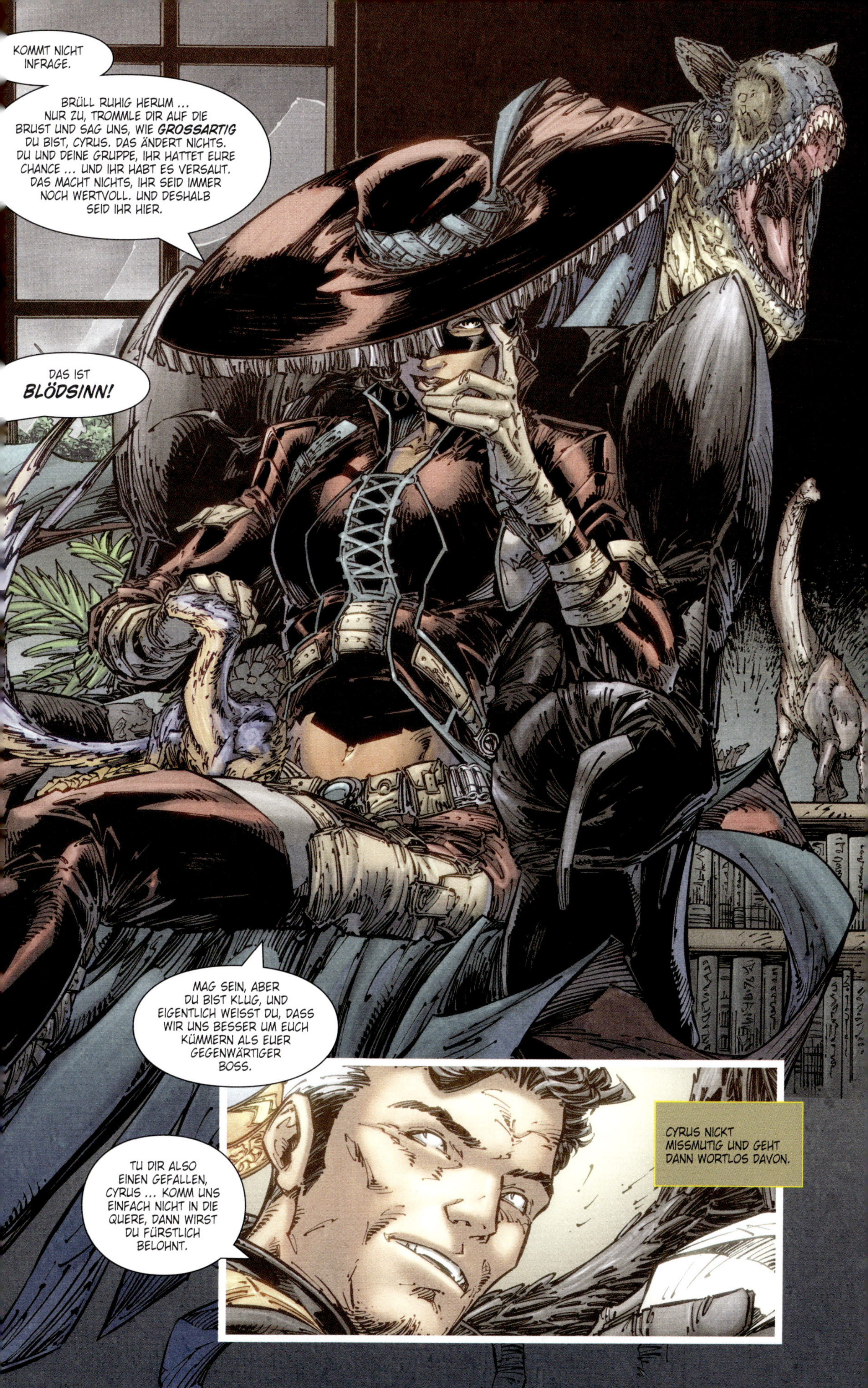
KOMMT NICHT INFRAGE.
BRÜLL RUHIG HERUM ... NUR ZU, TROMMLE DIR AUF DIE BRUST UND SAG UNS, WIE GROSSARTIG DU BIST, CYRUS. DAS ÄNDERT NICHTS. DU UND DEINE GRUPPE, IHR HATTET EURE CHANCE ... UND IHR HABT ES VERSAUT. DAS MACHT NICHTS, IHR SEID IMMER NOCH WERTVOLL. UND DESHALB SEID IHR HIER.
DAS IST BLÖDSINN!
MAG SEIN, ABER DU BIST KLUG, UND EIGENTLICH WEISST DU, DASS WIR UNS BESSER UM EUCH KÜMMERN ALS EUER GEGENWÄRTIGER BOSS.
TU DIR ALSO EINEN GEFALLEN, CYRUS ... KOMM UNS EINFACH NICHT IN DIE QUERE, DANN WIRST DU FÜRSTLICH BELOHNT.
CYRUS NICKT MISSMUTIG UND GEHT DANN WORTLOS DAVON.

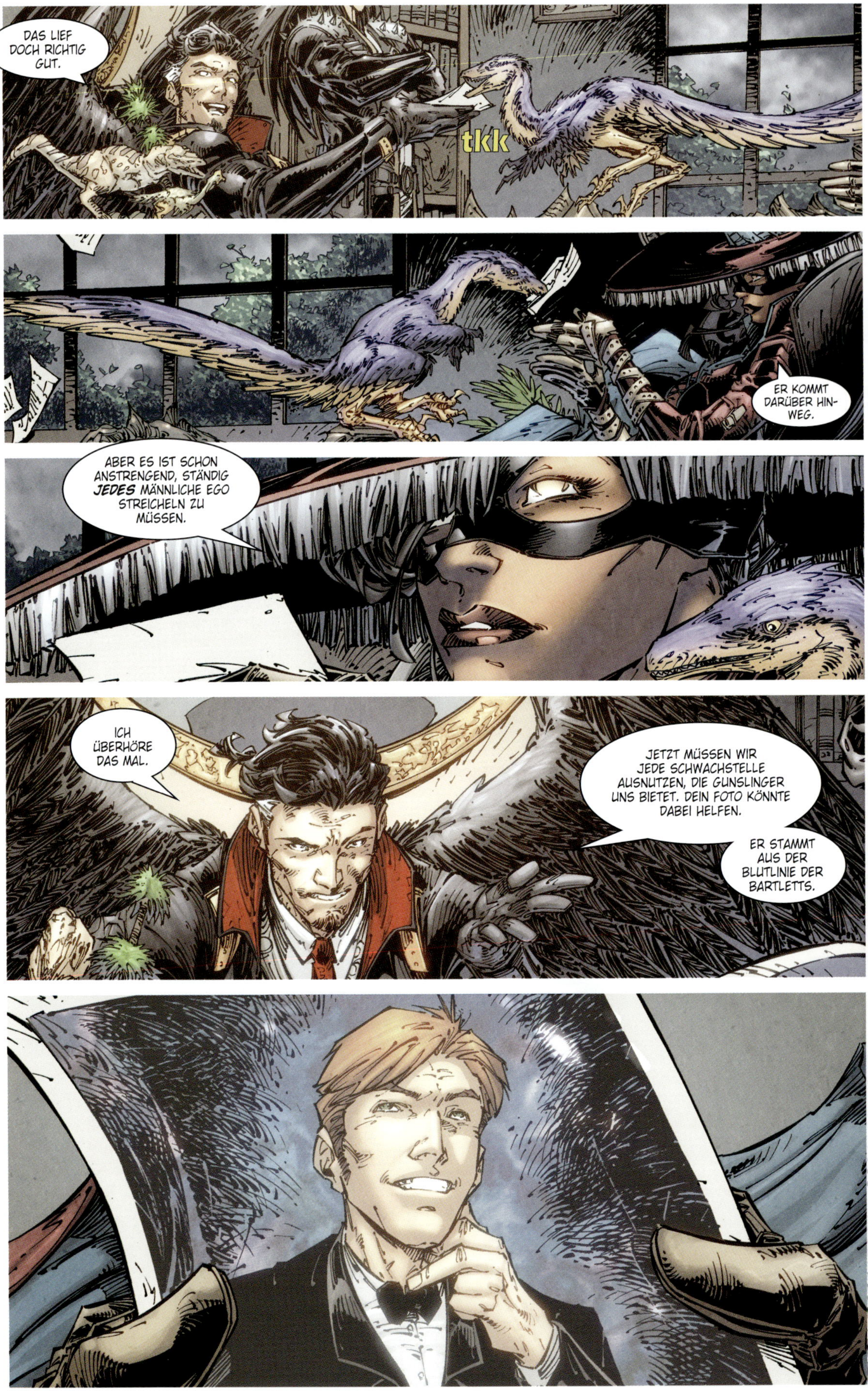

DAS LIEF DOCH RICHTIG GUT.
tkk

ER KOMMT DARÜBER HIN-WEG.

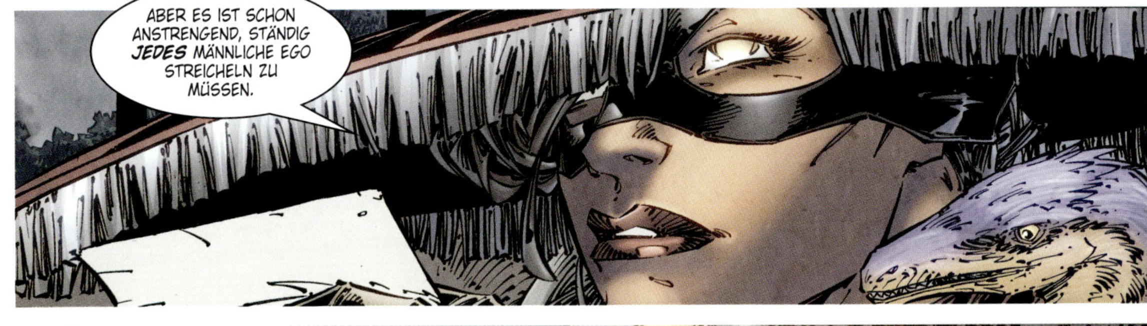

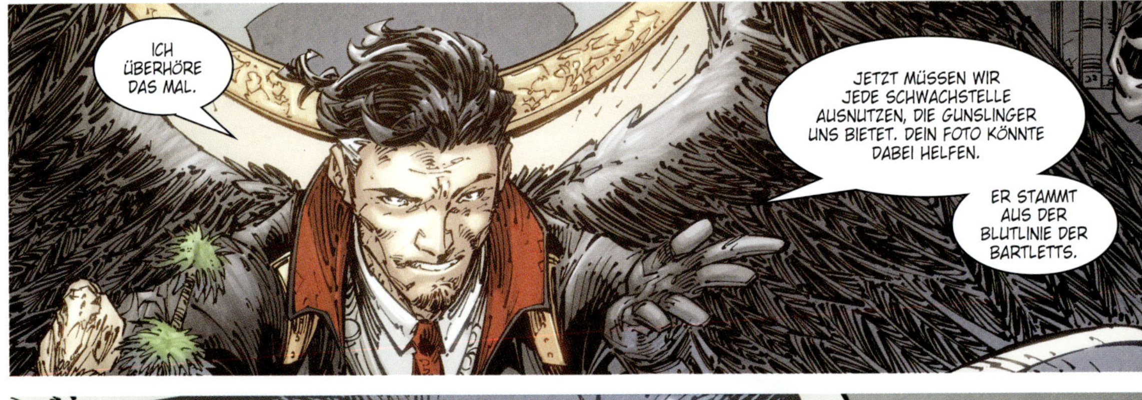

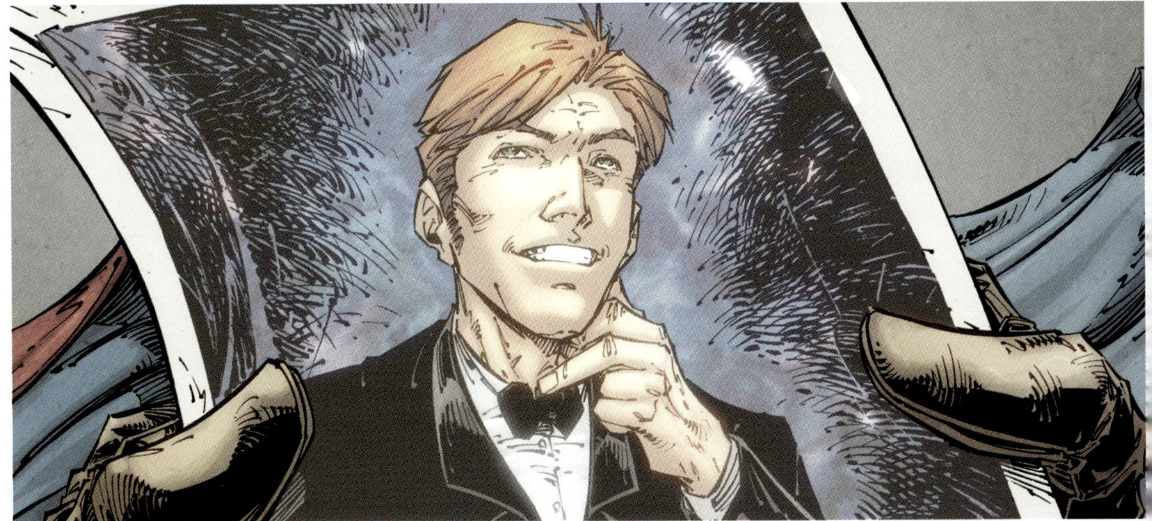

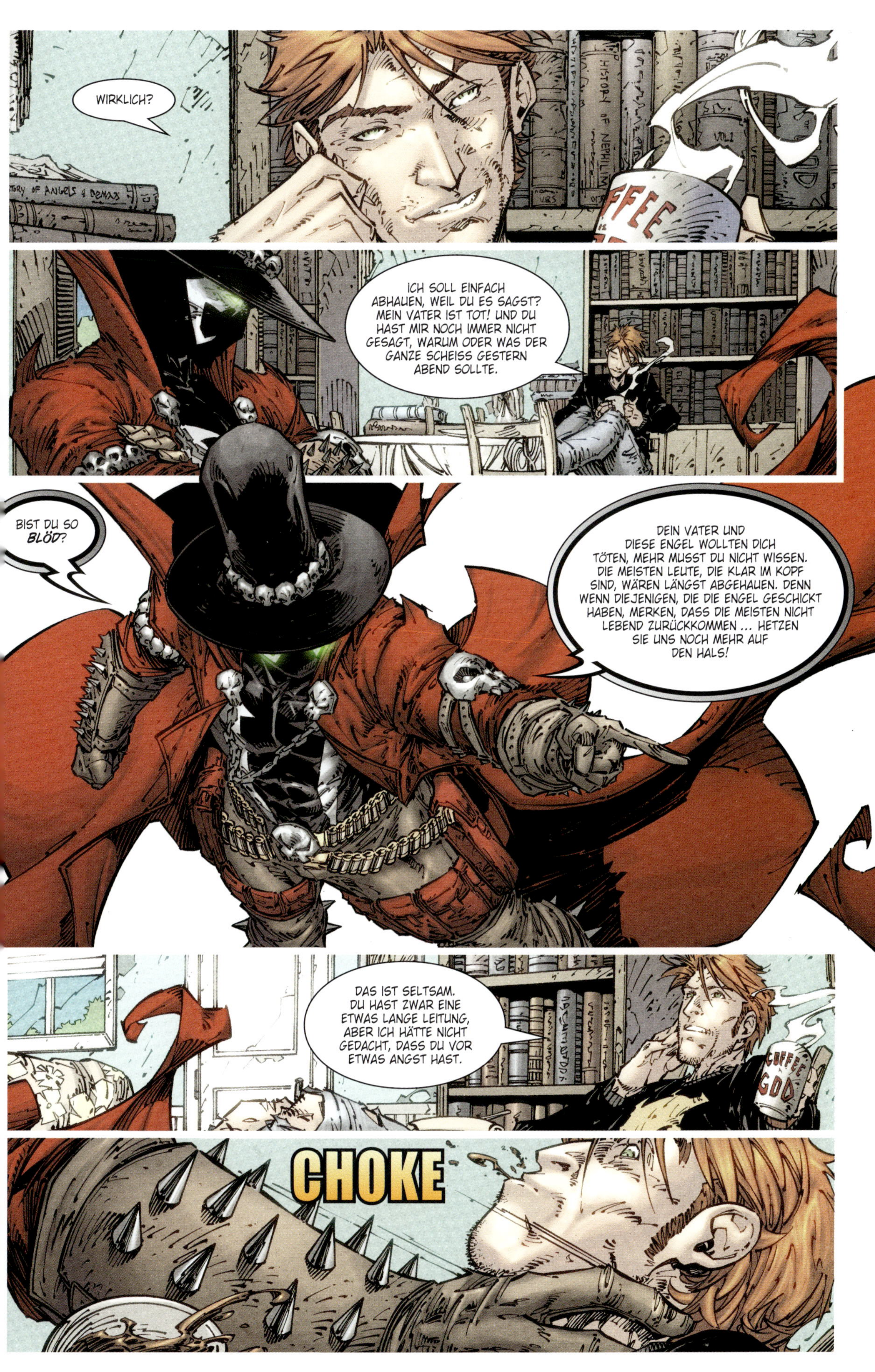
WIRKLICH?
ICH SOLL EINFACH ABHAUEN, WEIL DU ES SAGST? MEIN VATER IST TOT! UND DU HAST MIR NOCH IMMER NICHT GESAGT, WARUM ODER WAS DER GANZE SCHEISS GESTERN ABEND SOLLTE.
BIST DU SO *BLÖD*?
DEIN VATER UND DIESE ENGEL WOLLTEN DICH TÖTEN, MEHR MUSST DU NICHT WISSEN. DIE MEISTEN LEUTE, DIE KLAR IM KOPF SIND, WÄREN LÄNGST ABGEHAUEN. DENN WENN DIEJENIGEN, DIE DIE ENGEL GESCHICKT HABEN, MERKEN, DASS DIE MEISTEN NICHT LEBEND ZURÜCKKOMMEN … HETZEN SIE UNS NOCH MEHR AUF DEN HALS!
DAS IST SELTSAM. DU HAST ZWAR EINE ETWAS LANGE LEITUNG, ABER ICH HÄTTE NICHT GEDACHT, DASS DU VOR ETWAS ANGST HAST.
CHOKE

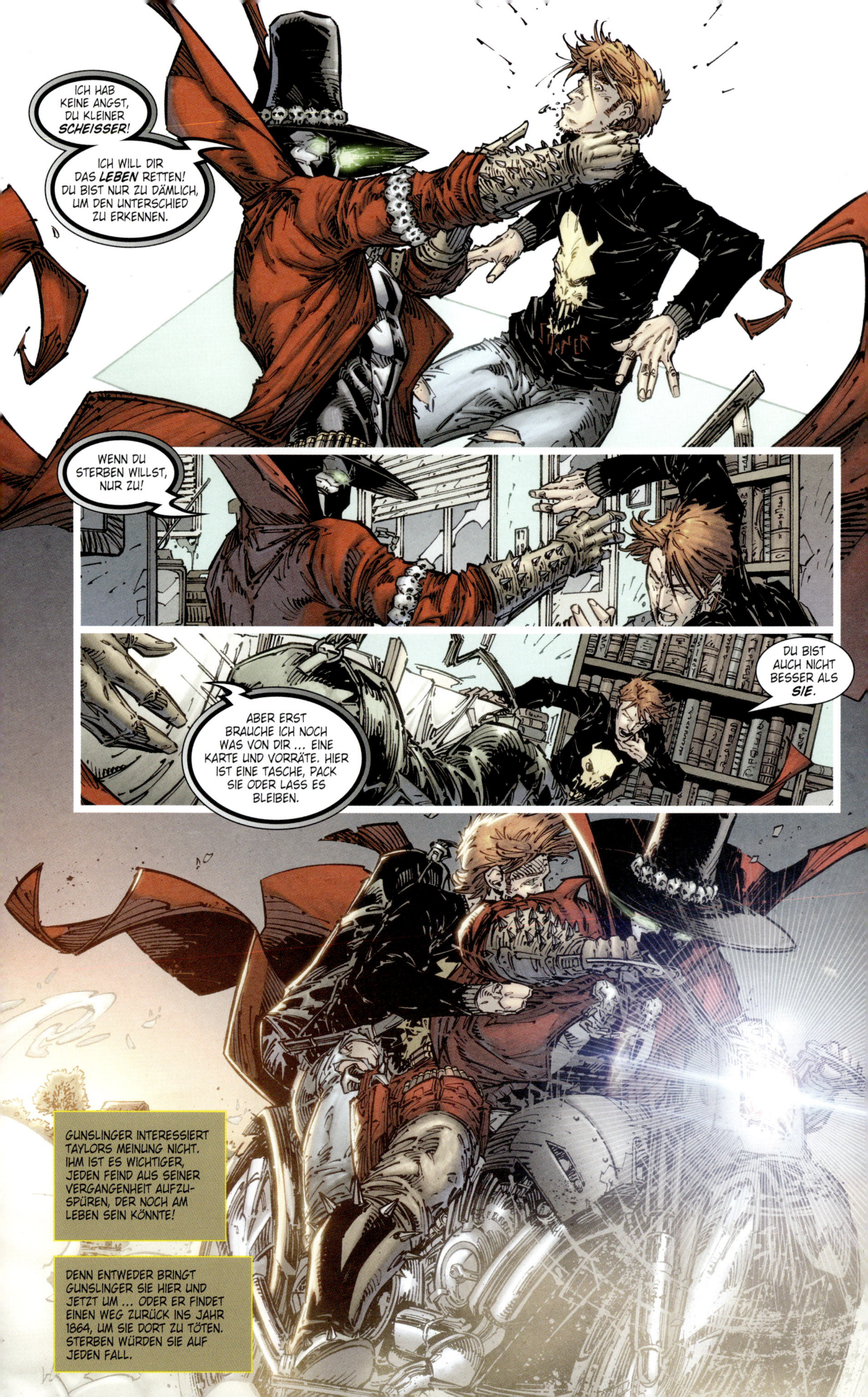
ICH HAB KEINE ANGST, DU KLEINER SCHEISSER!
ICH WILL DIR DAS LEBEN RETTEN! DU BIST NUR ZU DÄMLICH, UM DEN UNTERSCHIED ZU ERKENNEN.
WENN DU STERBEN WILLST, NUR ZU!
ABER ERST BRAUCHE ICH NOCH WAS VON DIR ... EINE KARTE UND VORRÄTE. HIER IST EINE TASCHE, PACK SIE ODER LASS ES BLEIBEN.
DU BIST AUCH NICHT BESSER ALS SIE.
GUNSLINGER INTERESSIERT TAYLORS MEINUNG NICHT. IHM IST ES WICHTIGER, JEDEN FEIND AUS SEINER VERGANGENHEIT AUFZUSPÜREN, DER NOCH AM LEBEN SEIN KÖNNTE!
DENN ENTWEDER BRINGT GUNSLINGER SIE HIER UND JETZT UM ... ODER ER FINDET EINEN WEG ZURÜCK INS JAHR 1864, UM SIE DORT ZU TÖTEN. STERBEN WÜRDEN SIE AUF JEDEN FALL.

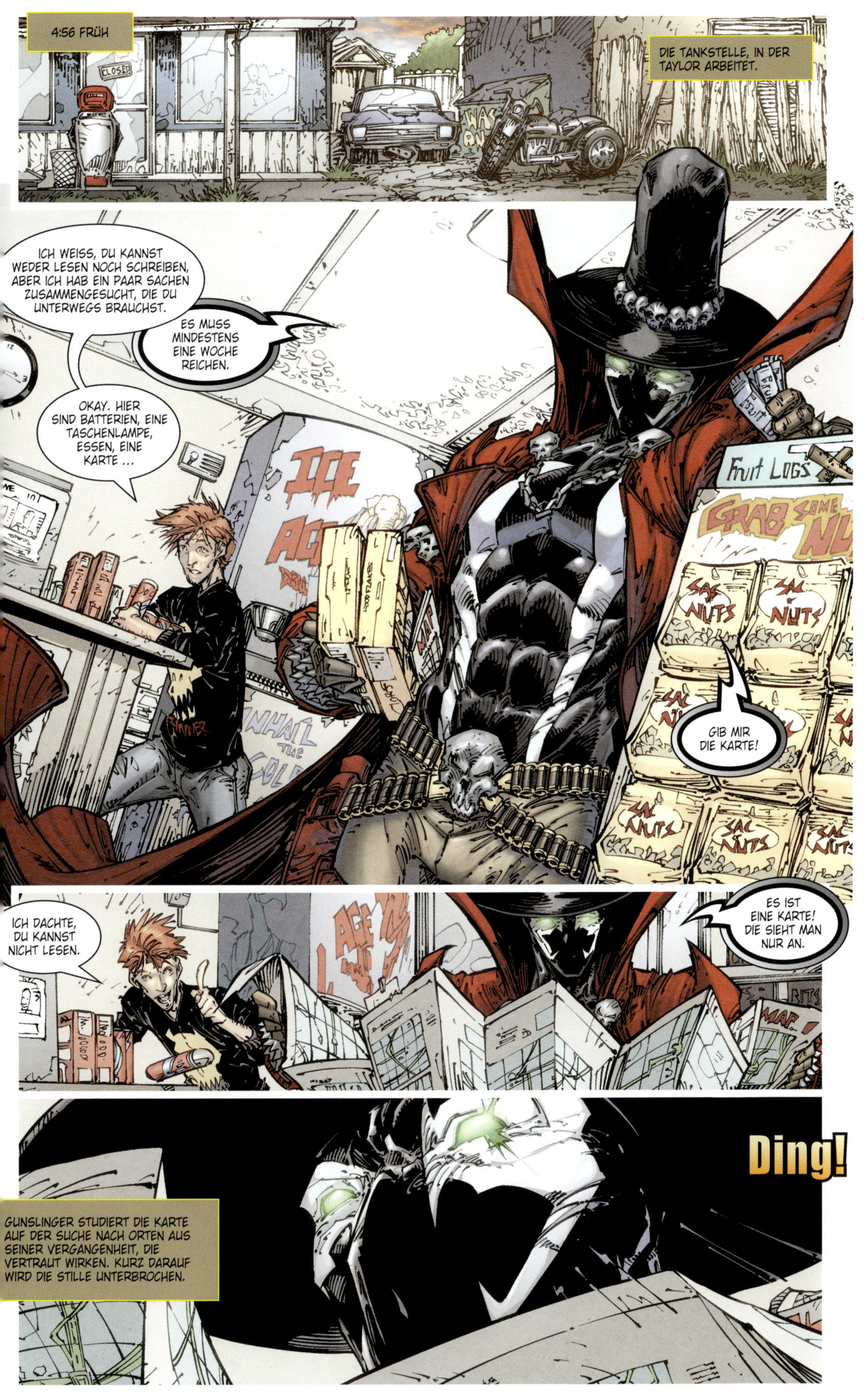

4:56 FRÜH
DIE TANKSTELLE, IN DER TAYLOR ARBEITET.
CLOSED
ICH WEISS, DU KANNST WEDER LESEN NOCH SCHREIBEN, ABER ICH HAB EIN PAAR SACHEN ZUSAMMENGESUCHT, DIE DU UNTERWEGS BRAUCHST.
ES MUSS MINDESTENS EINE WOCHE REICHEN.
OKAY. HIER SIND BATTERIEN, EINE TASCHENLAMPE, ESSEN, EINE KARTE ...
ICE AGE
Fruit Logs
GRAB SOME NUTS
SAC NUTS
GIB MIR DIE KARTE!
ICH DACHTE, DU KANNST NICHT LESEN.
ES IST EINE KARTE! DIE SIEHT MAN NUR AN.
MAP
Ding!
GUNSLINGER STUDIERT DIE KARTE AUF DER SUCHE NACH ORTEN AUS SEINER VERGANGENHEIT, DIE VERTRAUT WIRKEN. KURZ DARAUF WIRD DIE STILLE UNTERBROCHEN.

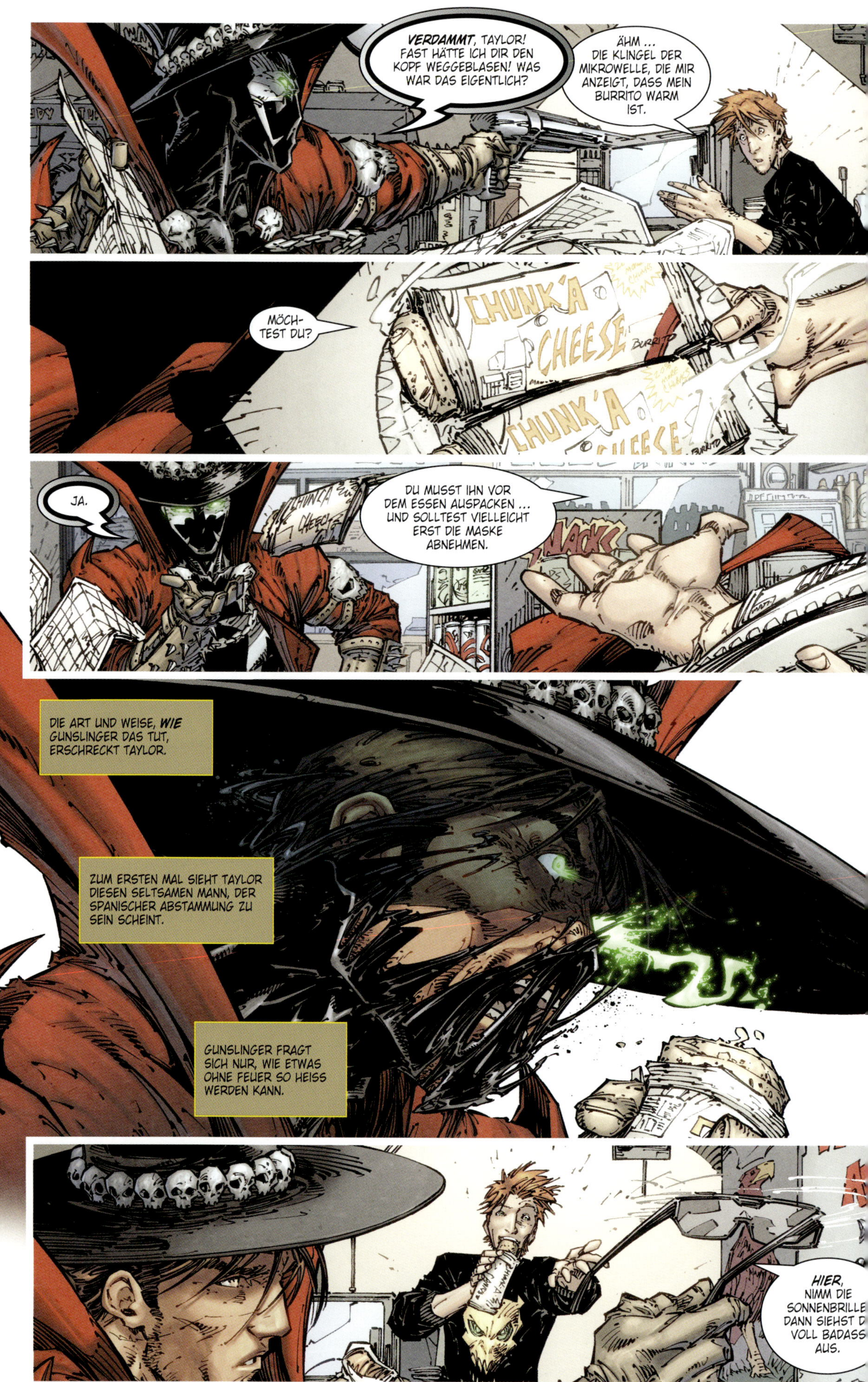
VERDAMMT, TAYLOR! FAST HÄTTE ICH DIR DEN KOPF WEGGEBLASEN! WAS WAR DAS EIGENTLICH?
ÄHM ... DIE KLINGEL DER MIKROWELLE, DIE MIR ANZEIGT, DASS MEIN BURRITO WARM IST.
MÖCH-TEST DU?
CHUNK'A CHEESE
BURRITO
JA.
DU MUSST IHN VOR DEM ESSEN AUSPACKEN ... UND SOLLTEST VIELLEICHT ERST DIE MASKE ABNEHMEN.
DIE ART UND WEISE, WIE GUNSLINGER DAS TUT, ERSCHRECKT TAYLOR.
ZUM ERSTEN MAL SIEHT TAYLOR DIESEN SELTSAMEN MANN, DER SPANISCHER ABSTAMMUNG ZU SEIN SCHEINT.
GUNSLINGER FRAGT SICH NUR, WIE ETWAS OHNE FEUER SO HEISS WERDEN KANN.
HIER, NIMM DIE SONNENBRILLE DANN SIEHST D VOLL BADASS AUS.

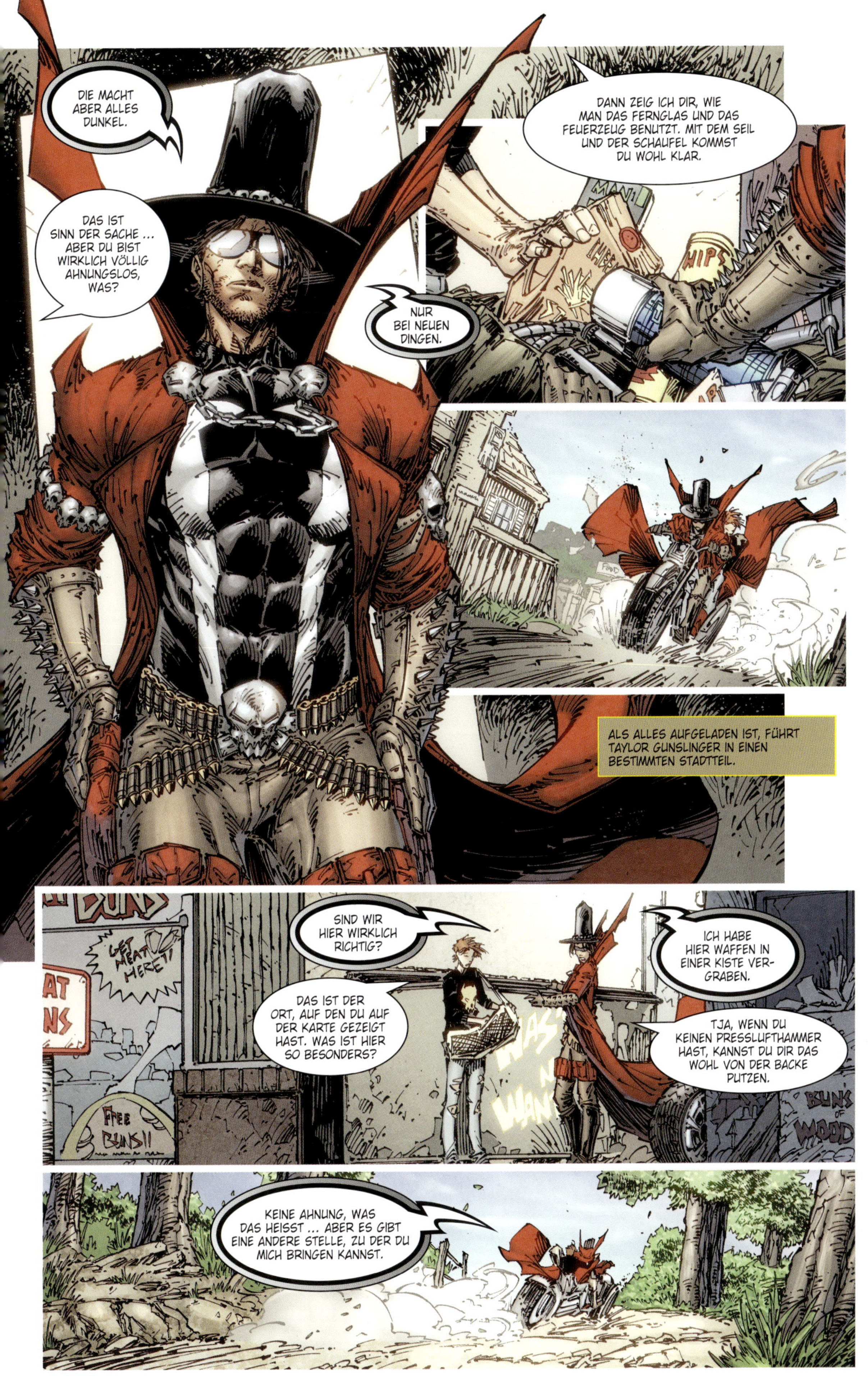
DIE MACHT ABER ALLES DUNKEL.
DAS IST SINN DER SACHE ... ABER DU BIST WIRKLICH VÖLLIG AHNUNGSLOS, WAS?
NUR BEI NEUEN DINGEN.
DANN ZEIG ICH DIR, WIE MAN DAS FERNGLAS UND DAS FEUERZEUG BENUTZT. MIT DEM SEIL UND DER SCHAUFEL KOMMST DU WOHL KLAR.
ALS ALLES AUFGELADEN IST, FÜHRT TAYLOR GUNSLINGER IN EINEN BESTIMMTEN STADTTEIL.
SIND WIR HIER WIRKLICH RICHTIG?
DAS IST DER ORT, AUF DEN DU AUF DER KARTE GEZEIGT HAST. WAS IST HIER SO BESONDERS?
ICH HABE HIER WAFFEN IN EINER KISTE VERGRABEN.
TJA, WENN DU KEINEN PRESSLUFTHAMMER HAST, KANNST DU DIR DAS WOHL VON DER BACKE PUTZEN.
KEINE AHNUNG, WAS DAS HEISST ... ABER ES GIBT EINE ANDERE STELLE, ZU DER DU MICH BRINGEN KANNST.

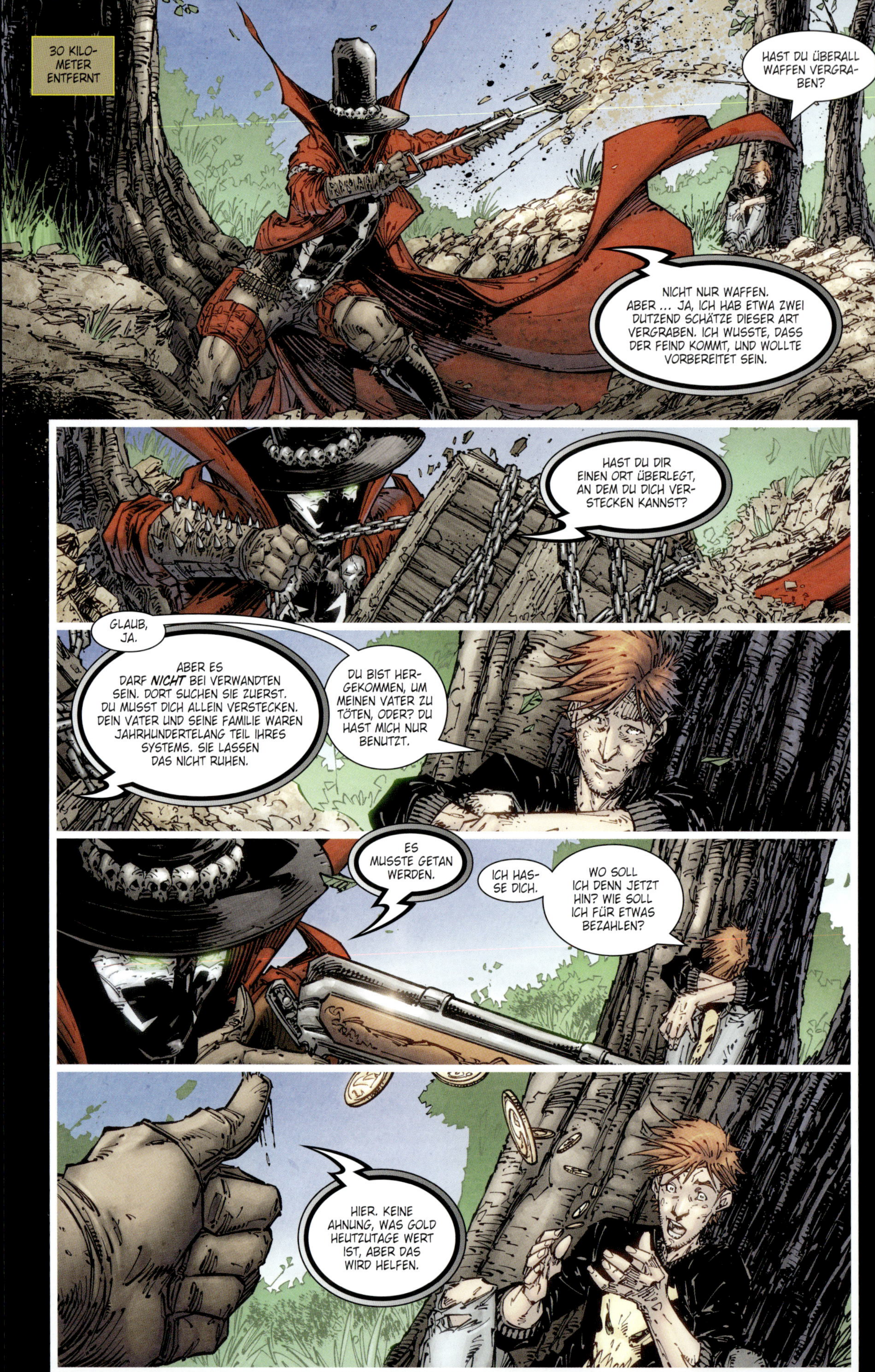

30 KILOMETER ENTFERNT
HAST DU ÜBERALL WAFFEN VERGRABEN?
NICHT NUR WAFFEN. ABER ... JA, ICH HAB ETWA ZWEI DUTZEND SCHÄTZE DIESER ART VERGRABEN. ICH WUSSTE, DASS DER FEIND KOMMT, UND WOLLTE VORBEREITET SEIN.
HAST DU DIR EINEN ORT ÜBERLEGT, AN DEM DU DICH VERSTECKEN KANNST?
GLAUB, JA.
DU BIST HERGEKOMMEN, UM MEINEN VATER ZU TÖTEN, ODER? DU HAST MICH NUR BENUTZT.
ABER ES DARF *NICHT* BEI VERWANDTEN SEIN. DORT SUCHEN SIE ZUERST. DU MUSST DICH ALLEIN VERSTECKEN. DEIN VATER UND SEINE FAMILIE WAREN JAHRHUNDERTELANG TEIL IHRES SYSTEMS. SIE LASSEN DAS NICHT RUHEN.
ES MUSSTE GETAN WERDEN.
ICH HASSE DICH.
WO SOLL ICH DENN JETZT HIN? WIE SOLL ICH FÜR ETWAS BEZAHLEN?
HIER. KEINE AHNUNG, WAS GOLD HEUTZUTAGE WERT IST, ABER DAS WIRD HELFEN.

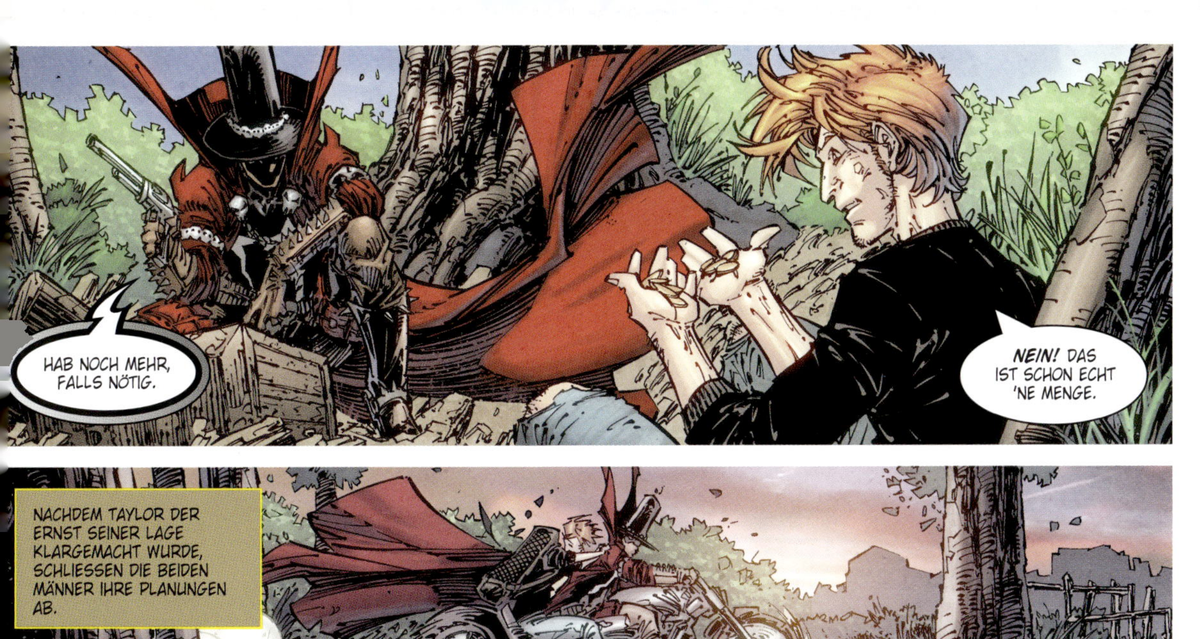
HAB NOCH MEHR, FALLS NÖTIG.
NEIN! DAS IST SCHON ECHT 'NE MENGE.
NACHDEM TAYLOR DER ERNST SEINER LAGE KLARGEMACHT WURDE, SCHLIESSEN DIE BEIDEN MÄNNER IHRE PLANUNGEN AB.

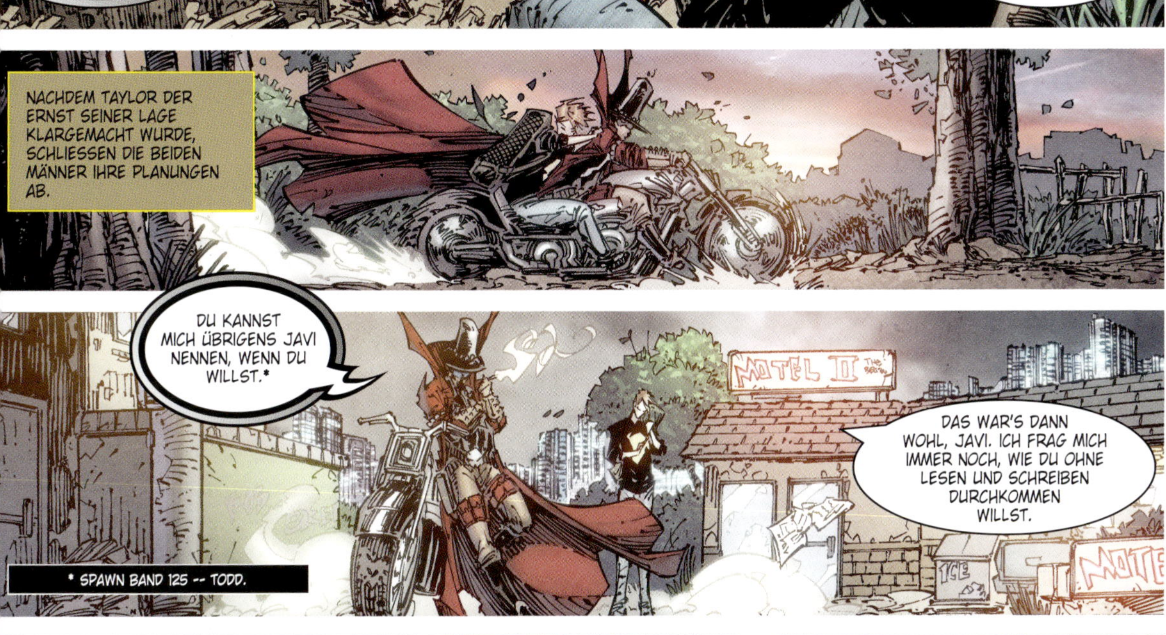
DU KANNST MICH ÜBRIGENS JAVI NENNEN, WENN DU WILLST.*
MOTEL II
DAS WAR'S DANN WOHL, JAVI. ICH FRAG MICH IMMER NOCH, WIE DU OHNE LESEN UND SCHREIBEN DURCHKOMMEN WILLST.
ICE
MOTE
* SPAWN BAND 125 -- TODD.

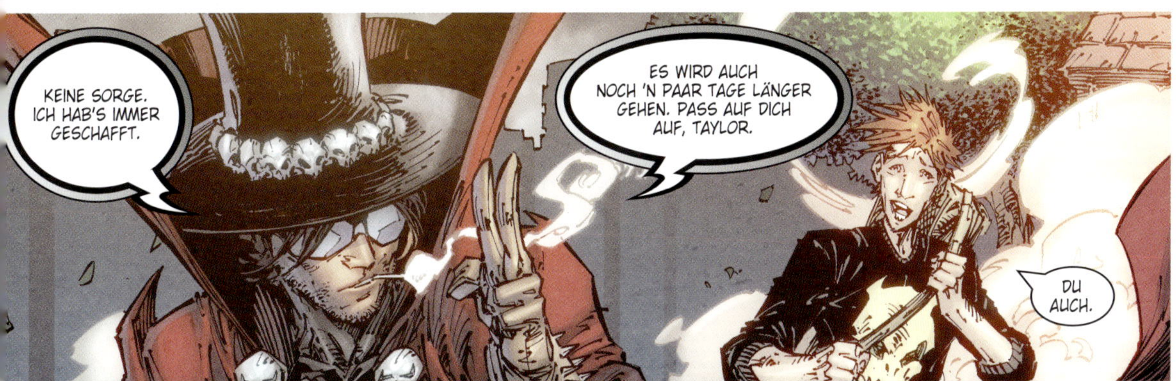
KEINE SORGE. ICH HAB'S IMMER GESCHAFFT.
ES WIRD AUCH NOCH 'N PAAR TAGE LÄNGER GEHEN. PASS AUF DICH AUF, TAYLOR.
DU AUCH.

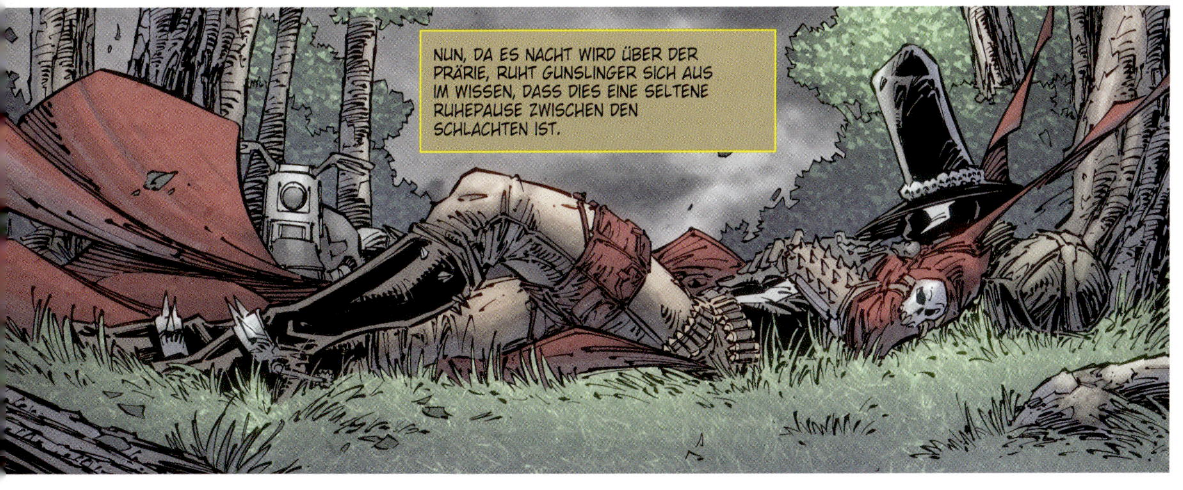
NUN, DA ES NACHT WIRD ÜBER DER PRÄRIE, RUHT GUNSLINGER SICH AUS IM WISSEN, DASS DIES EINE SELTENE RUHEPAUSE ZWISCHEN DEN SCHLACHTEN IST.

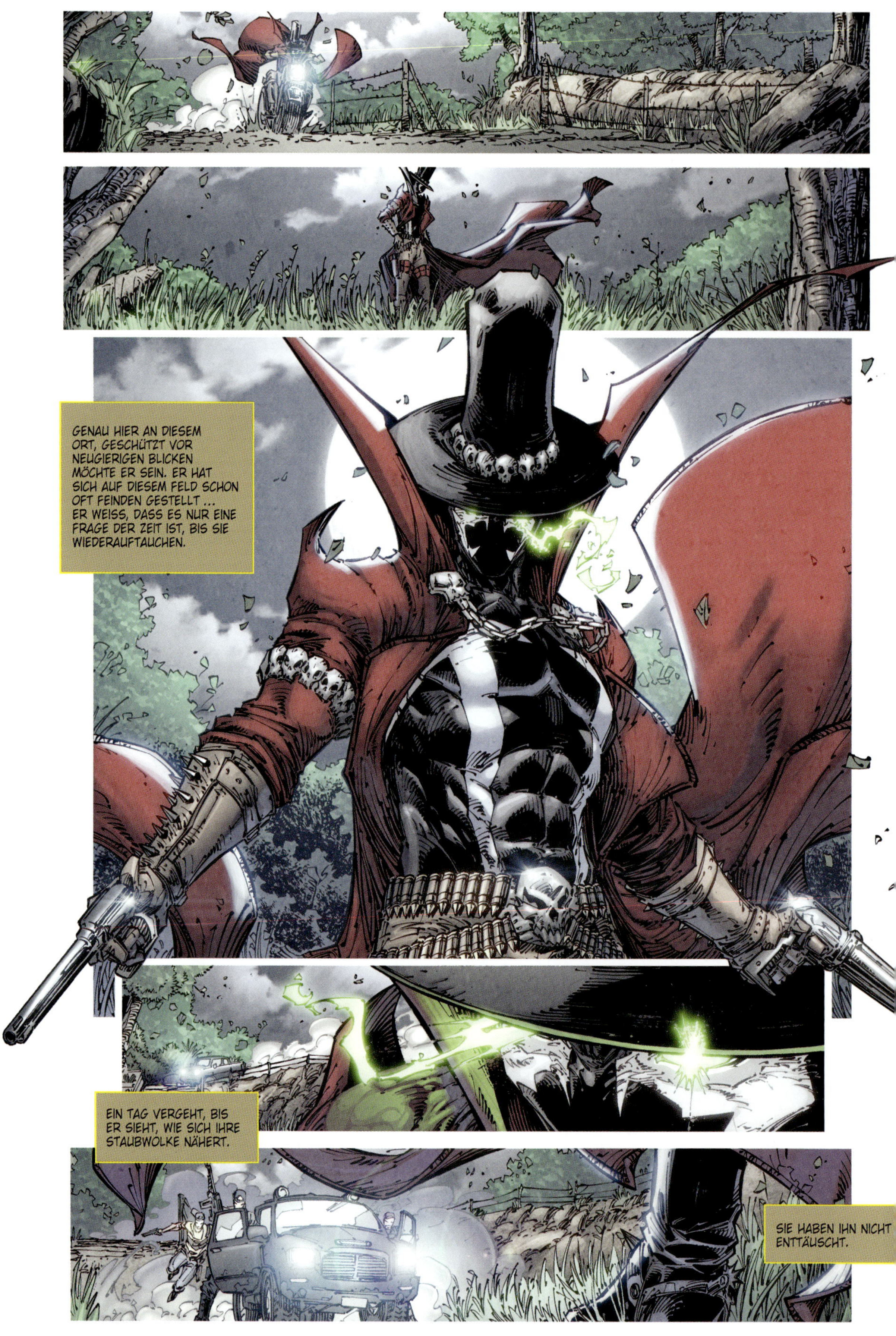
GENAU HIER AN DIESEM ORT, GESCHÜTZT VOR NEUGIERIGEN BLICKEN MÖCHTE ER SEIN. ER HAT SICH AUF DIESEM FELD SCHON OFT FEINDEN GESTELLT ... ER WEISS, DASS ES NUR EINE FRAGE DER ZEIT IST, BIS SIE WIEDERAUFTAUCHEN.
EIN TAG VERGEHT, BIS ER SIEHT, WIE SICH IHRE STAUBWOLKE NÄHERT.
SIE HABEN IHN NICHT ENTTÄUSCHT.

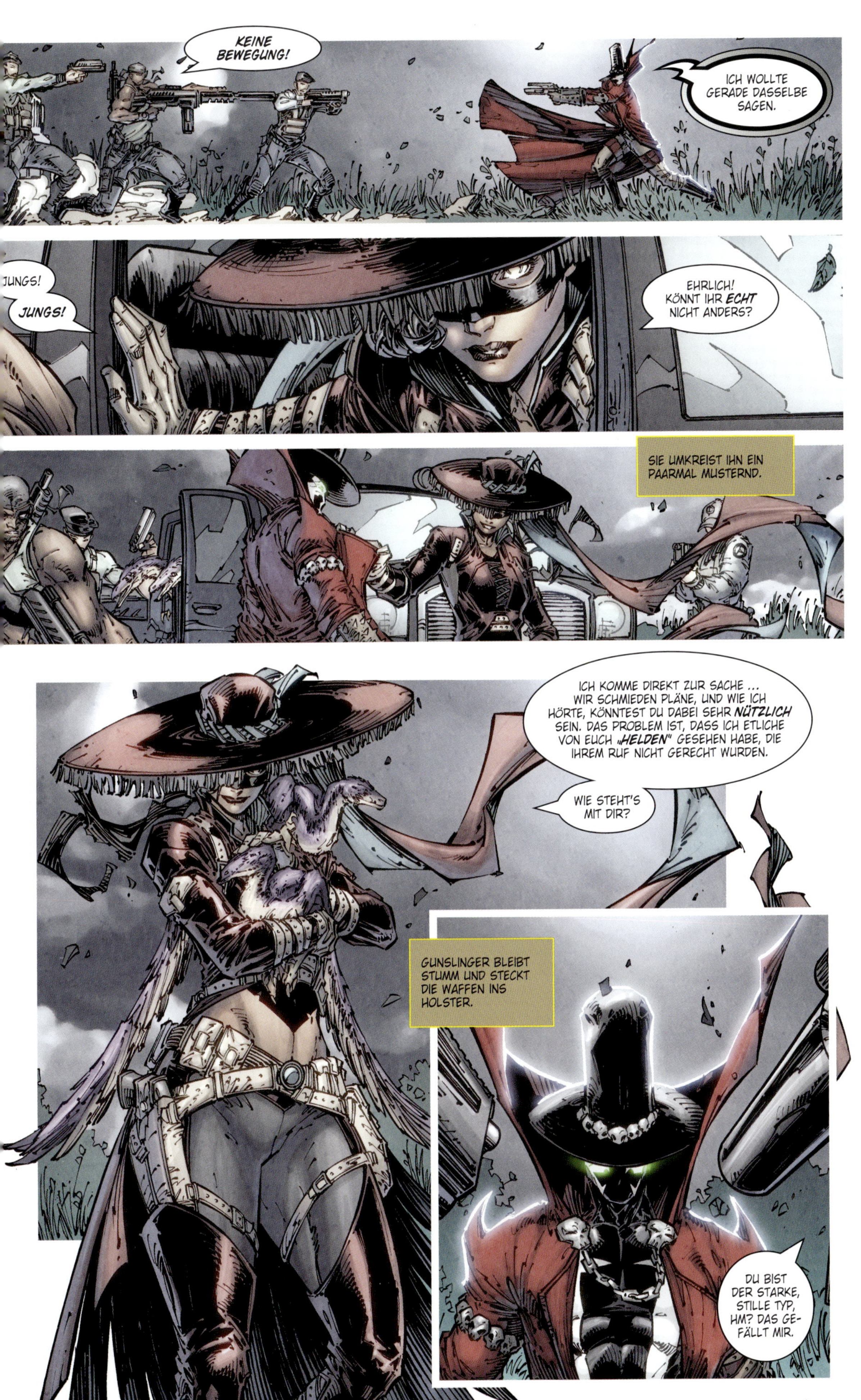
KEINE BEWEGUNG!
ICH WOLLTE GERADE DASSELBE SAGEN.
JUNGS!
JUNGS!
EHRLICH! KÖNNT IHR ECHT NICHT ANDERS?
SIE UMKREIST IHN EIN PAARMAL MUSTERND.
ICH KOMME DIREKT ZUR SACHE … WIR SCHMIEDEN PLÄNE, UND WIE ICH HÖRTE, KÖNNTEST DU DABEI SEHR NÜTZLICH SEIN. DAS PROBLEM IST, DASS ICH ETLICHE VON EUCH „HELDEN“ GESEHEN HABE, DIE IHREM RUF NICHT GERECHT WURDEN.
WIE STEHT'S MIT DIR?
GUNSLINGER BLEIBT STUMM UND STECKT DIE WAFFEN INS HOLSTER.
DU BIST DER STARKE, STILLE TYP, HM? DAS GEFÄLLT MIR.

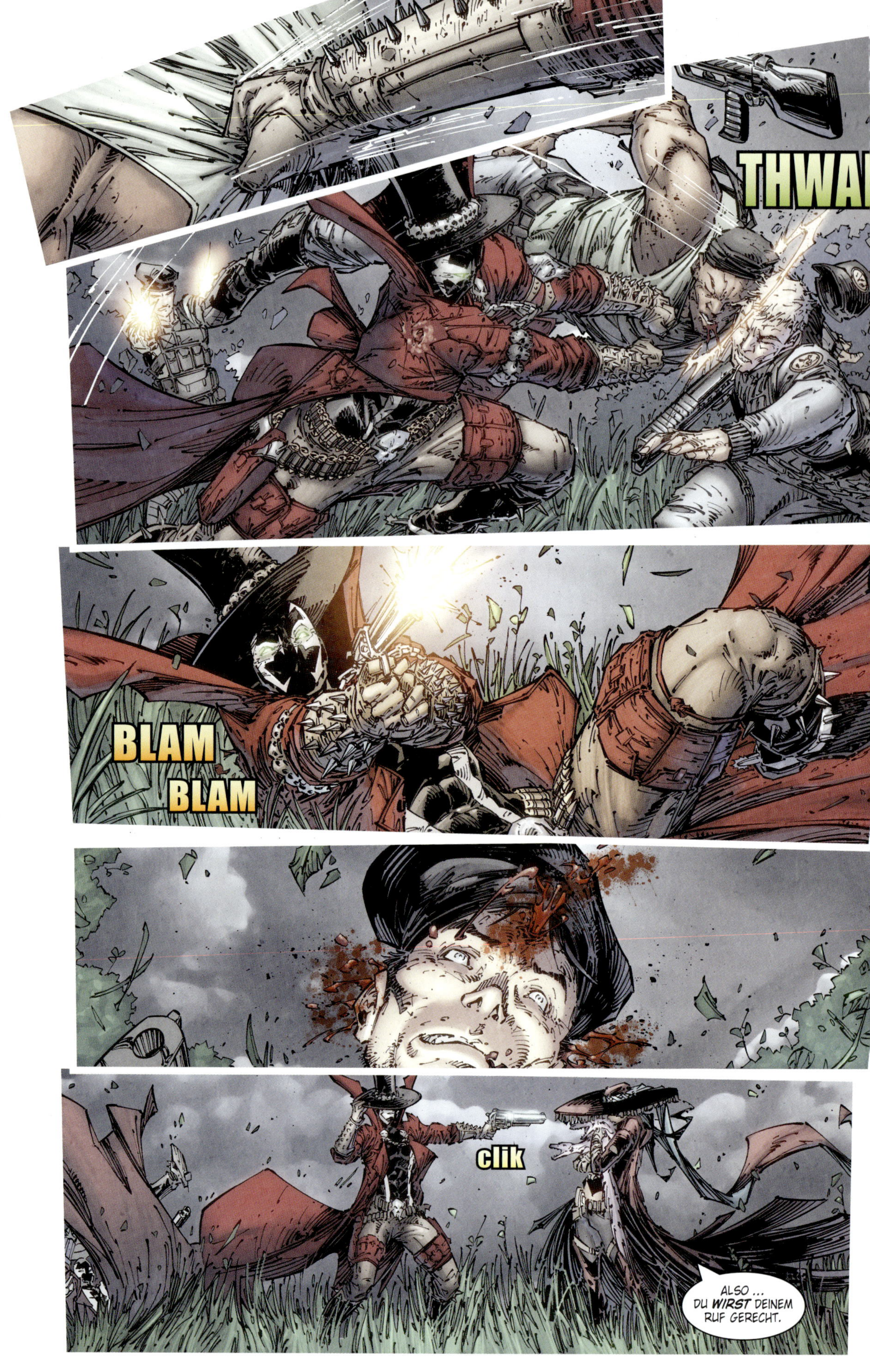
THWA
BLAM
BLAM
clik
ALSO ...
DU *WIRST* DEINEM
RUF GERECHT.

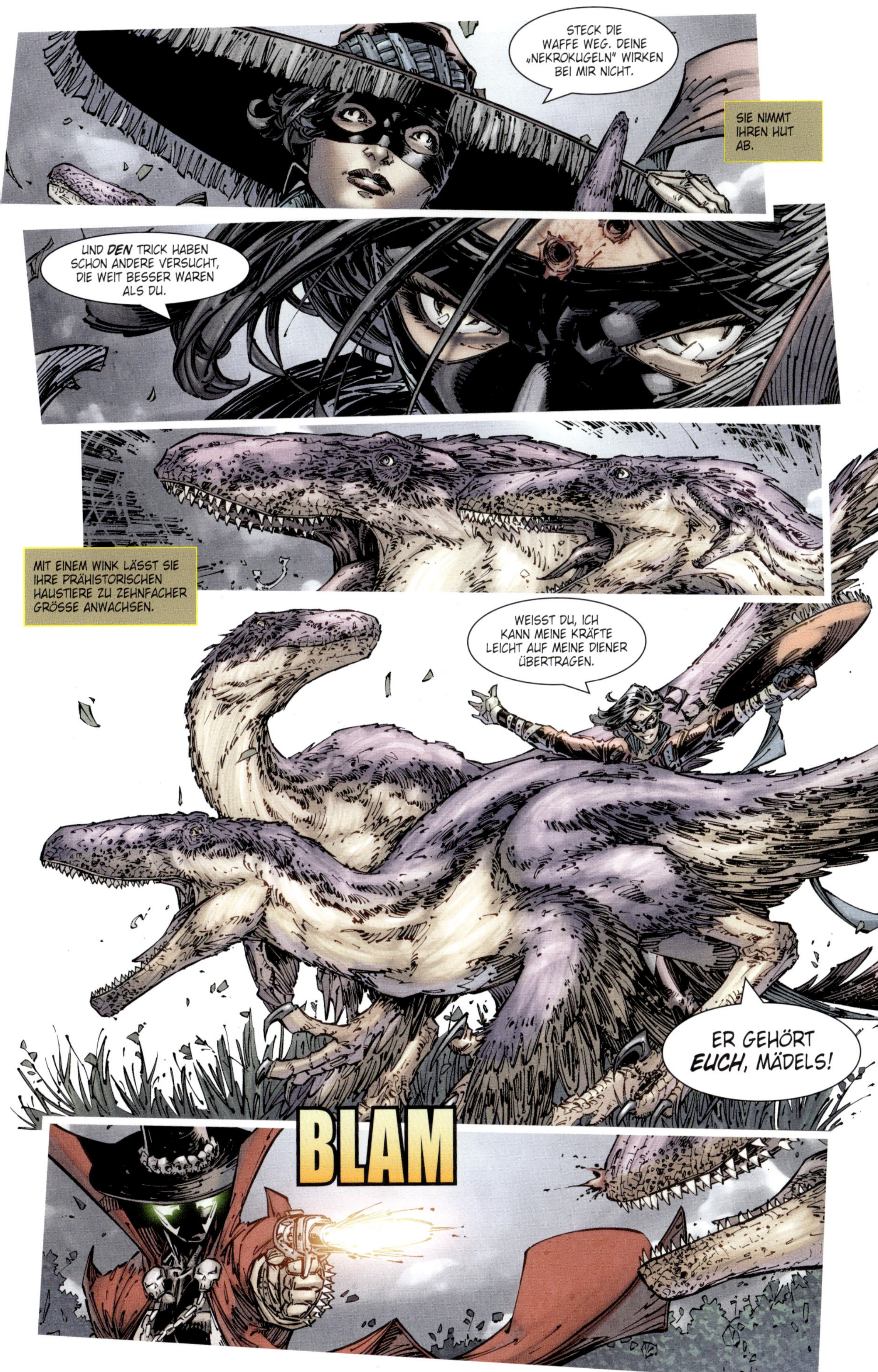
STECK DIE WAFFE WEG. DEINE „NEKROKUGELN" WIRKEN BEI MIR NICHT.
SIE NIMMT IHREN HUT AB.
UND *DEN* TRICK HABEN SCHON ANDERE VERSUCHT, DIE WEIT BESSER WAREN ALS DU.
MIT EINEM WINK LÄSST SIE IHRE PRÄHISTORISCHEN HAUSTIERE ZU ZEHNFACHER GRÖSSE ANWACHSEN.
WEISST DU, ICH KANN MEINE KRÄFTE LEICHT AUF MEINE DIENER ÜBERTRAGEN.
ER GEHÖRT *EUCH*, MÄDELS!
BLAM

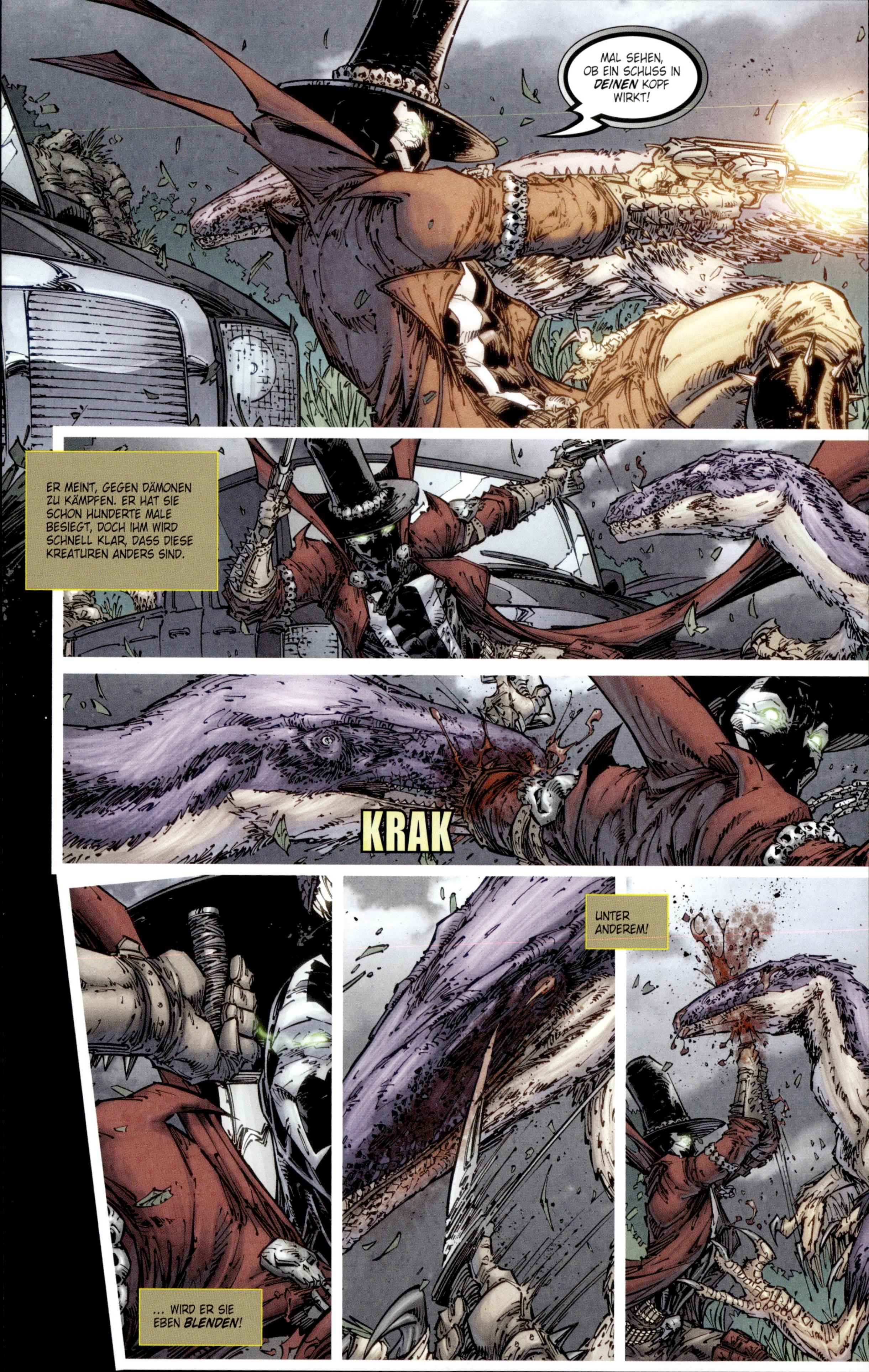

MAL SEHEN, OB EIN SCHUSS IN ***DEINEN*** KOPF WIRKT!

ER MEINT, GEGEN DÄMONEN ZU KÄMPFEN. ER HAT SIE SCHON HUNDERTE MALE BESIEGT, DOCH IHM WIRD SCHNELL KLAR, DASS DIESE KREATUREN ANDERS SIND.

KRAK

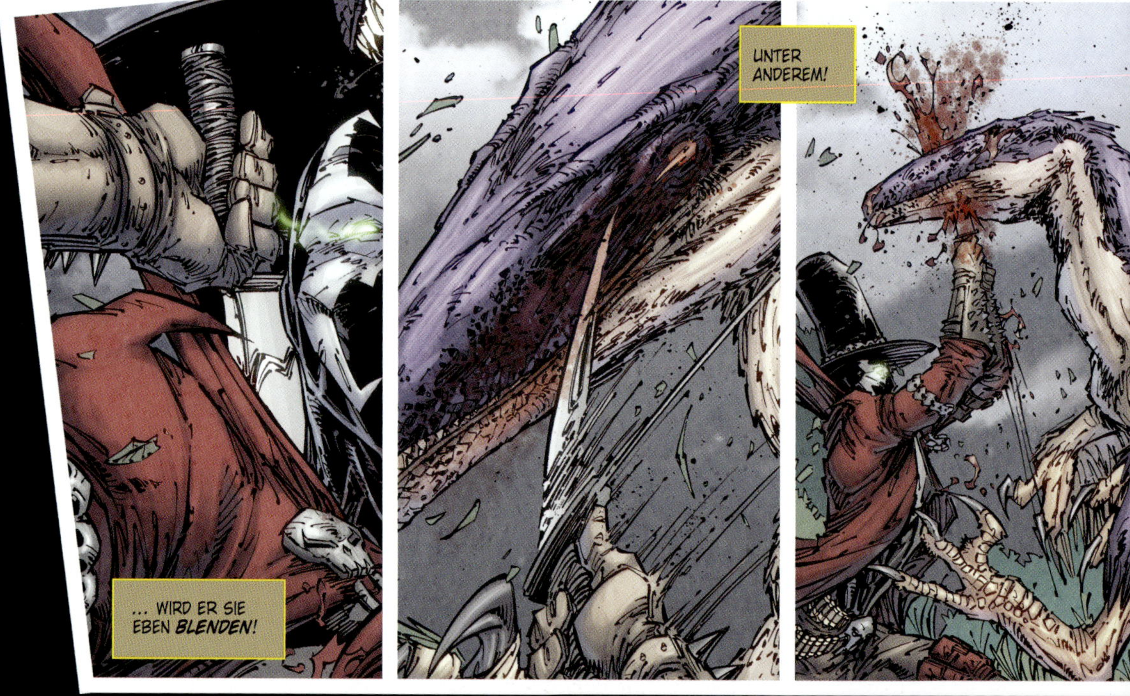

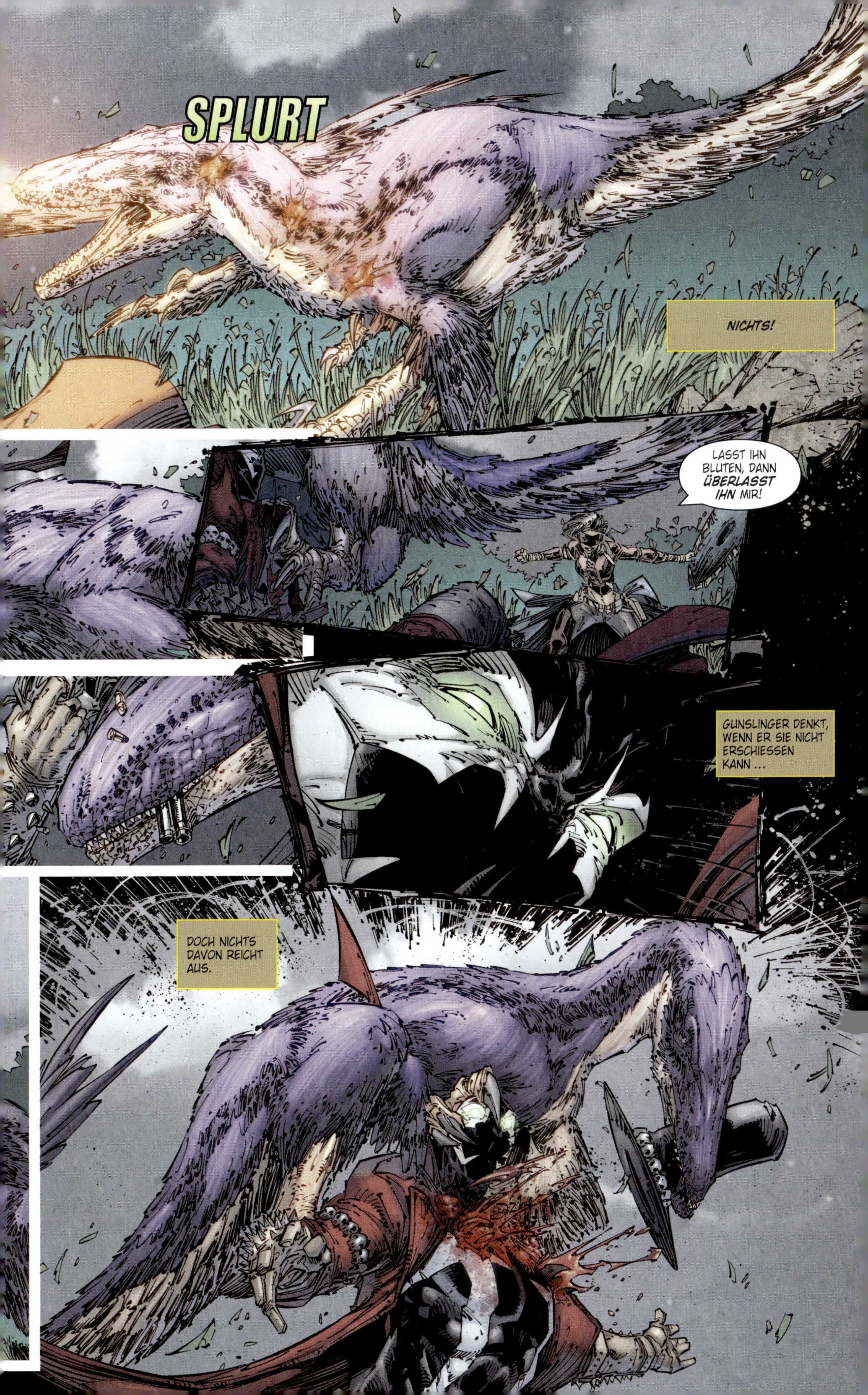
SPLURT
NICHTS!
LASST IHN BLUTEN, DANN ÜBERLASST IHN MIR!
GUNSLINGER DENKT, WENN ER SIE NICHT ERSCHIESSEN KANN ...
DOCH NICHTS DAVON REICHT AUS.

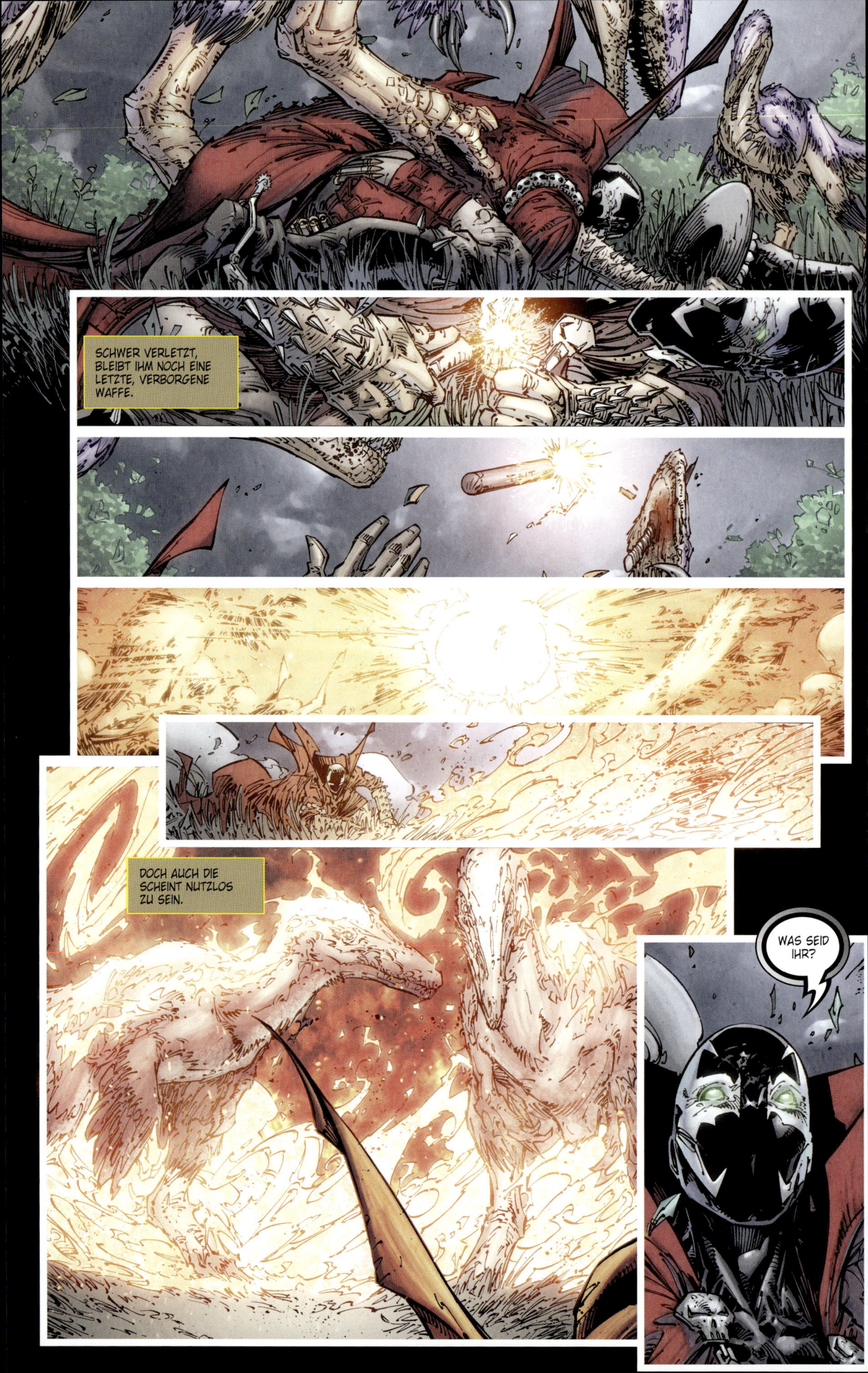
SCHWER VERLETZT, BLEIBT IHM NOCH EINE LETZTE, VERBORGENE WAFFE.
DOCH AUCH DIE SCHEINT NUTZLOS ZU SEIN.
WAS SEID IHR?

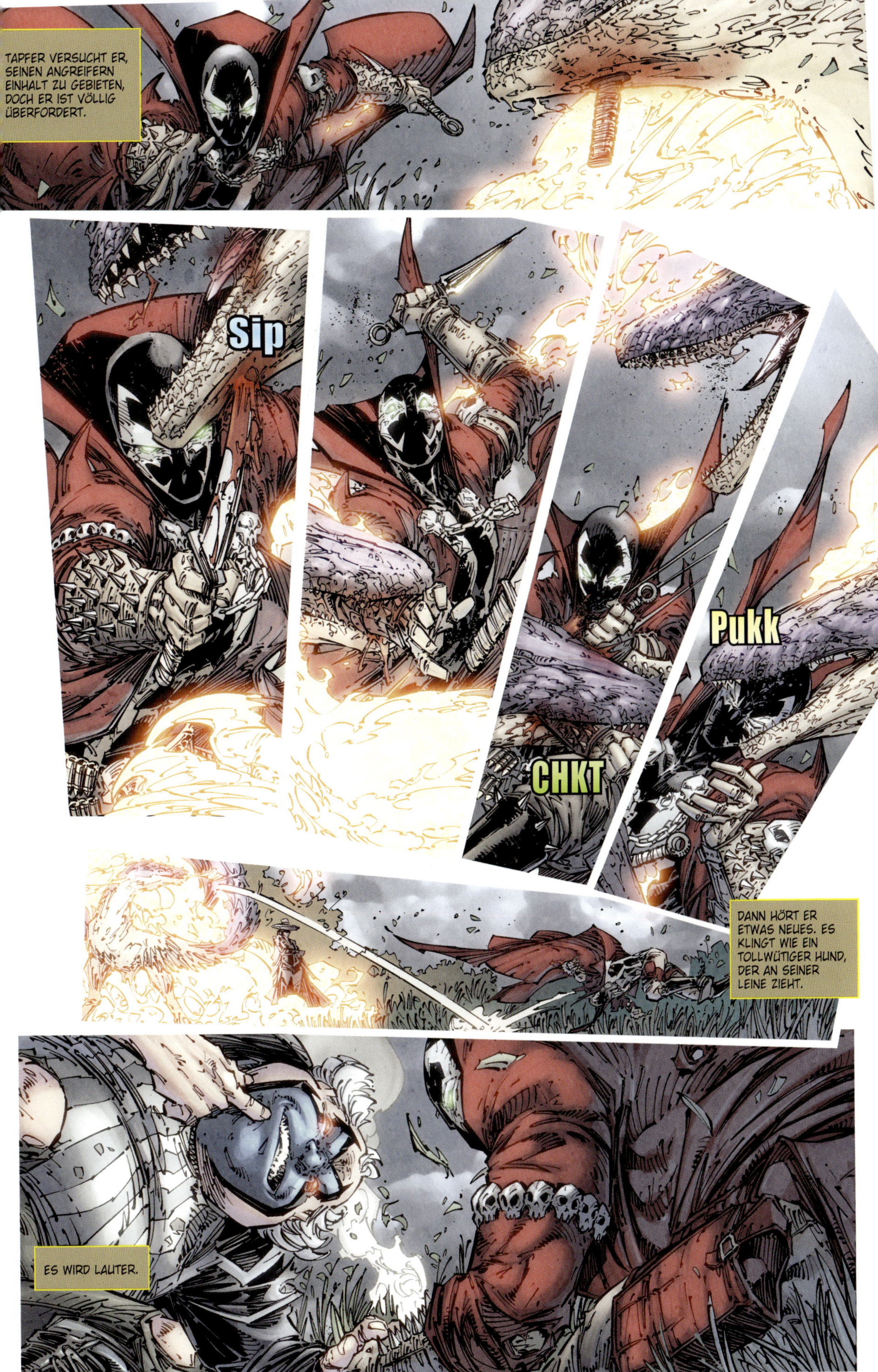
TAPFER VERSUCHT ER, SEINEN ANGREIFERN EINHALT ZU GEBIETEN, DOCH ER IST VÖLLIG ÜBERFORDERT.
Sip
CHKT
Pukk
DANN HÖRT ER ETWAS NEUES. ES KLINGT WIE EIN TOLLWÜTIGER HUND, DER AN SEINER LEINE ZIEHT.
ES WIRD LAUTER.

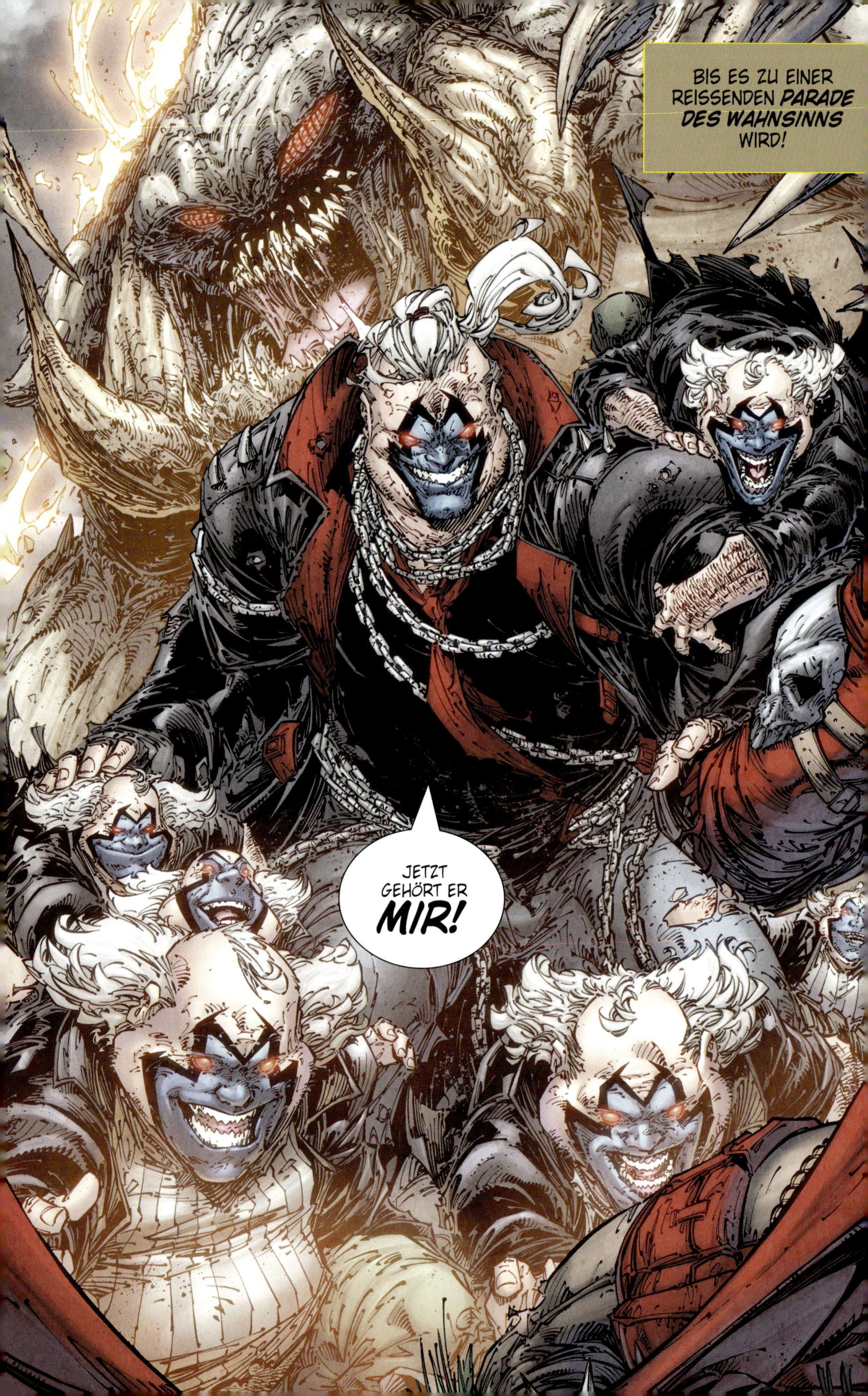
BIS ES ZU EINER REISSENDEN *PARADE DES WAHNSINNS* WIRD!
JETZT GEHÖRT ER **MIR!**

WIE IM WILDEN WESTEN, TEIL 4

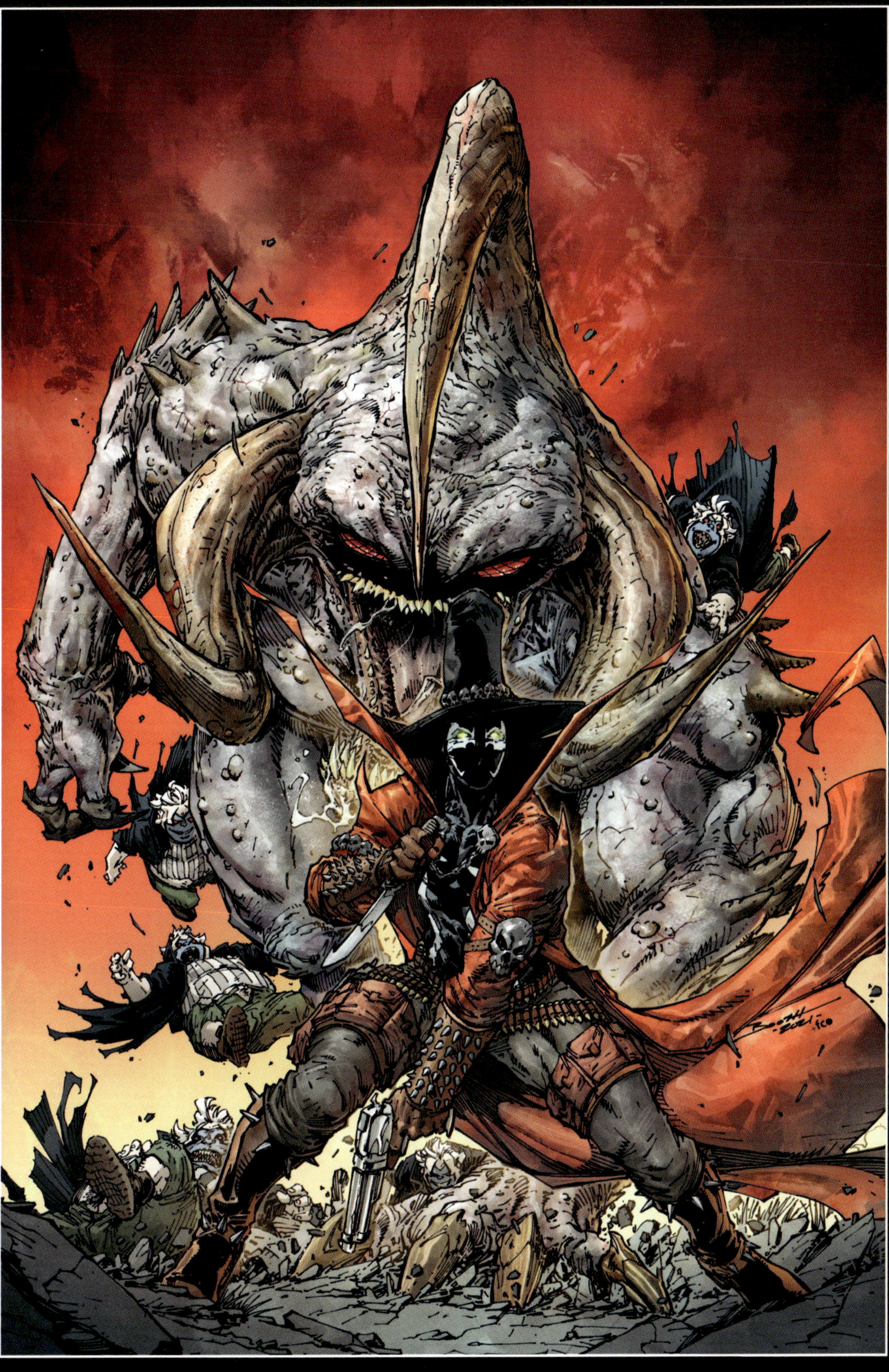

Gunslinger Spawn (2021) 4
Cover von **BRETT BOOTH** & **FCO PLASCENCIA**

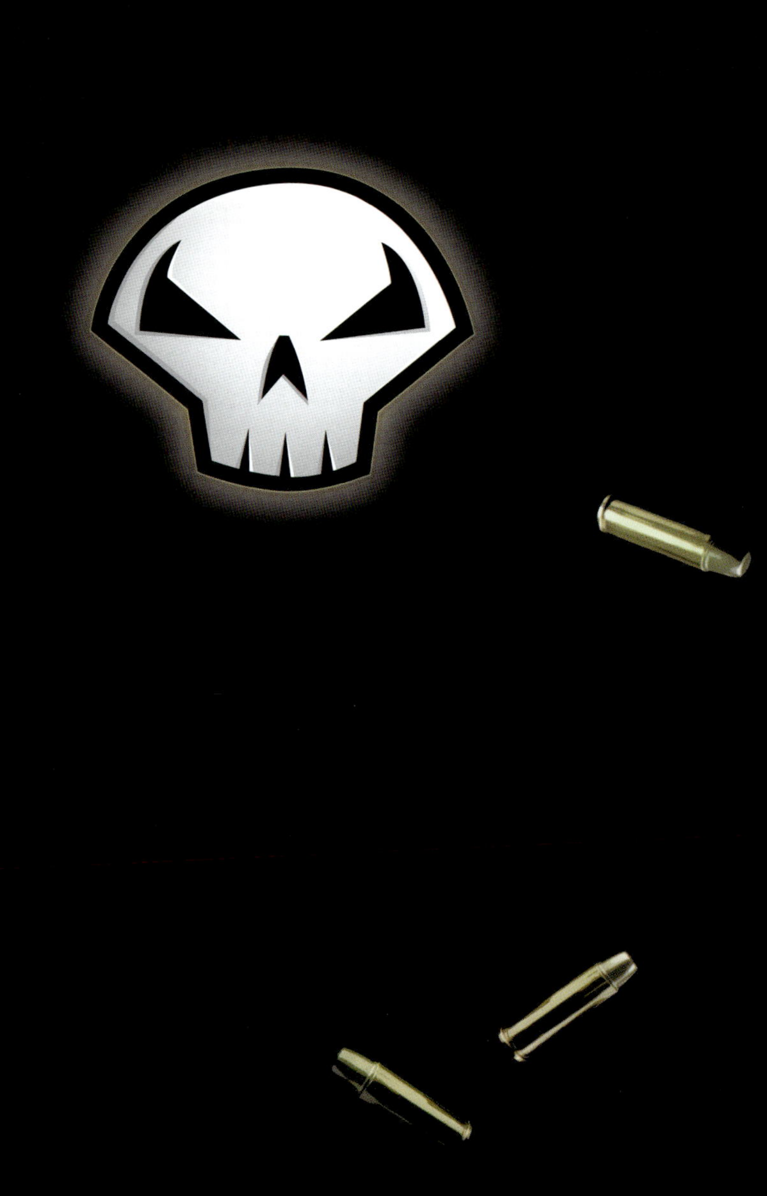

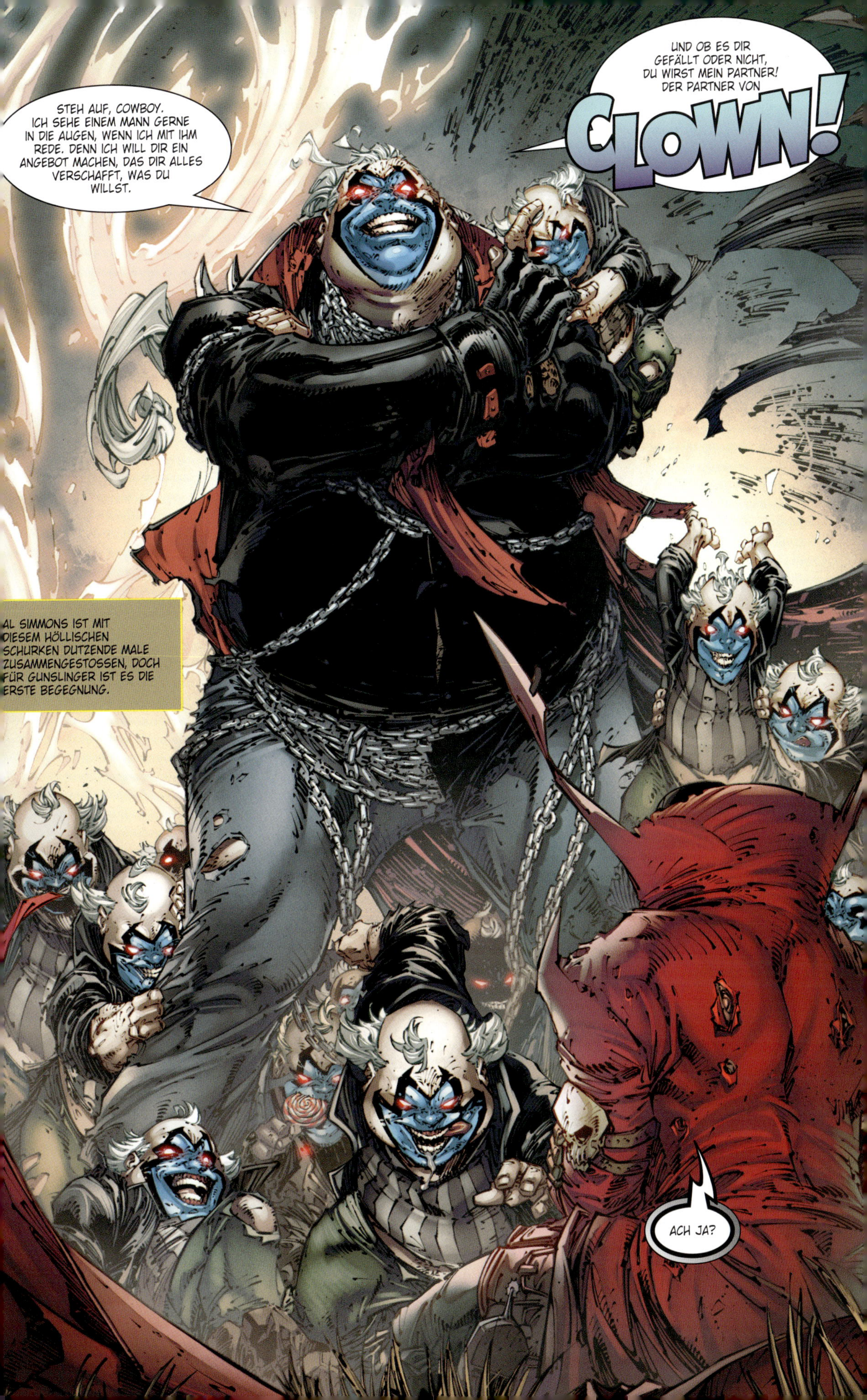
STEH AUF, COWBOY. ICH SEHE EINEM MANN GERNE IN DIE AUGEN, WENN ICH MIT IHM REDE. DENN ICH WILL DIR EIN ANGEBOT MACHEN, DAS DIR ALLES VERSCHAFFT, WAS DU WILLST.
UND OB ES DIR GEFÄLLT ODER NICHT, DU WIRST MEIN PARTNER! DER PARTNER VON
CLOWN!
AL SIMMONS IST MIT DIESEM HÖLLISCHEN SCHURKEN DUTZENDE MALE ZUSAMMENGESTOSSEN, DOCH FÜR GUNSLINGER IST ES DIE ERSTE BEGEGNUNG.
ACH JA?

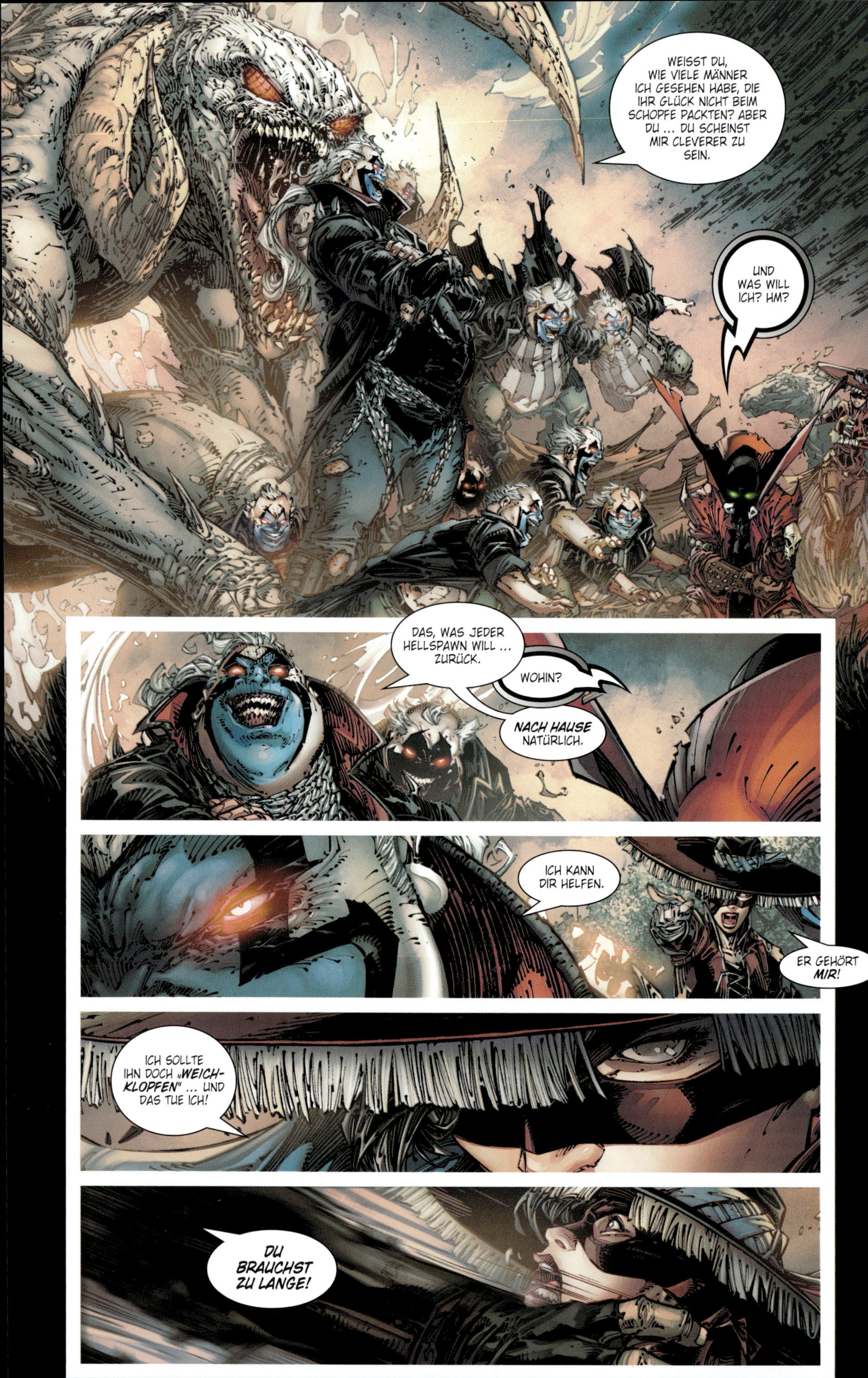
WEISST DU, WIE VIELE MÄNNER ICH GESEHEN HABE, DIE IHR GLÜCK NICHT BEIM SCHOPFE PACKTEN? ABER DU ... DU SCHEINST MIR CLEVERER ZU SEIN.
UND WAS WILL ICH? HM?
DAS, WAS JEDER HELLSPAWN WILL ... ZURÜCK.
WOHIN?
NACH HAUSE NATÜRLICH.
ICH KANN DIR HELFEN.
ER GEHÖRT MIR!
ICH SOLLTE IHN DOCH „WEICHKLOPFEN" ... UND DAS TUE ICH!
DU BRAUCHST ZU LANGE!

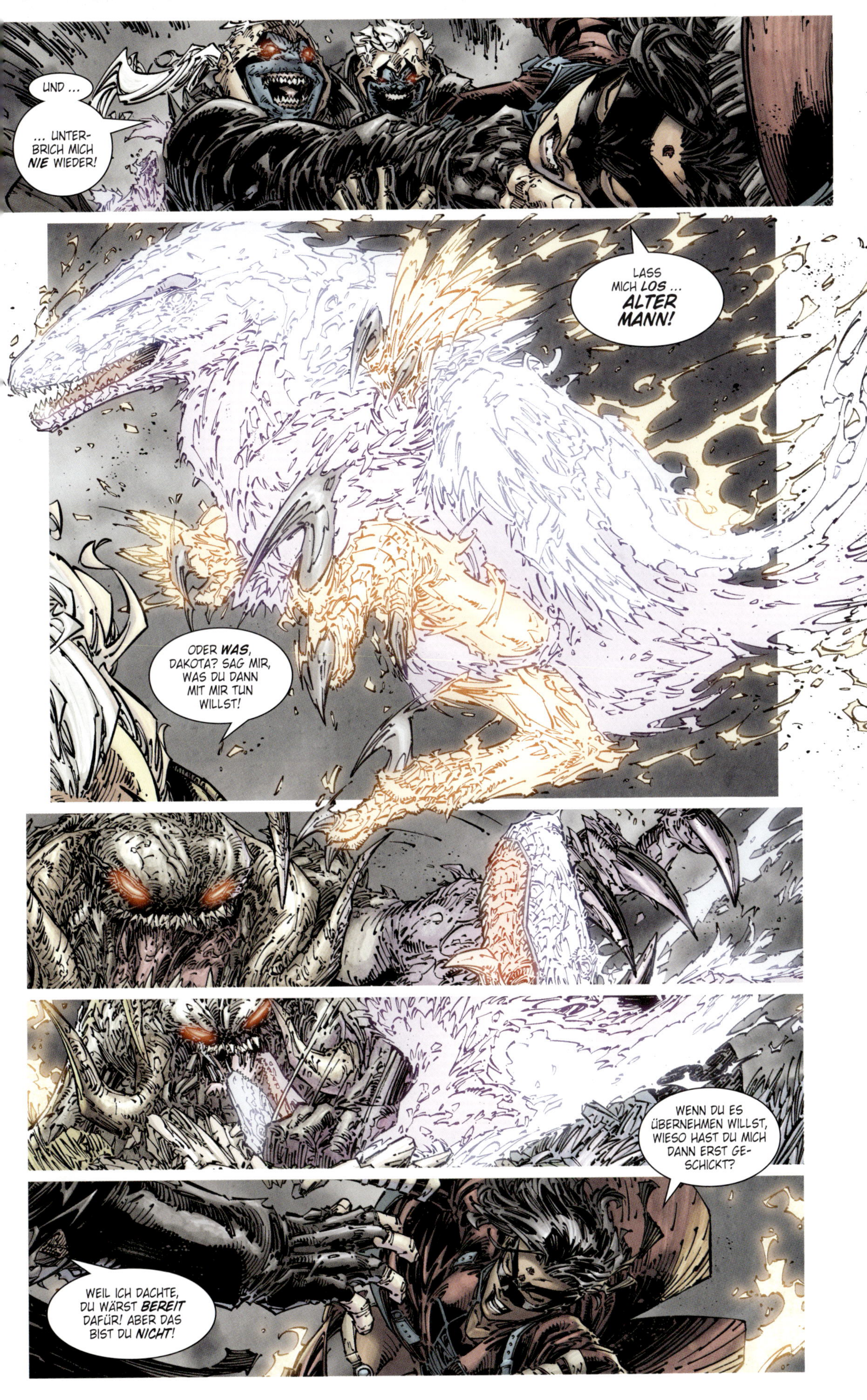
UND ...
... UNTER-BRICH MICH NIE WIEDER!
LASS MICH LOS ... ALTER MANN!
ODER WAS, DAKOTA? SAG MIR, WAS DU DANN MIT MIR TUN WILLST!
WENN DU ES ÜBERNEHMEN WILLST, WIESO HAST DU MICH DANN ERST GE-SCHICKT?
WEIL ICH DACHTE, DU WÄRST BEREIT DAFÜR! ABER DAS BIST DU NICHT!

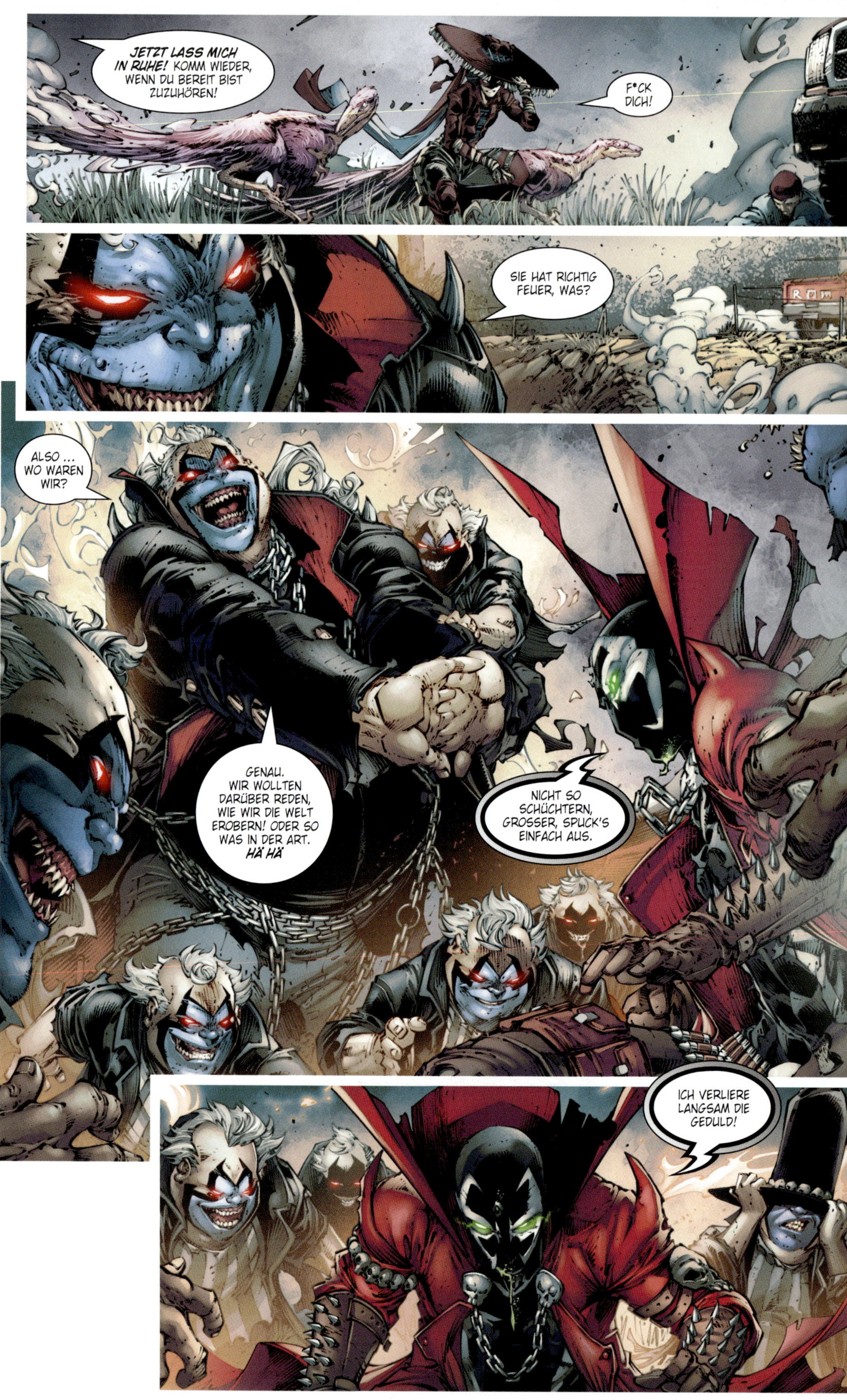
JETZT LASS MICH IN RUHE! KOMM WIEDER, WENN DU BEREIT BIST ZUZUHÖREN!
F*CK DICH!
SIE HAT RICHTIG FEUER, WAS?
ALSO ... WO WAREN WIR?
GENAU. WIR WOLLTEN DARÜBER REDEN, WIE WIR DIE WELT EROBERN! ODER SO WAS IN DER ART. HÄ HÄ
NICHT SO SCHÜCHTERN, GROSSER, SPUCK'S EINFACH AUS.
ICH VERLIERE LANGSAM DIE GEDULD!

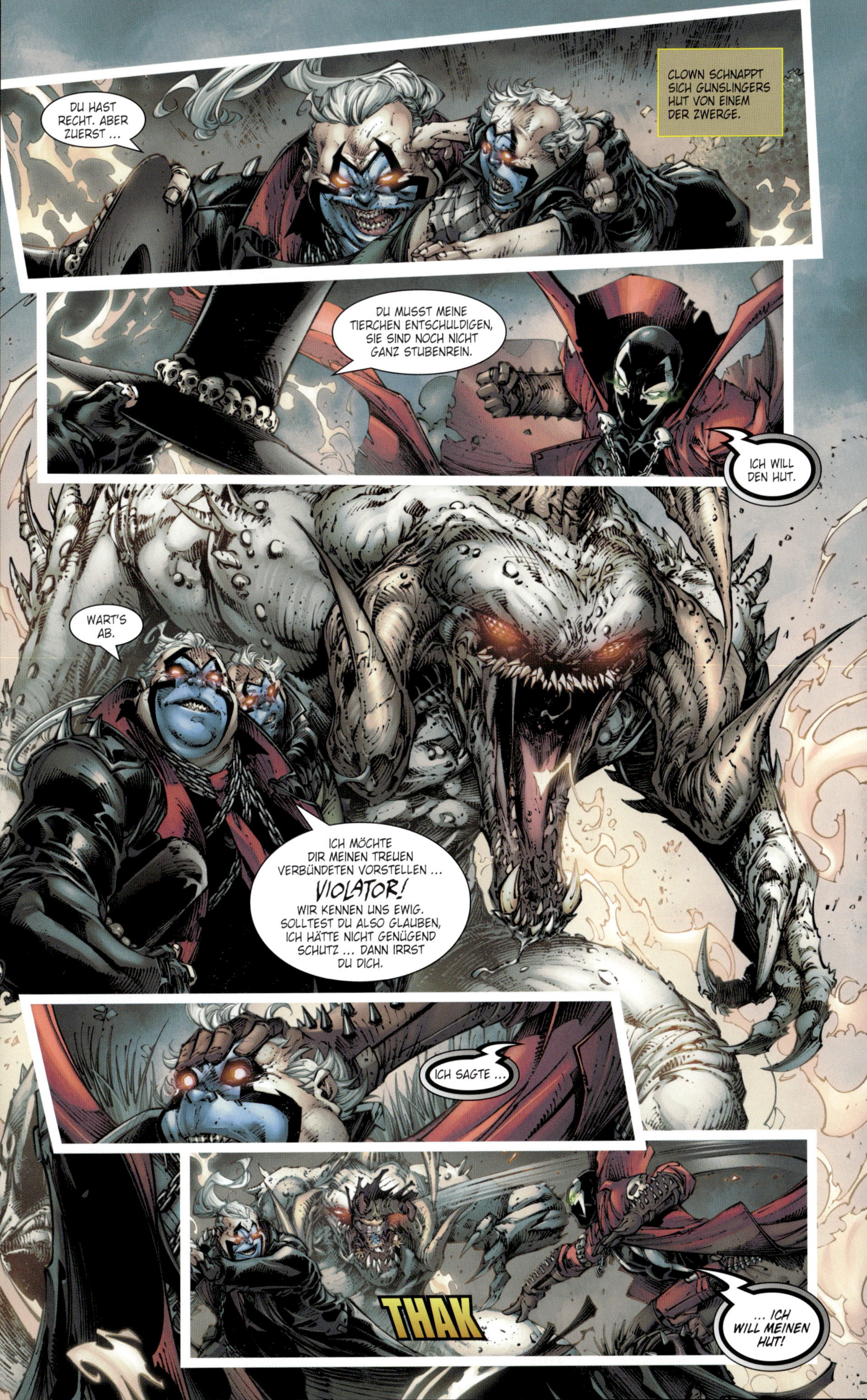
CLOWN SCHNAPPT SICH GUNSLINGERS HUT VON EINEM DER ZWERGE.
DU HAST RECHT. ABER ZUERST ...
DU MUSST MEINE TIERCHEN ENTSCHULDIGEN, SIE SIND NOCH NICHT GANZ STUBENREIN.
ICH WILL DEN HUT.
WART'S AB.
ICH MÖCHTE DIR MEINEN TREUEN VERBÜNDETEN VORSTELLEN ... VIOLATOR! WIR KENNEN UNS EWIG. SOLLTEST DU ALSO GLAUBEN, ICH HÄTTE NICHT GENÜGEND SCHUTZ ... DANN IRRST DU DICH.
ICH SAGTE ...
THAK
... ICH WILL MEINEN HUT!

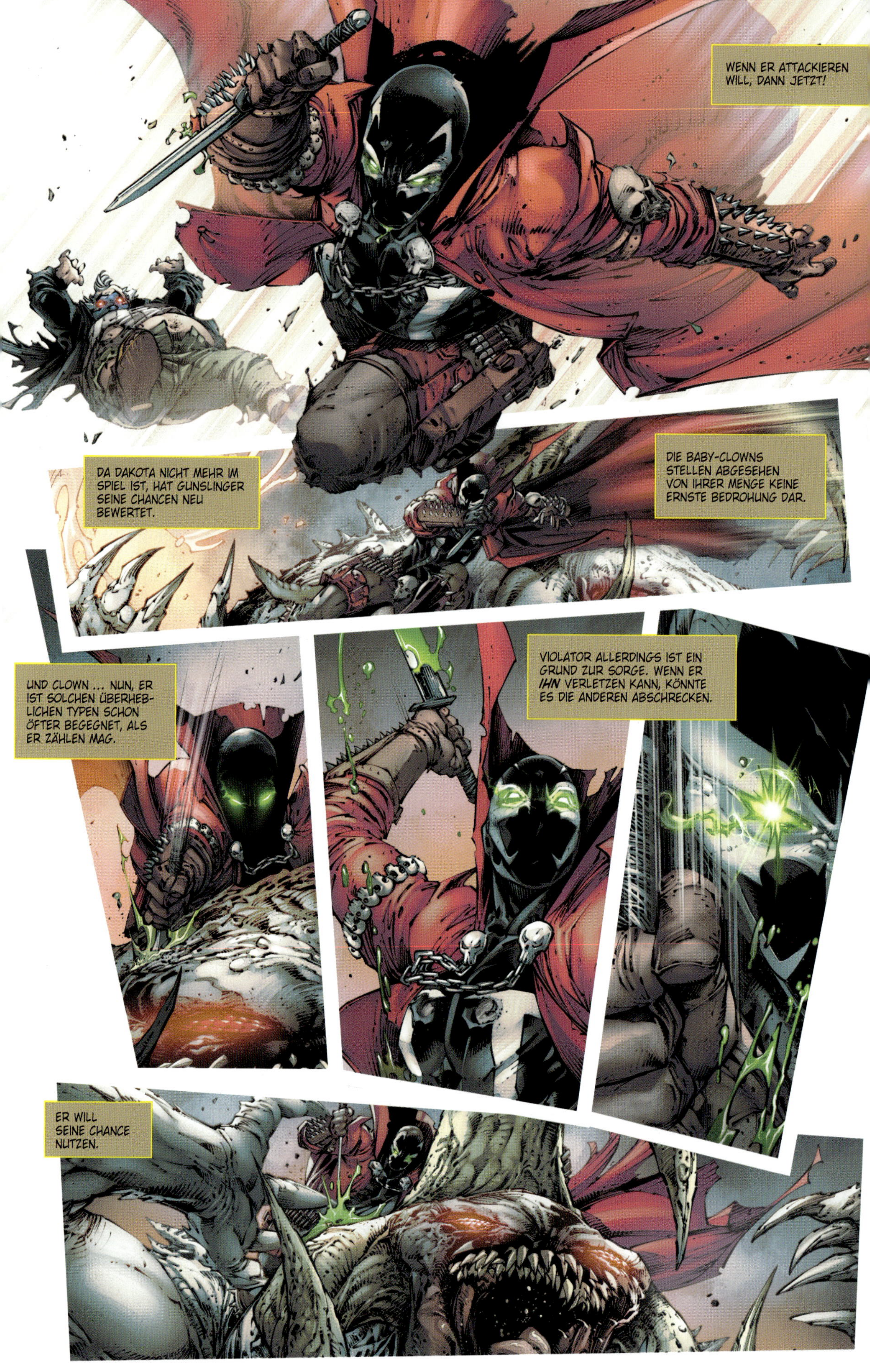
WENN ER ATTACKIEREN WILL, DANN JETZT!
DA DAKOTA NICHT MEHR IM SPIEL IST, HAT GUNSLINGER SEINE CHANCEN NEU BEWERTET.
DIE BABY-CLOWNS STELLEN ABGESEHEN VON IHRER MENGE KEINE ERNSTE BEDROHUNG DAR.
UND CLOWN ... NUN, ER IST SOLCHEN ÜBERHEB-LICHEN TYPEN SCHON ÖFTER BEGEGNET, ALS ER ZÄHLEN MAG.
VIOLATOR ALLERDINGS IST EIN GRUND ZUR SORGE. WENN ER *IHN* VERLETZEN KANN, KÖNNTE ES DIE ANDEREN ABSCHRECKEN.
ER WILL SEINE CHANCE NUTZEN.

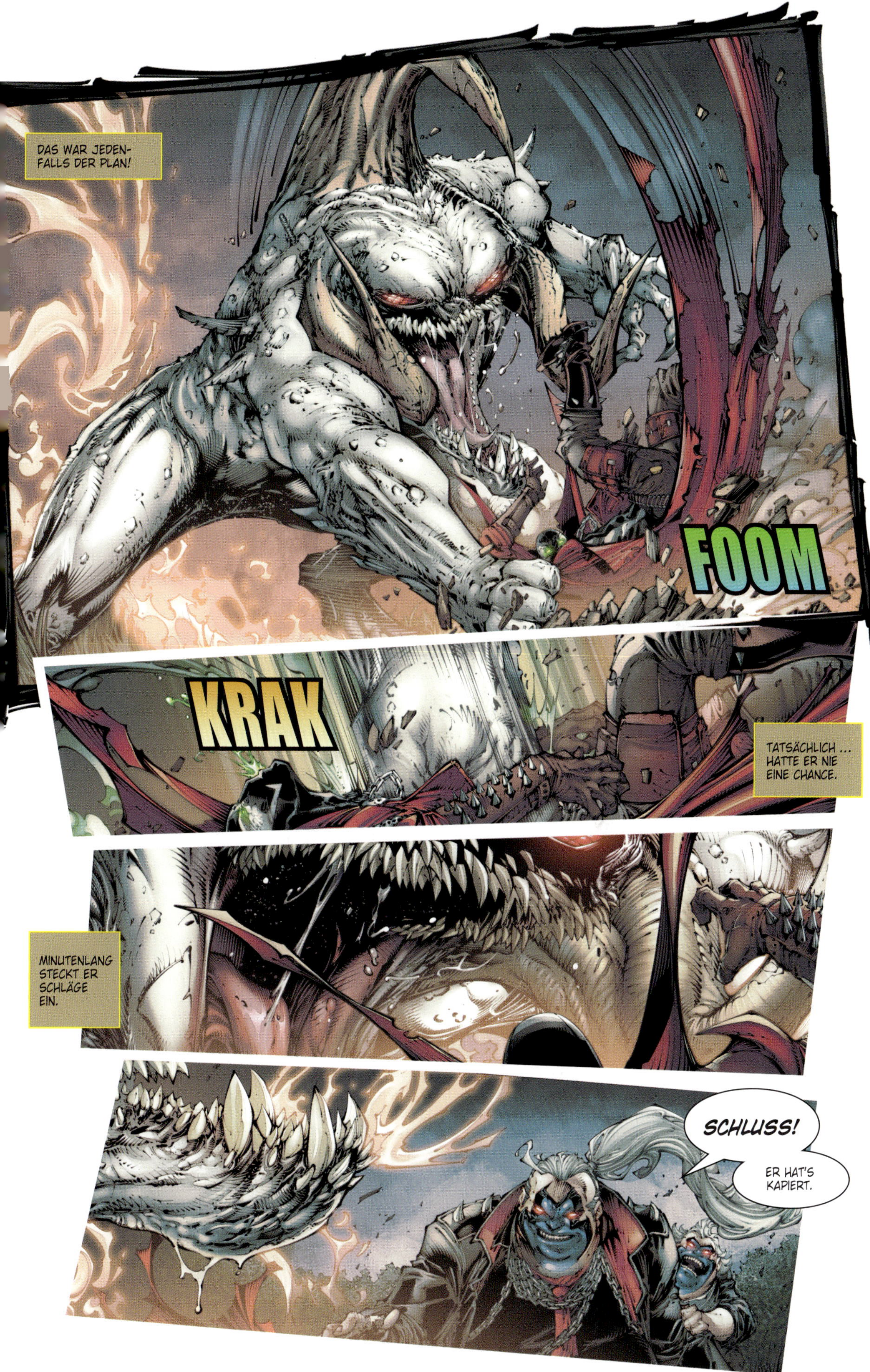
DAS WAR JEDEN-
FALLS DER PLAN!
FOOM
KRAK
TATSÄCHLICH ...
HATTE ER NIE
EINE CHANCE.
MINUTENLANG
STECKT ER
SCHLÄGE
EIN.
SCHLUSS!
ER HAT'S
KAPIERT.

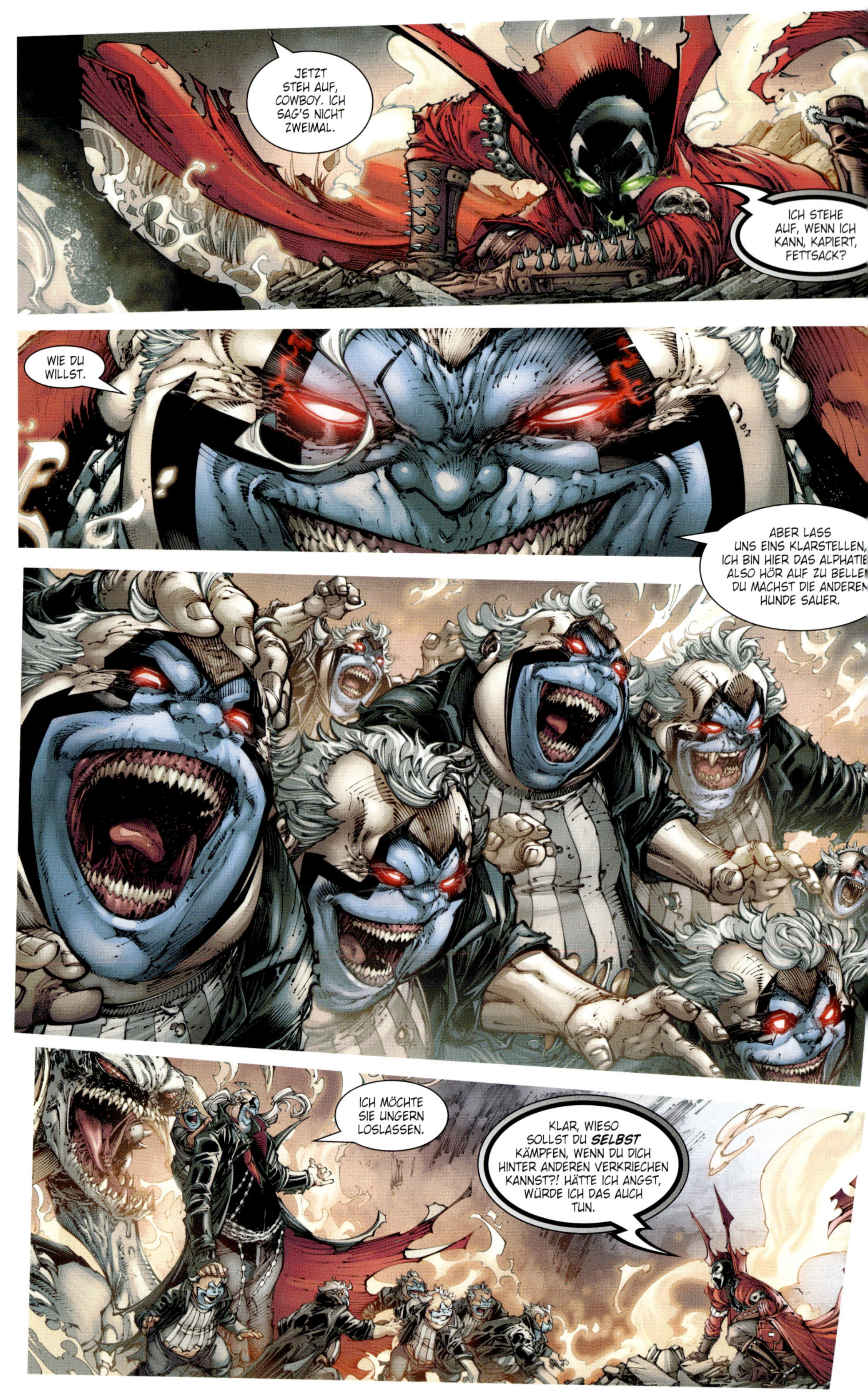
JETZT STEH AUF, COWBOY. ICH SAG'S NICHT ZWEIMAL.
ICH STEHE AUF, WENN ICH KANN, KAPIERT, FETTSACK?
WIE DU WILLST.
ABER LASS UNS EINS KLARSTELLEN, ICH BIN HIER DAS ALPHATIE ALSO HÖR AUF ZU BELLE DU MACHST DIE ANDEREN HUNDE SAUER.
ICH MÖCHTE SIE UNGERN LOSLASSEN.
KLAR, WIESO SOLLST DU **SELBST** KÄMPFEN, WENN DU DICH HINTER ANDEREN VERKRIECHEN KANNST?! HÄTTE ICH ANGST, WÜRDE ICH DAS AUCH TUN.

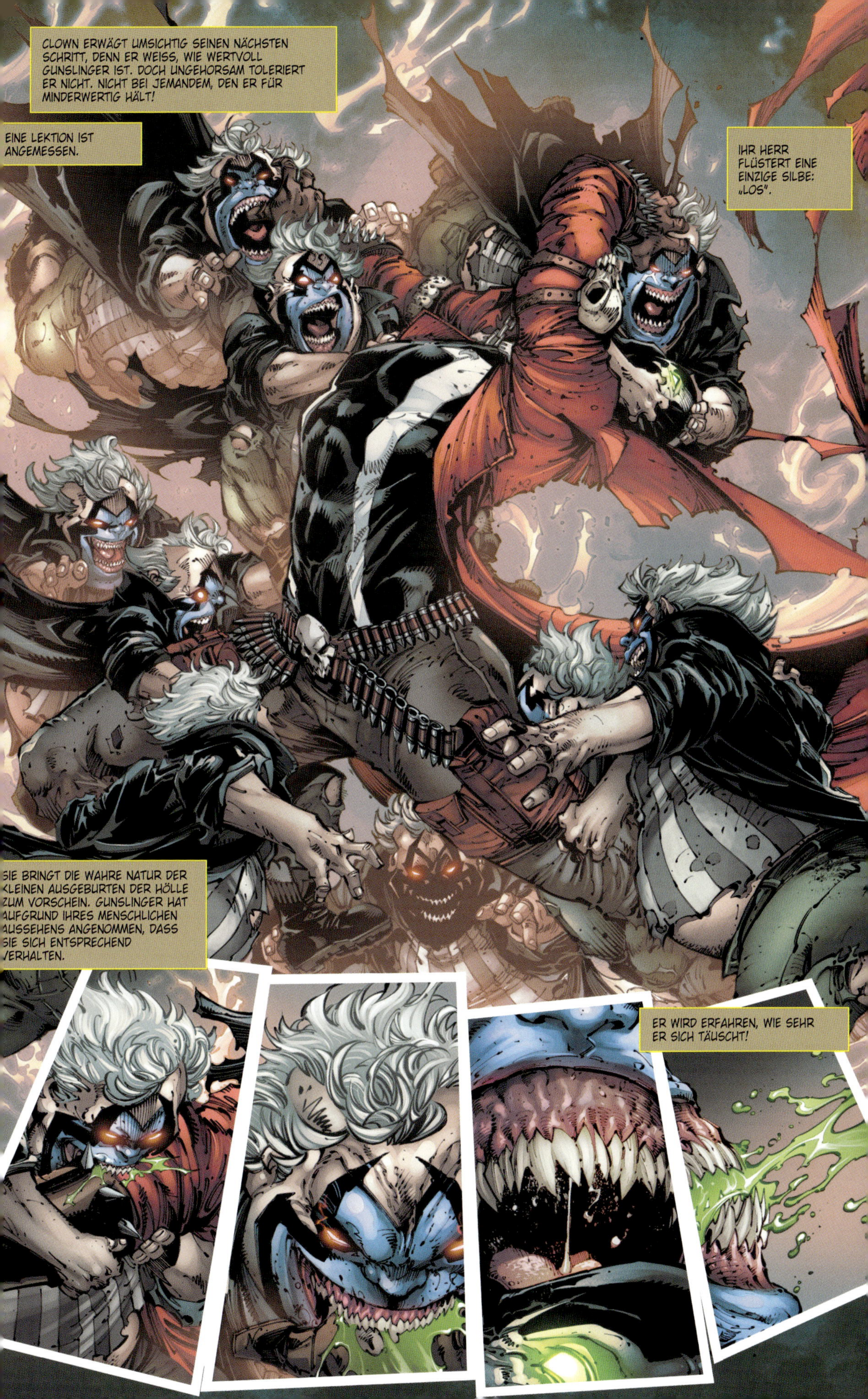
CLOWN ERWÄGT UMSICHTIG SEINEN NÄCHSTEN SCHRITT, DENN ER WEISS, WIE WERTVOLL GUNSLINGER IST. DOCH UNGEHORSAM TOLERIERT ER NICHT. NICHT BEI JEMANDEM, DEN ER FÜR MINDERWERTIG HÄLT!
EINE LEKTION IST ANGEMESSEN.
IHR HERR FLÜSTERT EINE EINZIGE SILBE: „LOS".
SIE BRINGT DIE WAHRE NATUR DER KLEINEN AUSGEBURTEN DER HÖLLE ZUM VORSCHEIN. GUNSLINGER HAT AUFGRUND IHRES MENSCHLICHEN AUSSEHENS ANGENOMMEN, DASS SIE SICH ENTSPRECHEND VERHALTEN.
ER WIRD ERFAHREN, WIE SEHR ER SICH TÄUSCHT!

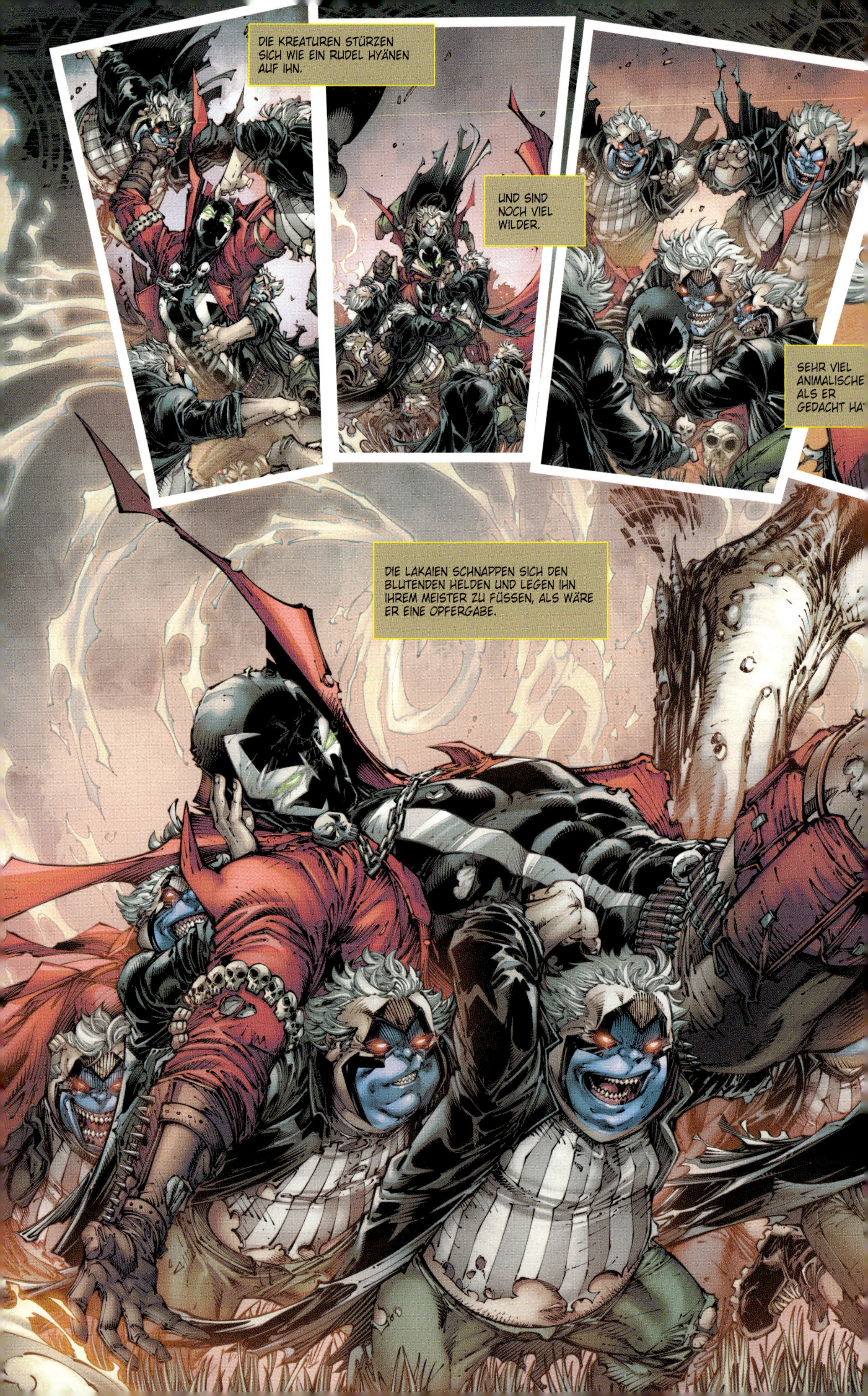
DIE KREATUREN STÜRZEN SICH WIE EIN RUDEL HYÄNEN AUF IHN.
UND SIND NOCH VIEL WILDER.
SEHR VIEL ANIMALISCHE
ALS ER GEDACHT HA
DIE LAKAIEN SCHNAPPEN SICH DEN BLUTENDEN HELDEN UND LEGEN IHN IHREM MEISTER ZU FÜSSEN, ALS WÄRE ER EINE OPFERGABE.

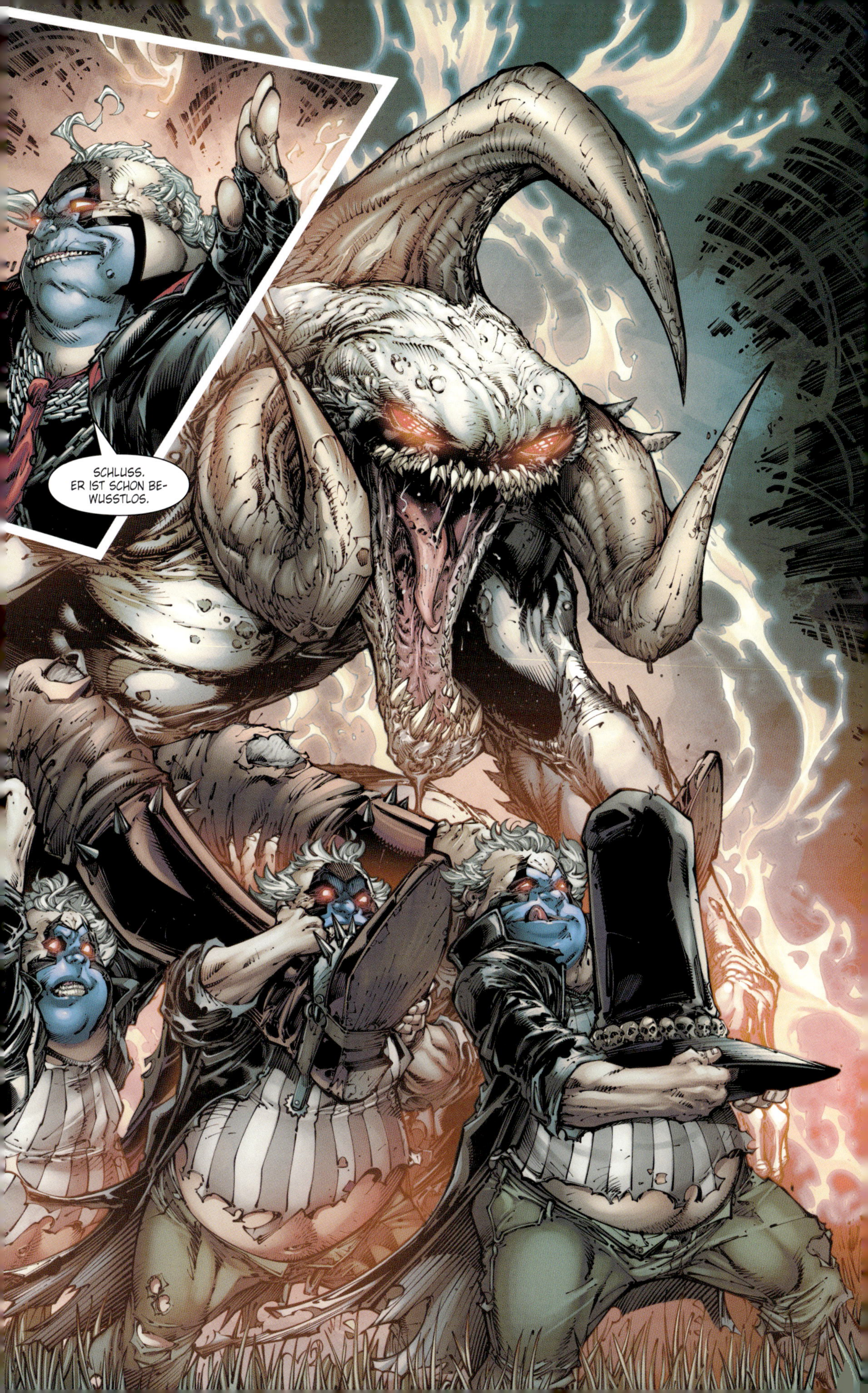
SCHLUSS.
ER IST SCHON BE-
WUSSTLOS.

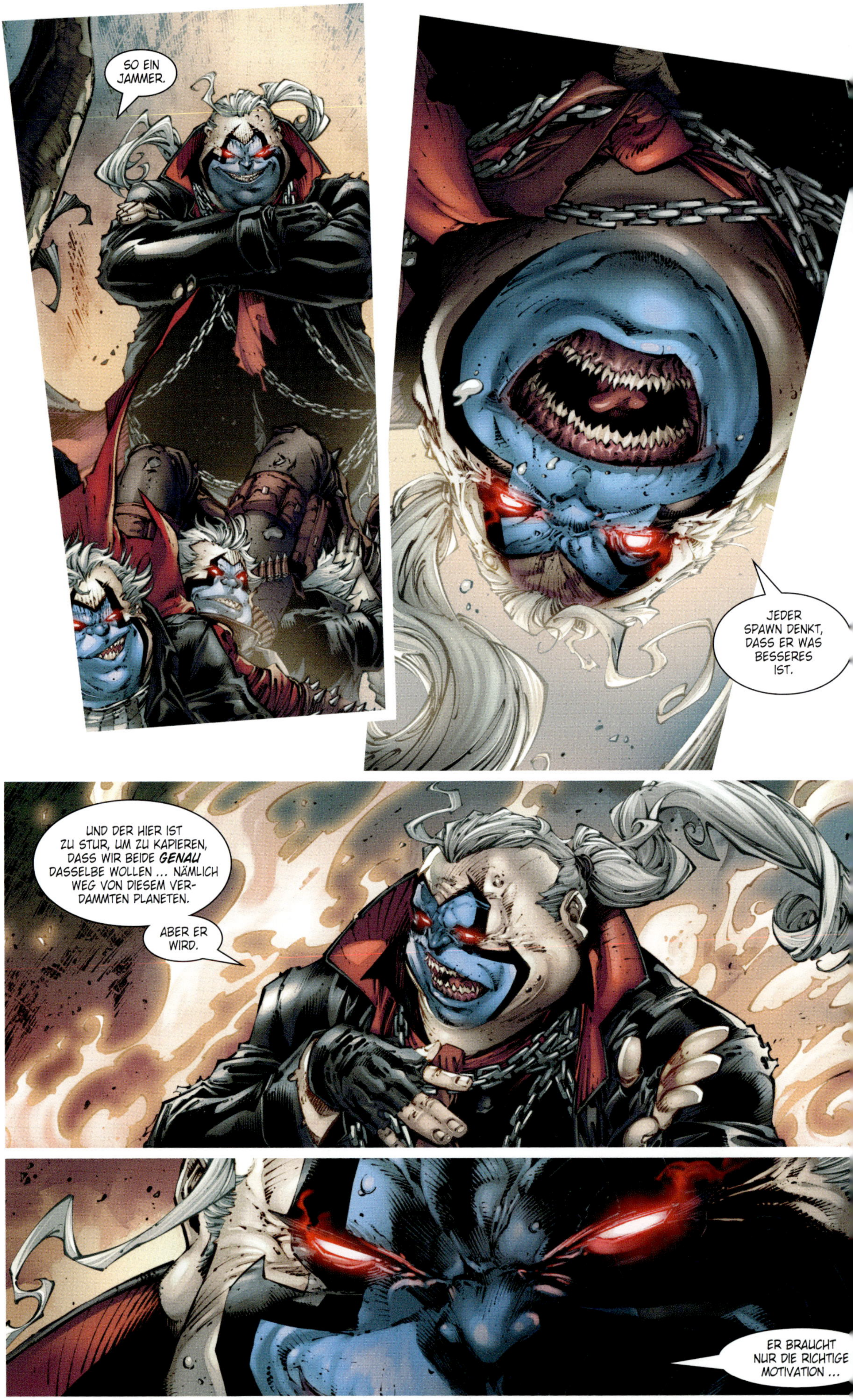

SO EIN JAMMER.

JEDER SPAWN DENKT, DASS ER WAS BESSERES IST.

UND DER HIER IST ZU STUR, UM ZU KAPIEREN, DASS WIR BEIDE **GENAU** DASSELBE WOLLEN ... NÄMLICH WEG VON DIESEM VERDAMMTEN PLANETEN.

ABER ER WIRD.

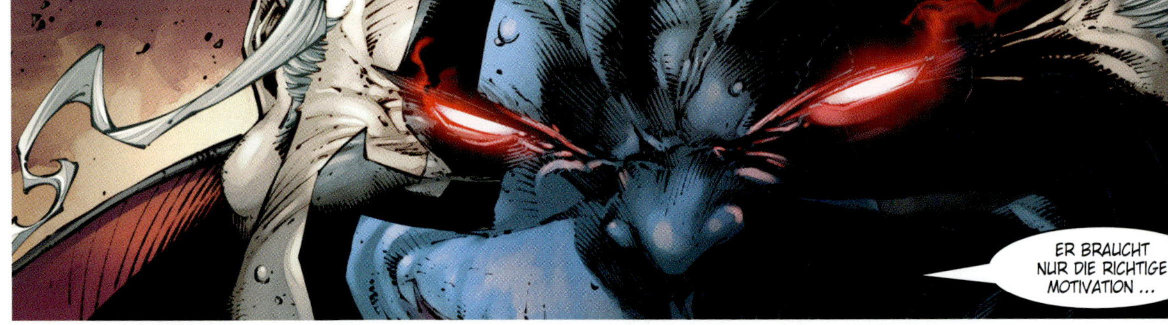

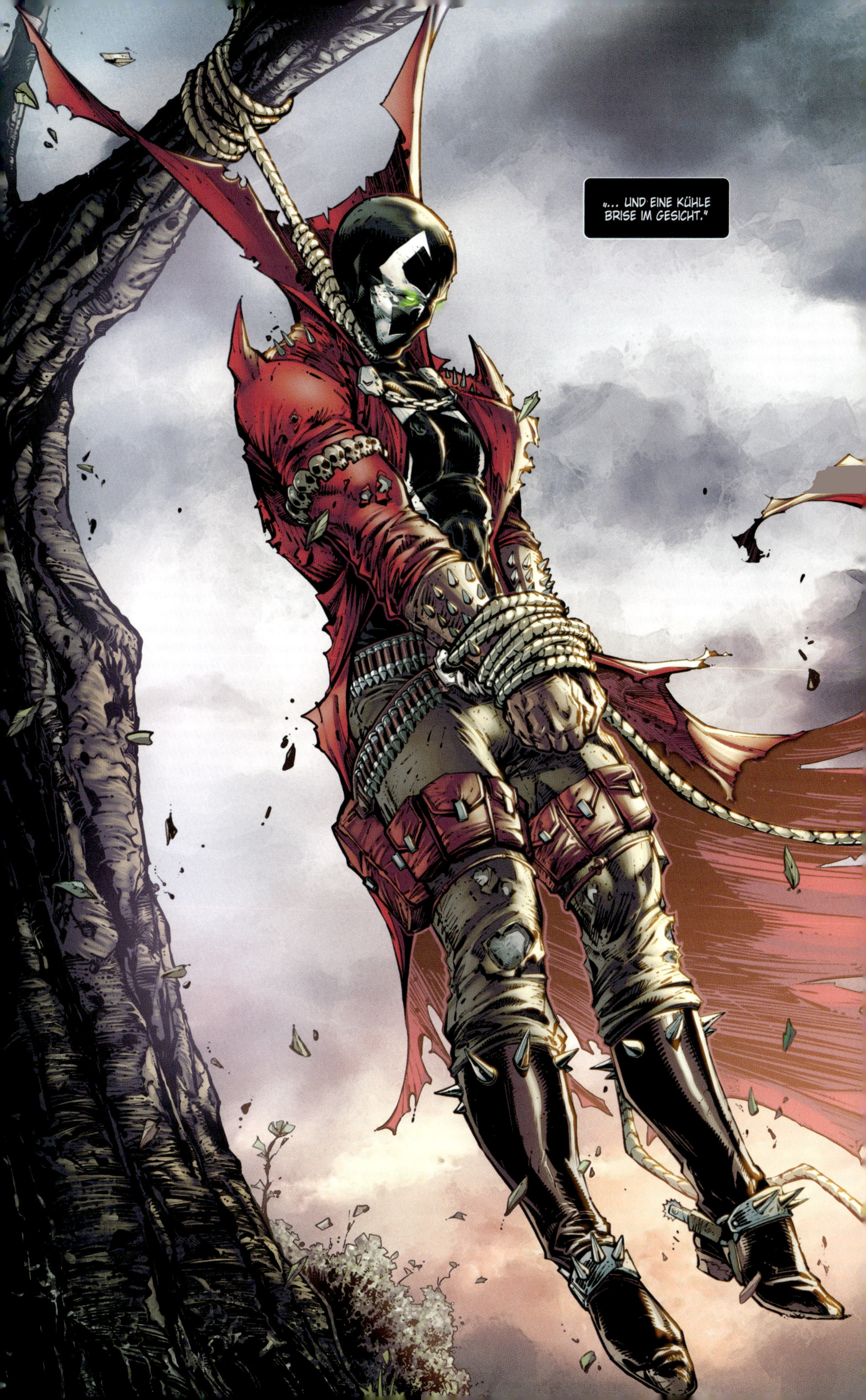
„... UND EINE KÜHLE BRISE IM GESICHT."

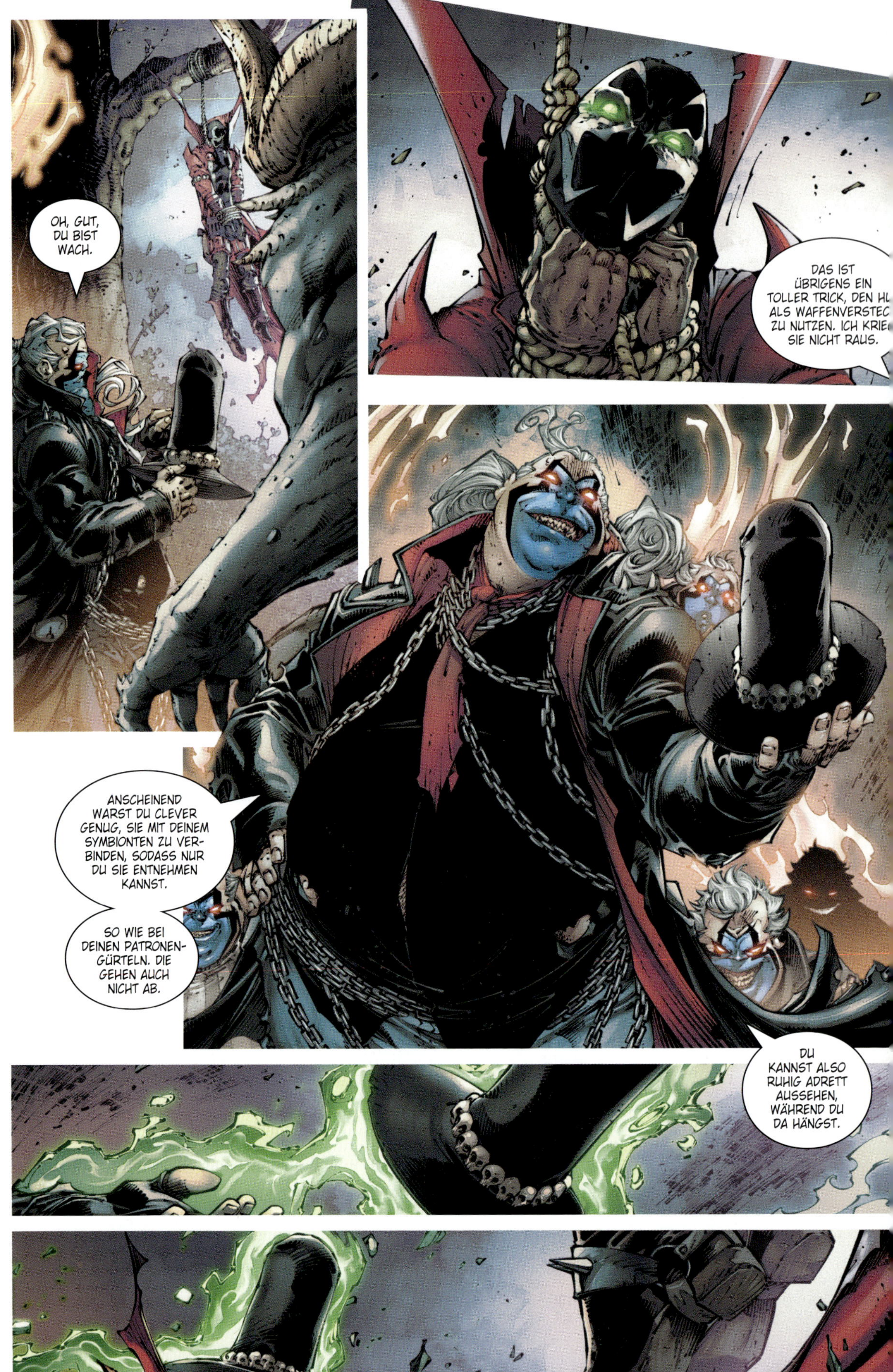
OH, GUT, DU BIST WACH.
DAS IST ÜBRIGENS EIN TOLLER TRICK, DEN HU
ALS WAFFENVERSTEC
ZU NUTZEN. ICH KRIE
SIE NICHT RAUS.
ANSCHEINEND WARST DU CLEVER GENUG, SIE MIT DEINEM SYMBIONTEN ZU VERBINDEN, SODASS NUR DU SIE ENTNEHMEN KANNST.
SO WIE BEI DEINEN PATRONENGÜRTELN. DIE GEHEN AUCH NICHT AB.
DU KANNST ALSO RUHIG ADRETT AUSSEHEN, WÄHREND DU DA HÄNGST.

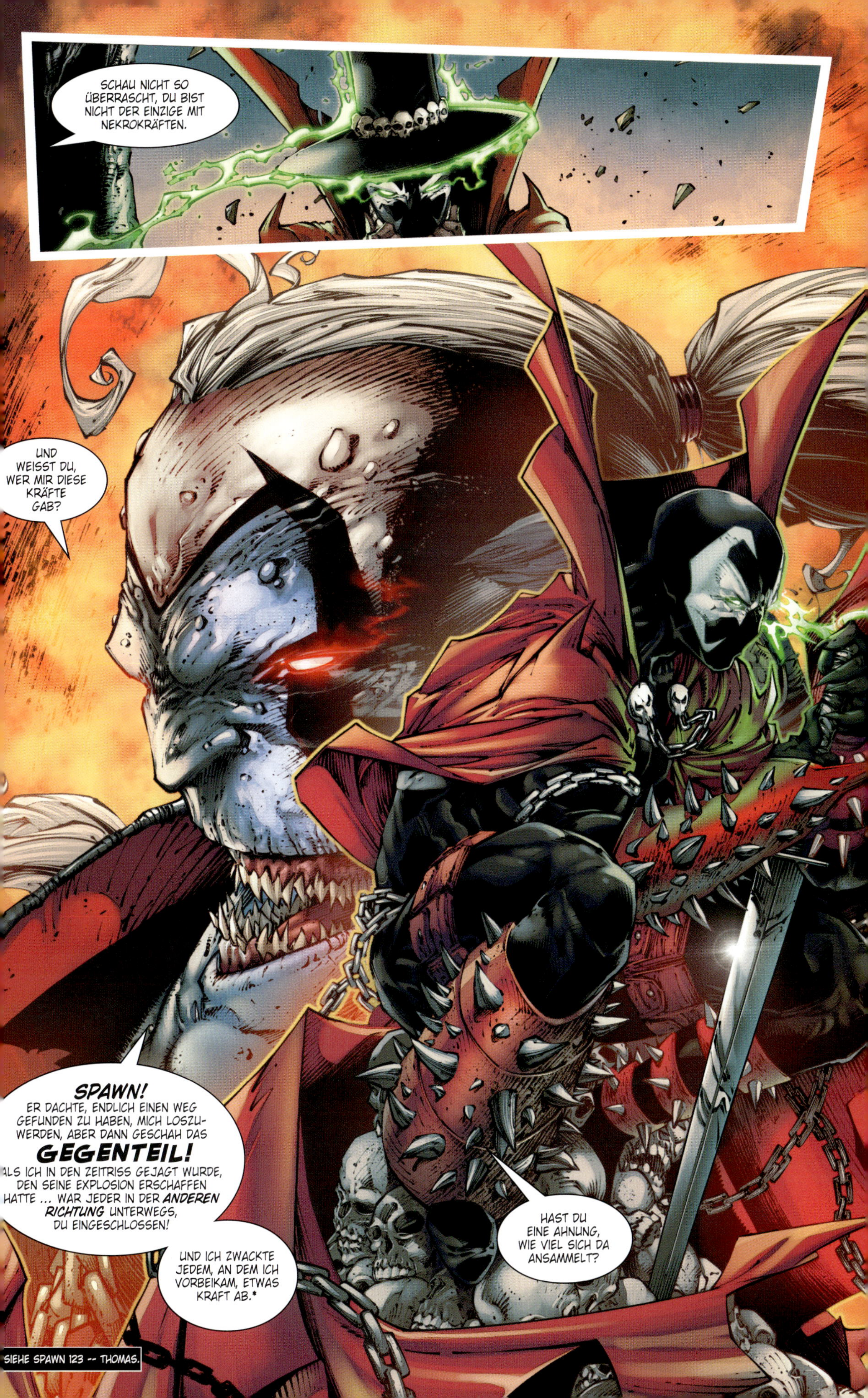
SCHAU NICHT SO ÜBERRASCHT, DU BIST NICHT DER EINZIGE MIT NEKROKRÄFTEN.
UND WEISST DU, WER MIR DIESE KRÄFTE GAB?
SPAWN! ER DACHTE, ENDLICH EINEN WEG GEFUNDEN ZU HABEN, MICH LOSZU-WERDEN, ABER DANN GESCHAH DAS GEGENTEIL! ALS ICH IN DEN ZEITRISS GEJAGT WURDE, DEN SEINE EXPLOSION ERSCHAFFEN HATTE ... WAR JEDER IN DER ANDEREN RICHTUNG UNTERWEGS, DU EINGESCHLOSSEN!
UND ICH ZWACKTE JEDEM, AN DEM ICH VORBEIKAM, ETWAS KRAFT AB.*
HAST DU EINE AHNUNG, WIE VIEL SICH DA ANSAMMELT?
*SIEHE SPAWN 123 -- THOMAS.

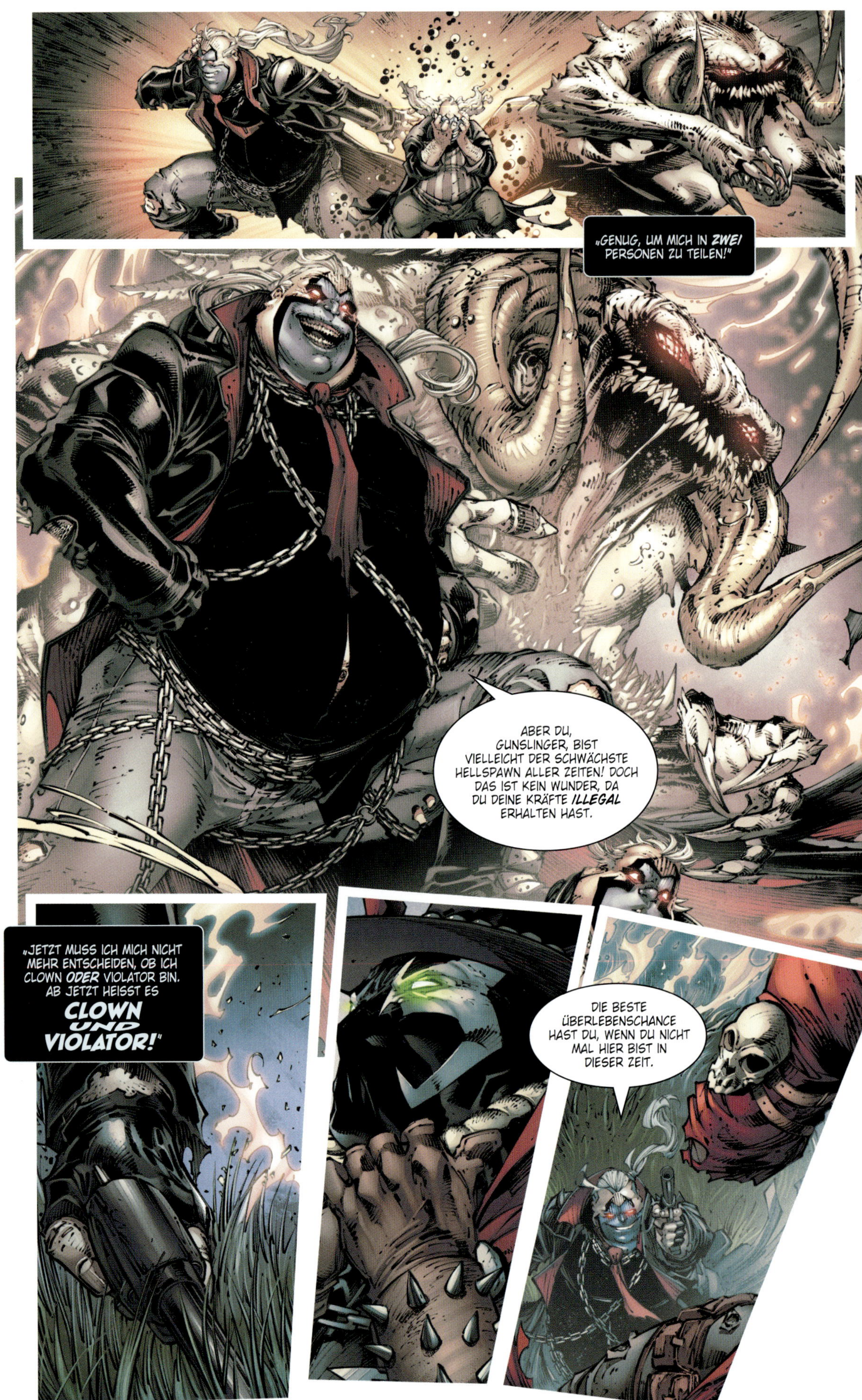
„GENUG, UM MICH IN ZWEI PERSONEN ZU TEILEN!"
ABER DU, GUNSLINGER, BIST VIELLEICHT DER SCHWÄCHSTE HELLSPAWN ALLER ZEITEN! DOCH DAS IST KEIN WUNDER, DA DU DEINE KRÄFTE ILLEGAL ERHALTEN HAST.
„JETZT MUSS ICH MICH NICHT MEHR ENTSCHEIDEN, OB ICH CLOWN ODER VIOLATOR BIN. AB JETZT HEISST ES CLOWN UND VIOLATOR!"
DIE BESTE ÜBERLEBENSCHANCE HAST DU, WENN DU NICHT MAL HIER BIST IN DIESER ZEIT.

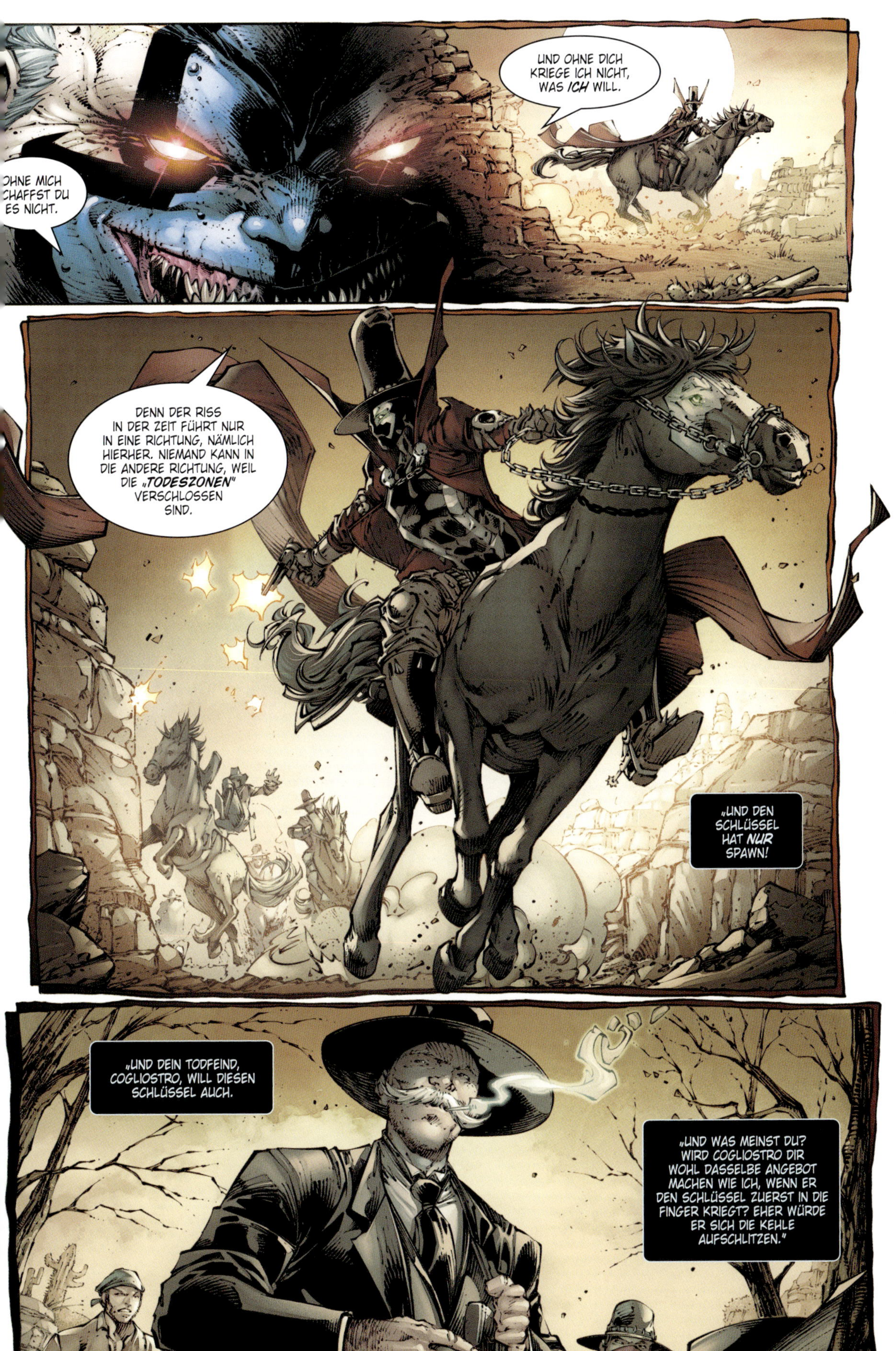
OHNE MICH SCHAFFST DU ES NICHT.
UND OHNE DICH KRIEGE ICH NICHT, WAS *ICH* WILL.
DENN DER RISS IN DER ZEIT FÜHRT NUR IN EINE RICHTUNG, NÄMLICH HIERHER. NIEMAND KANN IN DIE ANDERE RICHTUNG, WEIL DIE „*TODESZONEN*" VERSCHLOSSEN SIND.
„UND DEN SCHLÜSSEL HAT *NUR* SPAWN!
„UND DEIN TODFEIND, COGLIOSTRO, WILL DIESEN SCHLÜSSEL AUCH.
„UND WAS MEINST DU? WIRD COGLIOSTRO DIR WOHL DASSELBE ANGEBOT MACHEN WIE ICH, WENN ER DEN SCHLÜSSEL ZUERST IN DIE FINGER KRIEGT? EHER WÜRDE ER SICH DIE KEHLE AUFSCHLITZEN."

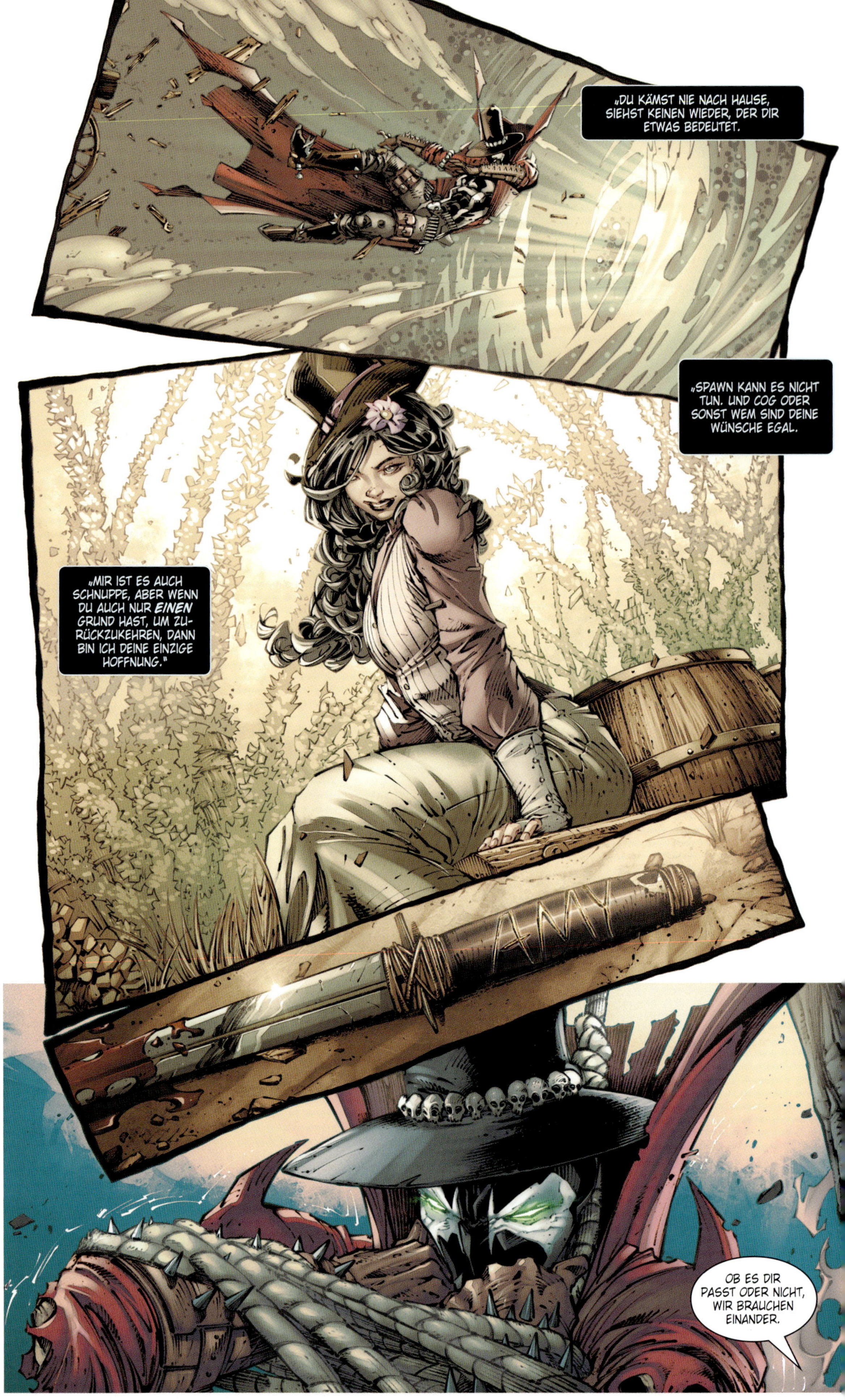
„DU KÄMST NIE NACH HAUSE, SIEHST KEINEN WIEDER, DER DIR ETWAS BEDEUTET.
„SPAWN KANN ES NICHT TUN. UND COG ODER SONST WEM SIND DEINE WÜNSCHE EGAL.
„MIR IST ES AUCH SCHNUPPE, ABER WENN DU AUCH NUR *EINEN* GRUND HAST, UM ZURÜCKZUKEHREN, DANN BIN ICH DEINE EINZIGE HOFFNUNG."
OB ES DIR PASST ODER NICHT, WIR BRAUCHEN EINANDER.

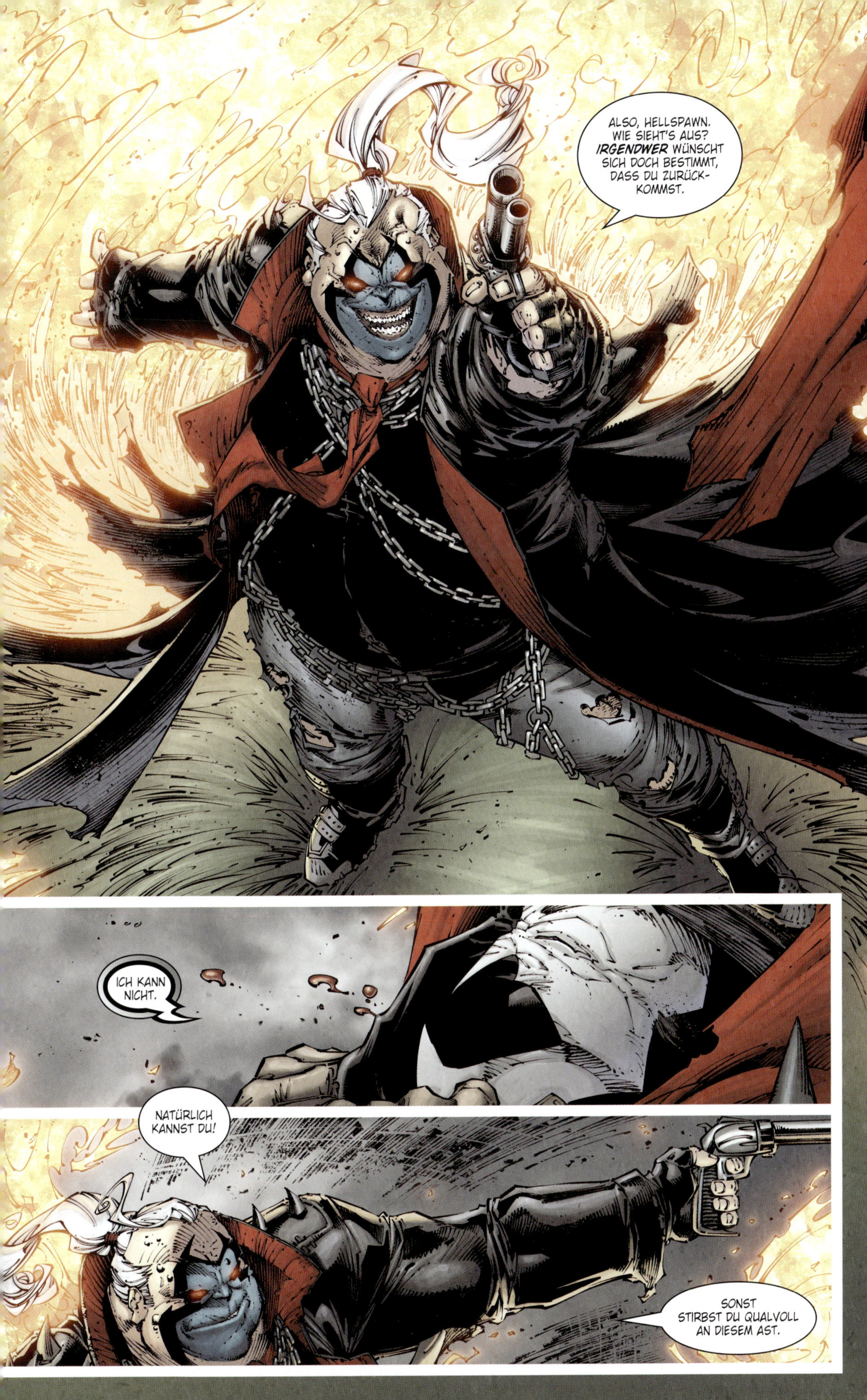
ALSO, HELLSPAWN. WIE SIEHT'S AUS? IRGENDWER WÜNSCHT SICH DOCH BESTIMMT, DASS DU ZURÜCK-KOMMST.
ICH KANN NICHT.
NATÜRLICH KANNST DU!
SONST STIRBST DU QUALVOLL AN DIESEM AST.

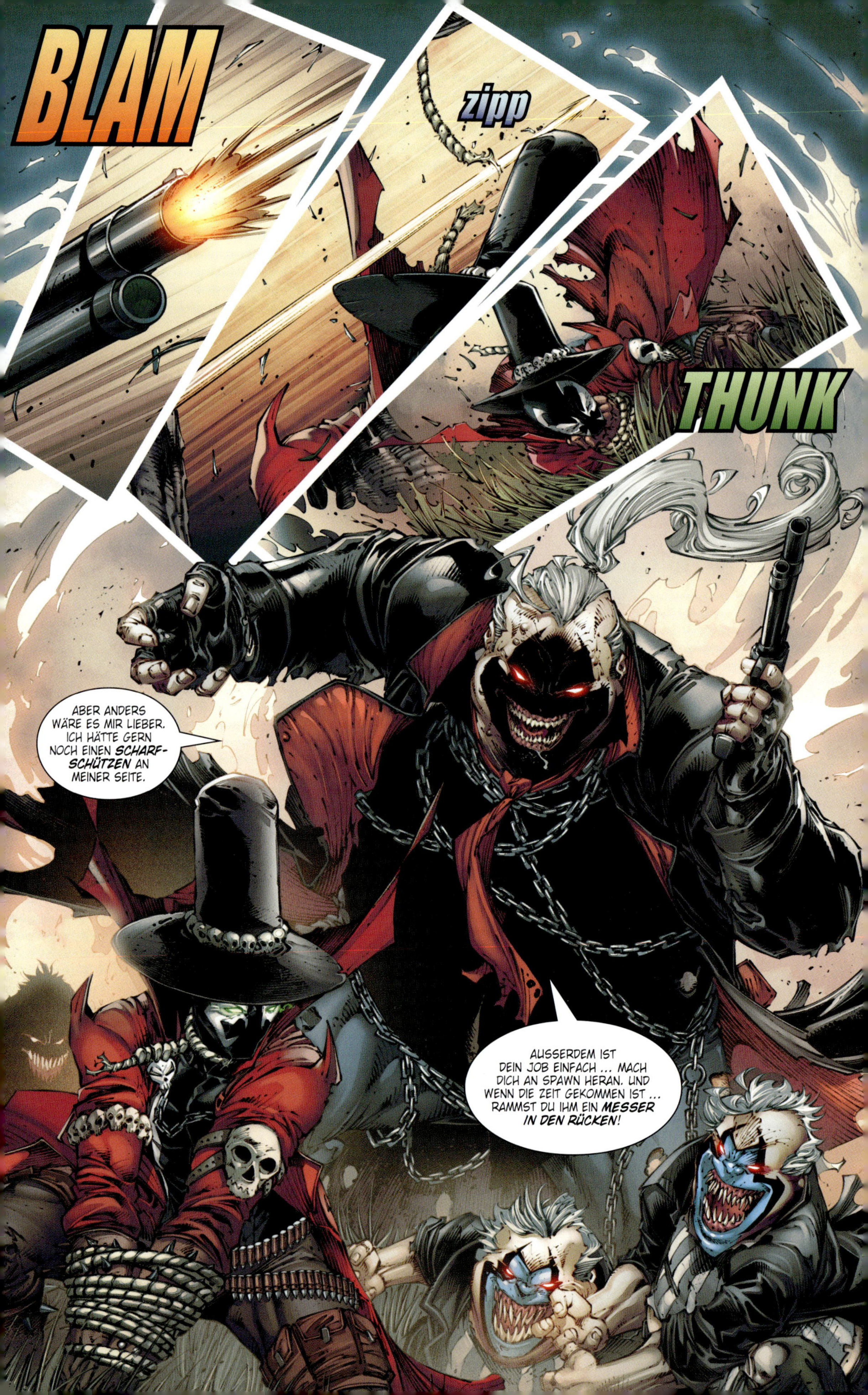
BLAM
zipp
THUNK
ABER ANDERS WÄRE ES MIR LIEBER. ICH HÄTTE GERN NOCH EINEN SCHARF-SCHÜTZEN AN MEINER SEITE.
AUSSERDEM IST DEIN JOB EINFACH ... MACH DICH AN SPAWN HERAN. UND WENN DIE ZEIT GEKOMMEN IST ... RAMMST DU IHM EIN MESSER IN DEN RÜCKEN!

WIE IM WILDEN WESTEN, TEIL 5

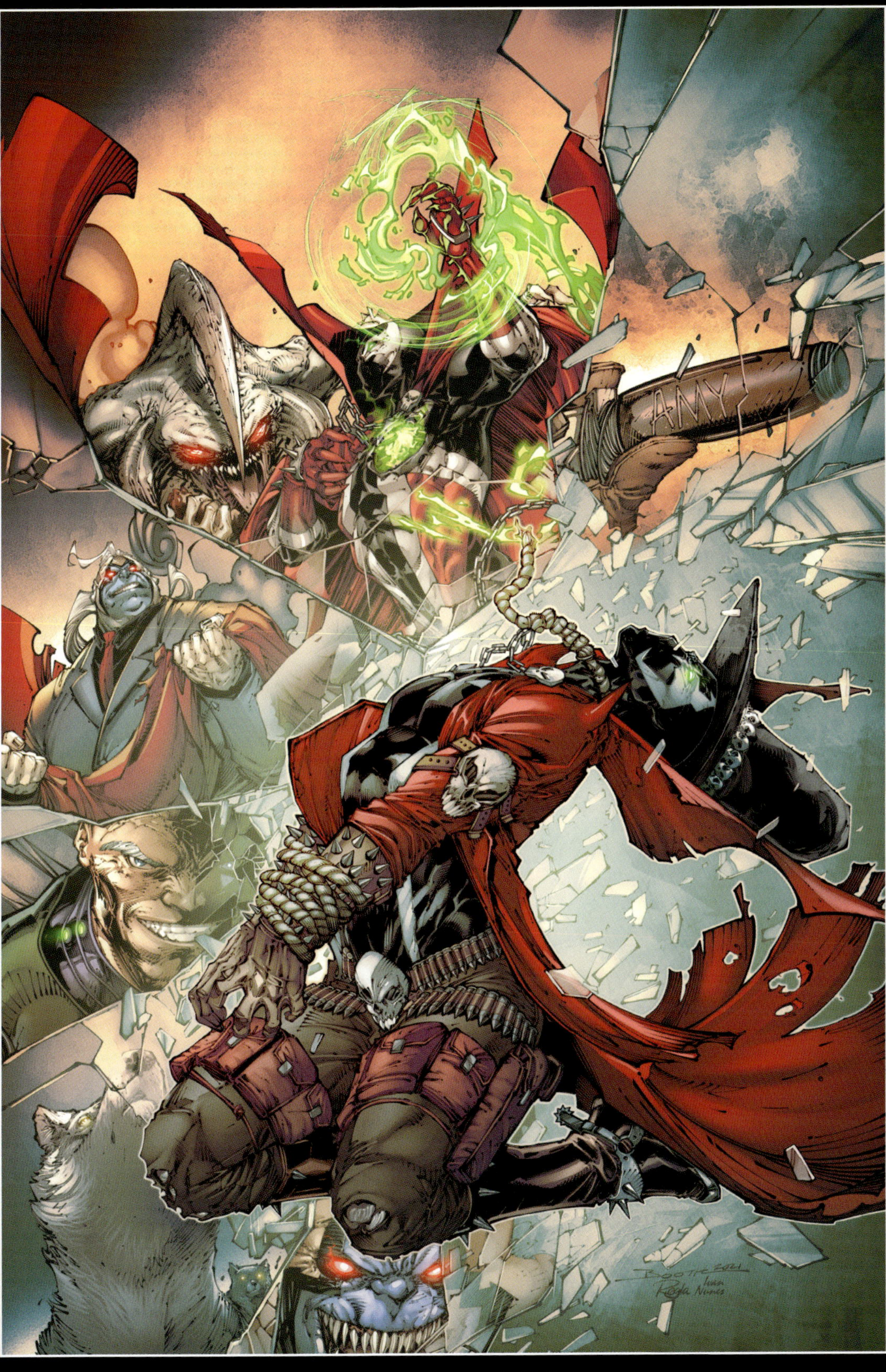

Gunslinger Spawn (2021) 5
Cover von **BRETT BOOTH, SAL REGLA** & **IVAN NUNES**

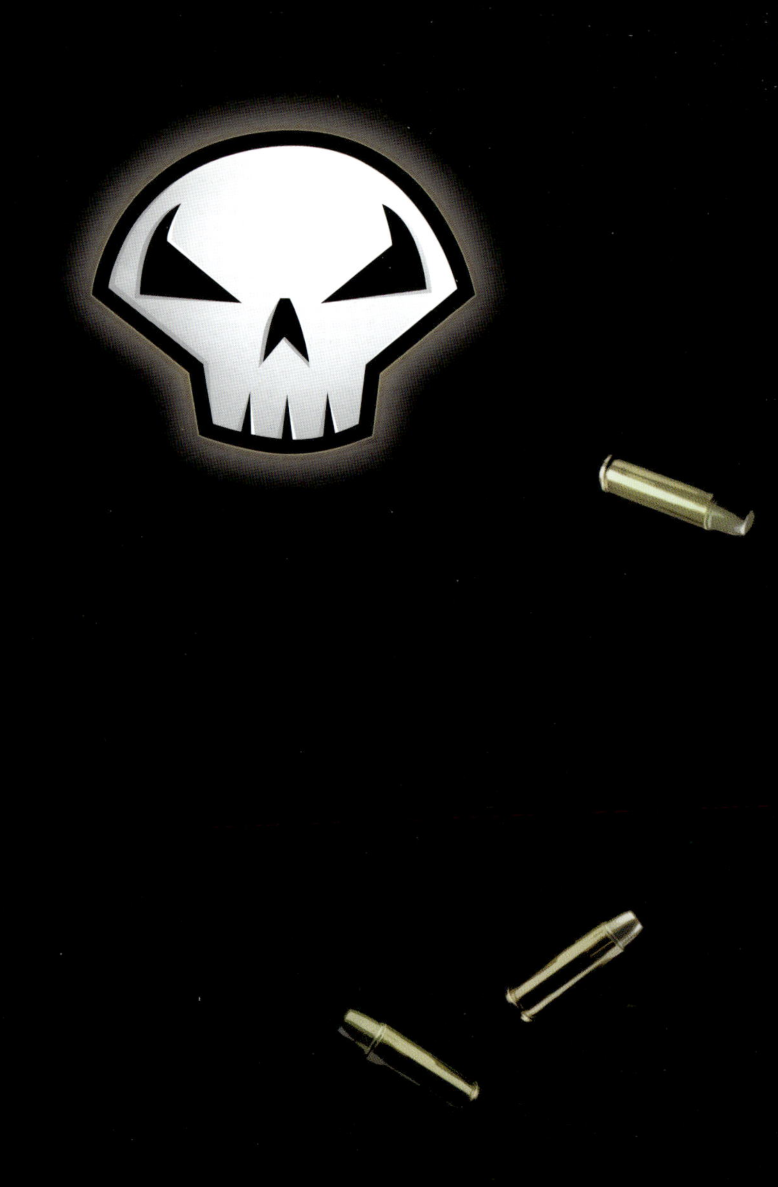

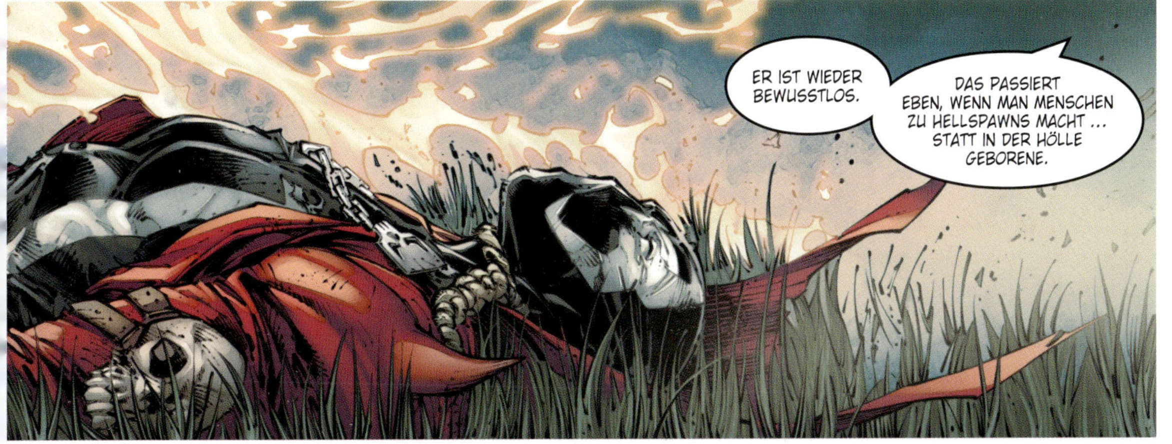
ER IST WIEDER BEWUSSTLOS.
DAS PASSIERT EBEN, WENN MAN MENSCHEN ZU HELLSPAWNS MACHT ... STATT IN DER HÖLLE GEBORENE.

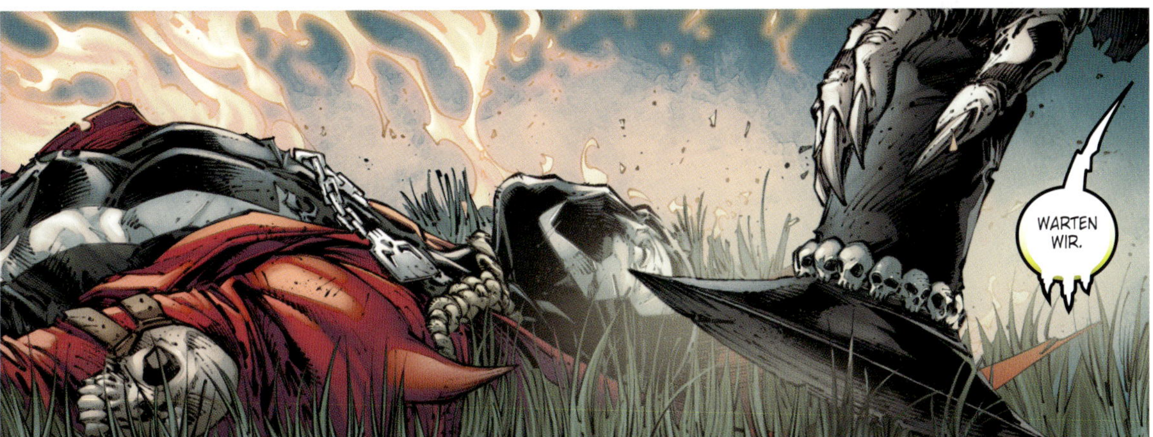
WARTEN WIR.

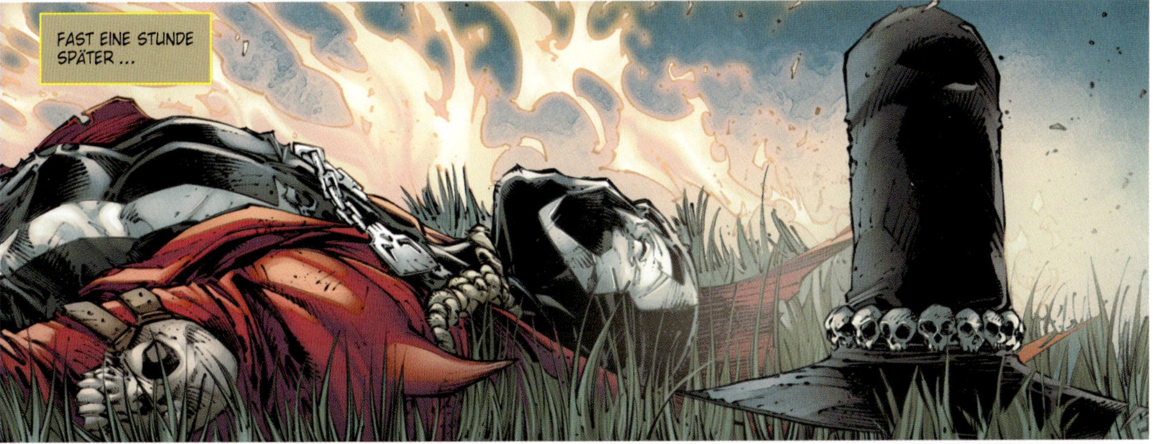
FAST EINE STUNDE SPÄTER ...

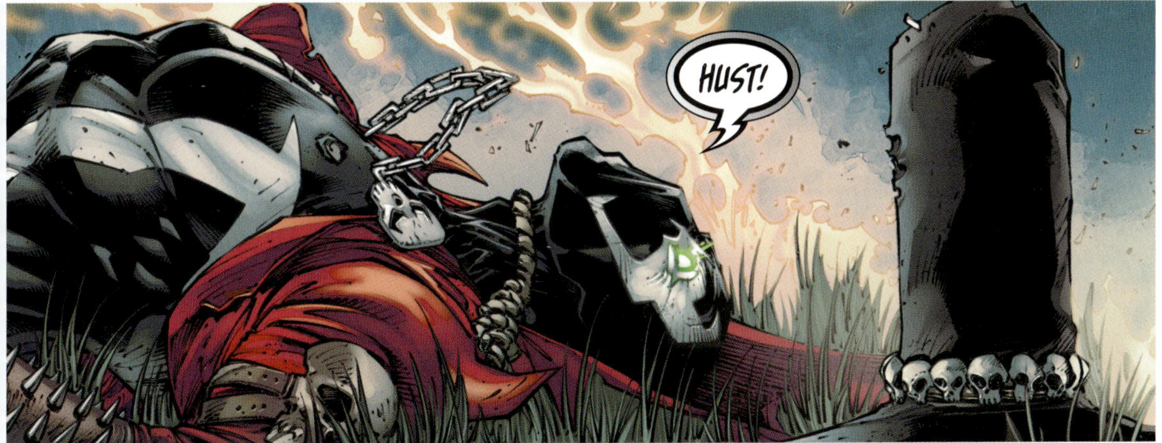
HUST!

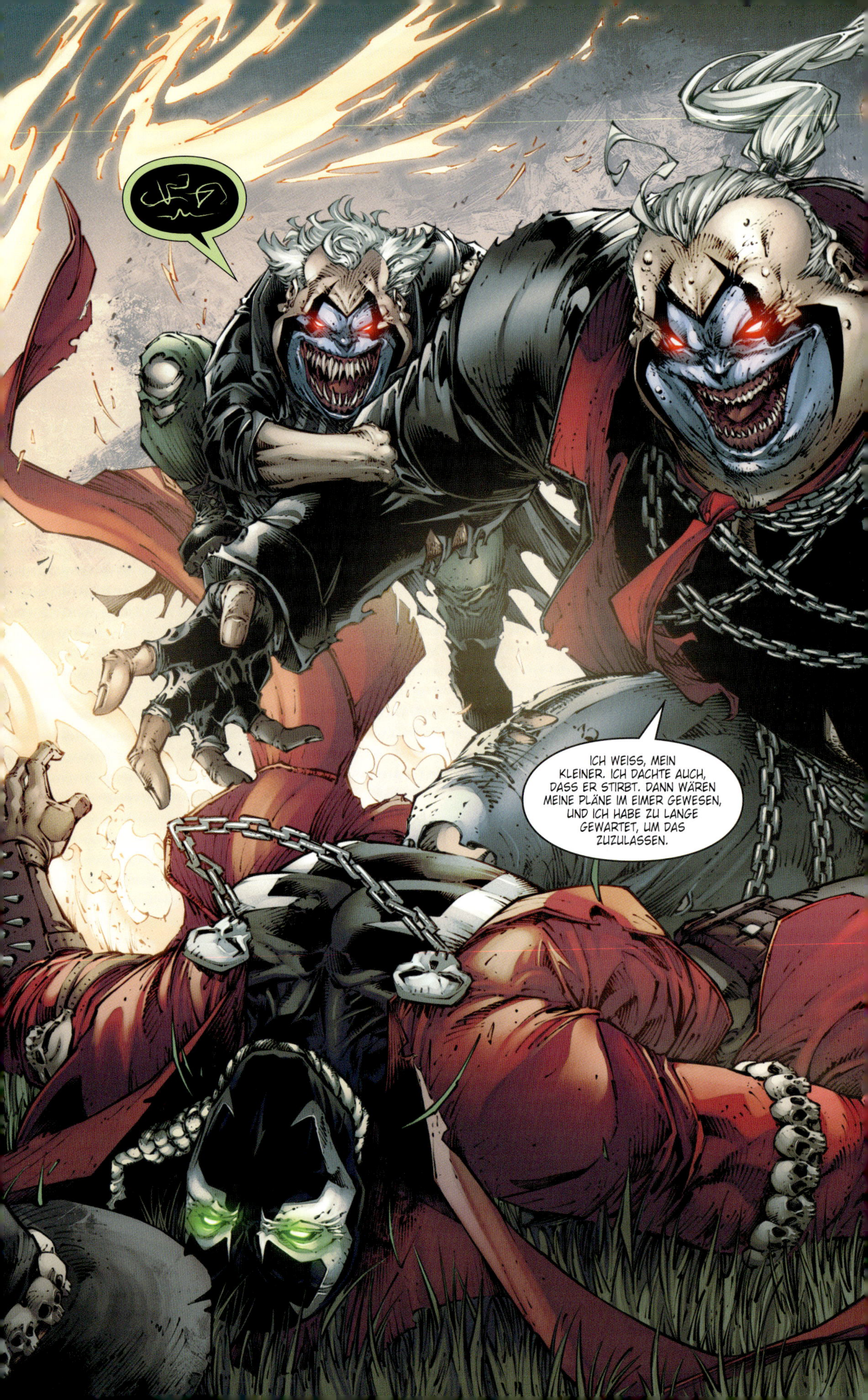
ICH WEISS, MEIN KLEINER. ICH DACHTE AUCH, DASS ER STIRBT. DANN WÄREN MEINE PLÄNE IM EIMER GEWESEN, UND ICH HABE ZU LANGE GEWARTET, UM DAS ZUZULASSEN.

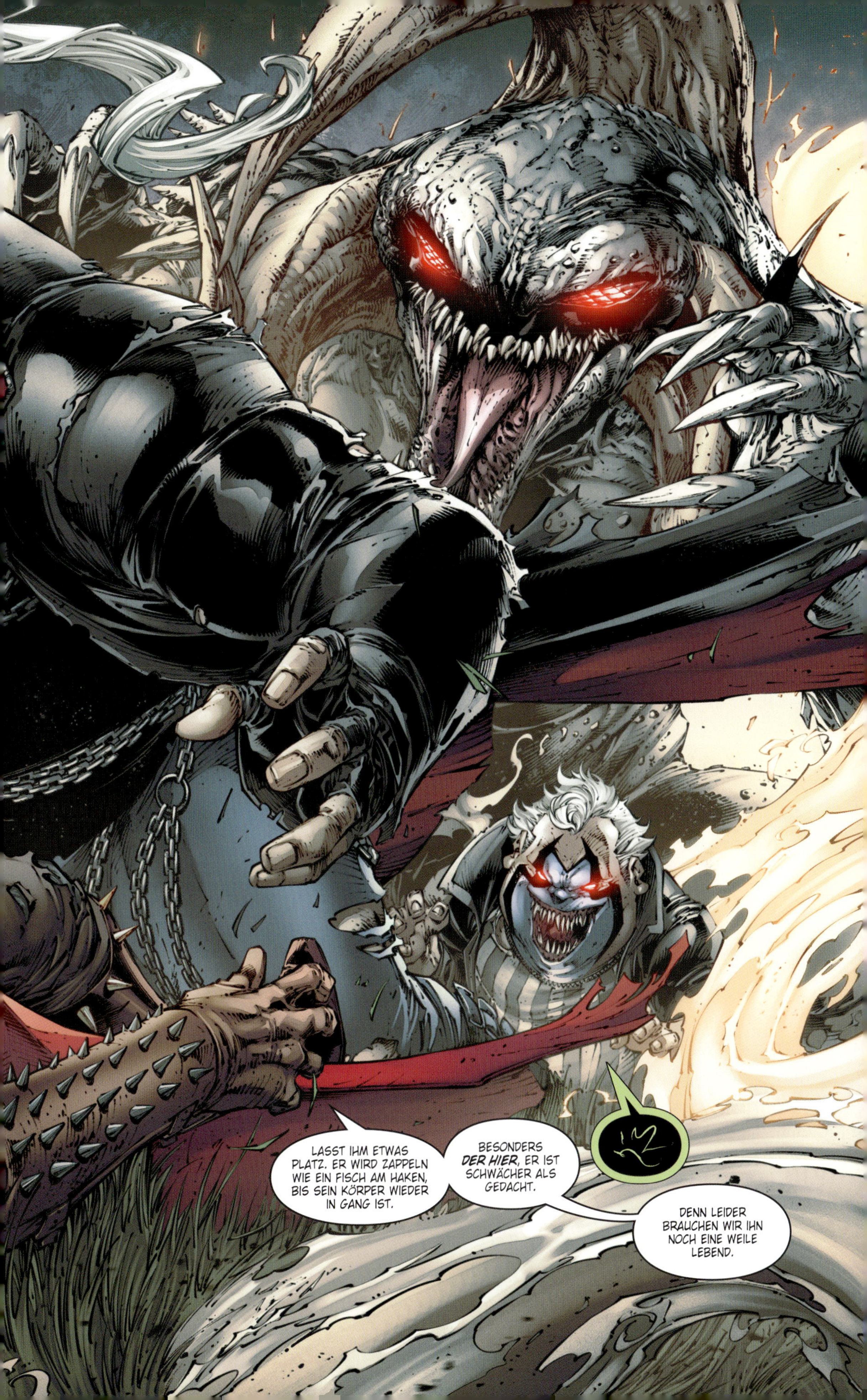
LASST IHM ETWAS PLATZ. ER WIRD ZAPPELN WIE EIN FISCH AM HAKEN, BIS SEIN KÖRPER WIEDER IN GANG IST.
BESONDERS DER HIER, ER IST SCHWÄCHER ALS GEDACHT.
DENN LEIDER BRAUCHEN WIR IHN NOCH EINE WEILE LEBEND.

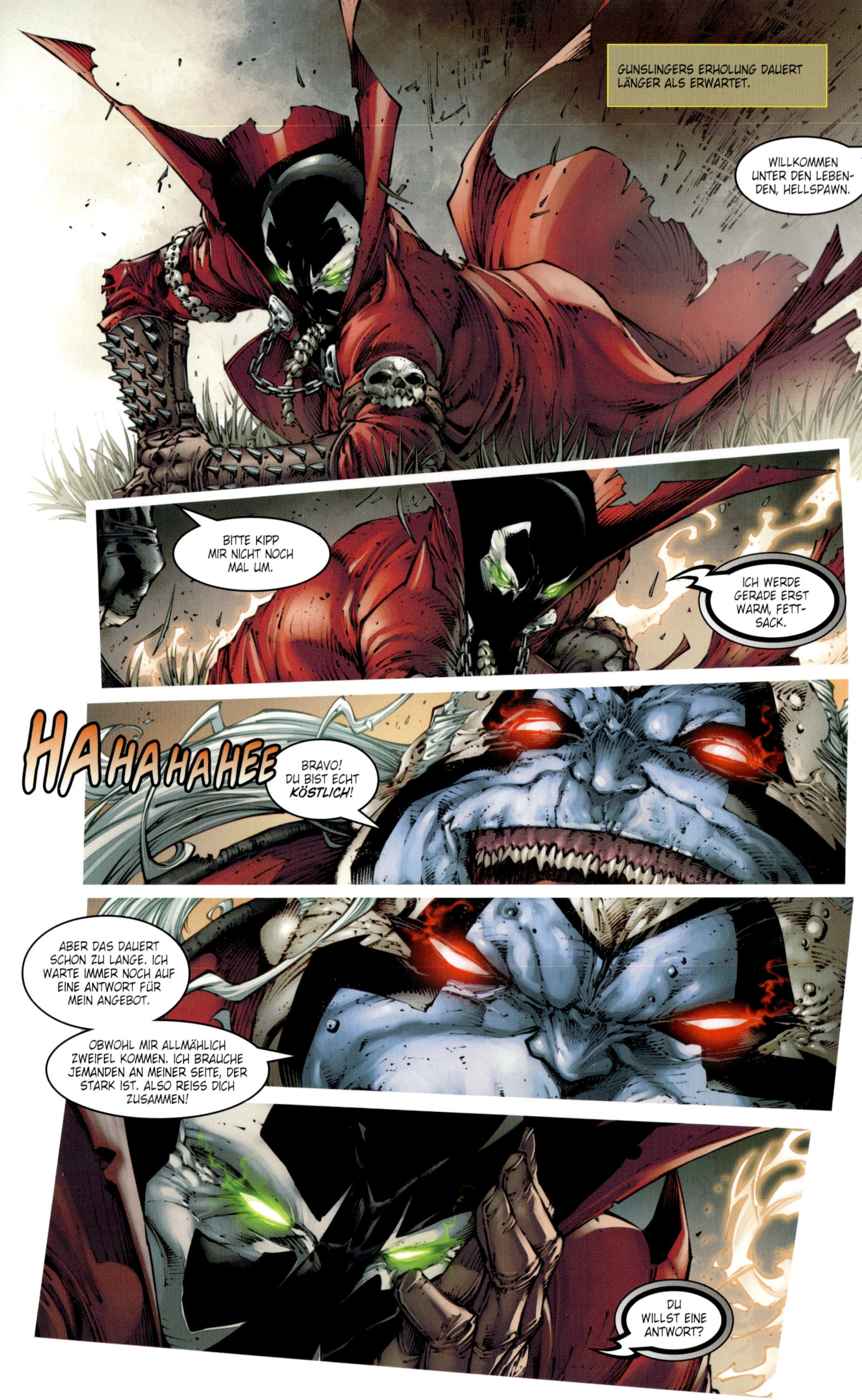
GUNSLINGERS ERHOLUNG DAUERT LÄNGER ALS ERWARTET.
WILLKOMMEN UNTER DEN LEBEN-DEN, HELLSPAWN.
BITTE KIPP MIR NICHT NOCH MAL UM.
ICH WERDE GERADE ERST WARM, FETT-SACK.
HAHAHAHAHEE
BRAVO! DU BIST ECHT *KÖSTLICH!*
ABER DAS DAUERT SCHON ZU LANGE. ICH WARTE IMMER NOCH AUF EINE ANTWORT FÜR MEIN ANGEBOT.
OBWOHL MIR ALLMÄHLICH ZWEIFEL KOMMEN. ICH BRAUCHE JEMANDEN AN MEINER SEITE, DER STARK IST. ALSO REISS DICH ZUSAMMEN!
DU WILLST EINE ANTWORT?

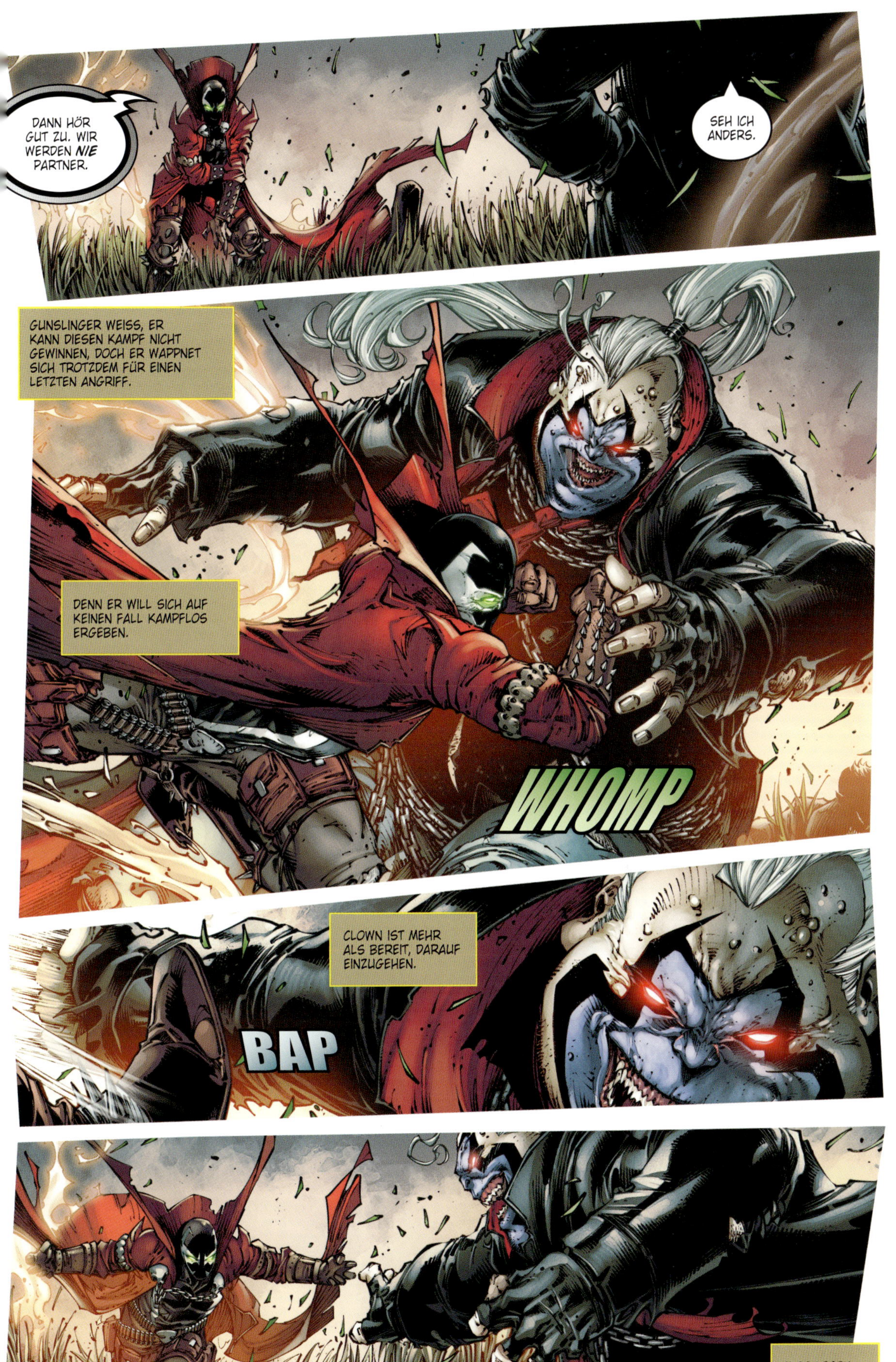
DANN HÖR GUT ZU. WIR WERDEN *NIE* PARTNER.
SEH ICH ANDERS.
GUNSLINGER WEISS, ER KANN DIESEN KAMPF NICHT GEWINNEN, DOCH ER WAPPNET SICH TROTZDEM FÜR EINEN LETZTEN ANGRIFF.
DENN ER WILL SICH AUF KEINEN FALL KAMPFLOS ERGEBEN.
WHOMP
CLOWN IST MEHR ALS BEREIT, DARAUF EINZUGEHEN.
BAP
ALSO LEGEN DIE BEIDEN TITANEN LOS!

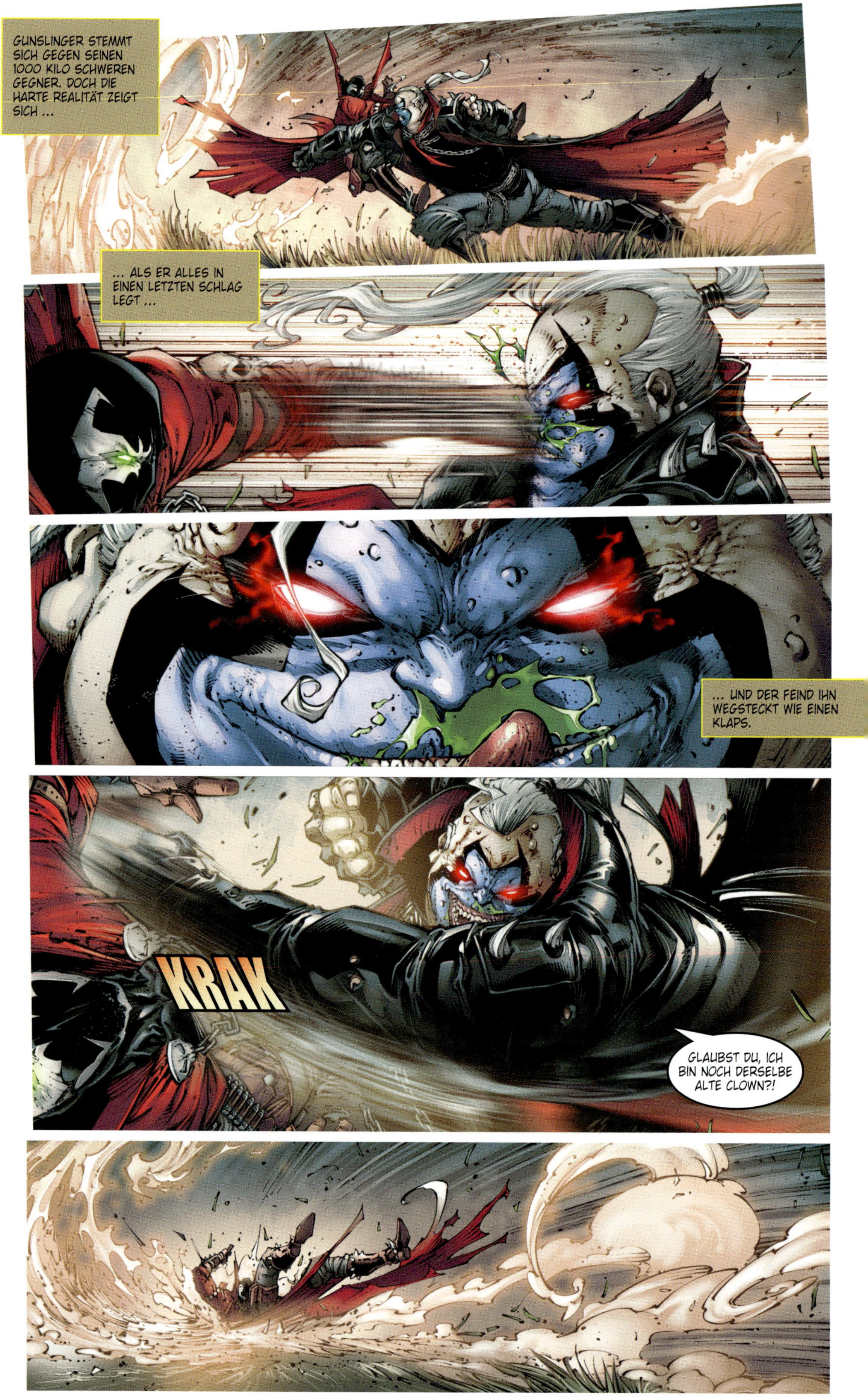

GUNSLINGER STEMMT SICH GEGEN SEINEN 1000 KILO SCHWEREN GEGNER. DOCH DIE HARTE REALITÄT ZEIGT SICH ...

... ALS ER ALLES IN EINEN LETZTEN SCHLAG LEGT ...

... UND DER FEIND IHN WEGSTECKT WIE EINEN KLAPS.

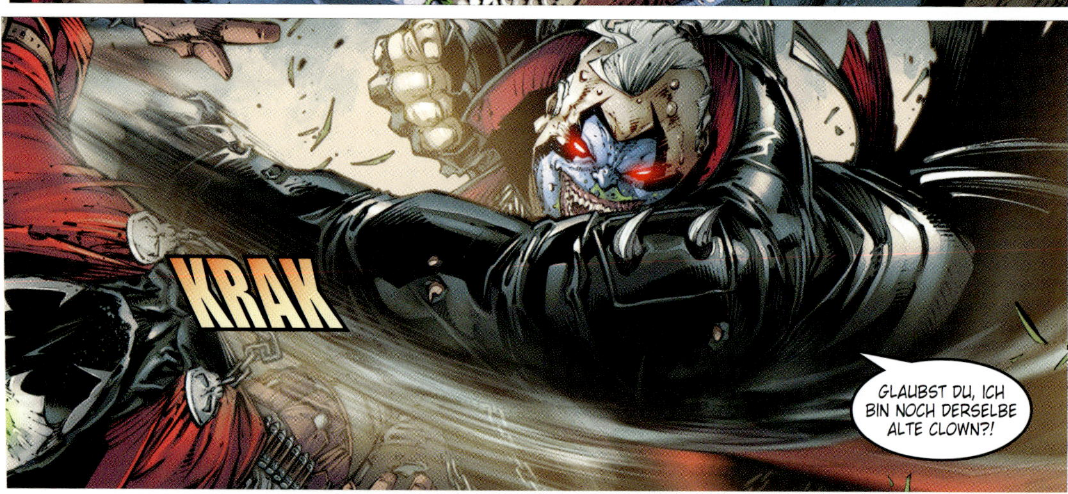

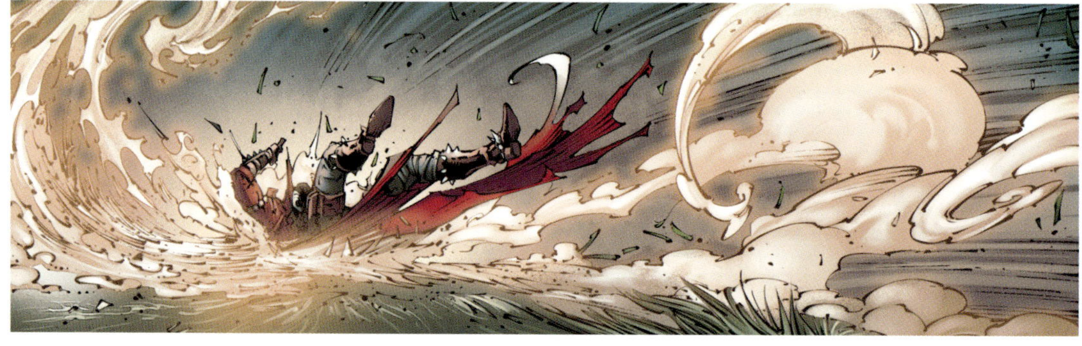

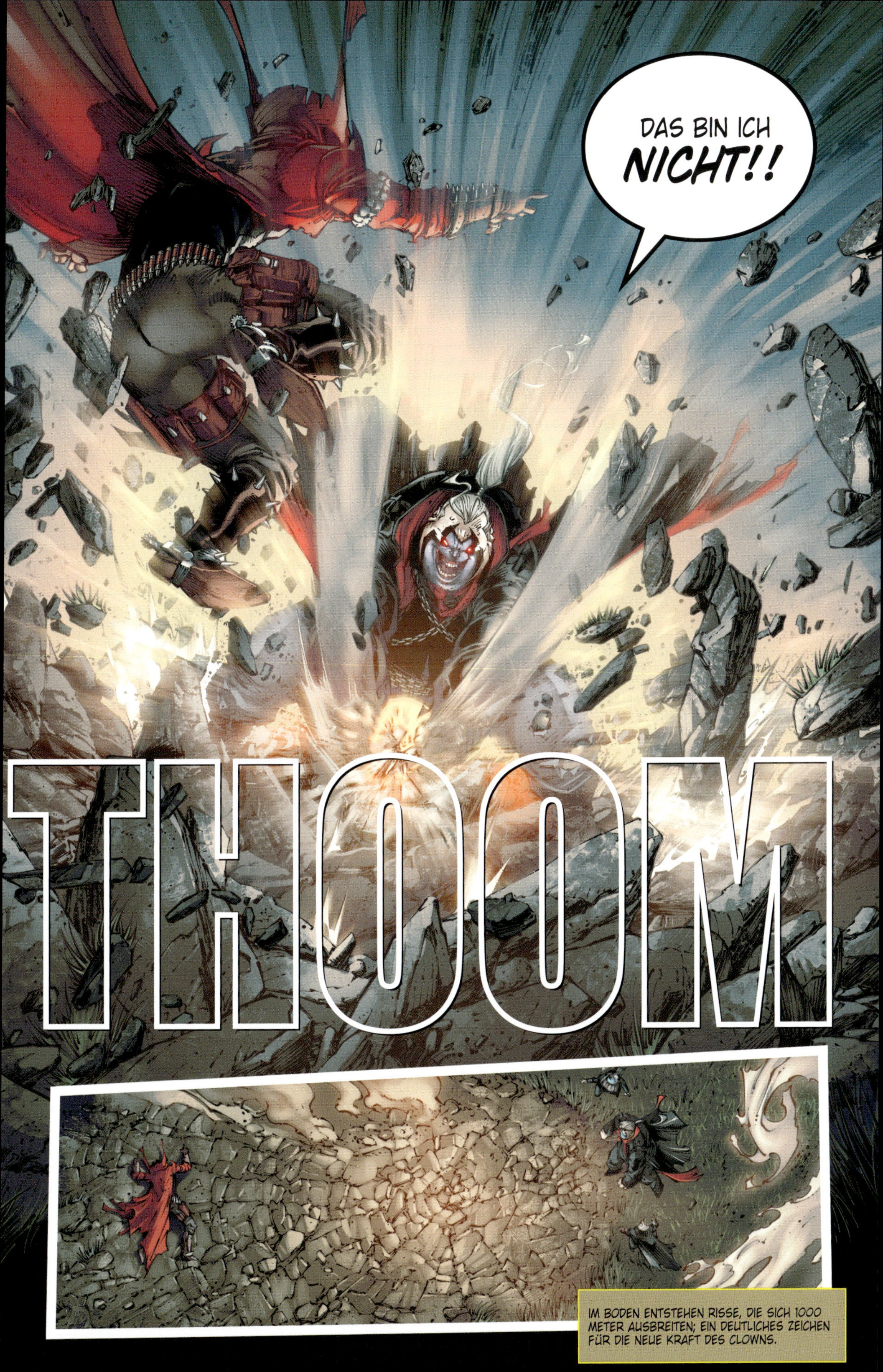

DAS BIN ICH NICHT!!
THOOM
IM BODEN ENTSTEHEN RISSE, DIE SICH 1000 METER AUSBREITEN; EIN DEUTLICHES ZEICHEN FÜR DIE NEUE KRAFT DES CLOWNS.

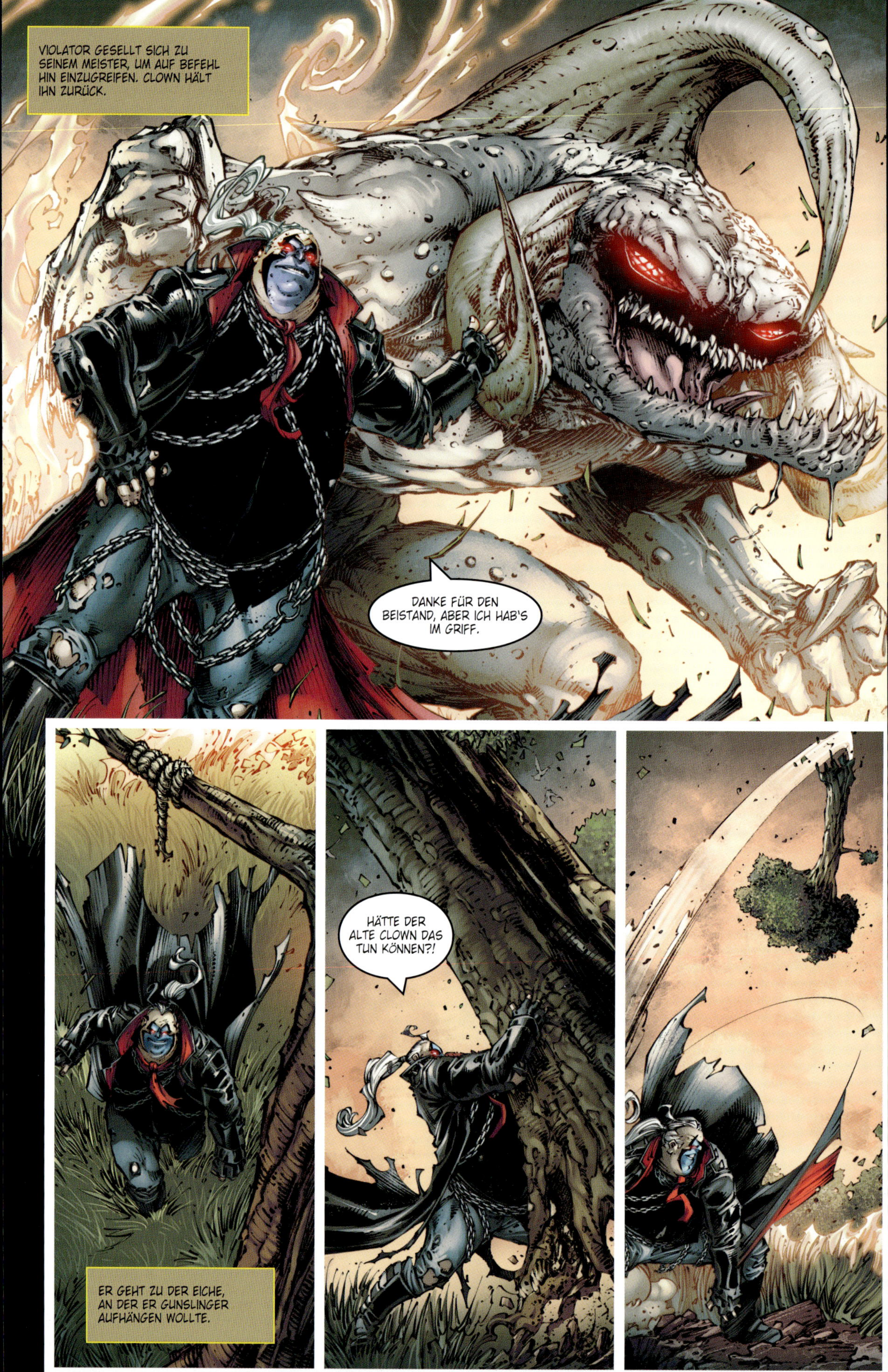
VIOLATOR GESELLT SICH ZU SEINEM MEISTER, UM AUF BEFEHL HIN EINZUGREIFEN. CLOWN HÄLT IHN ZURÜCK.
DANKE FÜR DEN BEISTAND, ABER ICH HAB'S IM GRIFF.
ER GEHT ZU DER EICHE, AN DER ER GUNSLINGER AUFHÄNGEN WOLLTE.
HÄTTE DER ALTE CLOWN DAS TUN KÖNNEN?!

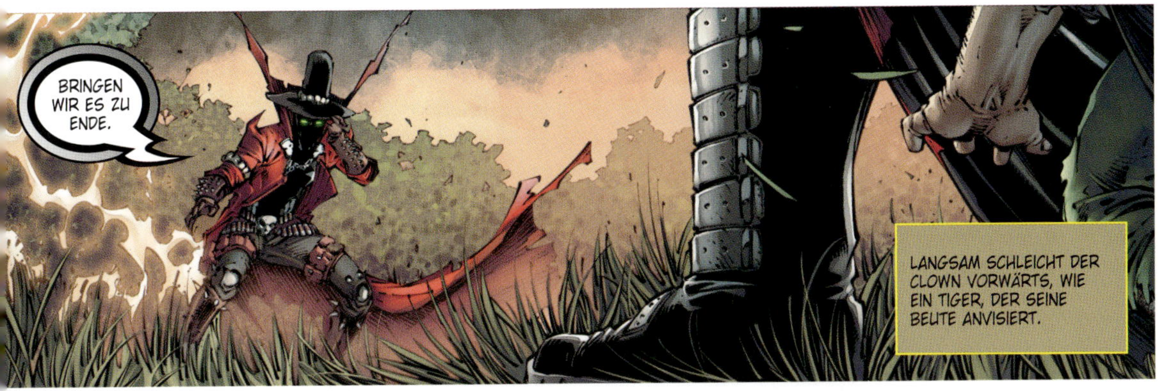
BRINGEN WIR ES ZU ENDE.
LANGSAM SCHLEICHT DER CLOWN VORWÄRTS, WIE EIN TIGER, DER SEINE BEUTE ANVISIERT.

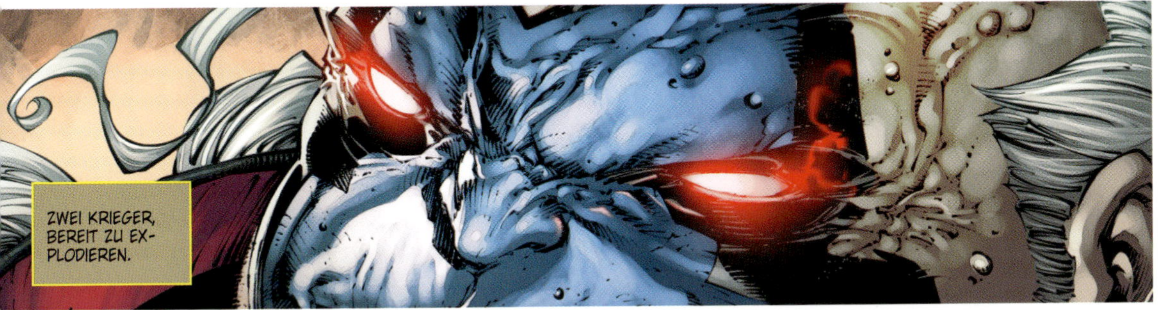
ZWEI KRIEGER, BEREIT ZU EX-PLODIEREN.

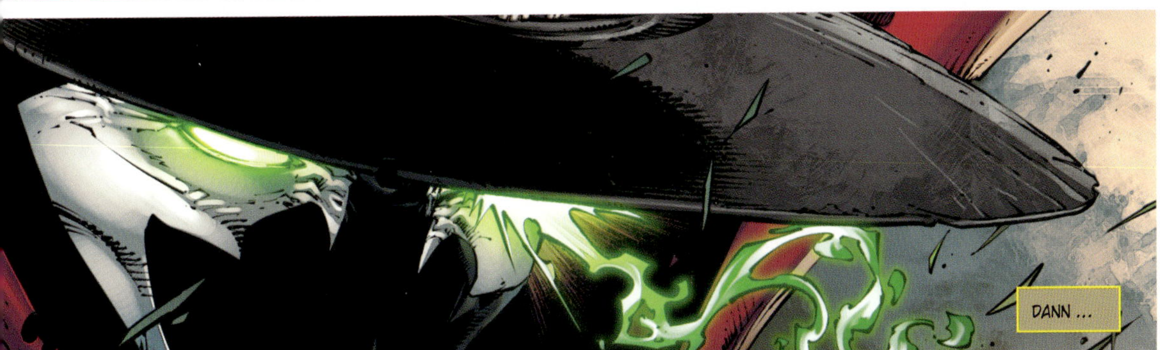
DANN ...

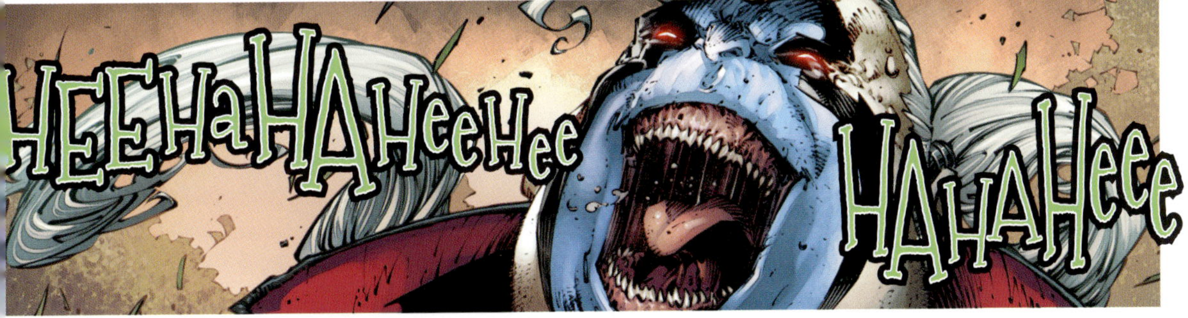
HEEHaHAHeeHee
HAHaHeee

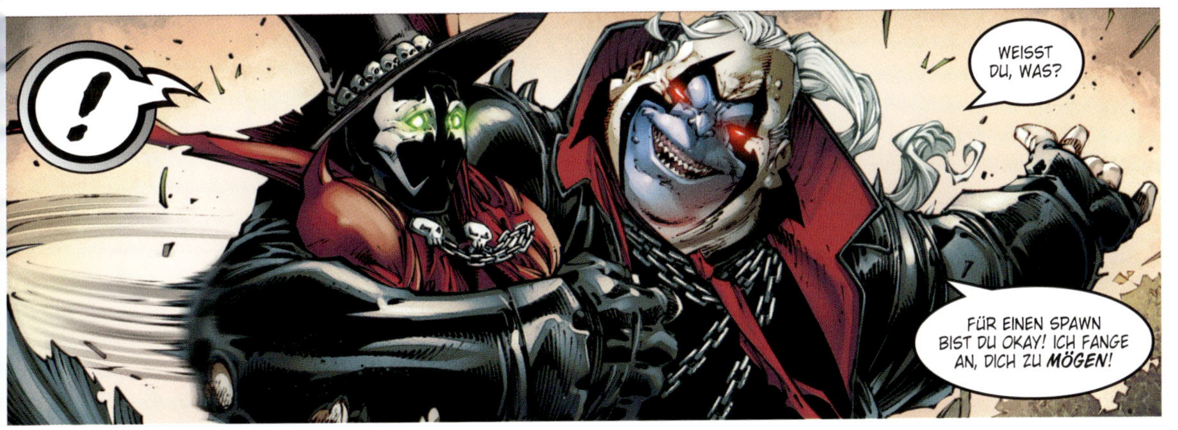
!
WEISST DU, WAS?
FÜR EINEN SPAWN BIST DU OKAY! ICH FANGE AN, DICH ZU MÖGEN!

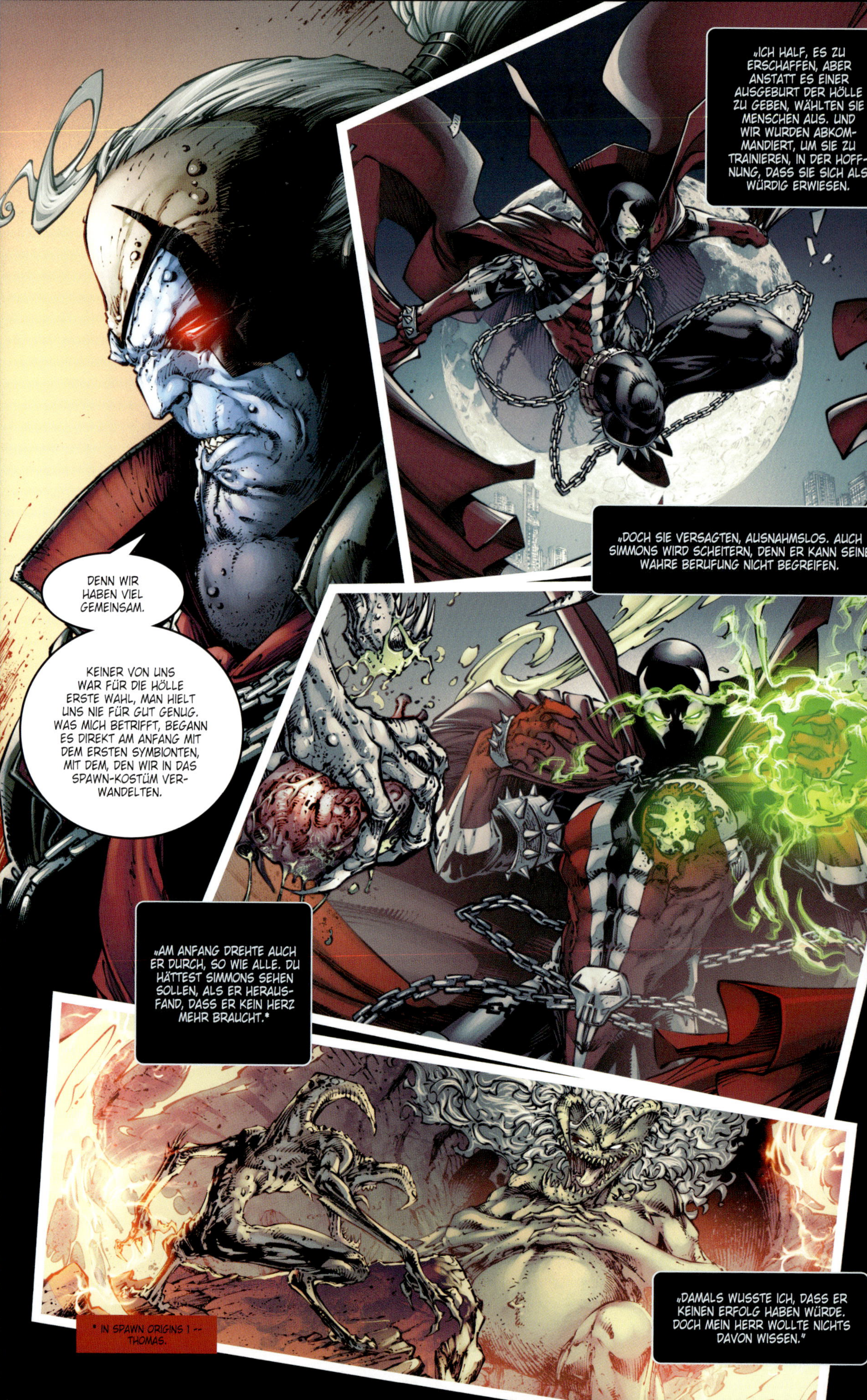
„ICH HALF, ES ZU ERSCHAFFEN, ABER ANSTATT ES EINER AUSGEBURT DER HÖLLE ZU GEBEN, WÄHLTEN SIE MENSCHEN AUS. UND WIR WURDEN ABKOMMANDIERT, UM SIE ZU TRAINIEREN, IN DER HOFFNUNG, DASS SIE SICH ALS WÜRDIG ERWIESEN.
„DOCH SIE VERSAGTEN, AUSNAHMSLOS. AUCH SIMMONS WIRD SCHEITERN, DENN ER KANN SEINE WAHRE BERUFUNG NICHT BEGREIFEN.
DENN WIR HABEN VIEL GEMEINSAM.
KEINER VON UNS WAR FÜR DIE HÖLLE ERSTE WAHL, MAN HIELT UNS NIE FÜR GUT GENUG. WAS MICH BETRIFFT, BEGANN ES DIREKT AM ANFANG MIT DEM ERSTEN SYMBIONTEN, MIT DEM, DEN WIR IN DAS SPAWN-KOSTÜM VERWANDELTEN.
„AM ANFANG DREHTE AUCH ER DURCH, SO WIE ALLE. DU HÄTTEST SIMMONS SEHEN SOLLEN, ALS ER HERAUSFAND, DASS ER KEIN HERZ MEHR BRAUCHT.*
„DAMALS WUSSTE ICH, DASS ER KEINEN ERFOLG HABEN WÜRDE. DOCH MEIN HERR WOLLTE NICHTS DAVON WISSEN."
* IN SPAWN ORIGINS 1 -- THOMAS.

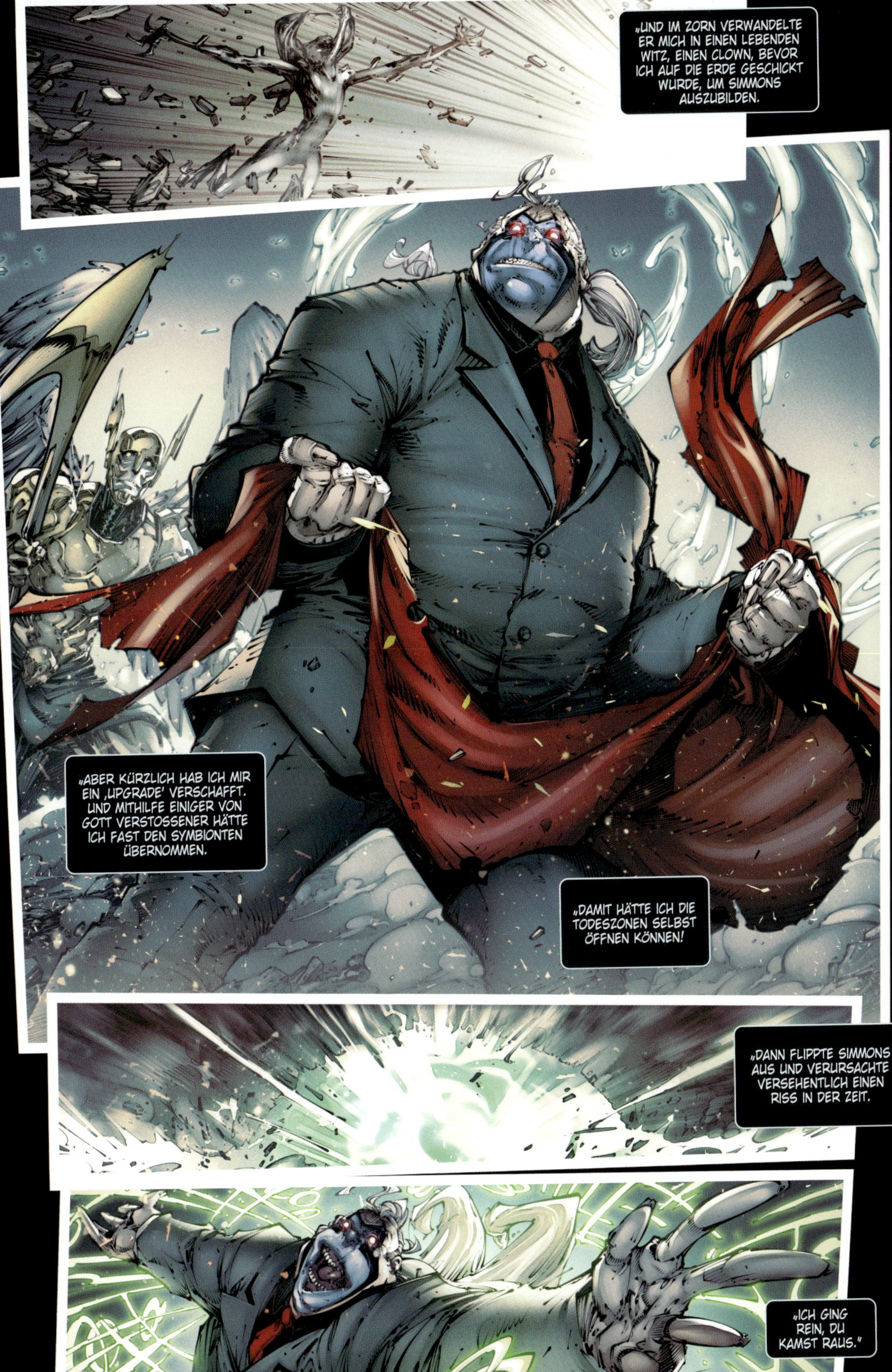
„UND IM ZORN VERWANDELTE ER MICH IN EINEN LEBENDEN WITZ, EINEN CLOWN, BEVOR ICH AUF DIE ERDE GESCHICKT WURDE, UM SIMMONS AUSZUBILDEN.
„ABER KÜRZLICH HAB ICH MIR EIN ‚UPGRADE' VERSCHAFFT. UND MITHILFE EINIGER VON GOTT VERSTOSSENER HÄTTE ICH FAST DEN SYMBIONTEN ÜBERNOMMEN.
„DAMIT HÄTTE ICH DIE TODESZONEN SELBST ÖFFNEN KÖNNEN!
„DANN FLIPPTE SIMMONS AUS UND VERURSACHTE VERSEHENTLICH EINEN RISS IN DER ZEIT.
„ICH GING REIN, DU KAMST RAUS."

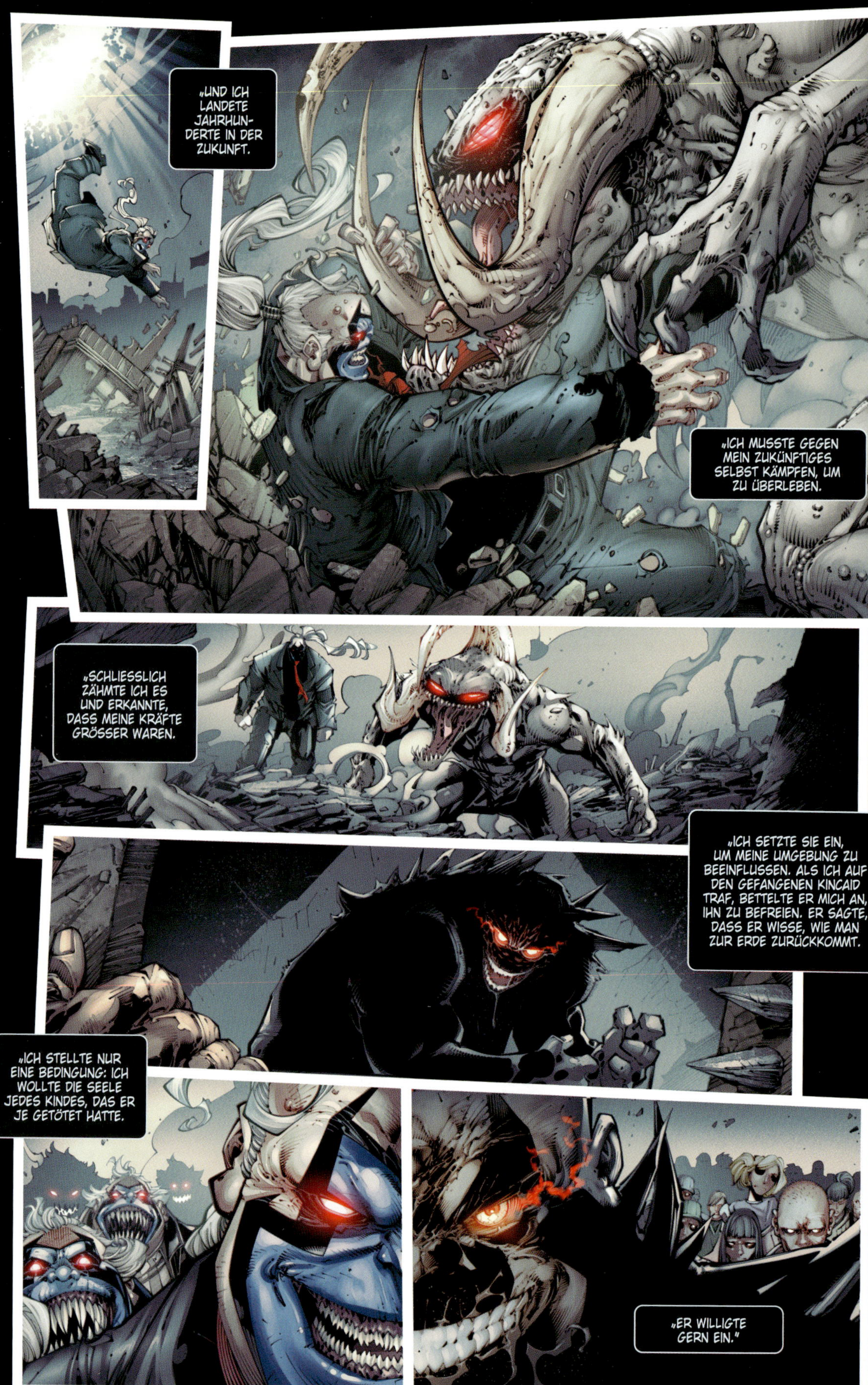
„UND ICH LANDETE JAHRHUNDERTE IN DER ZUKUNFT.
„ICH MUSSTE GEGEN MEIN ZUKÜNFTIGES SELBST KÄMPFEN, UM ZU ÜBERLEBEN.
„SCHLIESSLICH ZÄHMTE ICH ES UND ERKANNTE, DASS MEINE KRÄFTE GRÖSSER WAREN.
„ICH SETZTE SIE EIN, UM MEINE UMGEBUNG ZU BEEINFLUSSEN. ALS ICH AUF DEN GEFANGENEN KINCAID TRAF, BETTELTE ER MICH AN, IHN ZU BEFREIEN. ER SAGTE, DASS ER WISSE, WIE MAN ZUR ERDE ZURÜCKKOMMT.
„ICH STELLTE NUR EINE BEDINGUNG: ICH WOLLTE DIE SEELE JEDES KINDES, DAS ER JE GETÖTET HATTE.
„ER WILLIGTE GERN EIN."

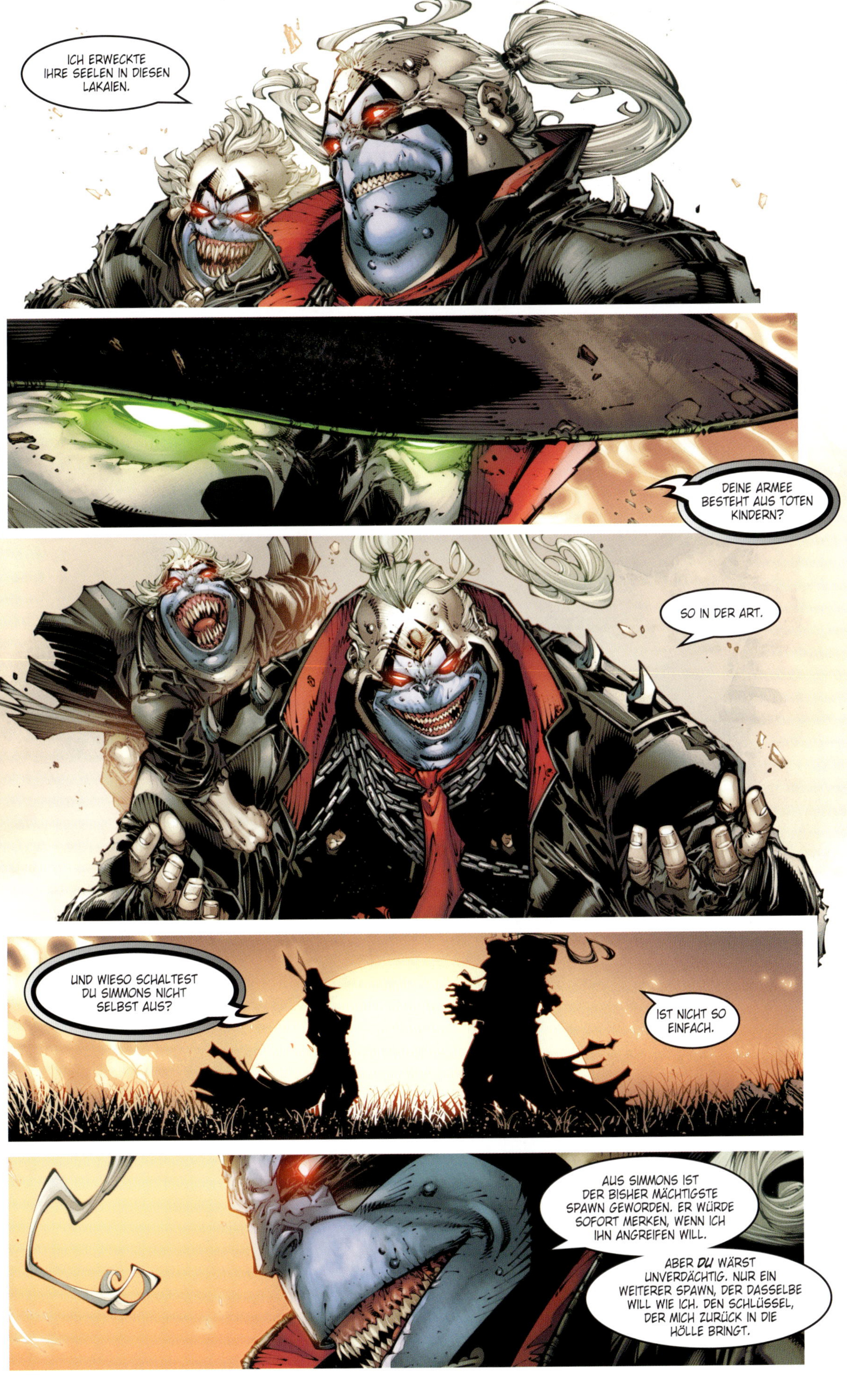
ICH ERWECKTE IHRE SEELEN IN DIESEN LAKAIEN.
DEINE ARMEE BESTEHT AUS TOTEN KINDERN?
SO IN DER ART.
UND WIESO SCHALTEST DU SIMMONS NICHT SELBST AUS?
IST NICHT SO EINFACH.
AUS SIMMONS IST DER BISHER MÄCHTIGSTE SPAWN GEWORDEN. ER WÜRDE SOFORT MERKEN, WENN ICH IHN ANGREIFEN WILL.
ABER DU WÄRST UNVERDÄCHTIG. NUR EIN WEITERER SPAWN, DER DASSELBE WILL WIE ICH. DEN SCHLÜSSEL, DER MICH ZURÜCK IN DIE HÖLLE BRINGT.

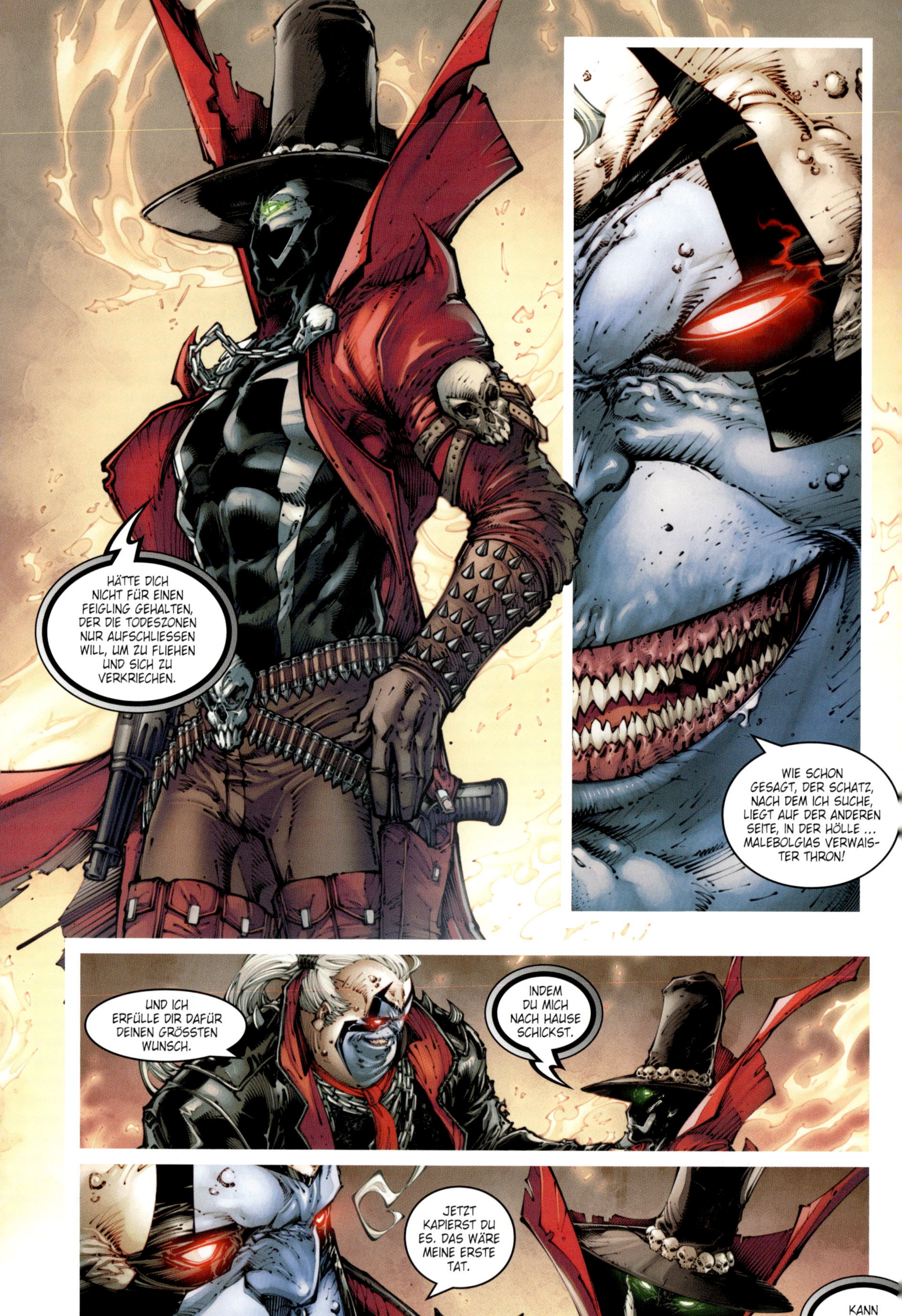
HÄTTE DICH NICHT FÜR EINEN FEIGLING GEHALTEN, DER DIE TODESZONEN NUR AUFSCHLIESSEN WILL, UM ZU FLIEHEN UND SICH ZU VERKRIECHEN.
WIE SCHON GESAGT, DER SCHATZ, NACH DEM ICH SUCHE, LIEGT AUF DER ANDEREN SEITE, IN DER HÖLLE ... MALEBOLGIAS VERWAIS-TER THRON!
UND ICH ERFÜLLE DIR DAFÜR DEINEN GRÖSSTEN WUNSCH.
INDEM DU MICH NACH HAUSE SCHICKST.
JETZT KAPIERST DU ES. DAS WÄRE MEINE ERSTE TAT.
KANN ICH KAUM GLAUBEN.

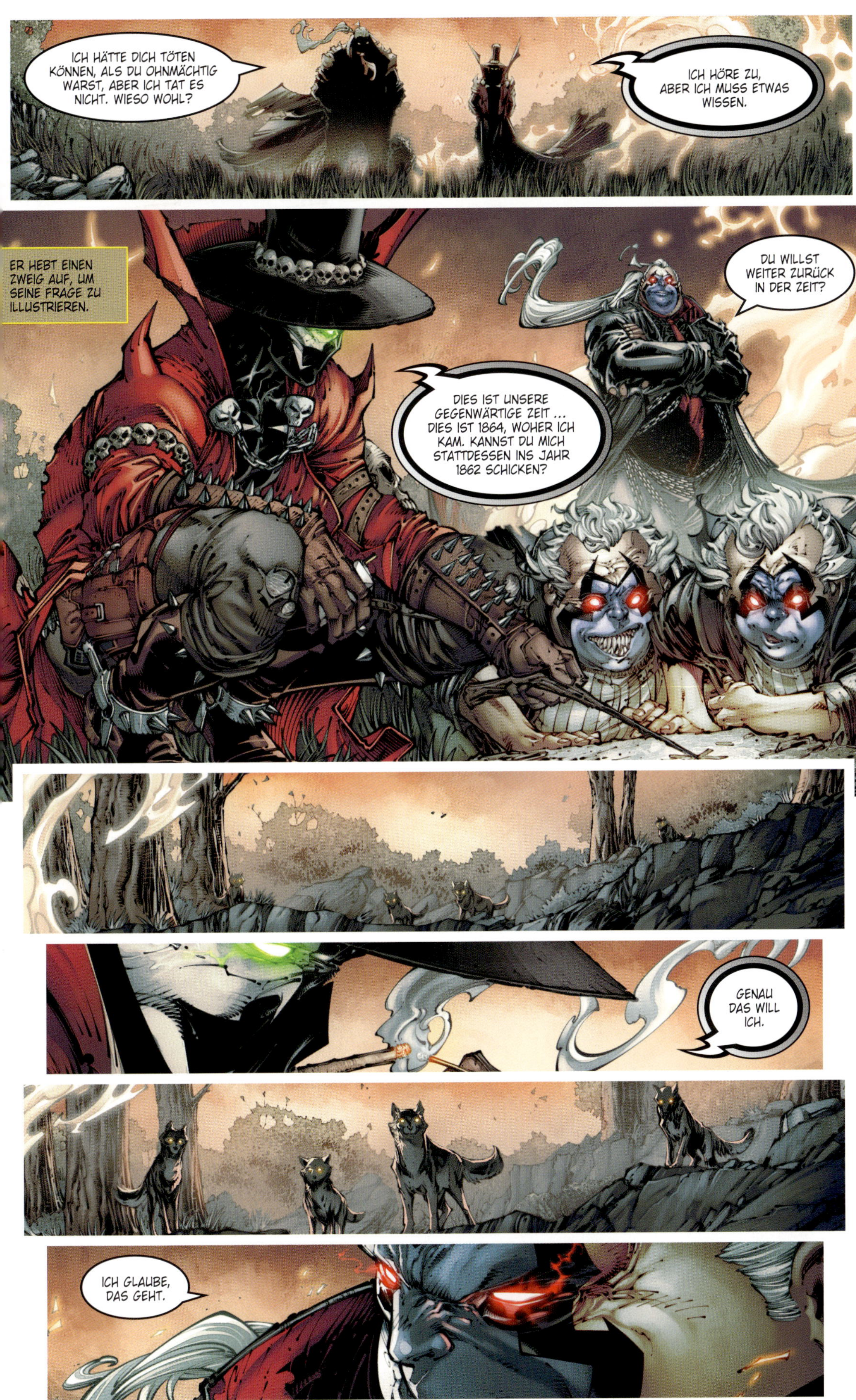
ICH HÄTTE DICH TÖTEN KÖNNEN, ALS DU OHNMÄCHTIG WARST, ABER ICH TAT ES NICHT. WIESO WOHL?
ICH HÖRE ZU, ABER ICH MUSS ETWAS WISSEN.
ER HEBT EINEN ZWEIG AUF, UM SEINE FRAGE ZU ILLUSTRIEREN.
DU WILLST WEITER ZURÜCK IN DER ZEIT?
DIES IST UNSERE GEGENWÄRTIGE ZEIT ... DIES IST 1864, WOHER ICH KAM. KANNST DU MICH STATTDESSEN INS JAHR 1862 SCHICKEN?
GENAU DAS WILL ICH.
ICH GLAUBE, DAS GEHT.

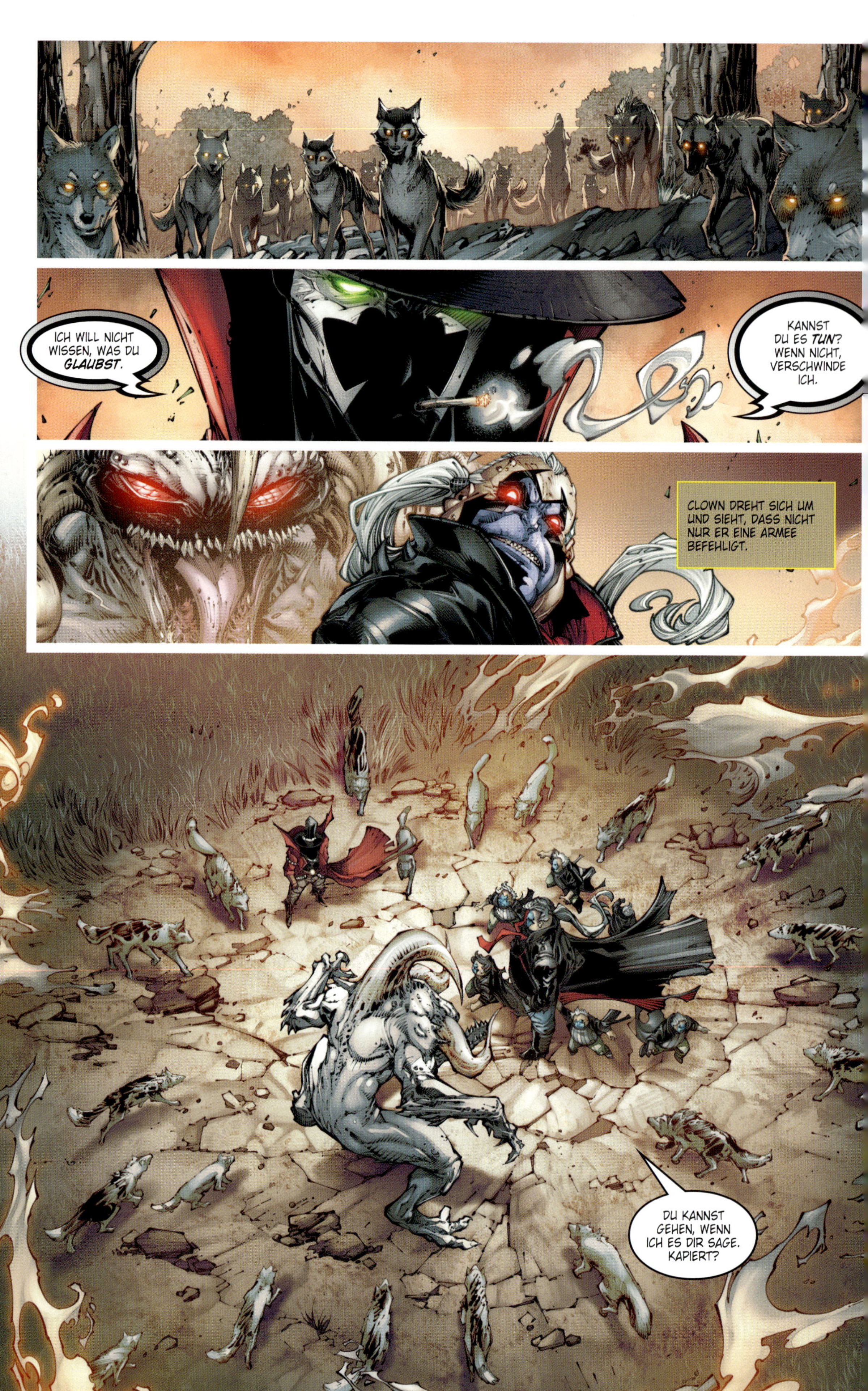
ICH WILL NICHT WISSEN, WAS DU GLAUBST.
KANNST DU ES TUN? WENN NICHT, VERSCHWINDE ICH.
CLOWN DREHT SICH UM UND SIEHT, DASS NICHT NUR ER EINE ARMEE BEFEHLIGT.
DU KANNST GEHEN, WENN ICH ES DIR SAGE. KAPIERT?

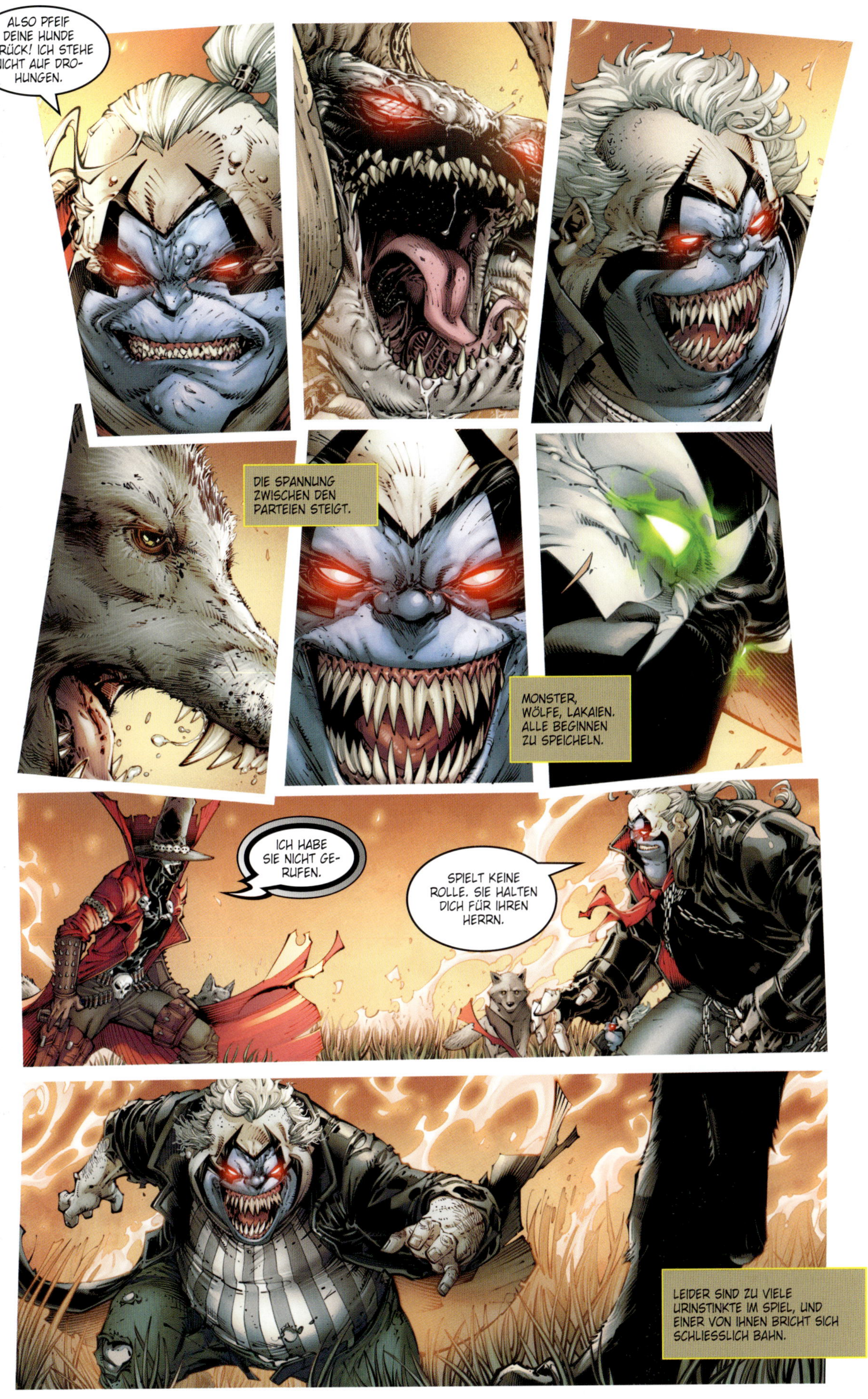
ALSO PFEIF DEINE HUNDE RÜCK! ICH STEHE NICHT AUF DRO-HUNGEN.
DIE SPANNUNG ZWISCHEN DEN PARTEIEN STEIGT.
MONSTER, WÖLFE, LAKAIEN. ALLE BEGINNEN ZU SPEICHELN.
ICH HABE SIE NICHT GE-RUFEN.
SPIELT KEINE ROLLE. SIE HALTEN DICH FÜR IHREN HERRN.
LEIDER SIND ZU VIELE URINSTINKTE IM SPIEL, UND EINER VON IHNEN BRICHT SICH SCHLIESSLICH BAHN.

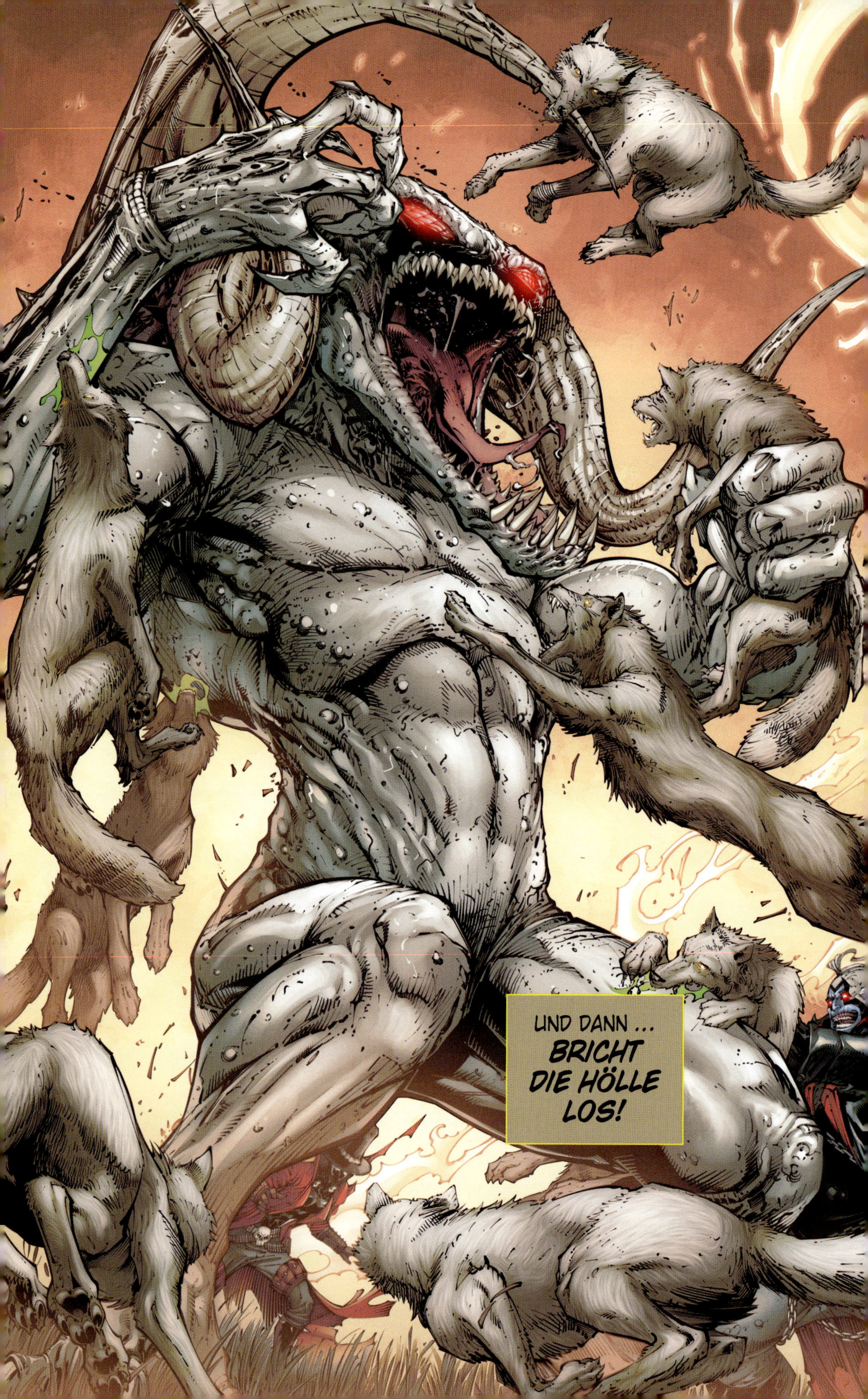
UND DANN ...
BRICHT
DIE HÖLLE
LOS!

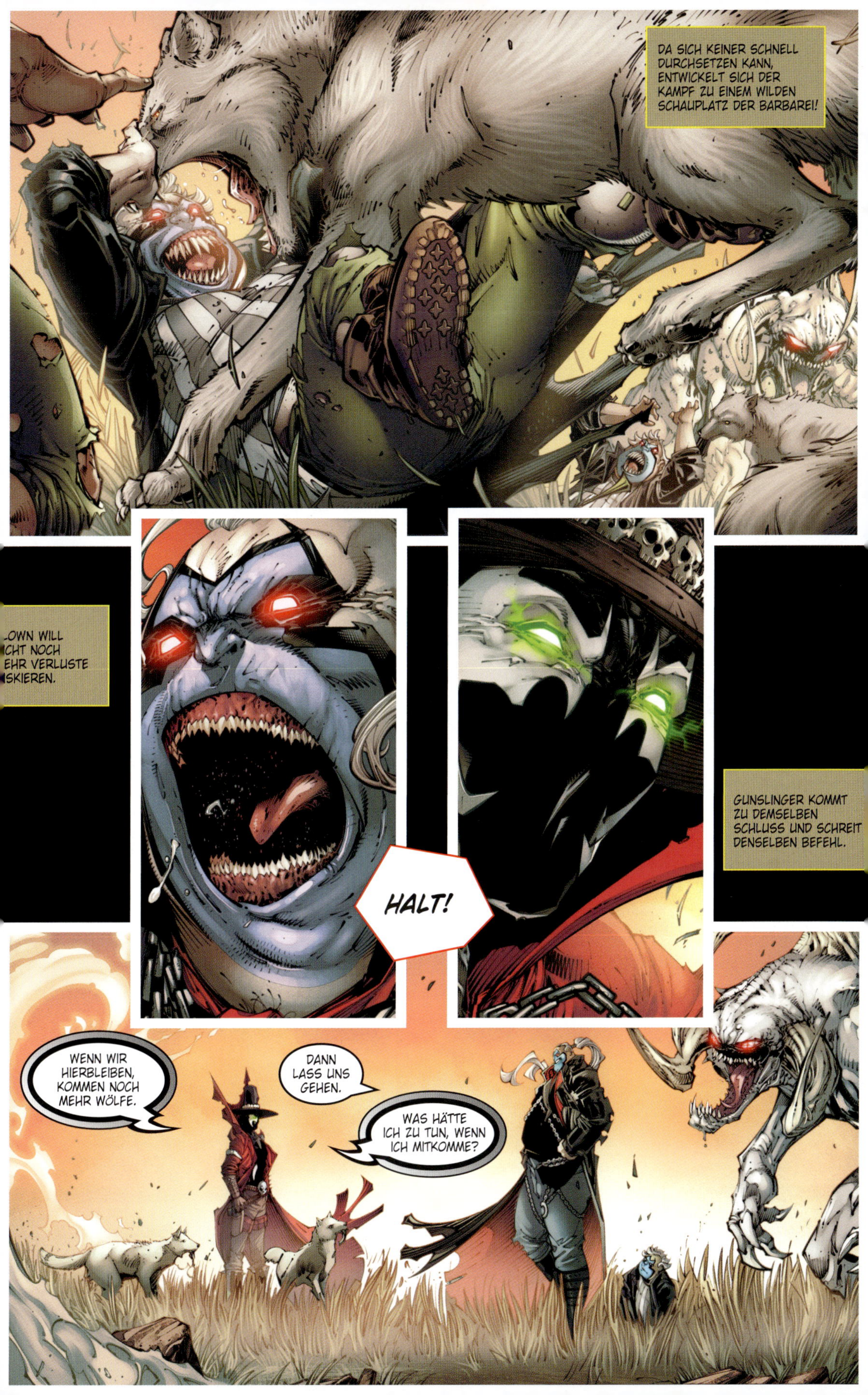
DA SICH KEINER SCHNELL DURCHSETZEN KANN, ENTWICKELT SICH DER KAMPF ZU EINEM WILDEN SCHAUPLATZ DER BARBAREI!
OWN WILL
CHT NOCH
EHR VERLUSTE
SKIEREN.
GUNSLINGER KOMMT ZU DEMSELBEN SCHLUSS UND SCHREIT DENSELBEN BEFEHL.
HALT!
WENN WIR HIERBLEIBEN, KOMMEN NOCH MEHR WÖLFE.
DANN LASS UNS GEHEN.
WAS HÄTTE ICH ZU TUN, WENN ICH MITKOMME?

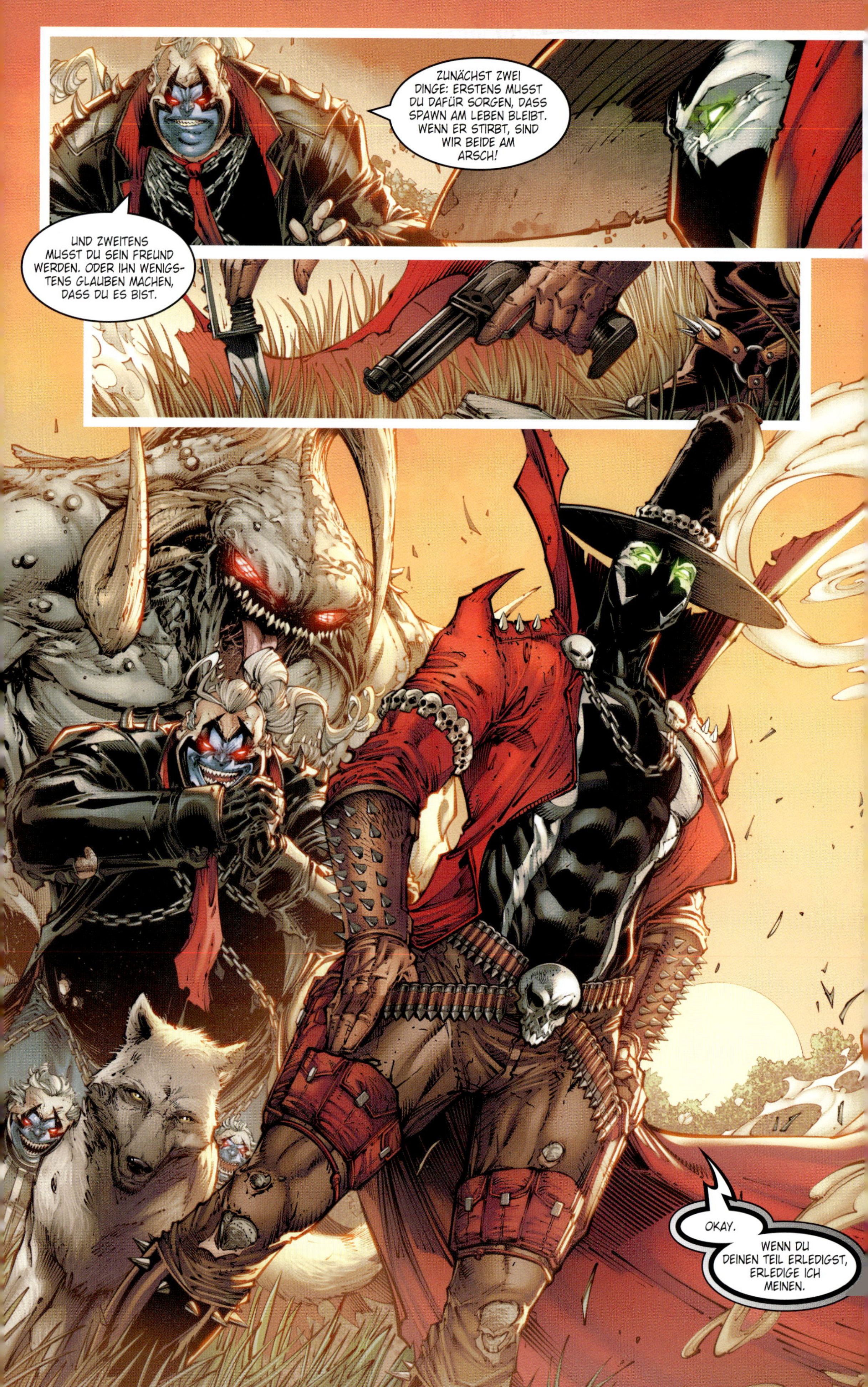
ZUNÄCHST ZWEI DINGE: ERSTENS MUSST DU DAFÜR SORGEN, DASS SPAWN AM LEBEN BLEIBT. WENN ER STIRBT, SIND WIR BEIDE AM ARSCH!
UND ZWEITENS MUSST DU SEIN FREUND WERDEN. ODER IHN WENIGSTENS GLAUBEN MACHEN, DASS DU ES BIST.
OKAY.
WENN DU DEINEN TEIL ERLEDIGST, ERLEDIGE ICH MEINEN.

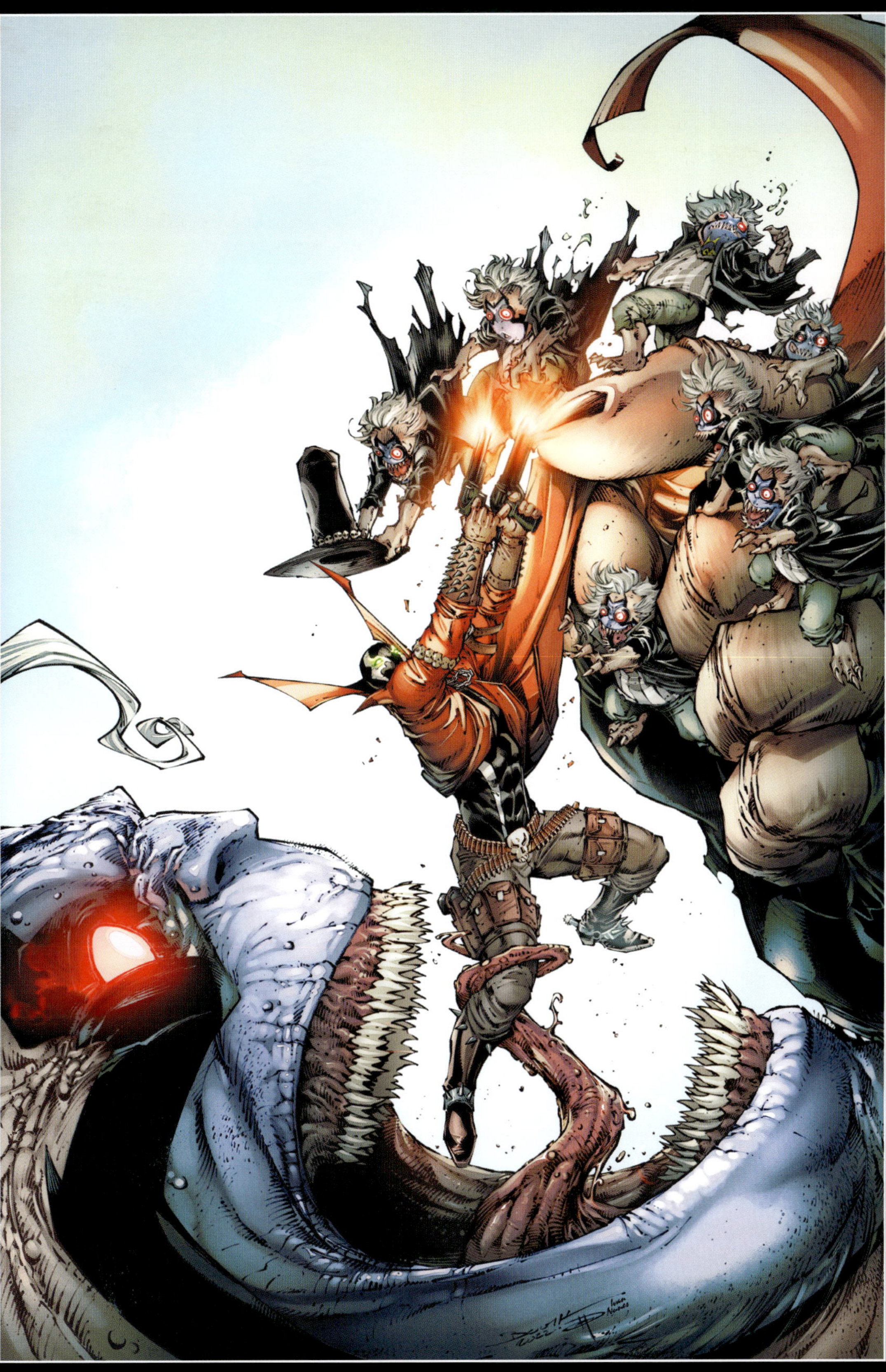

Gunslinger Spawn (2021) 6
Cover von **BRETT BOOTH, DANIEL HENRIQUES** & **IVAN NUNES**

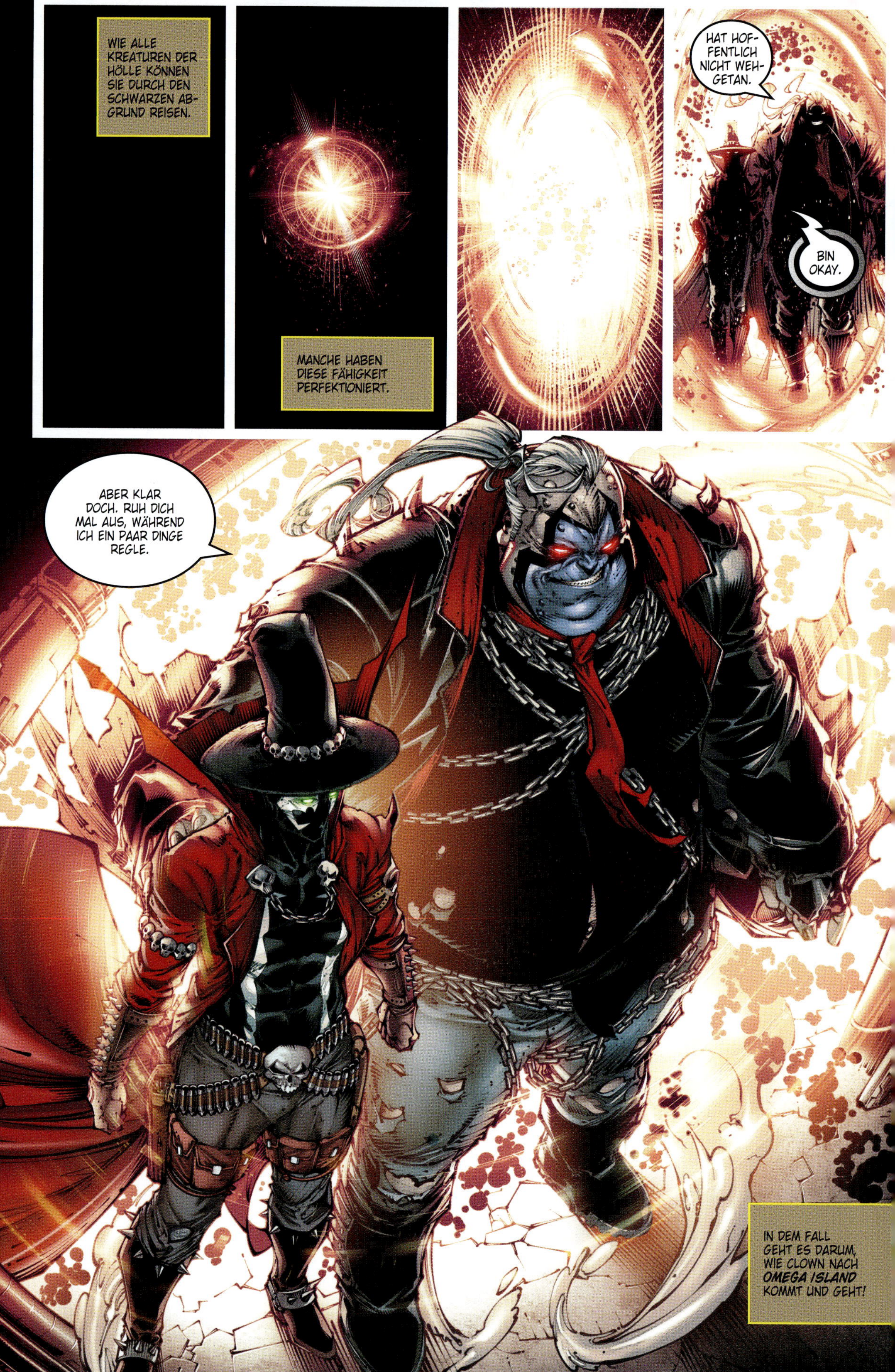
WIE ALLE KREATUREN DER HÖLLE KÖNNEN SIE DURCH DEN SCHWARZEN AB-GRUND REISEN.
MANCHE HABEN DIESE FÄHIGKEIT PERFEKTIONIERT.
HAT HOF-FENTLICH NICHT WEH-GETAN.
BIN OKAY.
ABER KLAR DOCH. RUH DICH MAL AUS, WÄHREND ICH EIN PAAR DINGE REGLE.
IN DEM FALL GEHT ES DARUM, WIE CLOWN NACH **OMEGA ISLAND** KOMMT UND GEHT!

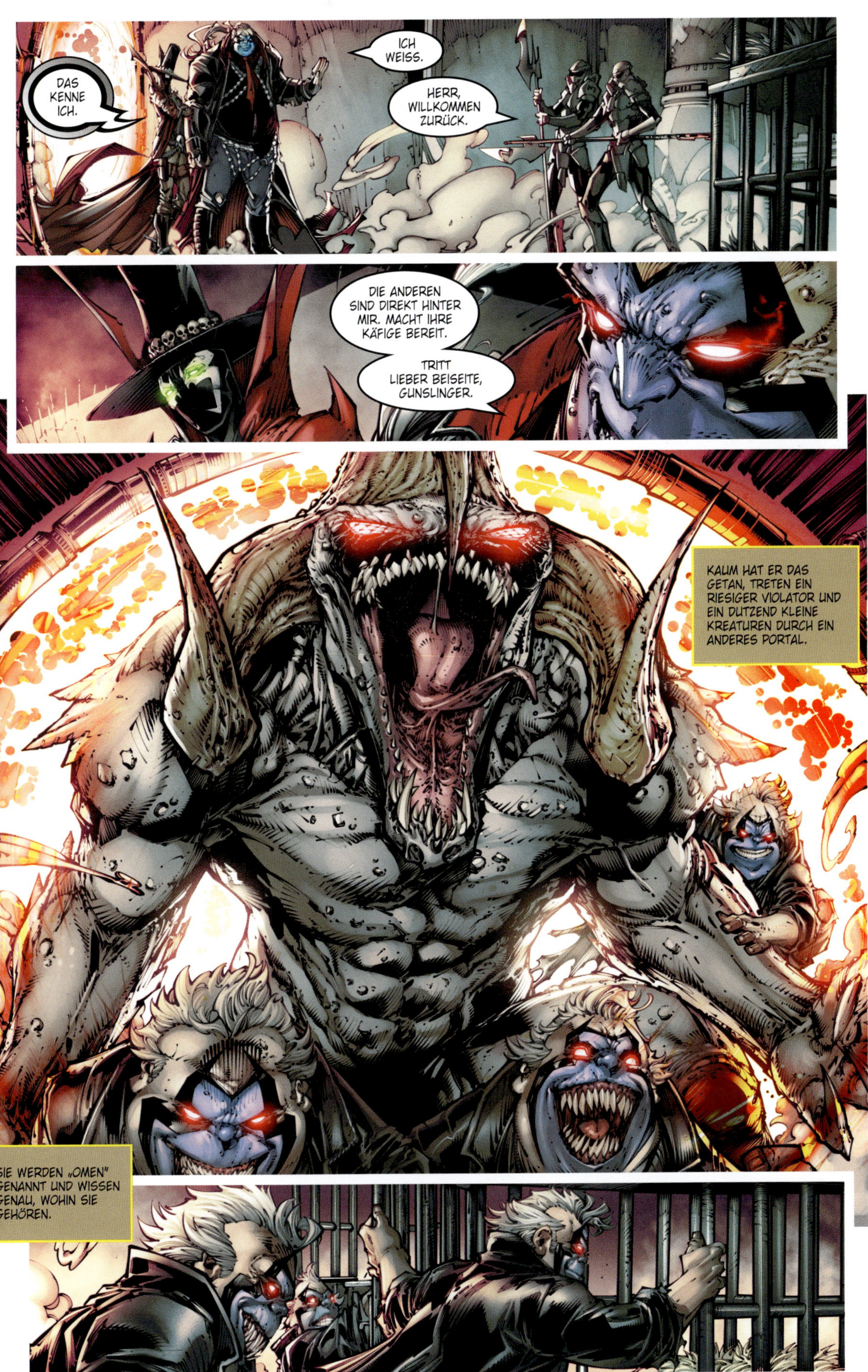
DAS KENNE ICH.
ICH WEISS.
HERR, WILLKOMMEN ZURÜCK.
DIE ANDEREN SIND DIREKT HINTER MIR. MACHT IHRE KÄFIGE BEREIT.
TRITT LIEBER BEISEITE, GUNSLINGER.
KAUM HAT ER DAS GETAN, TRETEN EIN RIESIGER VIOLATOR UND EIN DUTZEND KLEINE KREATUREN DURCH EIN ANDERES PORTAL.
SIE WERDEN „OMEN" GENANNT UND WISSEN GENAU, WOHIN SIE GEHÖREN.

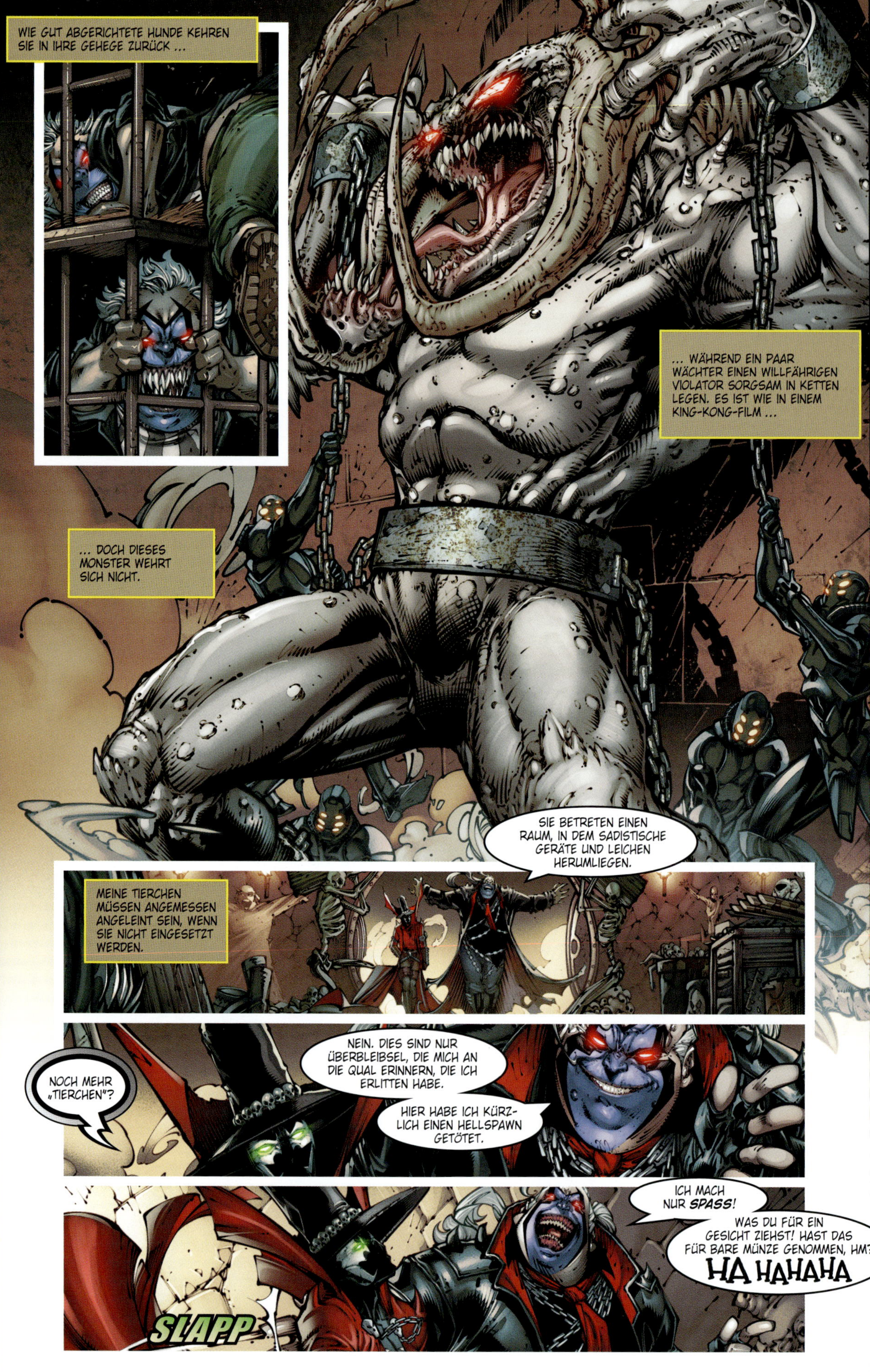
WIE GUT ABGERICHTETE HUNDE KEHREN SIE IN IHRE GEHEGE ZURÜCK …
… WÄHREND EIN PAAR WÄCHTER EINEN WILLFÄHRIGEN VIOLATOR SORGSAM IN KETTEN LEGEN. ES IST WIE IN EINEM KING-KONG-FILM …
… DOCH DIESES MONSTER WEHRT SICH NICHT.
SIE BETRETEN EINEN RAUM, IN DEM SADISTISCHE GERÄTE UND LEICHEN HERUMLIEGEN.
MEINE TIERCHEN MÜSSEN ANGEMESSEN ANGELEINT SEIN, WENN SIE NICHT EINGESETZT WERDEN.
NOCH MEHR „TIERCHEN"?
NEIN. DIES SIND NUR ÜBERBLEIBSEL, DIE MICH AN DIE QUAL ERINNERN, DIE ICH ERLITTEN HABE.
HIER HABE ICH KÜRZLICH EINEN HELLSPAWN GETÖTET.
ICH MACH NUR SPASS!
WAS DU FÜR EIN GESICHT ZIEHST! HAST DAS FÜR BARE MÜNZE GENOMMEN, HM?
HA HAHAHA
SLAPP

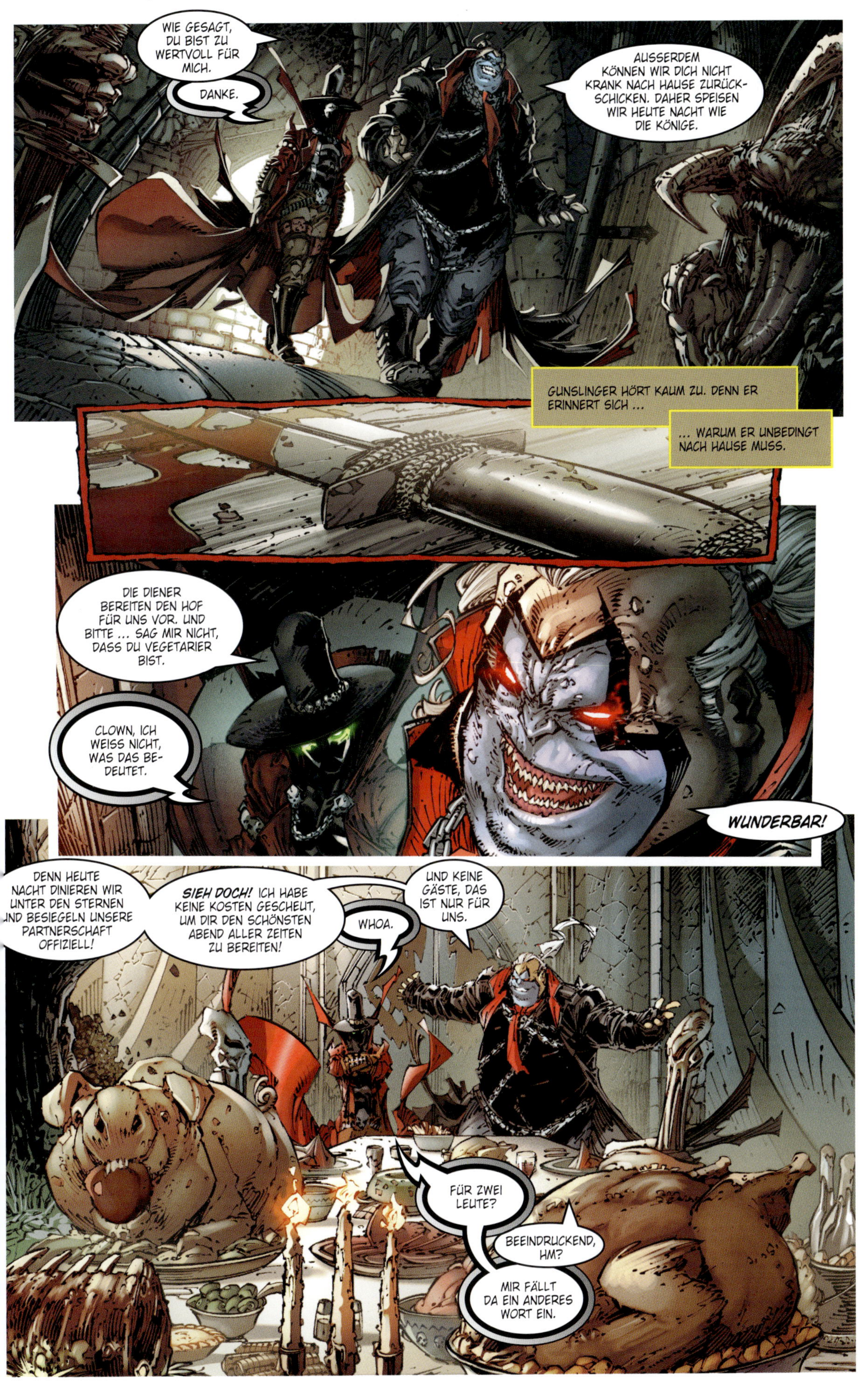

WIE GESAGT, DU BIST ZU WERTVOLL FÜR MICH.
DANKE.
AUSSERDEM KÖNNEN WIR DICH NICHT KRANK NACH HAUSE ZURÜCKSCHICKEN. DAHER SPEISEN WIR HEUTE NACHT WIE DIE KÖNIGE.
GUNSLINGER HÖRT KAUM ZU. DENN ER ERINNERT SICH ...
... WARUM ER UNBEDINGT NACH HAUSE MUSS.
DIE DIENER BEREITEN DEN HOF FÜR UNS VOR. UND BITTE ... SAG MIR NICHT, DASS DU VEGETARIER BIST.
CLOWN, ICH WEISS NICHT, WAS DAS BEDEUTET.
WUNDERBAR!
DENN HEUTE NACHT DINIEREN WIR UNTER DEN STERNEN UND BESIEGELN UNSERE PARTNERSCHAFT OFFIZIELL!
SIEH DOCH! ICH HABE KEINE KOSTEN GESCHEUT, UM DIR DEN SCHÖNSTEN ABEND ALLER ZEITEN ZU BEREITEN!
WHOA.
UND KEINE GÄSTE, DAS IST NUR FÜR UNS.
FÜR ZWEI LEUTE?
BEEINDRUCKEND, HM?
MIR FÄLLT DA EIN ANDERES WORT EIN.

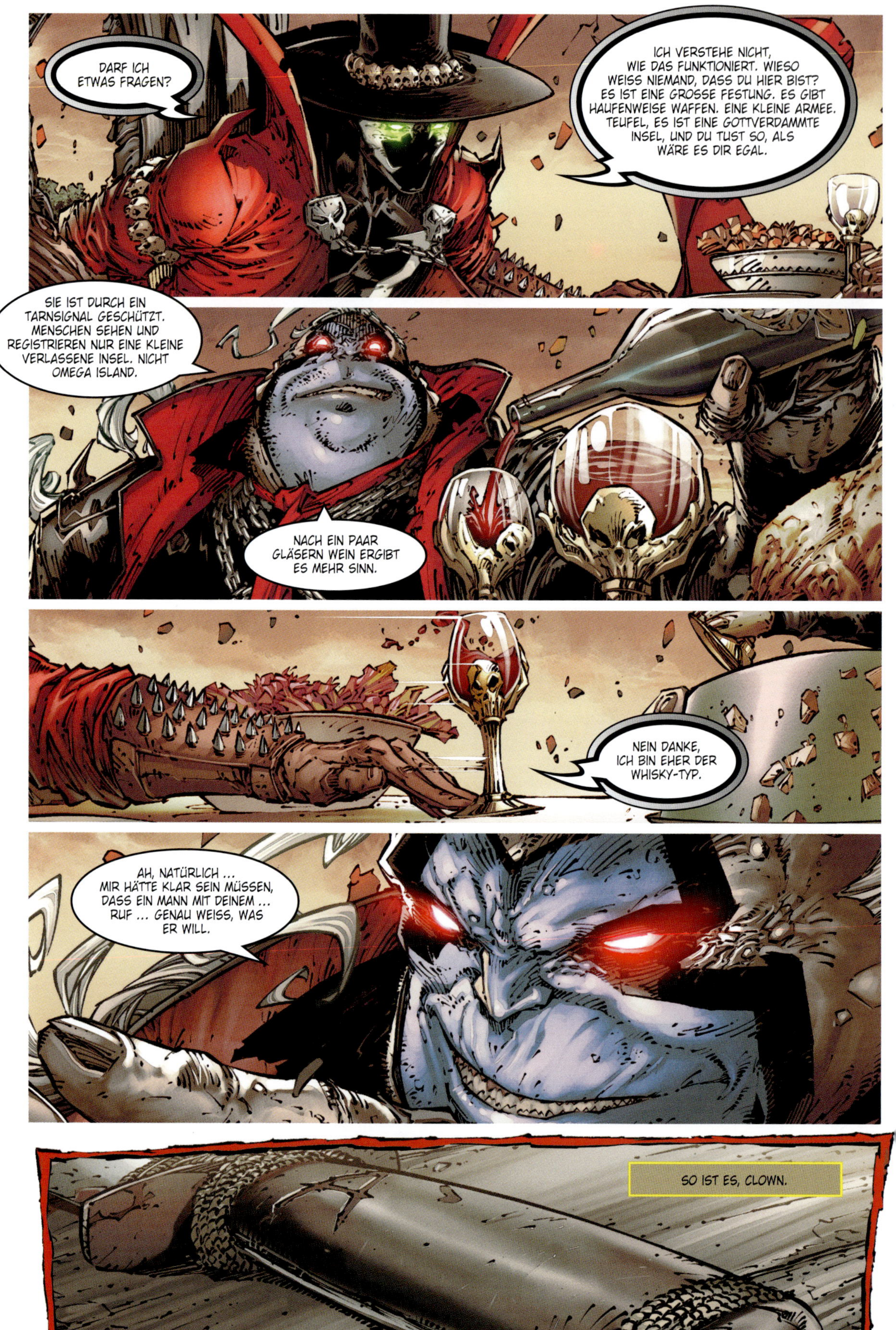
DARF ICH ETWAS FRAGEN?
ICH VERSTEHE NICHT, WIE DAS FUNKTIONIERT. WIESO WEISS NIEMAND, DASS DU HIER BIST? ES IST EINE GROSSE FESTUNG. ES GIBT HAUFENWEISE WAFFEN. EINE KLEINE ARMEE. TEUFEL, ES IST EINE GOTTVERDAMMTE INSEL, UND DU TUST SO, ALS WÄRE ES DIR EGAL.
SIE IST DURCH EIN TARNSIGNAL GESCHÜTZT. MENSCHEN SEHEN UND REGISTRIEREN NUR EINE KLEINE VERLASSENE INSEL. NICHT OMEGA ISLAND.
NACH EIN PAAR GLÄSERN WEIN ERGIBT ES MEHR SINN.
NEIN DANKE, ICH BIN EHER DER WHISKY-TYP.
AH, NATÜRLICH ... MIR HÄTTE KLAR SEIN MÜSSEN, DASS EIN MANN MIT DEINEM ... RUF ... GENAU WEISS, WAS ER WILL.
SO IST ES, CLOWN.

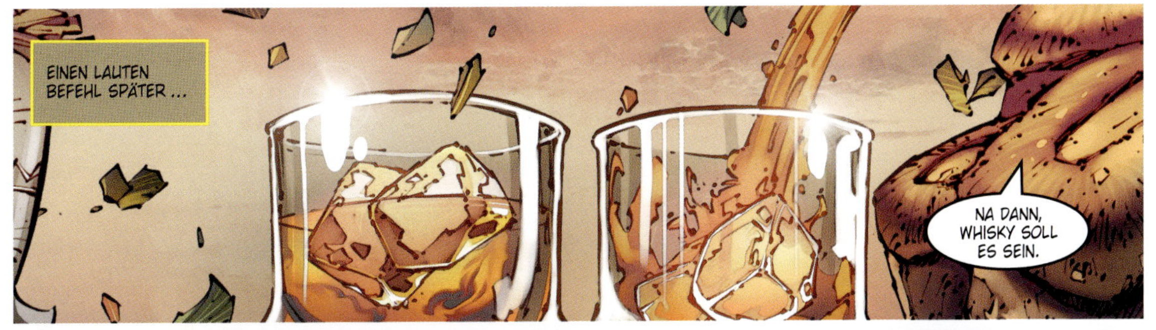
EINEN LAUTEN BEFEHL SPÄTER ...
NA DANN, WHISKY SOLL ES SEIN.

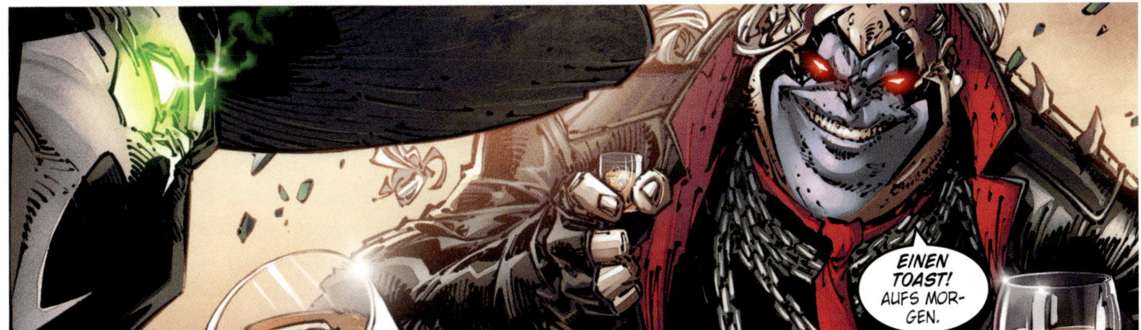
EINEN TOAST! AUFS MOR-GEN.

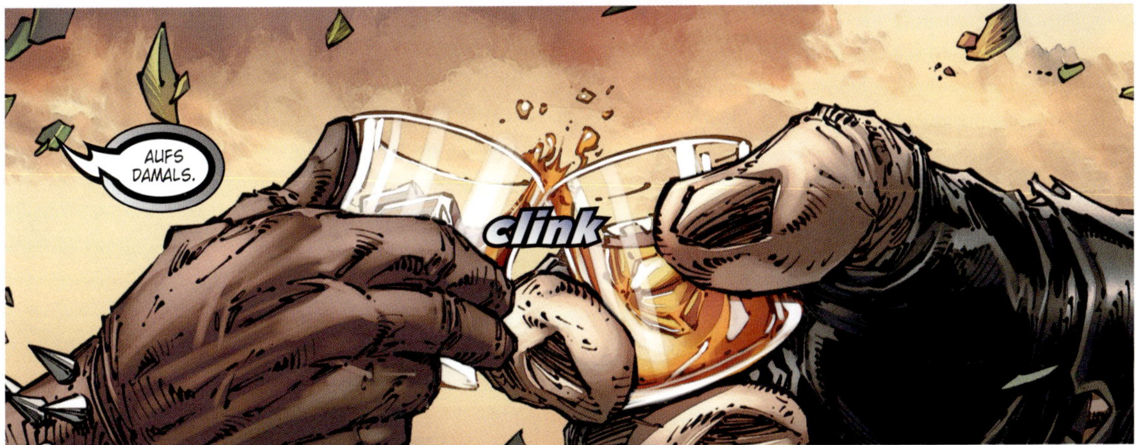
AUFS DAMALS.
clink

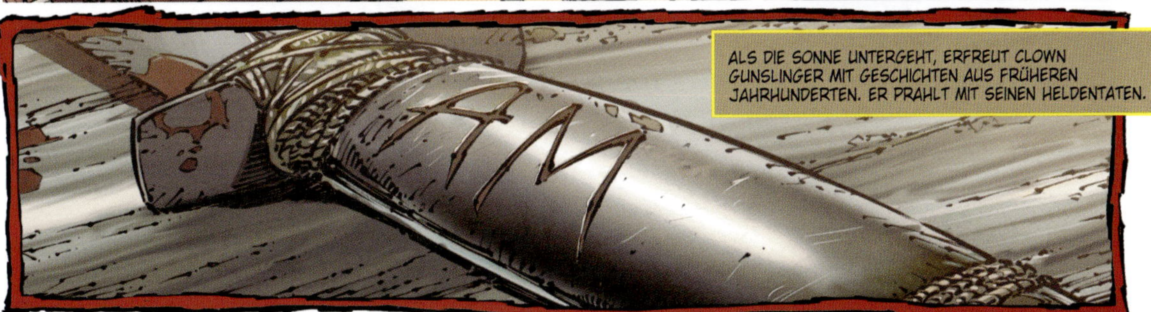
ALS DIE SONNE UNTERGEHT, ERFREUT CLOWN GUNSLINGER MIT GESCHICHTEN AUS FRÜHEREN JAHRHUNDERTEN. ER PRAHLT MIT SEINEN HELDENTATEN.

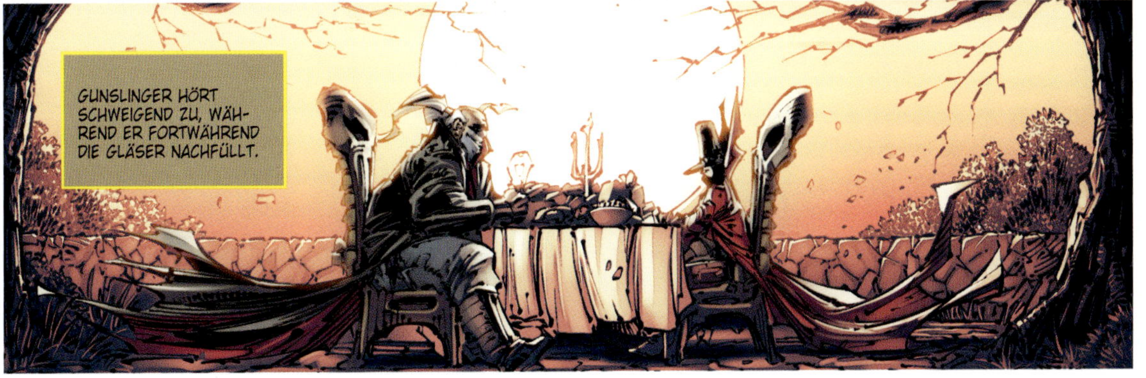
GUNSLINGER HÖRT SCHWEIGEND ZU, WÄH-REND ER FORTWÄHREND DIE GLÄSER NACHFÜLLT.

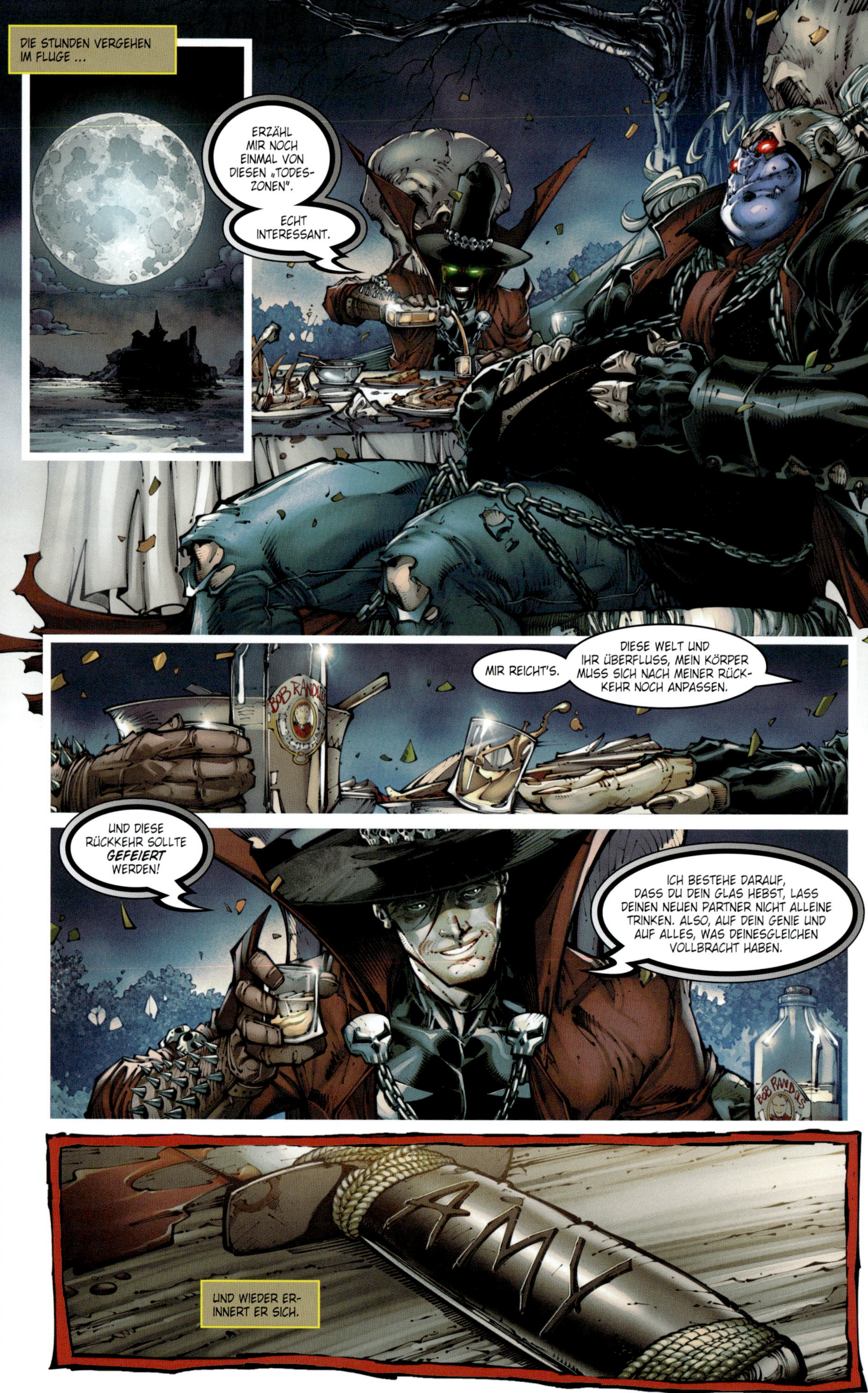

DIE STUNDEN VERGEHEN IM FLUGE ...
ERZÄHL MIR NOCH EINMAL VON DIESEN „TODES-ZONEN".
ECHT INTERESSANT.
MIR REICHT'S.
DIESE WELT UND IHR ÜBERFLUSS, MEIN KÖRPER MUSS SICH NACH MEINER RÜCK-KEHR NOCH ANPASSEN.
BOB RANDLES
UND DIESE RÜCKKEHR SOLLTE **GEFEIERT** WERDEN!
ICH BESTEHE DARAUF, DASS DU DEIN GLAS HEBST, LASS DEINEN NEUEN PARTNER NICHT ALLEINE TRINKEN. ALSO, AUF DEIN GENIE UND AUF ALLES, WAS DEINESGLEICHEN VOLLBRACHT HABEN.
BOB RANDLES
AMY
UND WIEDER ER-INNERT ER SICH.

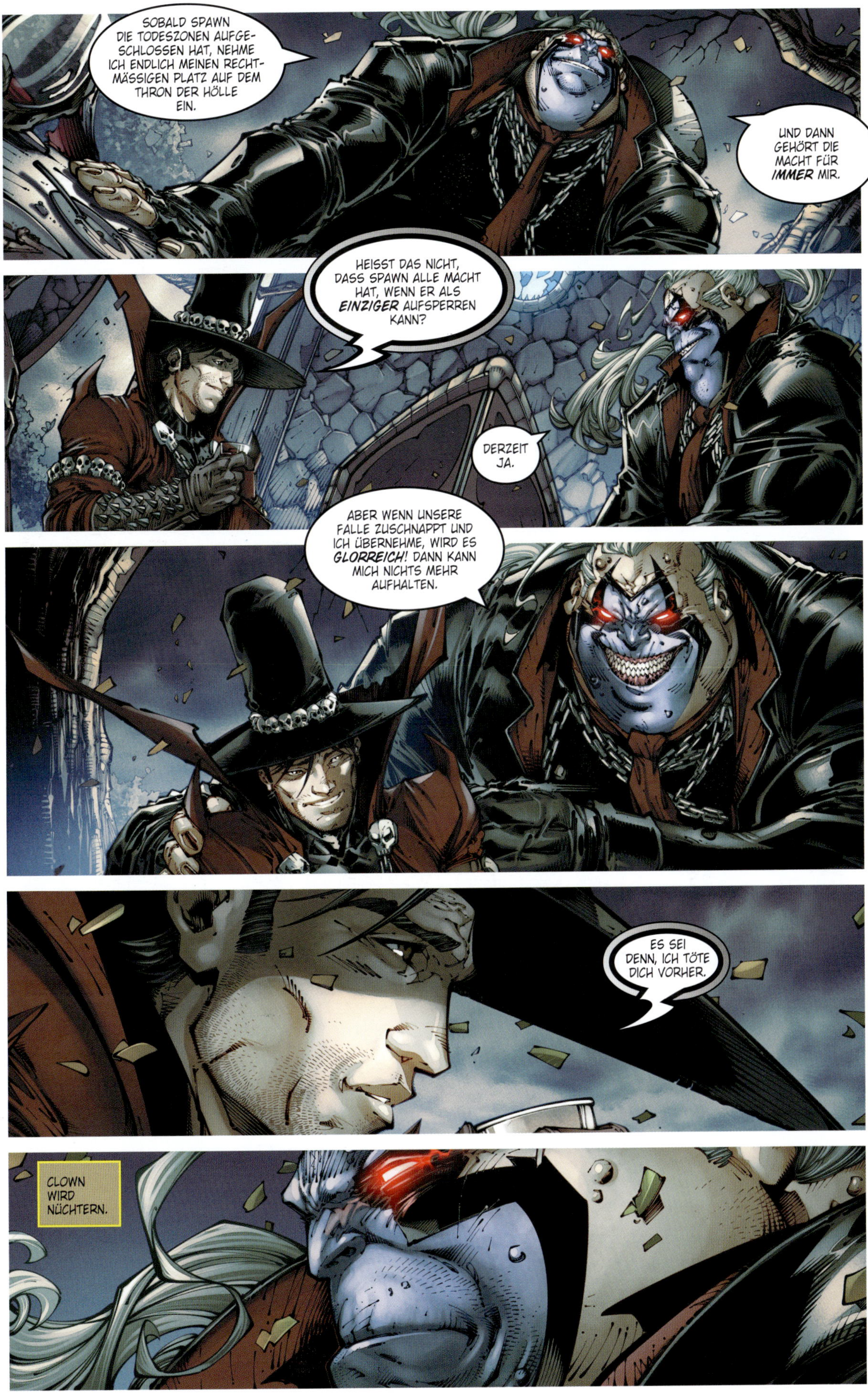

SOBALD SPAWN DIE TODESZONEN AUFGESCHLOSSEN HAT, NEHME ICH ENDLICH MEINEN RECHTMÄSSIGEN PLATZ AUF DEM THRON DER HÖLLE EIN.

UND DANN GEHÖRT DIE MACHT FÜR ***IMMER*** MIR.

HEISST DAS NICHT, DASS SPAWN ALLE MACHT HAT, WENN ER ALS ***EINZIGER*** AUFSPERREN KANN?

DERZEIT JA.

ABER WENN UNSERE FALLE ZUSCHNAPPT UND ICH ÜBERNEHME, WIRD ES ***GLORREICH***! DANN KANN MICH NICHTS MEHR AUFHALTEN.

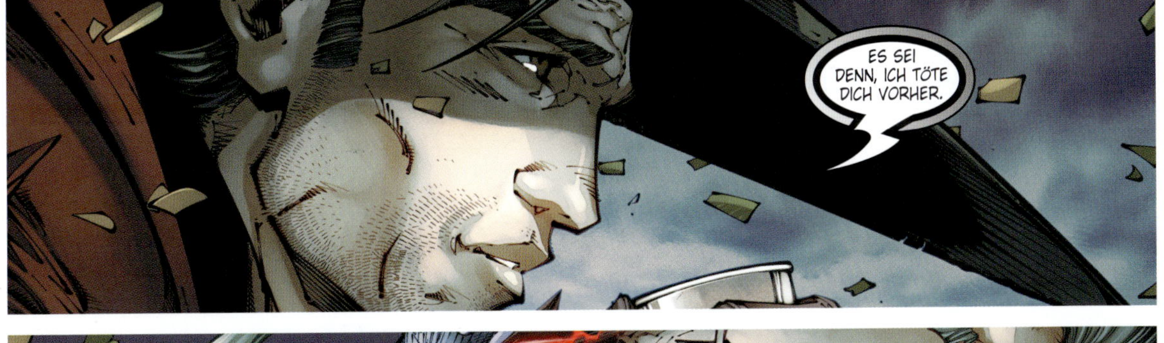

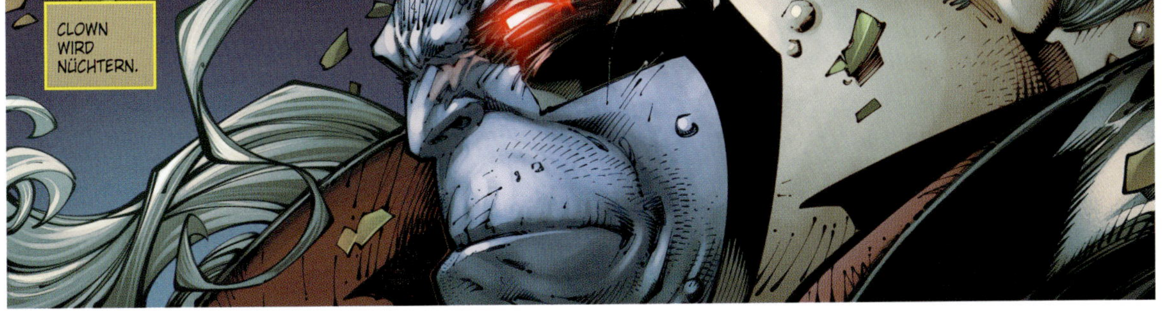

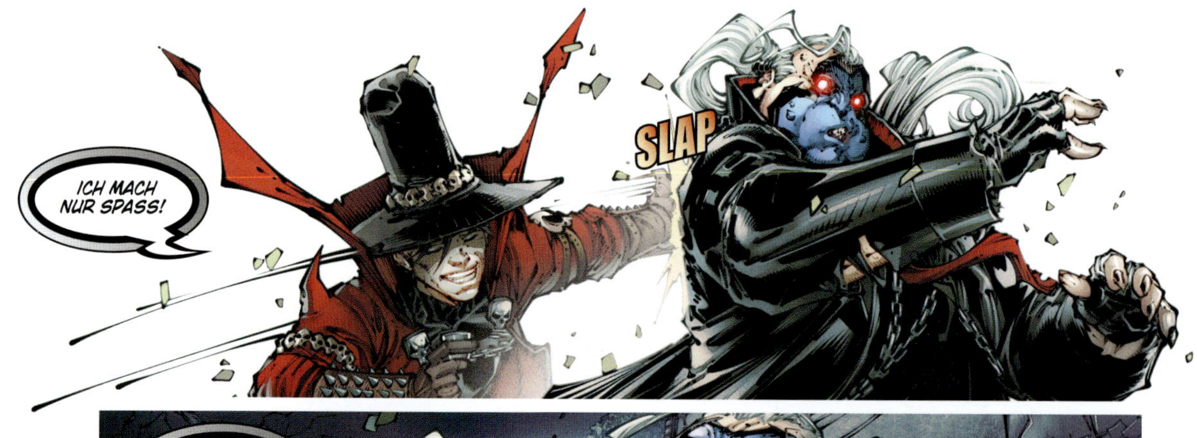
SLAP
ICH MACH NUR SPASS!

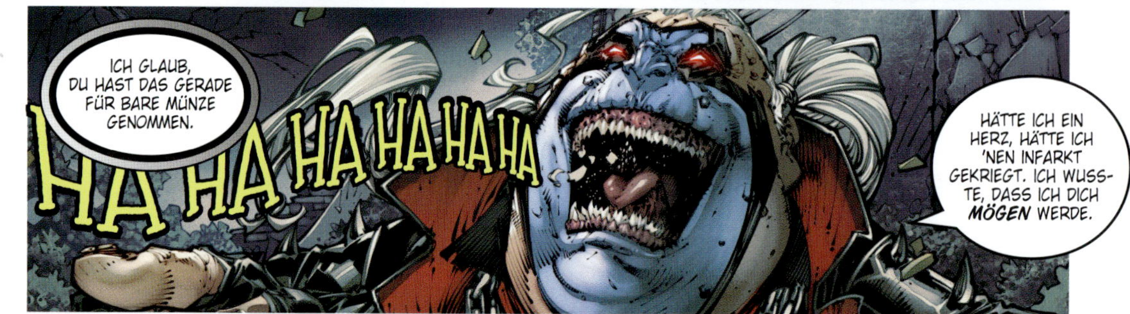
ICH GLAUB, DU HAST DAS GERADE FÜR BARE MÜNZE GENOMMEN.
HA HA HA HA HA HA HA
HÄTTE ICH EIN HERZ, HÄTTE ICH 'NEN INFARKT GEKRIEGT. ICH WUSSTE, DASS ICH DICH MÖGEN WERDE.

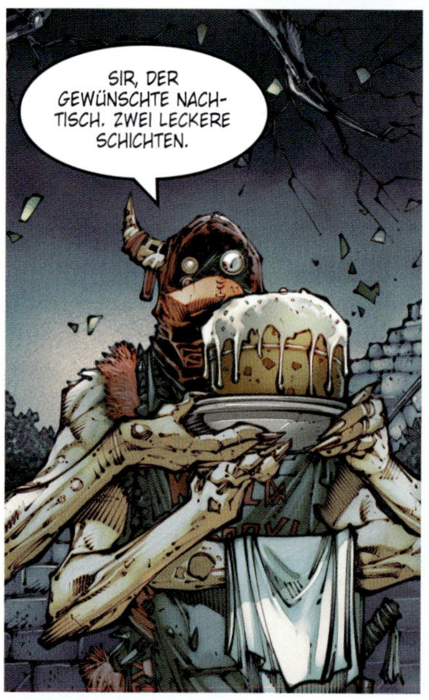
SIR, DER GEWÜNSCHTE NACHTISCH. ZWEI LECKERE SCHICHTEN.

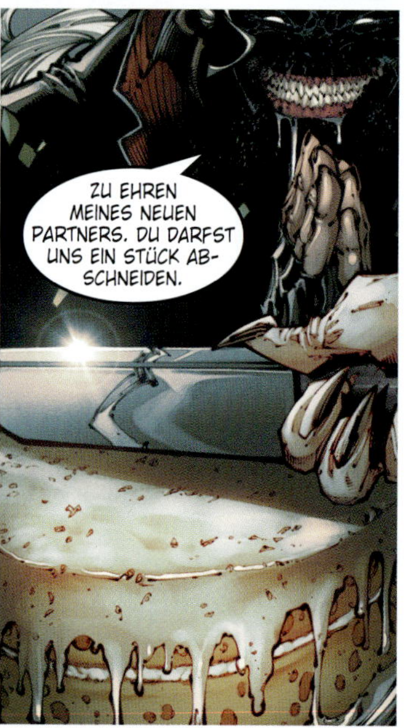
ZU EHREN MEINES NEUEN PARTNERS. DU DARFST UNS EIN STÜCK ABSCHNEIDEN.

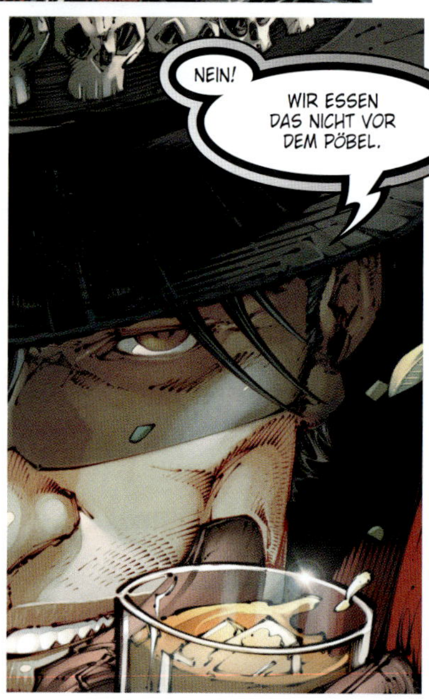
NEIN!
WIR ESSEN DAS NICHT VOR DEM PÖBEL.

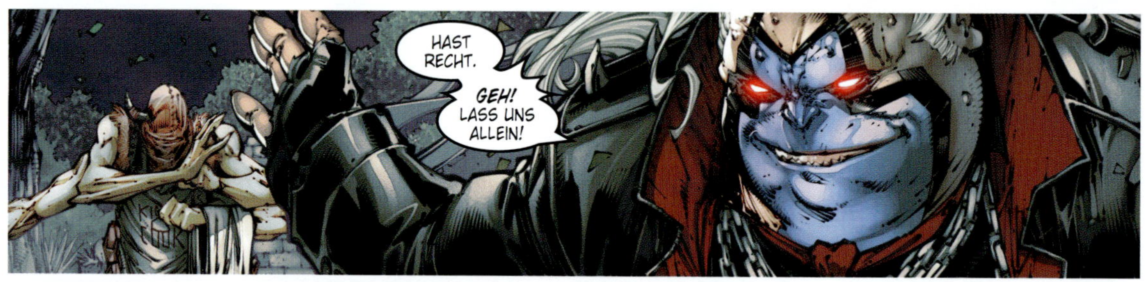
HAST RECHT.
GEH! LASS UNS ALLEIN!

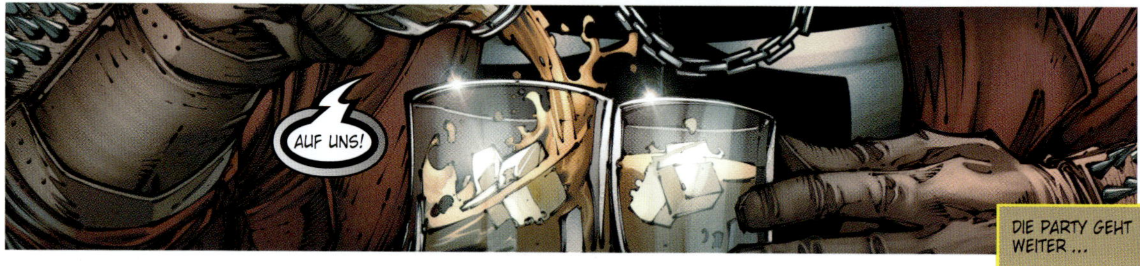
AUF UNS!
DIE PARTY GEHT WEITER ...

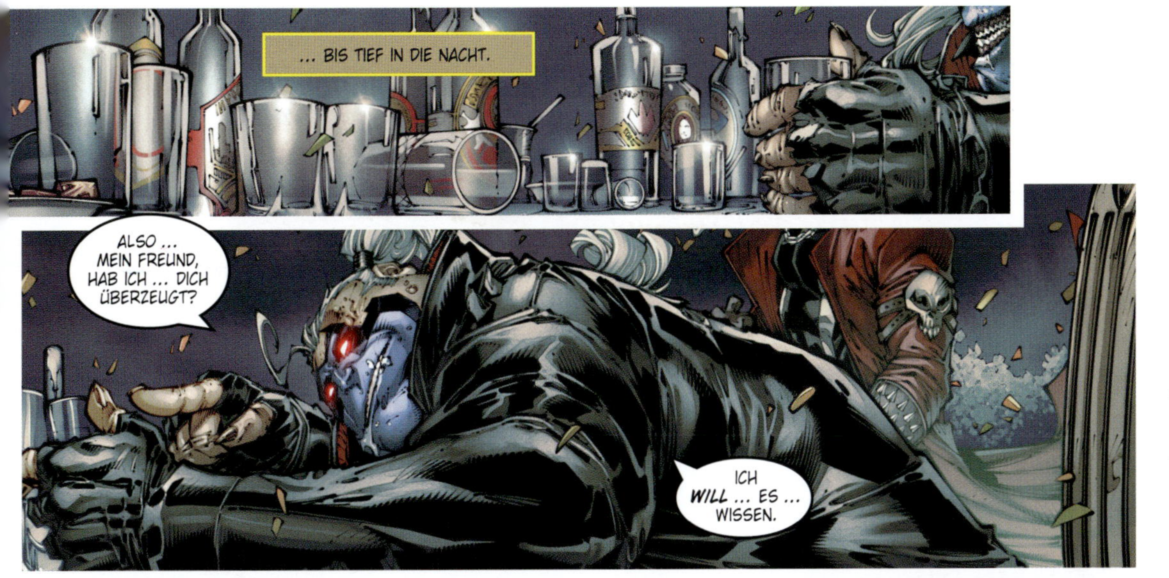
… BIS TIEF IN DIE NACHT.
ALSO … MEIN FREUND, HAB ICH … DICH ÜBERZEUGT?
ICH WILL … ES … WISSEN.

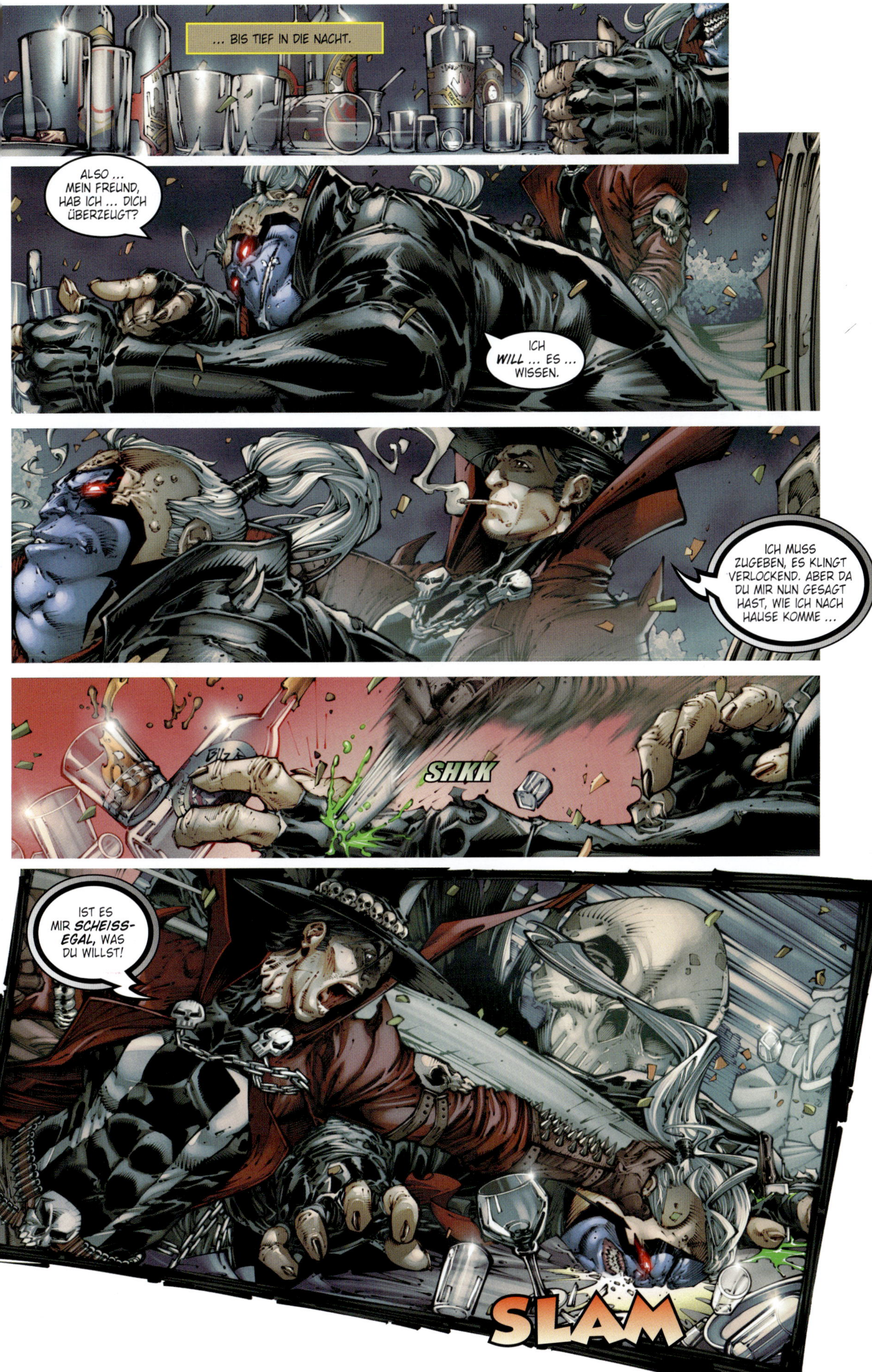

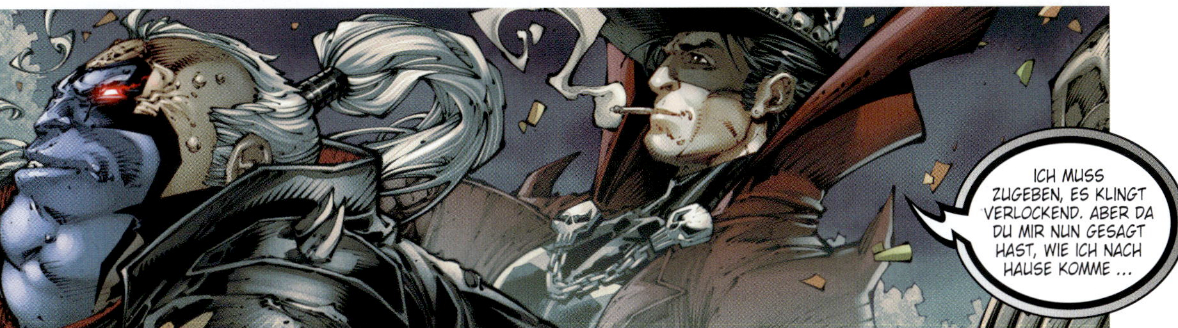
ICH MUSS ZUGEBEN, ES KLINGT VERLOCKEND. ABER DA DU MIR NUN GESAGT HAST, WIE ICH NACH HAUSE KOMME …

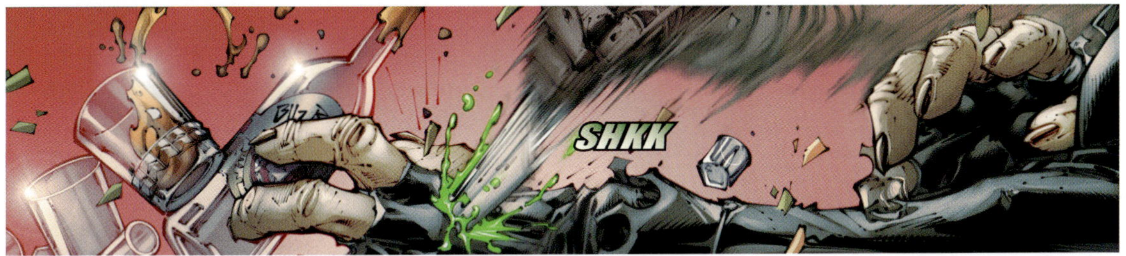
SHKK
IST ES MIR SCHEISS-EGAL, WAS DU WILLST!
SLAM

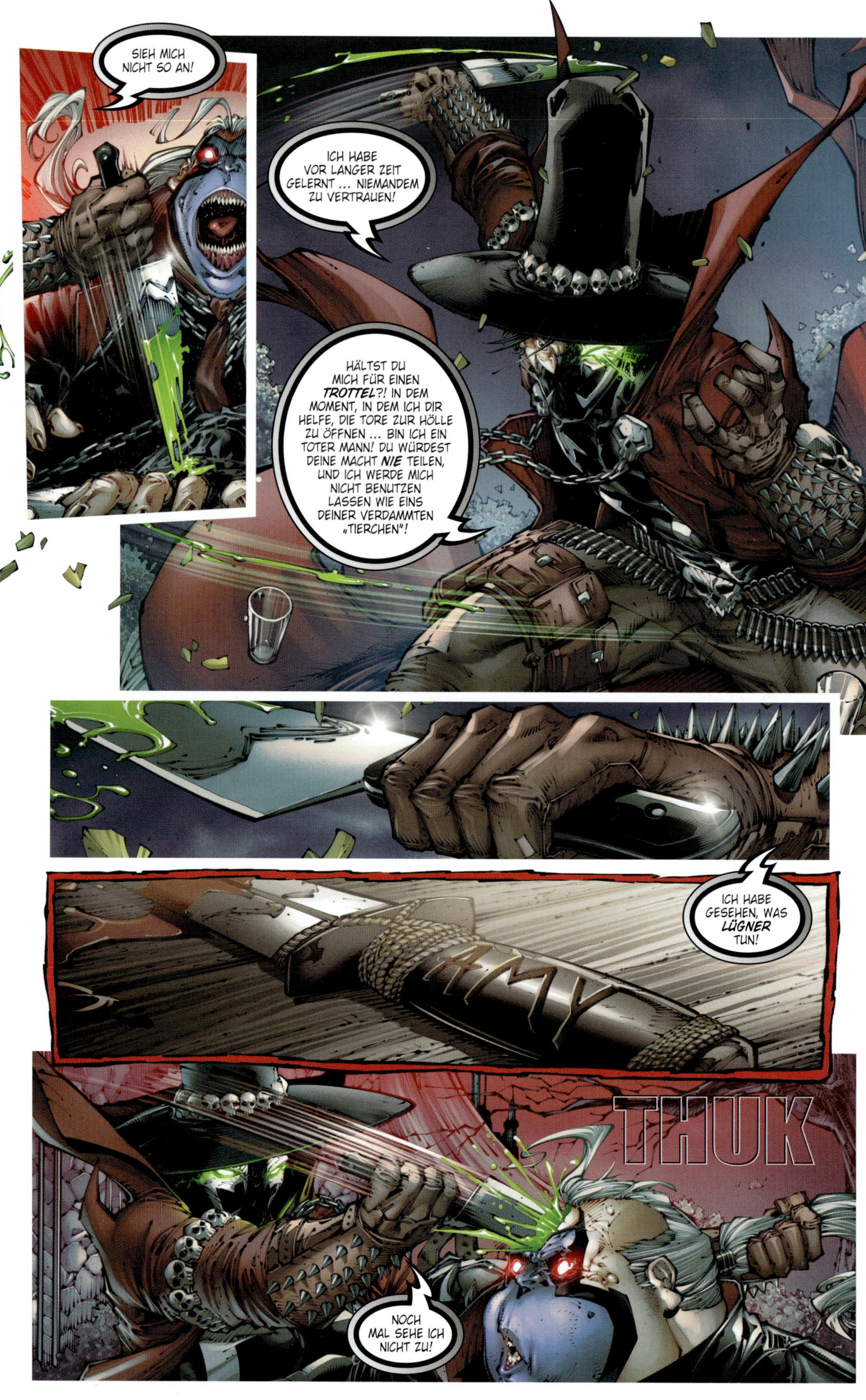
SIEH MICH NICHT SO AN!
ICH HABE VOR LANGER ZEIT GELERNT ... NIEMANDEM ZU VERTRAUEN!
HÄLTST DU MICH FÜR EINEN TROTTEL?! IN DEM MOMENT, IN DEM ICH DIR HELFE, DIE TORE ZUR HÖLLE ZU ÖFFNEN ... BIN ICH EIN TOTER MANN! DU WÜRDEST DEINE MACHT NIE TEILEN, UND ICH WERDE MICH NICHT BENUTZEN LASSEN WIE EINS DEINER VERDAMMTEN „TIERCHEN“!
ICH HABE GESEHEN, WAS LÜGNER TUN!
AMY
THUK
NOCH MAL SEHE ICH NICHT ZU!

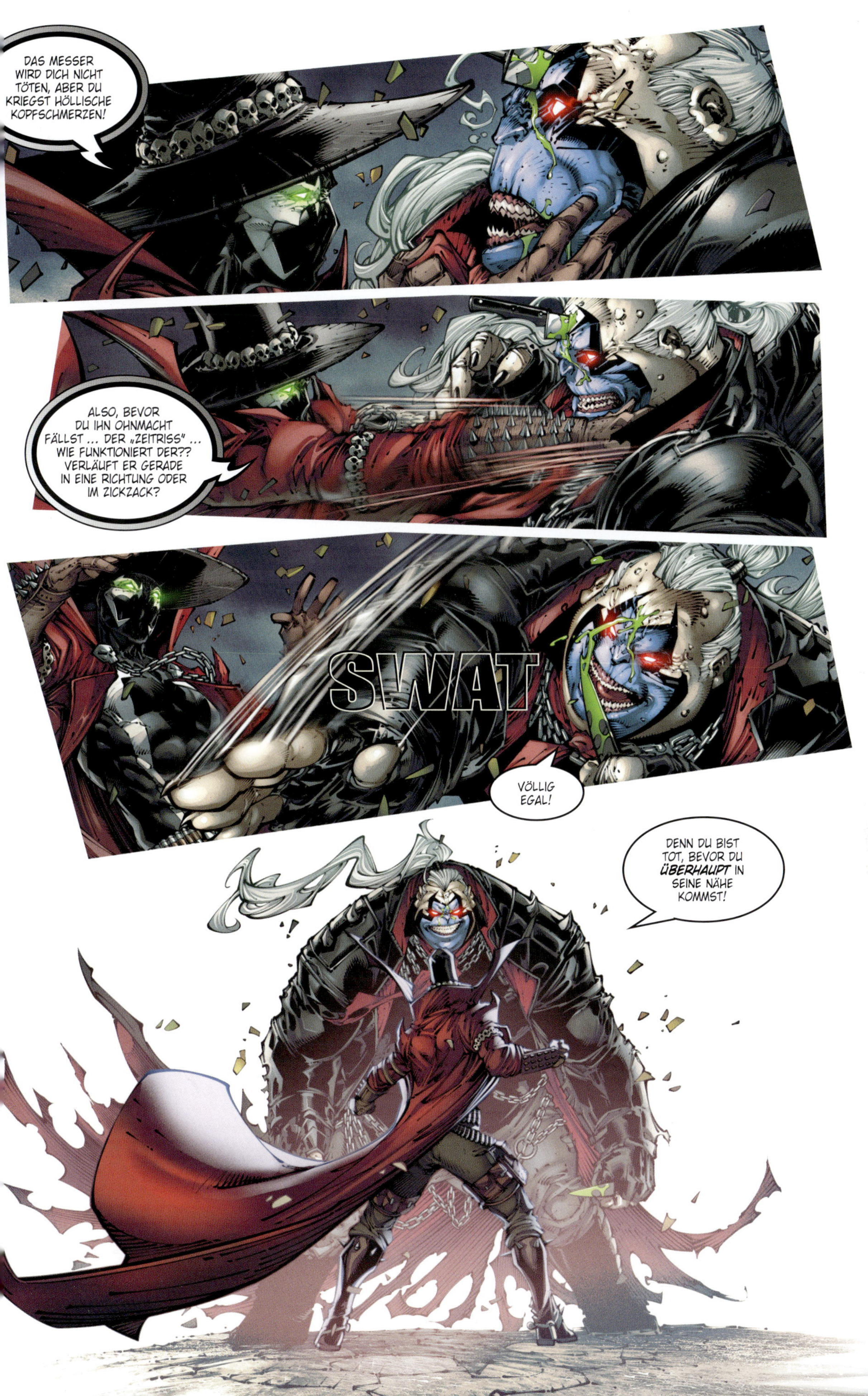
DAS MESSER WIRD DICH NICHT TÖTEN, ABER DU KRIEGST HÖLLISCHE KOPFSCHMERZEN!
ALSO, BEVOR DU IHN OHNMACHT FÄLLST ... DER „ZEITRISS" ... WIE FUNKTIONIERT DER?? VERLÄUFT ER GERADE IN EINE RICHTUNG ODER IM ZICKZACK?
SWAT
VÖLLIG EGAL!
DENN DU BIST TOT, BEVOR DU *ÜBERHAUPT* IN SEINE NÄHE KOMMST!

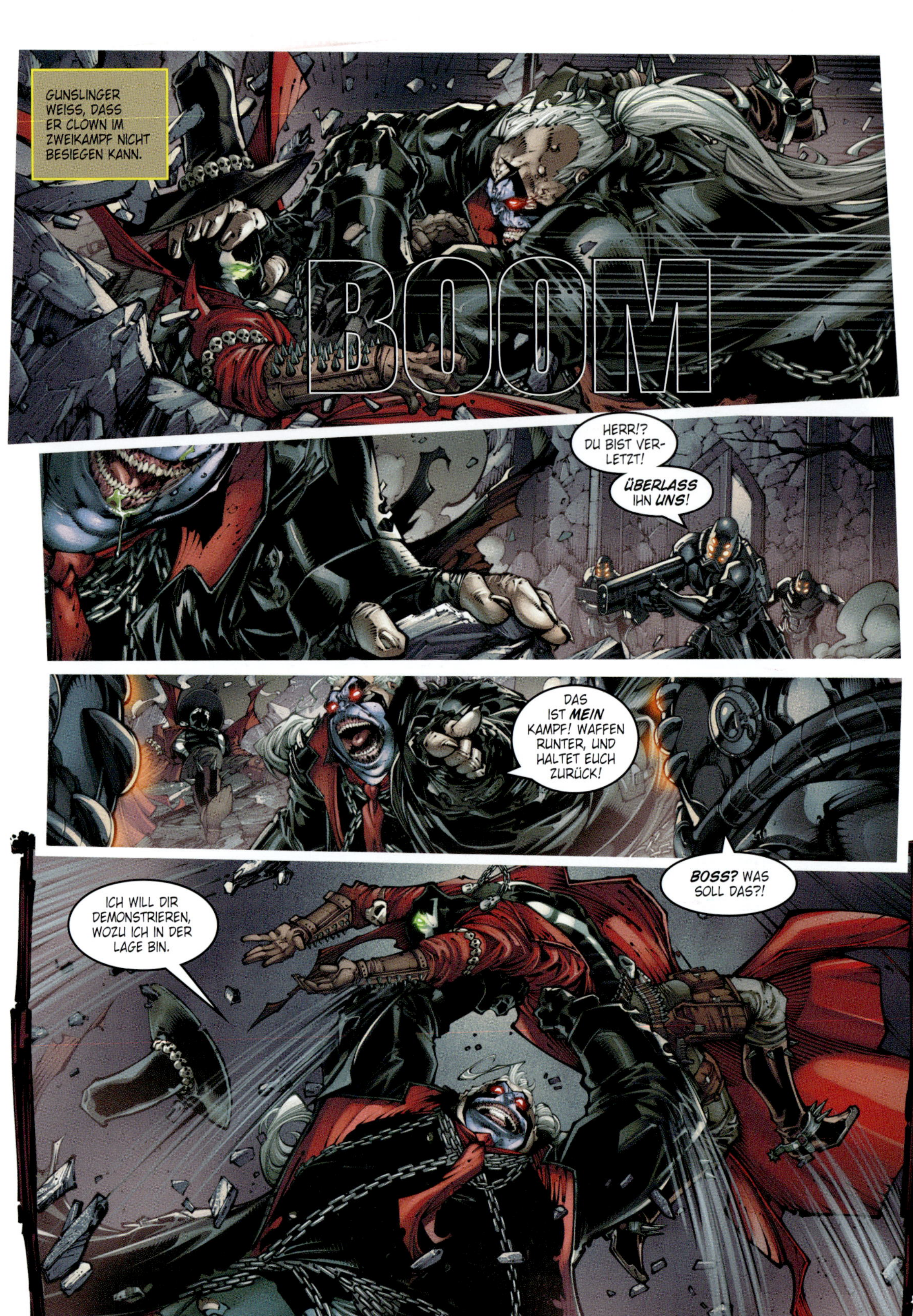
GUNSLINGER WEISS, DASS ER CLOWN IM ZWEIKAMPF NICHT BESIEGEN KANN.
BOOM
HERR!? DU BIST VERLETZT!
ÜBERLASS IHN UNS!
DAS IST MEIN KAMPF! WAFFEN RUNTER, UND HALTET EUCH ZURÜCK!
BOSS? WAS SOLL DAS?!
ICH WILL DIR DEMONSTRIEREN, WOZU ICH IN DER LAGE BIN.

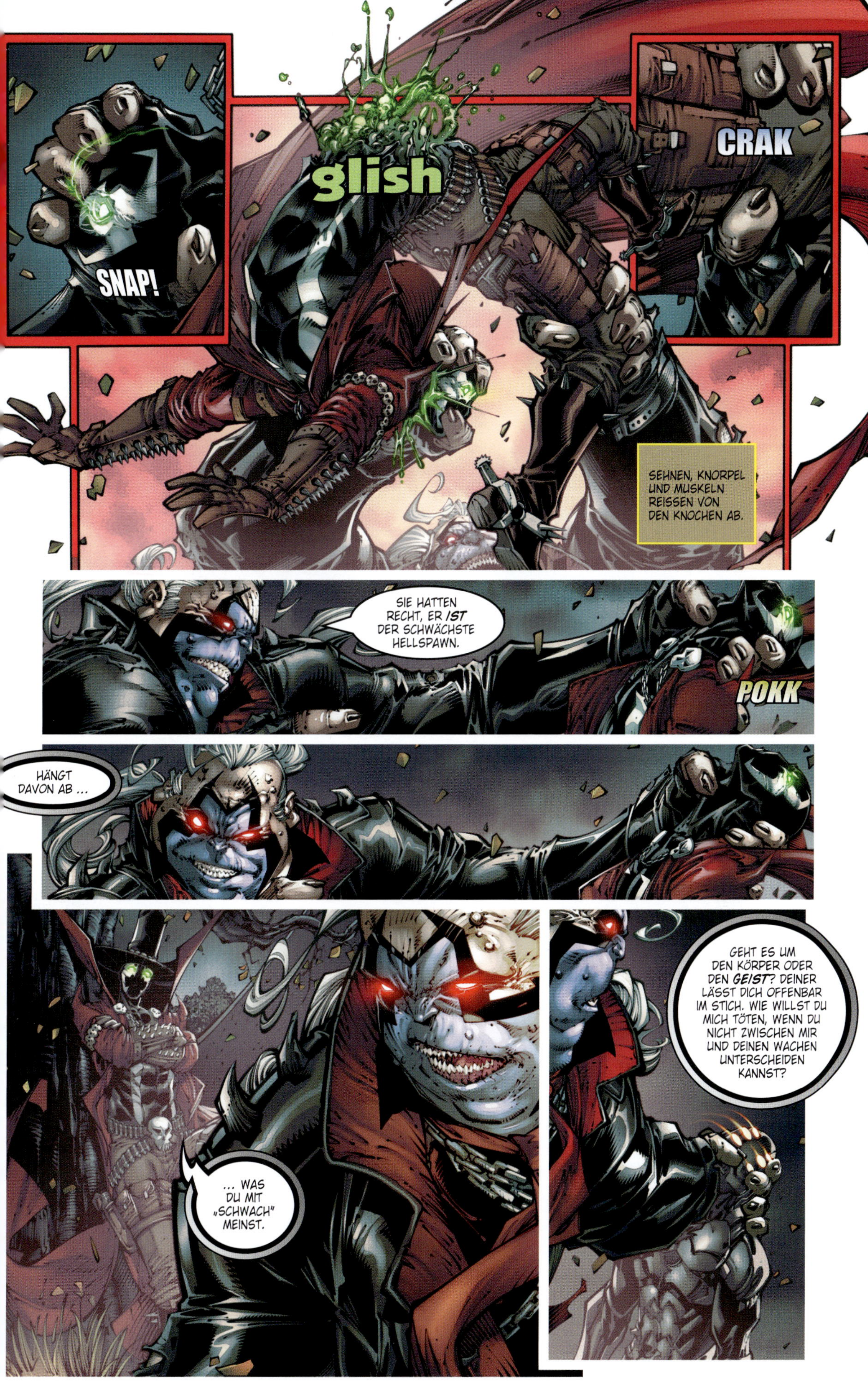

SNAP!
glish
CRAK
SEHNEN, KNORPEL UND MUSKELN REISSEN VON DEN KNOCHEN AB.
SIE HATTEN RECHT, ER *IST* DER SCHWÄCHSTE HELLSPAWN.
POKK
HÄNGT DAVON AB …
… WAS DU MIT „SCHWACH" MEINST.
GEHT ES UM DEN KÖRPER ODER DEN *GEIST*? DEINER LÄSST DICH OFFENBAR IM STICH. WIE WILLST DU MICH TÖTEN, WENN DU NICHT ZWISCHEN MIR UND DEINEN WACHEN UNTERSCHEIDEN KANNST?

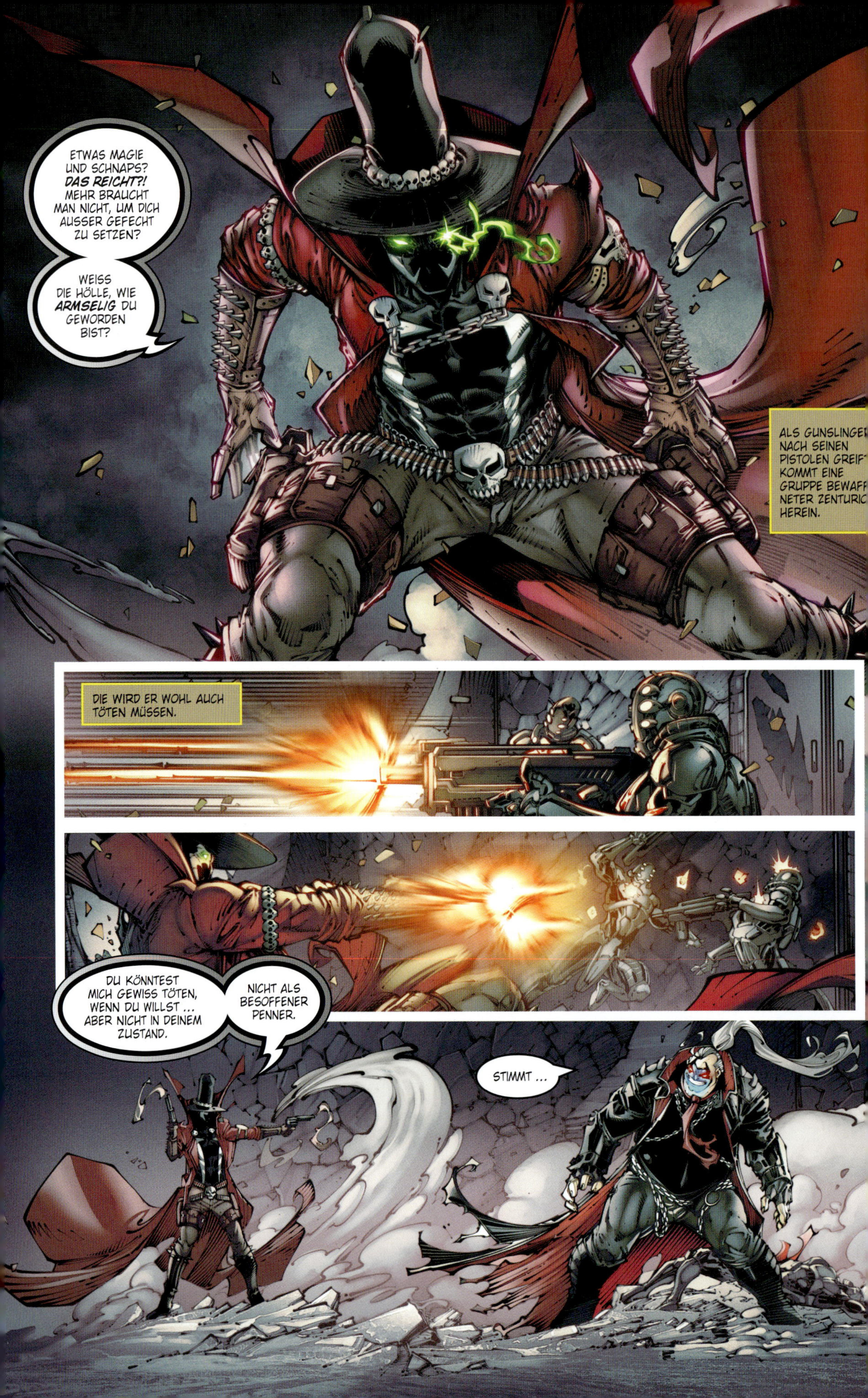
ETWAS MAGIE UND SCHNAPS? DAS REICHT?! MEHR BRAUCHT MAN NICHT, UM DICH AUSSER GEFECHT ZU SETZEN?
WEISS DIE HÖLLE, WIE ARMSELIG DU GEWORDEN BIST?
ALS GUNSLINGER NACH SEINEN PISTOLEN GREIFT KOMMT EINE GRUPPE BEWAFF NETER ZENTURIC HEREIN.
DIE WIRD ER WOHL AUCH TÖTEN MÜSSEN.
DU KÖNNTEST MICH GEWISS TÖTEN, WENN DU WILLST ... ABER NICHT IN DEINEM ZUSTAND.
NICHT ALS BESOFFENER PENNER.
STIMMT ...

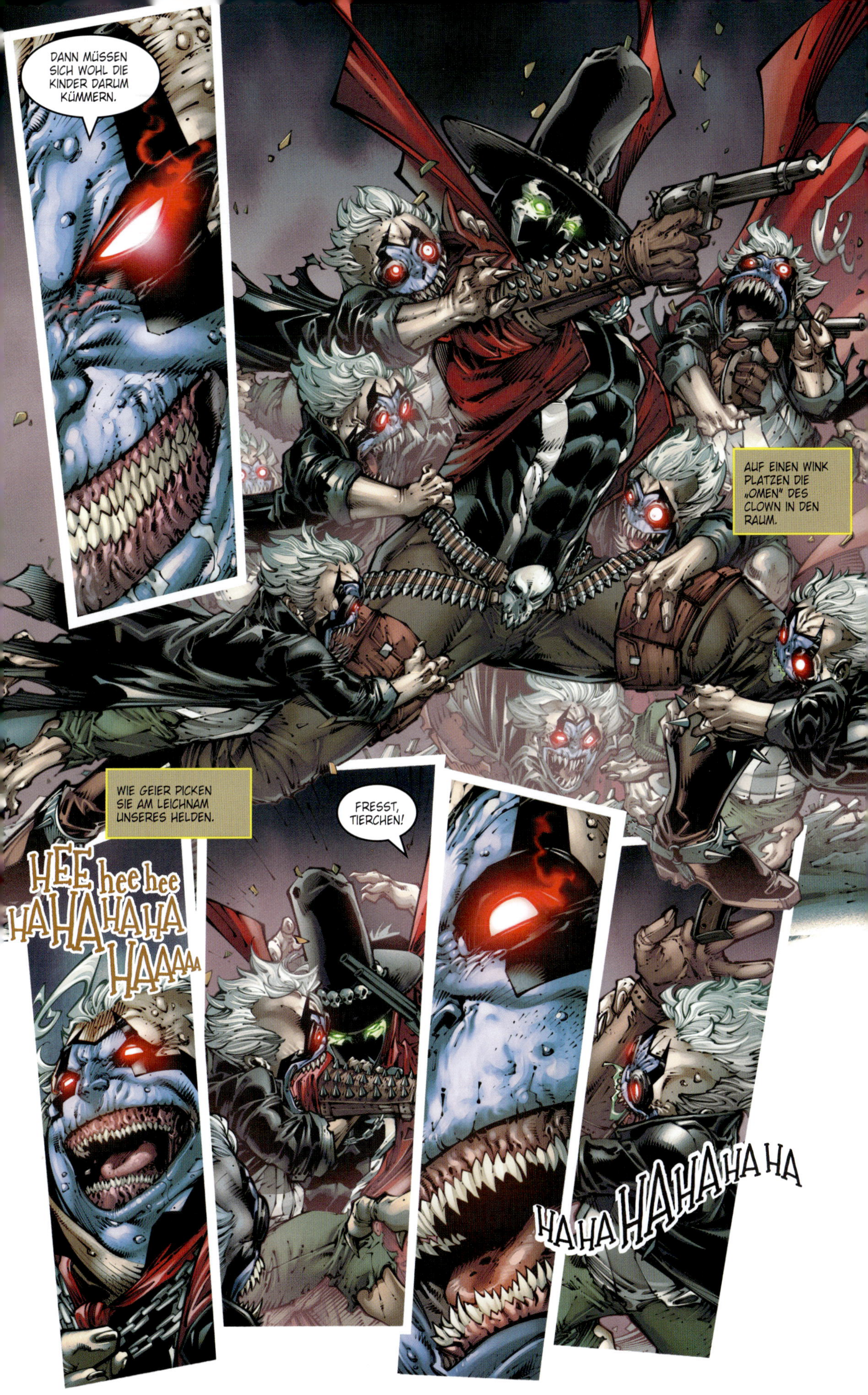
DANN MÜSSEN SICH WOHL DIE KINDER DARUM KÜMMERN.
AUF EINEN WINK PLATZEN DIE „OMEN" DES CLOWN IN DEN RAUM.
WIE GEIER PICKEN SIE AM LEICHNAM UNSERES HELDEN.
HEE hee hee HAHAHAHA HAAAAA
FRESST, TIERCHEN!
HA HA HAHAHA HA HA

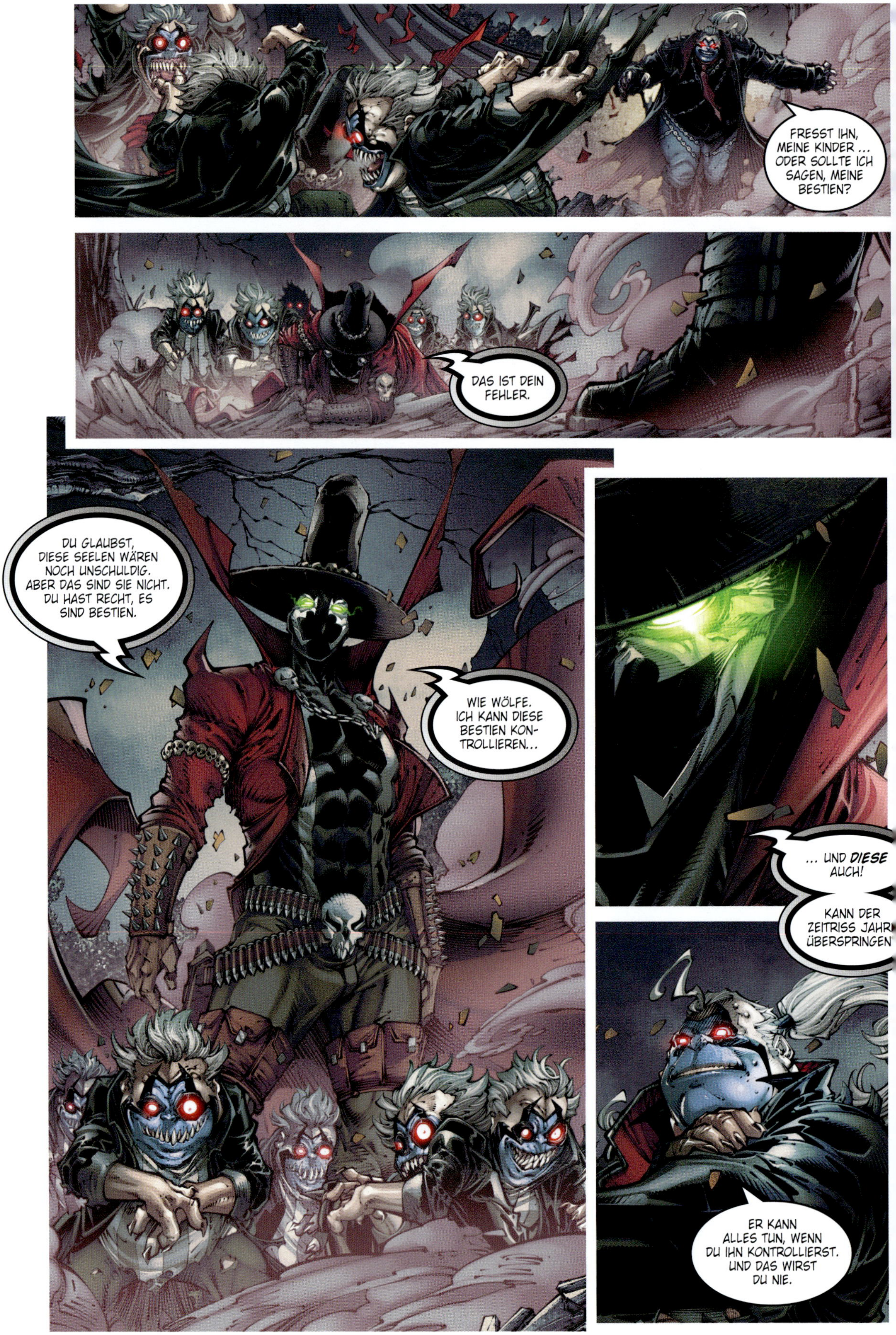

FRESST IHN, MEINE KINDER ... ODER SOLLTE ICH SAGEN, MEINE BESTIEN?

DAS IST DEIN FEHLER.

DU GLAUBST, DIESE SEELEN WÄREN NOCH UNSCHULDIG. ABER DAS SIND SIE NICHT. DU HAST RECHT, ES SIND BESTIEN.

WIE WÖLFE. ICH KANN DIESE BESTIEN KONTROLLIEREN...

... UND ***DIESE*** AUCH!

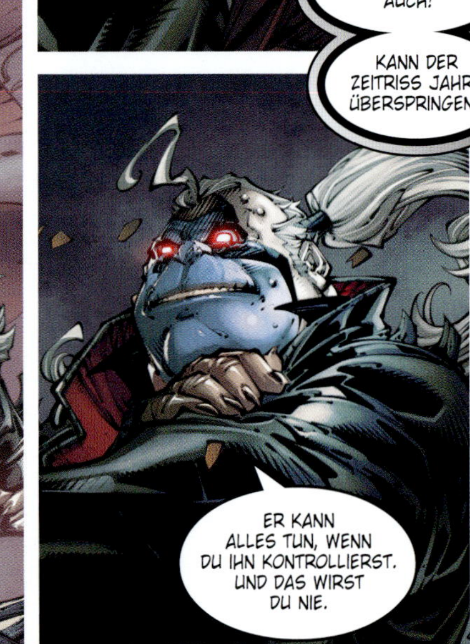

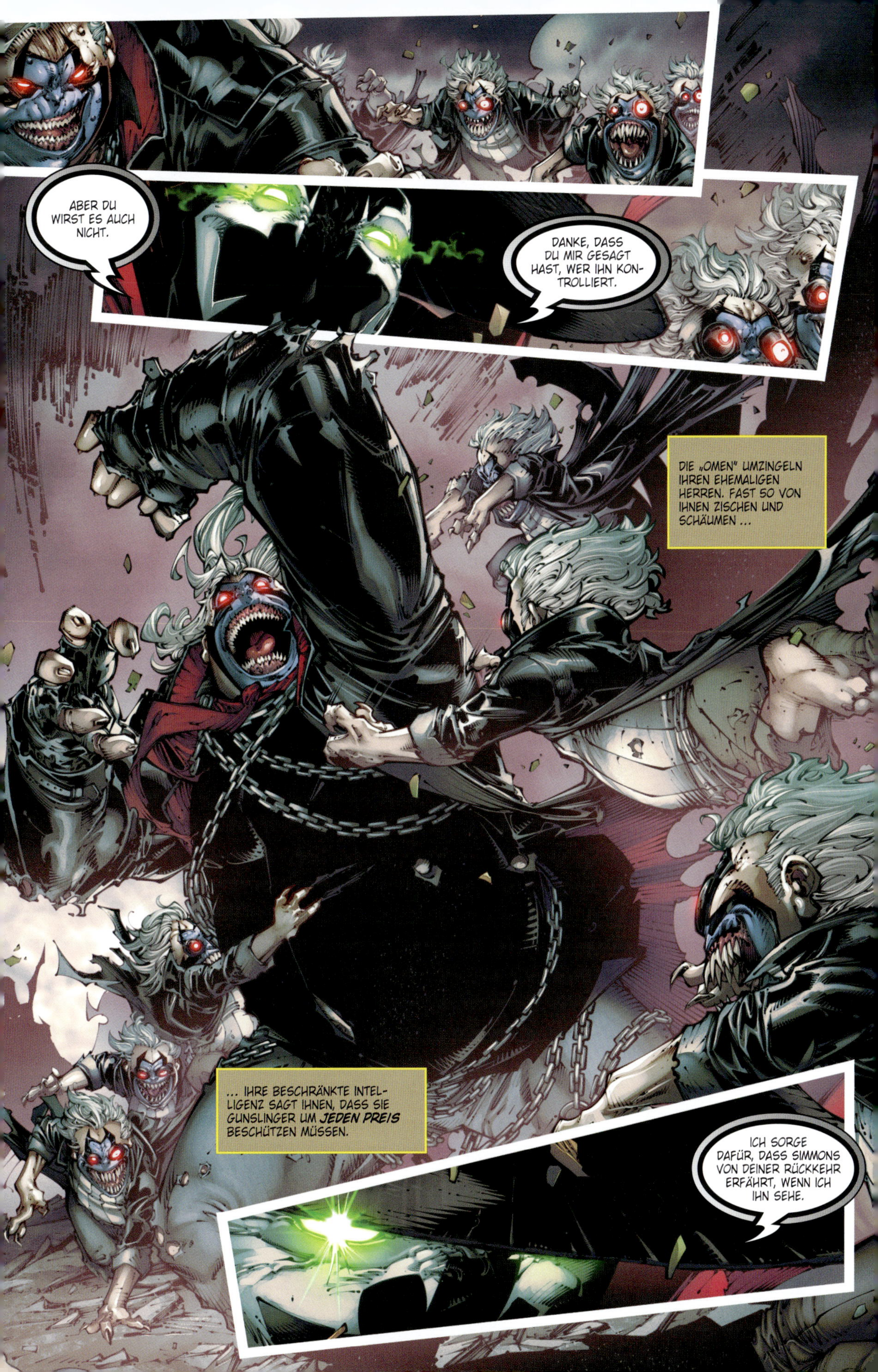
ABER DU WIRST ES AUCH NICHT.
DANKE, DASS DU MIR GESAGT HAST, WER IHN KONTROLLIERT.
DIE „OMEN" UMZINGELN IHREN EHEMALIGEN HERREN. FAST SO VON IHNEN ZISCHEN UND SCHÄUMEN …
… IHRE BESCHRÄNKTE INTELLIGENZ SAGT IHNEN, DASS SIE GUNSLINGER UM JEDEN PREIS BESCHÜTZEN MÜSSEN.
ICH SORGE DAFÜR, DASS SIMMONS VON DEINER RÜCKKEHR ERFÄHRT, WENN ICH IHN SEHE.

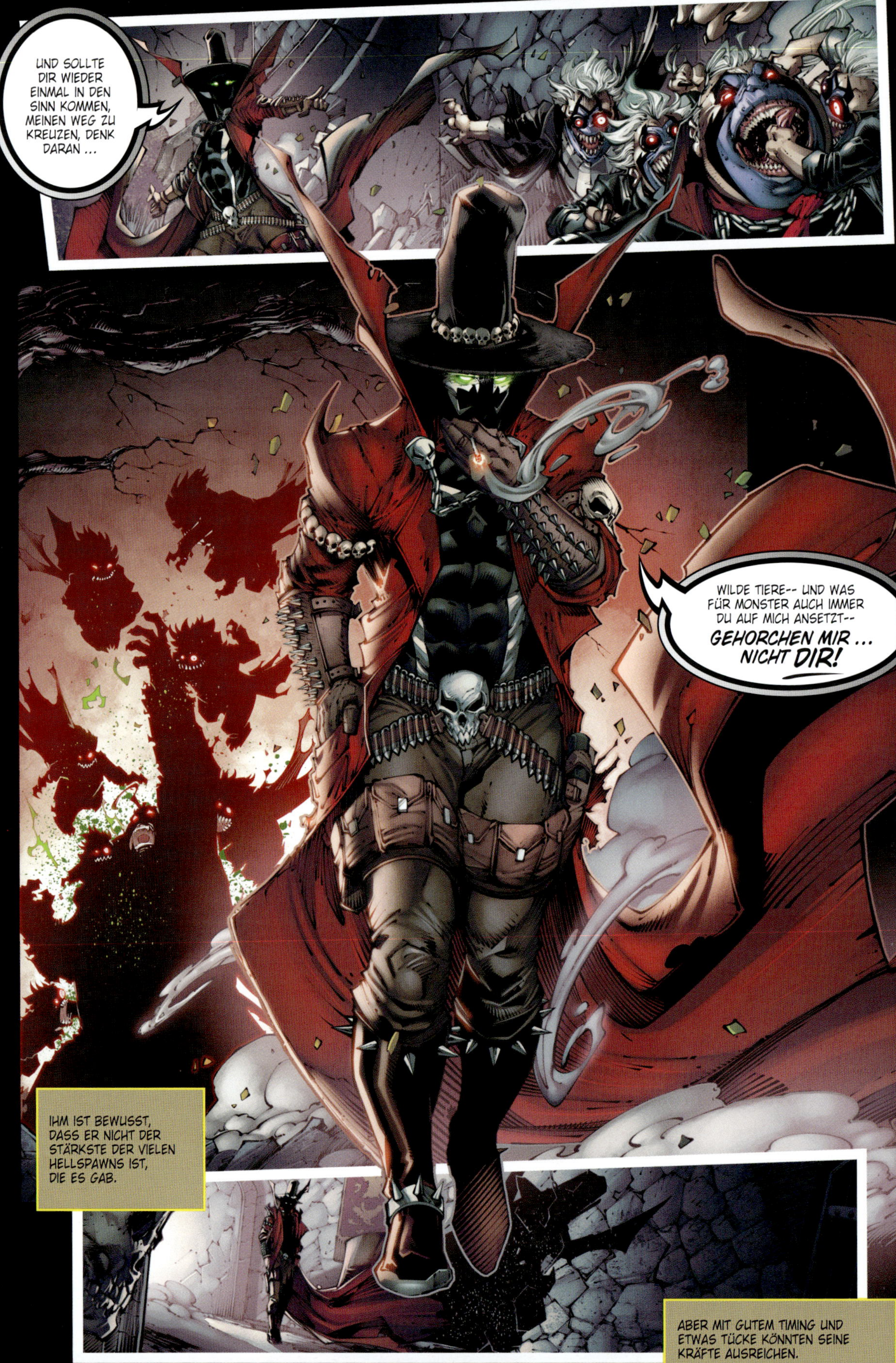

UND SOLLTE DIR WIEDER EINMAL IN DEN SINN KOMMEN, MEINEN WEG ZU KREUZEN, DENK DARAN ...
WILDE TIERE-- UND WAS FÜR MONSTER AUCH IMMER DU AUF MICH ANSETZT-- GEHORCHEN MIR ... NICHT DIR!
IHM IST BEWUSST, DASS ER NICHT DER STÄRKSTE DER VIELEN HELLSPAWNS IST, DIE ES GAB.
ABER MIT GUTEM TIMING UND ETWAS TÜCKE KÖNNTEN SEINE KRÄFTE AUSREICHEN.

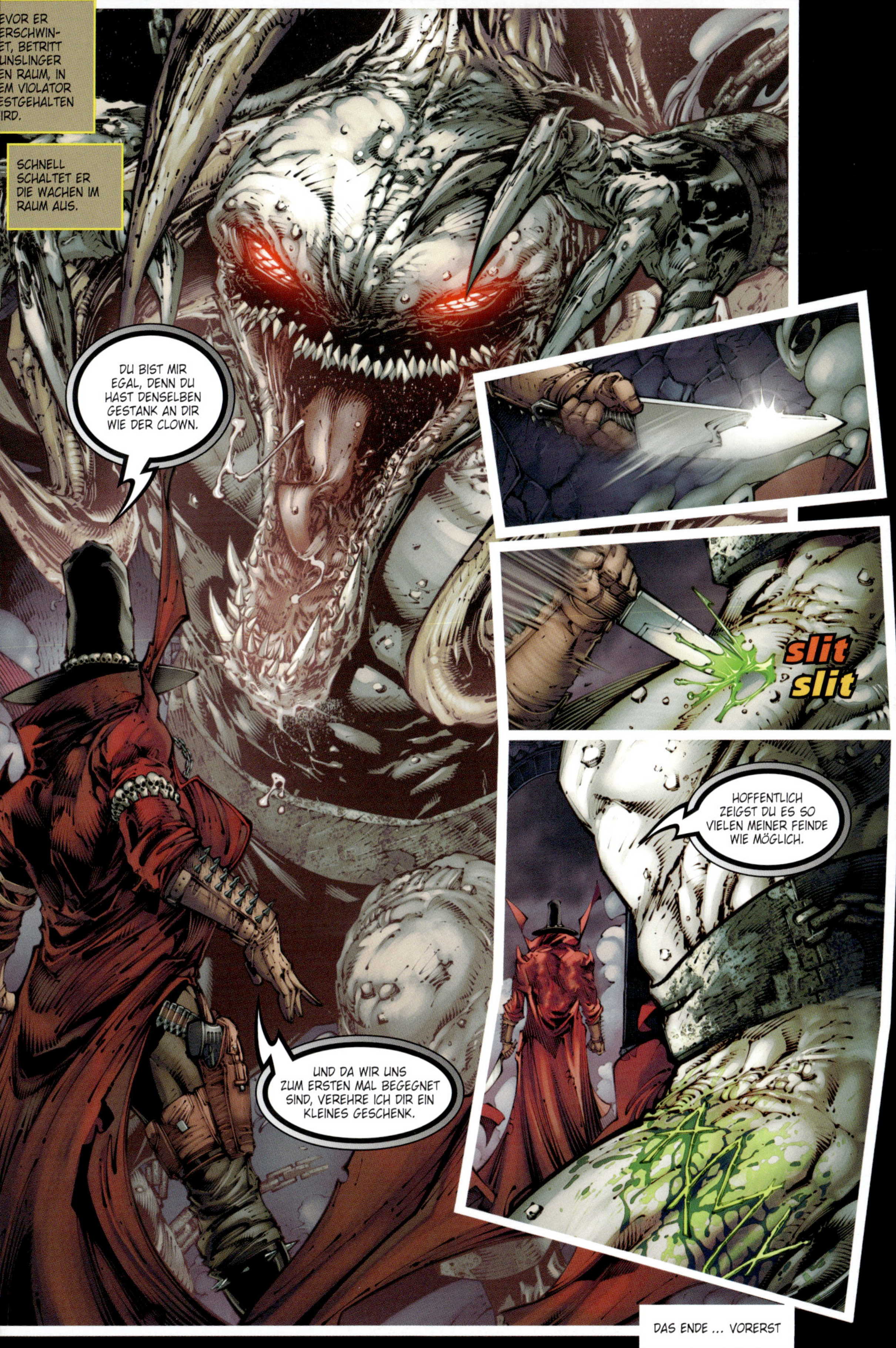
EVOR ER ERSCHWIN-ET, BETRITT UNSLINGER EN RAUM, IN EM VIOLATOR ESTGEHALTEN IRD.
SCHNELL SCHALTET ER DIE WACHEN IM RAUM AUS.
DU BIST MIR EGAL, DENN DU HAST DENSELBEN GESTANK AN DIR WIE DER CLOWN.
UND DA WIR UNS ZUM ERSTEN MAL BEGEGNET SIND, VEREHRE ICH DIR EIN KLEINES GESCHENK.
slit
slit
HOFFENTLICH ZEIGST DU ES SO VIELEN MEINER FEINDE WIE MÖGLICH.
DAS ENDE ... VORERST

SPAWNing GROUND

PRÄSENTIERT

HINTER DEN KULISSEN

INTERVIEW MIT **BRETT BOOTH**

Brett, man könnte dich als einen der OGs von Image bezeichnen, denn du warst schon in den frühen Tagen des Wildstorm-Universums dabei und hast gemeinsam mit Image-Mitgründer Jim Lee Figuren wie Backlash erfunden. Was ist das für ein Gefühl, wieder bei Image Comics zu sein?

Ein bisschen so, als würde man nach einer sehr langen Reise wieder nach Hause kommen! Ich war Teil der zweiten Welle, als der Verlag neue Zeichner aufnahm … Ich bin immer noch verblüfft, wie nett die Wildstorm-Fans zu uns sind, diese Leute sind wirklich großartig! Sie sorgen dafür, dass die Flamme nicht erlischt. Ich bekomme immer noch viele Bitten von Fans, die Wildstorm-Figuren zu zeichnen, besonders Backlash.
Ich bin schon seit Jahren interessiert daran, die alten Tage wiederaufleben zu lassen. Und als Todd mit mir über sein neues Universum sprach, war ich sofort begeistert. Und bisher ist es tatsächlich ein bisschen so wie damals, denn wir erfinden neue Geschichten mit neuen Figuren. Das macht ziemlich viel Spaß. Und als Bonus können wir auch all die echt coolen Figuren verwenden, die es bereits gibt. Ich hab letzte Woche eine davon gezeichnet, und das war toll. Jetzt kann ich es kaum erwarten, mit dem nächsten Heft zu beginnen!

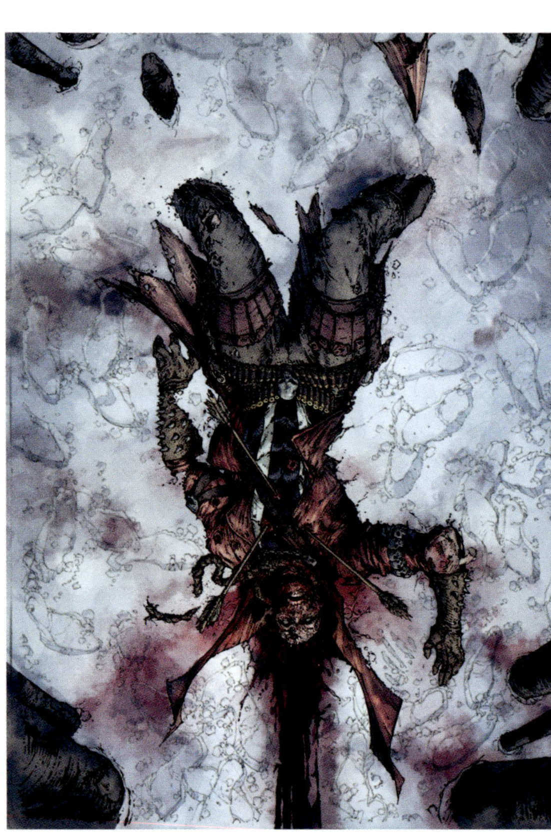

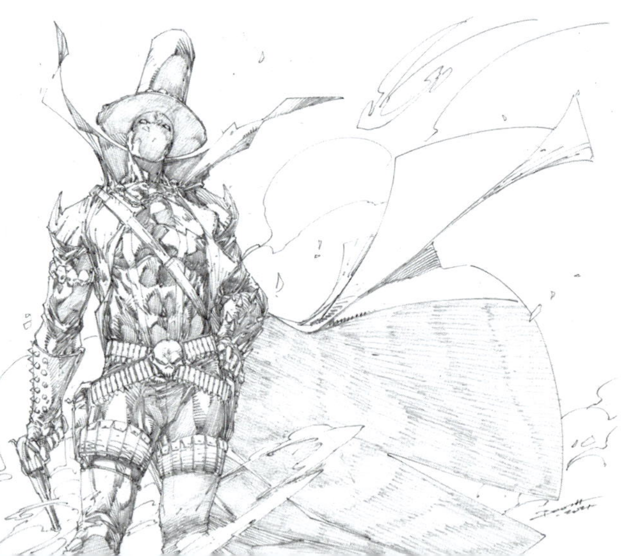

Bevor du Zeichner von *Gunslinger Spawn* wurdest, gewiss eine der heiß ersehntesten neuen Serien in der Geschichte von Image, hast du an mehreren großen Reihen für Marvel und DC gearbeitet. Auf welche dieser Werke bist du besonders stolz?

Ich gehöre zu denen, die nichts von dem mögen, was sie vor sechs Monaten abgeliefert haben. Aber stolz bin ich auf die Titans- und Flash-Forward-Strecken für DC. Und zuletzt hatte ich Riesenspaß, die X-Men für Marvel zu zeichnen. Diese Figuren haben mich in die Comicwelt entführt, und darum ist es mir eine große Freude, sie zu zeichnen. Und ich bin erstaunt über all die Backlash-Fans. Obwohl er bei DC nur noch auf Halde liegt, hat er noch immer seine Fans. Das tut richtig gut!

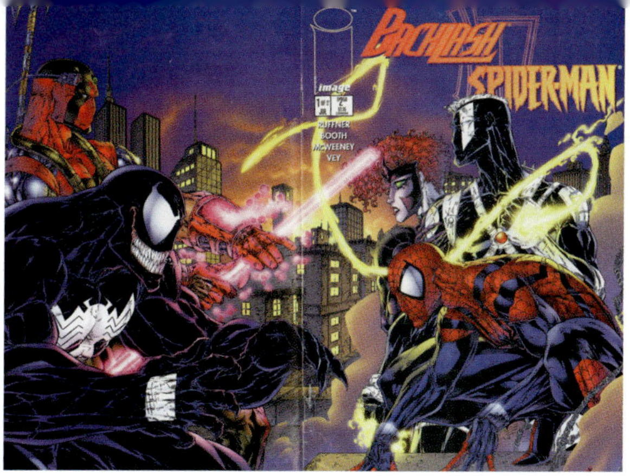

Kommen wir zum Start von *Gunslinger Spawn*. Man probiert viel aus, bis man den Look und das Feeling einer Serie entwickelt hat. Wie ist das, wenn man mit Todd McFarlane zusammenarbeitet?

Das ähnelte am stärksten der guten alten Zeit. Ich dachte, ich bekomme ein Skript und lege los. Aber Todd rief an und wir sprachen über die Geschichte, über witzige Szenen oder welche Schurken ich gerne zeichnen würde. Es war also deutlich partnerschaftlicher als bei den meisten Serien, an denen ich in den letzten zehn Jahren gearbeitet habe. Nachdem wir uns unterhalten haben, bekomme ich einen kurzen Plot als Grundlage. Wenn er viel zu tun hat, klären wir das schnell am Telefon und ich zeichne die Szene einfach. Ziemlich „Old School Image" und sehr cool. Es zeigt ja auch, wie sehr er mir vertraut. Du wärst überrascht, wie befreiend das ist.
Manchmal überarbeiten wir anschließend noch das eine oder andere, aber weil Todd so ein begabter Zeichner ist, sind seine Anmerkungen präzise, und wir müssen nicht tagelang rumfummeln, bis irgendetwas „richtig" ist. Meistens ist es ein bestimmtes Detail, das geht schnell und spart Zeit und Nerven!

Viele Zeichner sind zu digitalen Techniken übergegangen, aber du arbeitest immer noch traditionell, richtig? Schon mal daran gedacht, auch ins Digitale zu wechseln?

Ich habe daran gedacht, denn man kann damit echt coole Effekte erzielen, aber ich kriege Kopfschmerzen, wenn ich zu lange vor dem Bildschirm sitze. Ich hab den Rechner benutzt, um ein paar Änderungen an einem Teen-Titans-Heft zu machen. Ich musste einem gewissen Robin eine Maske verpassen, was erst vor dem Druck beschlossen worden war. Ich hab es digital gemacht und mir dabei echt die Hand verbogen. Es hat Monate gedauert, bis ich wieder fit war, daher mache ich jetzt einen großen Bogen darum. Wir haben auch Photoshop geknickt, als sie das Abo-System einführten, und ich hatte bisher keine Zeit, mich in Clip Studios einzuarbeiten. Ich benutze es nur, wenn ich etwas scannen muss.
Ich bin alt. Veränderungen sind schlecht!

Wieso tauchen eigentlich ständig Dinosaurier auf?

Sag es nicht meiner Frau, aber sie sind meine erste große Liebe gewesen. Lange vor den Comics.
Ich hatte sogar mal daran gedacht, Paläontologie zu studieren. Aber dann gefiel es mir richtig gut, gigantische Comic-Geschichten zu erzählen, und der Gedanke war vom Tisch. Es reizte mich, sie zu zeichnen, nachdem ich *Dinosaurier – Im Reich der Giganten* gesehen hatte. Diese TV-Serie brachte auch mein Interesse an der Wissenschaft zurück. Falls du es nicht weißt, ich bin ein richtiger Nerd. Ich stehe auf Paläontologie, Anthropologie, Biologie, Archäologie und Astronomie. Ich lerne gern neue Dinge über das Universum und wie unsere Welt entstand. Und Dinosaurier faszinieren mich einfach. Ihre Größe, dass die Vögel von ihnen abstammen, dass sie so lange die Welt beherrschten. Sie sind einfach … cool. Ich bin wirklich überrascht, dass Todd so viele eingebaut hat, die ich zeichnen durfte!

Das Spider-Man/Backlash-Crossover ist bis heute eine der coolsten Miniserien überhaupt. Wenn du die Möglichkeit hättest, etwas Ähnliches noch einmal zu tun, für welche Figuren würdest du dich entscheiden?

Das hat so viel Spaß gemacht! Ich bin überrascht, wenn Leute sagen, dass ich ihr Lieblings-Spider-Man-Zeichner bin, obwohl ich ihn nur in dieser einen Serie gezeichnet habe. Jedenfalls bis vor Kurzem, als ich ihn auf einem Cover gezeichnet habe.
Ich sitze gerade an einer Figur, die bestens für ein Crossover mit Spawn oder Gunslinger geeignet wäre. Aber das ist etwas unrealistisch, weil die Figur noch nicht erschienen ist. Aber ein Backlash/Spawn-Crossover wäre auch super. Und wenn Marvel und DC ins Spiel kämen: X-Men/Titans.
Ich würde wahnsinnig gern ein Spawn/Spider-Man-Crossover von Todd sehen … das wäre gigantisch!

Wieso ist *Gunslinger Spawn* die Comic-Serie, die jeder lesen sollte?

Weil sie schlicht unglaublich ist! Es gibt Dinosaurier, Dämonen und Engel! Schießereien und Gewalt! Alles, was das Herz begehrt!

SPAWNing GROUND

PRÄSENTIERT

HINTER DEN KULISSEN

NEUES VON **TODD**

Brett Booth übertrifft sich in dieser Serie gerade selbst. Wie eng arbeitest du als Autor mit Brett zusammen, um den Look der Serie zu entwickeln?

Ich versuche, den Zeichner so gut es geht miteinzubeziehen. Denn ich weiß aus erster Hand, wie anstrengend man es als Zeichner hat, wenn man jeden Monat ein Heft zeichnen muss. Es ist der härteste Job der Branche. Denn oft sitzen die Zeichner täglich 8 bis 12 Stunden in ihren Zimmern, um ihre Seiten fertig zu bekommen. Wie kann man diese Mühe also etwas angenehmer machen? Ich glaube, es ist relativ einfach, wenn man sie ab und zu das zeichnen lässt, was ihnen richtig Spaß macht.
Als ich Brett darauf ansprach, ob er Interesse hätte, die neue *Gunslinger*-Serie zu übernehmen, lautete meine erste Frage: „Was zeichnest du gerne?"
Ob es nun bestimmte Figuren, Umgebungen, Giraffen, Lenkdrachen oder riesige Maschinen sind, egal. Es gibt eigentlich nichts, das man meinen Plots nicht hinzufügen könnte, damit Brett etwas mehr Spaß hat, während er sich den Hintern aufreißt, um all die kleinen Details zu zeichnen. Außerdem schaue ich, ob er einen Beitrag zu den Plots der nächsten Hefte leisten möchte, damit ich die Korrekturen vornehmen kann, die für uns beide passen.

Wir haben Dinosaurier, Baby-Clown-Schergen, neue Schurken und einen monströsen neuen Violator. Was kommt noch auf den Gunslinger zu?

All die erwähnten Dinge gehen auf die Frage zurück, die ich gern stelle („Was zeichnest du gerne?"). Brett sagte wie aus der Pistole geschossen: „DINOSAURIER …!!!!" Deshalb gab es gleich im ersten Heft die Szene, in der sich die Schurken in einem Dino-Museum treffen, um über ihre Pläne zu sprechen. Als Autor ist es mir egal, wo die Schurken sich befinden, wenn sie sich unterhalten. Der Hintergrund ist nicht so entscheidend, solange ich die Dialoge unterbringen kann, die nötig sind. Wenn Brett also Dinosaurier zeichnen will, dann ist der Schurke eben reich genug, um auch ein Museum zu besitzen, in dem haufenweise Viecher aus der Kreidezeit stehen.

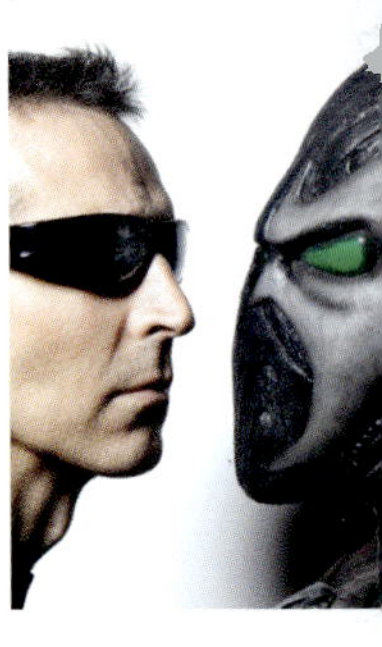

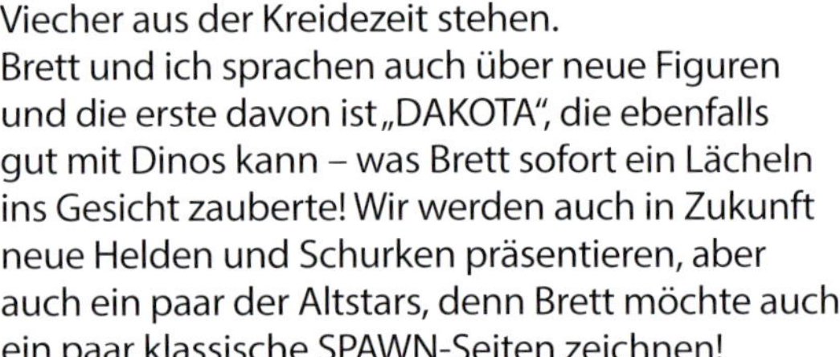

Brett und ich sprachen auch über neue Figuren und die erste davon ist „DAKOTA", die ebenfalls gut mit Dinos kann – was Brett sofort ein Lächeln ins Gesicht zauberte! Wir werden auch in Zukunft neue Helden und Schurken präsentieren, aber auch ein paar der Altstars, denn Brett möchte auch ein paar klassische SPAWN-Seiten zeichnen!

Wir sehen in der Reihe, wie Gunslinger sich den Herausforderungen der modernen Welt stellt. Burritos aus der Mikrowelle oder Toiletten sind ihm ein Rätsel. Werden wir mehr über seine Vergangenheit erfahren und ihn in der Welt erleben, aus der er kommt?

Ja, ich möchte ein paar Geschichten erzählen, die in der Zeit spielen, bevor er in unserer Gegenwart landet. Das ist eine gute Gelegenheit, um den Hintergrund der Figur zu erhellen und ein paar Überraschungen einzubauen, an denen wir schon lange basteln. Wie du vielleicht bemerkt hast, scheint AMY ziemlich wichtig für unseren Westernhelden zu sein. Außerdem glaube ich, dass Brett auch ein fantastischer Westernzeichner ist.

Und was die Sache angeht, dass Gunslinger (Javier) nicht genau weiß, wie die moderne Welt funktioniert. Ich lege diese Szenen gar nicht bewusst witzig an (obwohl sie ab und zu natürlich so rüberkommen). Es geht eher darum, dass Gunslinger neugierig ist, warum manche Dinge erfunden wurden und was sich alles verändert hat. Denk daran, dieser Mann hat eben noch im Bürgerkrieg der 1860er gelebt. Alles ist ein Lernprozess für ihn … einschließlich der Frage, wem er trauen kann und wem nicht.

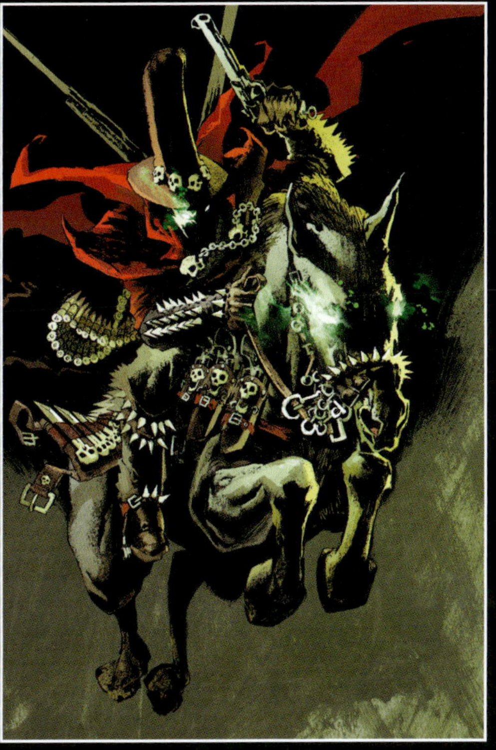

Gunslinger Spawn (2021) 1
Variant-Cover von **JASON SHAWN ALEXANDER**

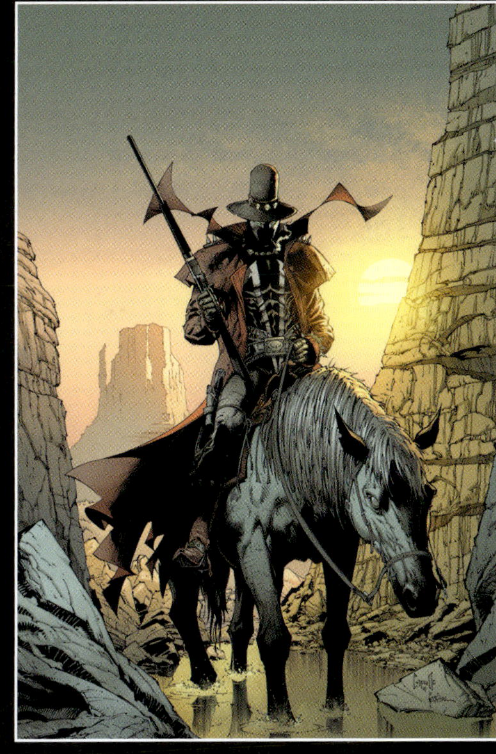

Gunslinger Spawn (2021) 1
Variant-Cover von **GREG CAPULLO**

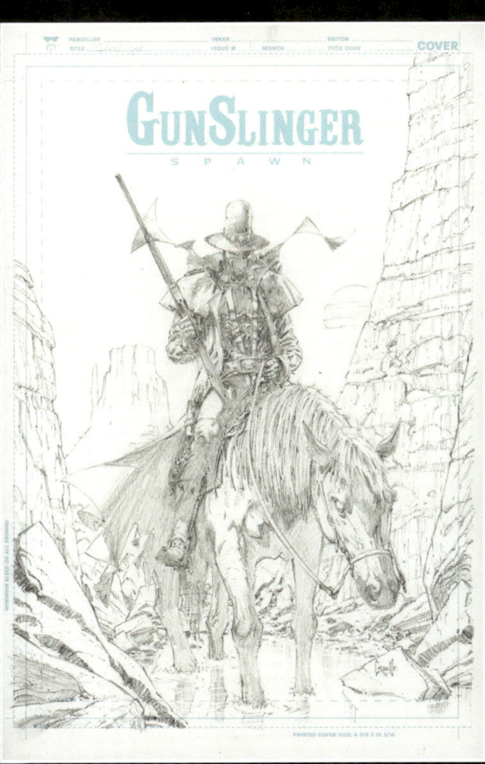

Gunslinger Spawn (2021) 1
Variant-Cover von **GREG CAPULLO**

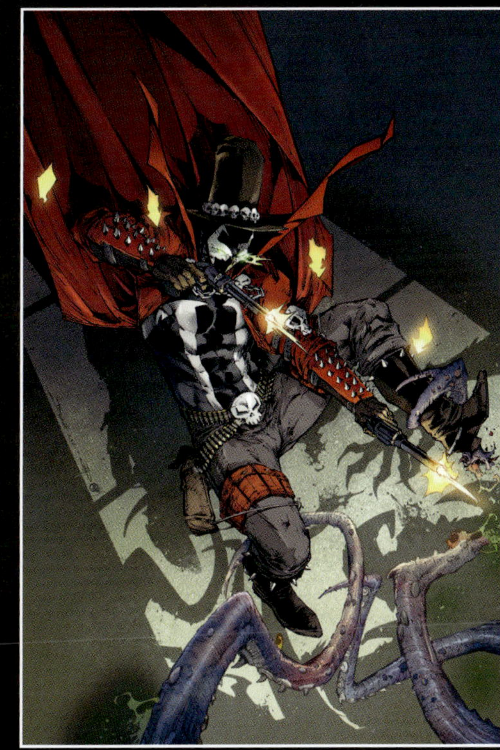

Gunslinger Spawn (2021) 2
Variant-Cover von **BRETT BOOTH**

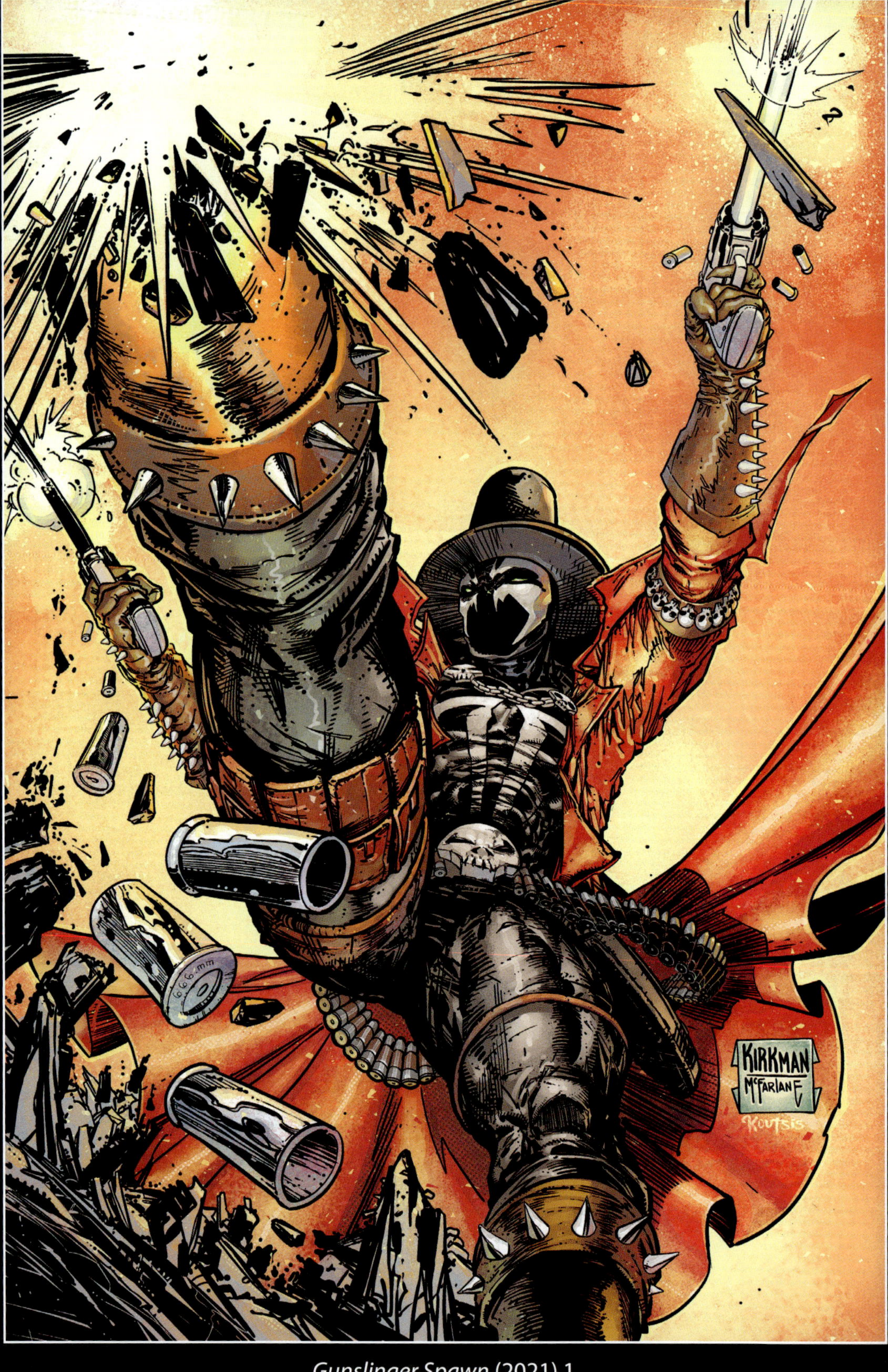

Gunslinger Spawn (2021) 1
Variant-Cover von **ROBERT KIRKMAN** & **TODD McFARLANE**

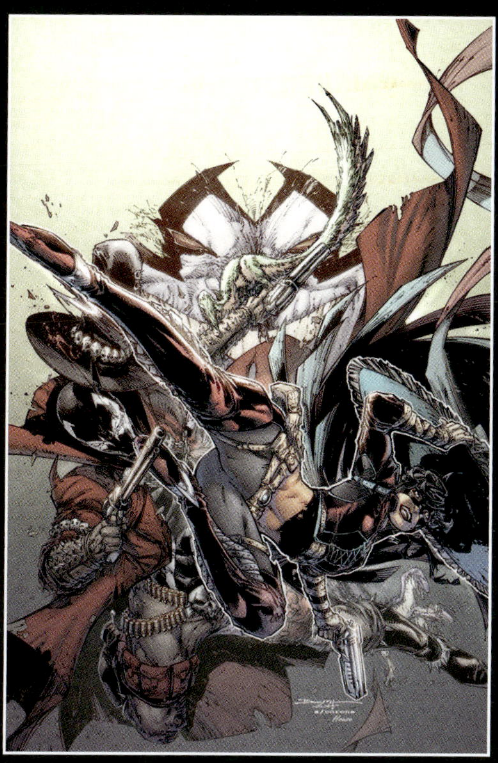

Gunslinger Spawn (2021) 3
Variant-Cover von **BRETT BOOTH**
& **ADELSO CORONA**

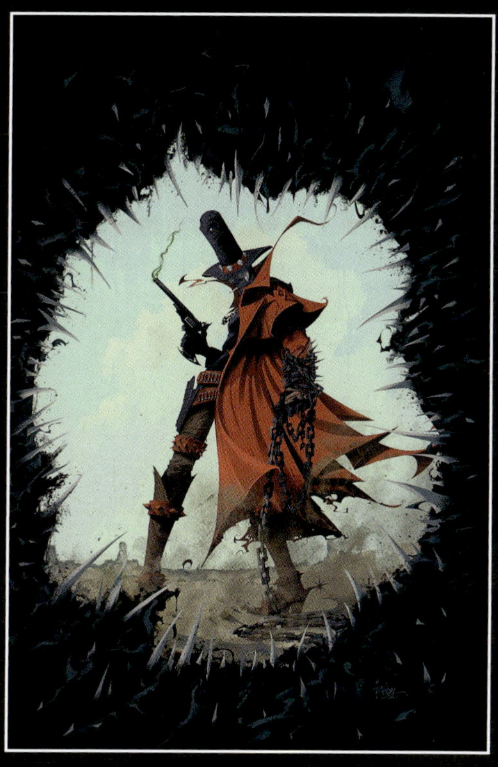

Gunslinger Spawn (2021) 5
Variant-Cover von **JONATHAN GLAPION**

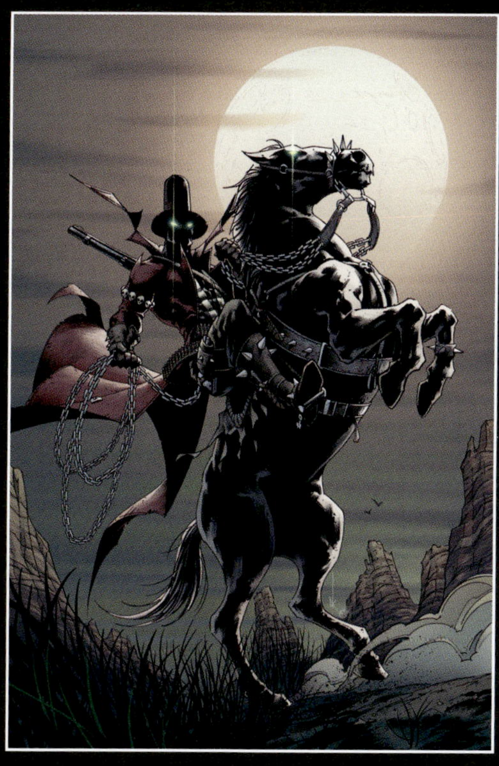

Gunslinger Spawn (2021) 6
Variant-Cover von **KEVIN KEANE**

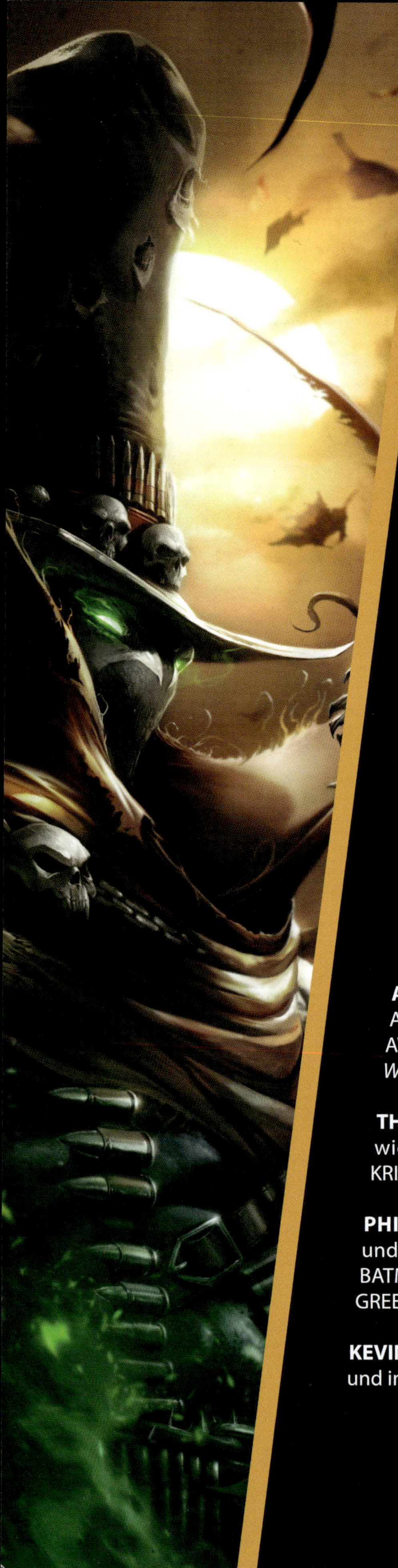

TODD McFARLANE zählt zu den beliebtesten und einflussreichsten Comic-Künstlern der Moderne. Seine Karriere startete der 1961 geborene Kanadier Mitte der 1980er mit Beiträgen zu *Detective Comics*, *Infinity Inc.*, *Invasion!* und *Incredible Hulk*. 1988 wurde er Stammzeichner des Traditionstitels *Amazing Spider-Man*, wo er u. a. das Debüt von Venom realisierte. 1990 startete McFarlane als Autor und Zeichner eine neue Spidey-Serie, 1994 verwirklichte der Superstar mit Autor Frank Miller das Crossover SPAWN/BATMAN. Bereits 1992 gehörte McFarlane zu den Gründern des US-Verlags Image, um hier unabhängige Helden und Serien zu kreieren – McFarlane präsentierte seinen eigenen Antihelden Spawn, dessen Hauptserie alle Rekorde brach. Schon in den 1990ern wurden Spawns Abenteuer fürs Kino verfilmt und als mit dem Emmy ausgezeichnete Animationsserie adaptiert. Überdies ist McFarlane bis heute in Multimedia-Projekte und Actionfiguren involviert. Im Comic-Bereich entwickelte er noch die Serien HAUNT und SAVIOR.

BRETT BOOTH lebt und arbeitet in Texas. Er visualisierte in seinem dynamischen Stil Top-Serien wie FLASH, TEEN TITANS, TITANS, JUSTICE LEAGUE OF AMERICA, BATMAN/SUPERMAN, NIGHTWING und AQUAMAN. Darüber hinaus bebilderte er einen Großteil der Horror-Serie *Anita Blake – Vampire Hunter* bei Marvel und die Abenteuer des Helden Backlash, den er zusammen mit Jim Lee für die ursprünglichen Wildstorm Studios ersann – folgerichtig zeichnete er auch das Crossover *Backlash/Spider-Man*. Weitere Comics, die Booth illustrierte, sind z. B. *Bloodshot*, *Dean Koontz's Frankenstein* und *Wildcore*.

ALEŠ KOT wurde in Tschechien geboren, lebt aber in Los Angeles. Für die US-Verlage schrieb er Comics wie SECRET AVENGERS, SUICIDE SQUAD, *James Bond: The Body*, *Bloodborne*, *Wolf*, *Days of Hate* und *Zero*.

THOMAS NACHLIK steuerte von Münster aus Artwork zu Titeln wie SPAWN, KING SPAWN, EMPYRE SONDERBAND: SAAT DES KRIEGES, *Last Mortal* und *The Beauty* bei.

PHILIP TAN stammt von den Philippinen, lebt in Kalifornien und illustrierte SPAWN, SPAWN GODSLAYER, X-MEN, IRON MAN, BATMAN & ROBIN, HE-MAN UND DIE MASTERS OF THE UNIVERSE, GREEN LANTERN, SAVAGE HAWKMAN und PHANTOM STRANGER.

KEVIN KEANE ist ein Illustrator und Zeichner aus dem irischen Cork und in den Bereichen Comic, Game, Film und TV tätig.